北京师范大学文艺学研究中心　编

文化与诗学

2013年第2辑
（总第十七辑）

主　　编　童庆炳　王一川　李春青
本期执行编辑　姚爱斌

中文社会科学引文索引（CSSCI）来源集刊
CNKI中国期刊全文数据库（CJFD）收录期刊

北京大学出版社
PEKING UNIVERSITY PRESS

图书在版编目(CIP)数据

文化与诗学.2013年.第2辑.总第17辑/童庆炳,王一川,李春青主编.—北京:北京大学出版社,2014.6

ISBN 978-7-301-23901-8

Ⅰ.①文… Ⅱ.①童…②王…③李… Ⅲ.①社会科学-文集

Ⅳ.①C53

中国版本图书馆CIP数据核字(2014)第020512号

书　　　名:文化与诗学2013年第2辑(总第十七辑)

著作责任者:童庆炳　王一川　李春青　主编

责 任 编 辑:任　慧

标 准 书 号:ISBN 978-7-301-23901-8/I·2712

出 版 发 行:北京大学出版社

地　　　址:北京市海淀区成府路205号　100871

网　　　址:http://www.pup.cn　新浪官方微博:@北京大学出版社

电 子 信 箱:pkuwsz@126.com

电　　　话:邮购部62752015　发行部62750672　出版部62754962
编辑部62756467

印　刷　者:北京大学印刷厂

经　销　者:新华书店

650mm×980mm　16开本　23.25印张　320千字

2014年6月第1版　2014年6月第1次印刷

定　　　价:56.00元

目　录

西方文化与诗学

《法礼篇》的遗教与断想 ………………………………… 王柯平(3)

后马克思主义话语接合论及其批评价值 ………………… 陶水平(19)

意义论:文学研究的知识学主轴……………………………… 冯黎明(34)

也谈林同济的美学概念“虔恪”

——论《寄语中国艺术人》与尼采《悲剧的诞生》的渊源

……………………………………………………………… 杨俊杰(54)

伊夫林·沃的天主教叙事 ………………………………… 张　欣(67)

中国古典诗学

礼者体也:先秦典籍中关于身体与礼的讨论………………… 何建军(89)

嵇康音乐美学思想及其价值新探…………………………… 贾奋然(107)

论郝经的学术取向………………………………………… 张炳尉(122)

诠释学循环的反转

——戴震“由字以通其辞”的解读 ………………… 李畅然(140)

论胡应麟的唐诗变化观……………………………………… 方锡球(160)

罗根泽与古代文论研究新理念

——兼与郭著文学批评史比较……………………… 郑　伟(188)

20世纪中国文艺研究

胡适、周作人与中国抒情传统论 …………………………… 徐　承(201)
历史的要求与个人的诉求
——从《梅志彭燕郊来往书信全编》看彭燕郊的文化选择
……………………………………………………… 易　彬　黄　园(219)
纯真的失陷
——当代童年文化消费现象的诗学批判……………… 赵　霞(231)

文论翻译

文学史与趣味史:试论一个新的问题
…………………………………〔德〕许　京　著　方维规　译(257)
李梦阳文学复古主张的理论依据
………………………………〔日〕西村秀人　著　陈　磊　译(276)

汉学述评

高友工"美典"说的三个向度 ………………………… 汤拥华(303)
北美汉学的中国抒情传统研究……………………………… 徐宝锋(317)

书　评

《先锋派理论》述评
——兼论1980年代以来当代文学中的"艺术体制"与"先锋派"问题
……………………………………………………………… 赵　薇(333)

电影主体的崛起

——评《电影或想象的人》 ……………………………… 孟　隋(352)

编后记……………………………………………………………………(365)

西方文化与诗学

《法礼篇》的遗教与断想

王柯平①

[摘要] 《法礼篇》是柏拉图的最后一部对话作品，被视为《理想国》的续篇，其目的在于建构一座接近理想的美好城邦。这座城邦的政体是基于“适度”原则的混合型政体，既注重有效管理的权威性，也保障民主自由的可控性，力求走上一条“善政法治”的安邦牧民之道。这一目的性追求，对后世的政治理论与社会影响是非常耐人寻味的，所涉及的家国情怀、幸福观念和精神基质是富有启示意义的。

[关键词] 《法礼篇》 次好城邦 家国情怀 幸福观 精神基质

“城邦”(polis)是代表古希腊文化理想的综合体，理想化的“美好城邦”(kallipolis)更是如此。柏拉图终其一生，孜孜以求的要务之一就是建构一座“美好城邦”，让其中的居民过上既公正又有尊严的幸福生活。基于这一使命，柏拉图经过多年构想，最先推出的是《理想国》里的“最佳城邦政体”(aristēn politeian)或“最好城邦”，那里“会居住着诸神及其子孙(eite pou theoi ē paides theōn autēn oikousi)，他们会其乐融融，生活无比幸福”②。不过，这座“最好城邦”纯属“话说中”(en logois)的理想家园，虽然天上建有范式，但在地上无处可寻③，如同遥不可及的天国神城。其后，历经沧桑的柏拉图，晚年在封笔之作《法礼篇》里，

① 王柯平，北京第二外国语学院跨文化研究院教授，中国社会科学院哲学研究所研究员，主要从事美学与古代哲学研究。

② Plato, *Laws* (trans. R. G. Bury, Loeb Edition), 739d.

③ Plato, *Republic* (trans. P. Shorey, Loeb Edition), 592.

参照“最好城邦”的理想模型，汲取现实城邦的历史经验，试图构想出另一座仅次于完美（timia deuterōs）的“第二等城邦政体”（politeian deuteran）或“次好城邦”。① 质而言之，“最好城邦”所崇尚的是“哲王明治”，“次好城邦”所推行的是“善政法治”。后者作为前者的派生变体，虽未尽然褪掉理想底色，却设法走近现实社会，其中所宣扬的法治教育与公民德行等诸多治国理念，在人类政治文明领域留下了浓墨重彩的一笔，为后世理论家和实践者提供了重要的参照范型。本文仅就其相关思想的历史有效性，联系柏拉图的家国情怀、古希腊人的幸福观念与精神基质，谈谈笔者在研读过程中的些许粗浅认识，以期引致学界同仁的关注和更为深入的探讨。

历史遗响

柏拉图所推举的“次好城邦”，在政治体制上采用了民主政体（dēmokratia）与君主政体（monarchia）的混合体。在柏拉图看来，这种混合体符合古希腊人所喜好的“适度”（mesos）原则，既不过分专制，也不过分自由，而是“扣其两端”，折中而成。实际上，柏拉图在政体选择上，通常因循三种路径：一是“以哲治邦”，二是“依法治邦”，三是“混合政体”。“混合政体”在调和民主政体与君主政体的同时，并没有放弃“依法治邦”的原则，同时没有放弃“以哲治邦”的理念，而是采取了“法哲并用”的现实策略。所以，我们在理解《法礼篇》所推介的法治原则、政治制度与理政国策方面，也不要以为柏拉图完全抛弃了在《理想国》里曾经标举的“以哲治邦”思想，而是要将他所看重的三项原则全部纳入考虑之中。因为，在柏拉图的心目中，“以哲治邦”与“依法治邦”具有很大的互补性，彼此相

① Plato, *Laws*, 739e.

辅相成，可以联手合作，组成某种“复合统治”。

自不待言，柏拉图所创设的城邦范型，尤其是《法礼篇》里所描绘的“次好城邦”，已然成为时隐时现的历史遗响。此类范型在直接的实践意义上虽不成功，却成功地积淀在现代人的意识形态里。在后来的各种社会形态的历史发展与演变过程中，我们似乎总能或多或少地觉察到柏拉图理想学说的某种印迹，在一定程度上近乎于“空山不见人，但闻人语响”的遗韵流布之境。事实上，古今中外不同思想家基于不同立场的反思与批评，都会使柏拉图及其城邦学说成为历久弥新的话题，这不仅是因为其中包含令人“不遗忘”也“不回避”重新认识的真理性（alētheia），而且是因为其中涉及推动人类不断追问和探索的“历史有效性”（historical effectiveness）。

仅从《理想国》到《法礼篇》的思想转向来看，柏拉图的城邦构想计划已然取得显著进展。最突出的一点是：《理想国》里描述的“最好城邦”，所崇尚的是“哲王明治”；而《法礼篇》里描述的“次好城邦”，所推举的是“善政法治”。无论从理论还是实践的角度来看，这一趋于现实的转向都是值得关注和肯定的。也恰恰是因为这一点，《法礼篇》直接启发了法国18世纪的思想家孟德斯鸠（Montesqieu，1689—1755），促使后者撰写了《论法的精神》（*L'esprit des lois*，1750）。在这部深刻影响现代政治学发展的著作里，孟氏更为细致地论述了民主、君主与专制三种政体的基本原则、自身利弊与彼此差异。他总结说，法律无一例外地与各种政体的性质相关，但比较而言，民主政体的原则是以“美德”为动力；该美德主要表现为爱国、平等与节俭等，这与贵族政体有相同之处，但后者由于宽和、谦逊与自信的品质，故此对美德的需要并非像前者那么绝对。君主政体的原则是以“荣宠”为动力；在这种体制下，法律代替了美德，人们很难具有美德，在治国理政方面，国家实际上免除了对人们具有美德的要求，但由此却促成了基于法立国固和旨在调动社会力量的“荣宠”现象；专制政体的原则是以“畏惧”为动力；在独裁武断和蔑视生命的高压下，人人都是臣服于至高权力的奴隶。在此政体中，“美德根本不需要，荣宠则是危险的”。

如果某人有见识，那他对自己的国家与君王来说则是一个不幸的臣民；如果他有德行，那他就是一个自我泄露或自讨没趣的傻瓜；如果他为了分担或解除民众的疾苦，试图松开政体的弹簧，那他就会面临两种可能的结局：一是这种努力失败，他自己将会身败名裂，死无葬身之地；二是有幸获得成功，他自己将有可能与君王和帝国同归于尽。颇为有趣的是，对于专制体制的本性，孟德斯鸠还以隐喻方式予以形象描绘，将其比作“路易斯安那的蛮人”，在其“想要果子时候，就把果树从根部砍断，然后采摘”。①

总体而言，孟德斯鸠从论述、总结和比较立法、司法和执法的历史发展及其经验教训等立场出发，积极提倡了基于立法、司法和行政的权力平衡或三权分立模式，为美国宪法制订者提供了可资借鉴的思想框架。很可惜，这个曾经一度充满希望的国家，如今在帝国之路上渐行渐远。倘若柏拉图能够转世的话，他看到这种情境也许很不以为然，因为其勇敢之德远远超过其节制之德。这种勇敢之德，从积极方面看，会激励他们勇于探索，勇于创新，勇于争天下先；但从消极方面看，它也会鼓动他们勇于杀伐，勇于攫取，勇于制造麻烦。也许，其唯一的赎救之道，有赖于其自身较强的修复能力，但这首先需要反思和摒弃那种损人不利己的帝国情怀与霸道行径。这一切只能留待历史去印证。

家国情怀

在《法礼篇》里，柏拉图还着重强调了公民德行与正确教育的重要性与必要性。特别值得注意的是，当他从道德理想主义和政治实用主义立场出发，试图折中雅典民主政体和斯巴达君主政体时，他对新城邦的公民德行提出了更高的要求，且以怀疑论和辨证的方式方法，指陈了雅典公民

① 孟德斯鸠：《论法的精神》，许明龙译，商务印书馆，2012 年，上卷，第 31—40、46—74 页。

在追求"过分自由"过程中养成的不良习气及其在"剧场政体"(theatrokratia)里的恶劣行径。这也许会在某些读者中间引起某种误解,会以为雅典城邦不行了,雅典公民堕落了,柏拉图因失望而厌弃了。其实不然。

我们知道,柏拉图对"过分自由"的痛斥,所针对的确是雅典的民主政体,一种腐败变质的民主政体。尽管他的相关描述有些夸张,有些感情用事,甚至不惜采用以偏概全的方式,将雅典的民主政体等同于某种无法无天的群氓政体(lawless mobcracy),但这一切并未影响他对雅典的健康民主政体的积极评判和自豪感受。因此,在为"次好城邦"立法时,他毫不迟疑地请来那位精通法律、政治和教育的"雅典客人",毅然决然地参照了雅典民主政体的基本模式及其立法架构等相关内容。其实,在柏拉图的心目中,雅典城邦是典型且杰出的现实城邦,是他构想"最好城邦"与"次好城邦"的现实基础和参照背景。历史上,雅典民主制度的创立与伯利克里领导下的黄金时代就是强有力的佐证,相关的描述与分析见于历史研究的诸多成果之中。① 譬如,库朗热(Fustel de Coulanges)在《古代城邦》(*La*

---

① 西方学界在这方面的历史研究著作甚丰,只要拿起任何一本顺手翻阅,就可以从中读到有关雅典城邦与民主政体相关成就与特征的篇章。譬如修昔底德:《伯罗奔尼撒战争史》,谢德风译,商务印书馆,2004 年,第 144—154 页(上册,第二卷,第四章:"阵亡将士国葬典礼上伯里克利的演说");帕克:《城邦——从古希腊到当代》,石衡潭译,山东画报出版社,2007 年,第 13—19 页("雅典城邦");默里:《早期希腊》,晏绍祥译,上海人民出版社,2008 年,第 172—190("雅典与社会正义")。Also see John V. A. Fine, *The Ancient Greeks: A Critical History* (Cambridge & London: Harvard University Press, 1983), pp. 383-441 ("The development of Athenian democracy"); Charles Rowan Beye, Ancient Greek Literature and Society (Ithaca & London: Cornell University Press, 1987), pp. 97-125 ("Athens in the Fifth Century"); M. I. Finley, *The Ancient Greeks* (London: Penguin Books, 1963), pp. 70-81 ("Athens"); A. R. Burn, *The Pelican History of Greece* (London: Penguin Books, 1966), pp. 213-257 ("The Great Fifty Years II: Imperial Athens", and "III: Athenian Society"); C. M. Bowra, *The Great Experience* (London: Phoenix, 1957), pp. 65-84 ("City and Individual"); Malcolm Schofield, *Plato* (Oxford: Oxford University Press, 2006), pp. 51-131. In this book Malcolm Schofield also observes that "When Plato reflected on democracy, Athens was never far from his thoughts. Dialogue after dialogue mingles critique of the key commitments of contemporary democracy with successive attempts—each in an entirely different mode—to rewrite Athenian history... It is only in the Laws that he articulates at at all explicitly more positive thoughts about the way the political freedom that Athenians trumpeted should be understood and valued, as one of the indispensable foundations of any true *politeia*." (pp. 88-89)

Cité antique)一书中断言：雅典民主制度堪称古希腊城邦政制中的典范，其维持民主的法律基础，其参政议政的公民义务，其议会辩论的开明方式，其立法决策的慎重原则，其议案审理的责任要求，其投票选举的公正程序，均为后世提供了了可资借鉴的成功样板。①

毋庸置疑，柏拉图是一位矢志求真爱智的哲人，也是一位充满家国情怀的公民。他虽然严厉批评过雅典的政治蜕变，但他也真诚地热爱雅典，因为那是他的祖国与家园；为此，叙拉古僭主对他的礼遇、利诱与幽禁，都无法阻止他返回雅典的坚定信念。他虽然严厉批评过某些雅典公民的不良行为，但他也深切地热爱雅典人，因为那都是他的同胞与衣食父母，更何况那里有苏格拉底、阿加通(Agathon)、希匹亚斯(Hippias)、伊索克拉底(Isocrates)和亚里士多德等一代明哲，他们轮流出现在他的对话里，形成一种“座上无白丁，交谈有贤达”的文化场景，而这在当时希腊的其他任何城邦都是可遇而不可求的。在柏拉图的对话作品中，他善于借用不同人之口，时常赞美雅典的文化、风雅与卓越。譬如，在《普罗泰戈拉篇》(*Protagoras*)里，他通过希匹亚斯的言说，把雅典称作“希腊智慧的中心与圣地”(the center and shrine of Greek wisdom)②。在《会饮篇》(*Symposium*)里，他把雅典人在社交场合的温文尔雅和良好教养描述得活灵活现。譬如，在此对话中，当苏格拉底因事迟到时，主人阿加通作为刚刚赢得戏剧大奖的诗人，特请苏格拉底坐在自己身边，说这样能有幸听到他“充满智慧的思想”。而苏格拉底一边就座一边回应说：“我多么希望智慧是某种坐在某人身边便可得到的东西。如果智慧是流动的，就像水一样可从一只满杯倒入一只空杯的话，那我将会非常珍惜坐在你身边的殊荣，因为你可以在我的身体里注入一股最为精美明澈的智慧之流，而我自己的

① 库朗热：《古代城邦——古希腊罗马祭祀、权利和政制研究》，谭立铸译，华东师范大学出版社，2006年，参阅该书第十一章：“民主制度的准则：雅典民主制度的典范”，第307—312页。

② Plato, *Protagoras*, 337d, in Plato, *The Collected Dialogues*. ed. Edith Hamilton & Huntington Cairns, New Jersey: Princeton University Press, 1996, p. 332.

理解至多也不过是模糊不清的东西，无异于梦呓，可你的智慧是那么华彩四溢。”[①]这种优雅闲适而不乏机智幽默的客套，在片刻之间有效地营造了一种宾至如归的友好气氛，紧接着，一场关于智慧和友爱的辩论开始了。他们引经据典，博学深刻，思想敏锐，彼此呈才雄辩，唇枪舌剑，但又不失优雅，始终保持谦谦君子之风。对此，西方学者有过这样的评价：“这是完美的社交谈话，只有经过长时间的训练才能够有这样的言谈举止。这样的言谈举止不是一两代人能够培养出来的，但这些人是在马拉松和萨拉米战役中英勇奋战的战士们的重孙辈们。英勇无畏和高度文明的无可衡量的东西，是他们生下来就继承了的遗产。”[②]

无疑，这是历史传承的结果，文化熏陶的产物，当然也是德行教育和艺术教育的成就。柏拉图显然深知这些，但他对雅典公民的要求更高，对他们的批评也最多，甚至提出“净化城邦”和“选择公民”的方策，这在《理想国》和《法礼篇》里不难看到。[③] 为此，他借用所有能够借用到的希腊经典文学艺术、希腊传统城邦制度以及具有代表性的德行理想与法礼准则，从基于“正确教育”理念的立法程序与道德诗学等立场出发，试图激励和引导雅典公民养成节制、勇敢、智慧、健康的德行，过上节制、勇敢、智慧、健康的生活，因为只有这样的生活，才是“最正义的”（dikaiotaton），同时是“更幸福的”（eudaimonestaton）。

古希腊人的幸福观

古希腊人渴求“幸福”（eudaimonia），其全力构建和发展城邦的最终目的，也就是为了实现和保障这一美好的愿望。

---

① Plato, *Symposium*, 175c-e, in Plato, *The Collected Dialogues*, p. 530.
② 汉密尔顿：《希腊精神》，葛海滨译，辽宁教育出版社，2003 年，第 75 页。
③ 王柯平：《柏拉图的城邦净化说》，见《世界哲学》2012 年第 2 期。

那么,“幸福”对古希腊人到底意味着什么呢?古希腊对“幸福”所下的一个古老定义是:“生命的力量在生活赋予的广阔空间中的卓异展现。”这显然是一个充满生命活力的信念。在整个希腊历史中,这种生命的信念始终充盈着人们的心灵。它将希腊人引上了许多前人没有走过的道路,却绝没有将他们引向霸权和屈服。一个精神高昂、身体强健的民族,是不容易屈从的。事实上,希腊崇山峻岭中的劲风也从未哺育过暴君。绝对屈从于君权的奴隶理论,只有在那些没有深山给反叛者提供退路,也没有峻岭迫使人们过危险生活的地方才能得以盛行。希腊从一开始就没有古代社会的影子。那些令人畏惧的、令人不敢仰视的神圣万能的主宰,无论是埃及的法老,还是美索不达米亚的君王,他们的权力在几千年之中没有遭到任何人的怀疑,这样的权力在希腊历史上却从未有过,甚至也从未出现过与之相似的统治者。我们知道一些希腊历史上僭主的情形,但我们更清楚的是,这样的时代很快就结束了。从君权产生的时候,对君权的绝对服从就是古代社会的生活准则,这种绝对屈从此后在亚洲甚至一直延续了几千年,在希腊却如此轻而易举地被抛弃了,以至于流传至今的几乎只是人民对抗僭主的一些回声而已。

不过,凡事总有例外。什么例外呢?汉密尔顿(Edith Hamilton)认为,苏格拉底在雅典被指控宣扬新神、腐蚀年轻人而因此饮鸩狱中就是一个例外。但在那时,苏格拉底已年近古稀,一生都在说他想说的话。当时的雅典因为刚刚遭受了一次惨痛的失败,正处于危难之中,而且由于政权突变,管理又极为不善。苏格拉底很可能死于某一次所有国家都经历过的突然恐慌,那时人们的安全遭到突然的威胁,从而使他们变得有些残忍。尽管如此,判决他死刑的表决者不过刚过半数,而他的学生柏拉图随后就以他的名义继续执教,不但从未受到任何威胁,而且其从者甚众,声名日隆。苏格拉底是雅典唯一因为持不同意见丧生的人。另外有三个人被驱逐出境。总共就这么几个,而哪怕是看一看最近五百年来在欧洲有多少人被残酷虐待、被杀害,我们就知道雅典的自由是什么样的了。①

对希腊人来讲，苏格拉底的审判，确是一个沉重的话题。② 历史上，人

① 汉密尔顿：《希腊精神》，第15—16，21—22页。

② 苏格拉底之死这一“例外”是如何发生的呢？西方学者对此问题的研究相当深入，这里不妨参照柏拉图与波普尔（Karl Popper）所归纳出的相关结论，将其要点简述如下：苏格拉底是在民主派当权后被判处死刑、毒死狱中的，其主要罪名分别是“腐化青年”和“对神不敬”。前一罪名涉及道德，后一罪名涉及宗教。实际上，苏格拉底一生注重道德修养，尊奉城邦的神明，对于城邦的共同利益，他一直竭尽所能，在战场上他是英勇的战士，在公务中他是优秀的公民。柏拉图在《第七封信札》（*The Seventh Letter*）里，对苏格拉底做出积极的评价，认为他是“所有活着的人中最正直的一位”（324e—325c）。

值得注意的是，苏格拉底被认为是率先提出心灵这一概念的思想家，他一再劝导人们要“看护好你的心灵”，保持思想的诚实，同时提醒人们要“认识你自己”，认识自己思想的局限。苏格拉底对民主的开放社会与公民的自由权利充满期待，大力宣扬，但也对民主政体与民主派政治家提出批评，批评他们缺乏思想诚信，醉心于权力政治，忽视政治问题的人道层面。这就是说，苏格拉底既是雅典民主政体的朋友，同时是雅典城邦及其民主制度的批评者。事实上，在苏格拉底的同伴或学生中，不仅有一度站在敌邦斯巴达一边的重要政治人物Alcibiades，而且有后来成为“三十僭主”（the Thirty Tyrants）首辅的Critias及其得力助手Charmides。因此之故，就提出了苏格拉底为何与反民主人士混在一起的问题。要回答这一问题，答案不止一个。其一，按照柏拉图的说法，苏格拉底抨击民主派政客的部分目的在于揭露他们的自私与嗜权行为，他们曲意迎合人民，伪善奉承那些青年贵族，这些贵族表面上是民主领导人，实际上只将人民视为实现自己权力欲望的工具。苏格拉底的这一批评活动一方面使他得到那些民主政体之敌的青睐，另一方面则将他与那些反对民主政体的野心勃勃的贵族联系在一起。其二，苏格拉底作为一位道德主义和个体主义者，从来不只是单纯地抨击这些政客，同时对这些政客真感兴趣，竭力想要教化他们，而不是轻易放弃他们。其三，苏格拉底作为一名培养政客的教师，竭力想要吸引和影响年轻人，认为他们思想开放，容易教化，日后可能成为负责城邦事务的官员。这方面的范例就是Alcibiades从幼年时期就被挑选出来，当作雅典帝国的未来伟大领袖进行培养。Critias的才华、抱负与勇气，使他成为少数可与Alcibiades竞争的对手。从我们所了解的情况看，柏拉图与苏格拉底的关系，也与其早年和后来的政治抱负相关。虽然苏格拉底是宣扬开放社会的重要人物之一，但他不是任何派别中的成员。他认为只要自己的工作对自己的城邦有利，就愿意同任何社会圈子一起共事。如果他对一位具有可造之材的年轻人产生兴趣，即便对方具有寡头家族的背景，他也不会因此缩手缩脚。

然而，正是这些联系将他置于死地。当战争失败后，苏格拉底受到指控，指控他所教育的学生背叛民主政体，勾结敌人，导致雅典陷落。

在修昔底德的权威影响下，伯罗奔尼撒战争与雅典陷落的历史经常告诉人们：雅典陷落是民主政体道德弱点的最终证明。然而，这一观点纯属抱有偏见的歪曲，众所周知的事实讲述的则是一个迥然不同的故事。雅典战败的主要责任在于雅典的寡头们与斯巴达的一连串预谋。其中三位著名人物都是苏格拉底以前的学生，他们是Alcibiades, Critias和Charmides。在雅典陷落的公元前404年，Critias和Charmides成为“三十僭主”的领袖，其实只是斯巴达保护下的雅典政府的傀儡。雅典的陷落与城墙的毁坏，经常被说成是爆发于公元前431年的伟大战争所致。但是，这种说法也包含重大的歪曲，因为民主领袖依然在战斗，（转下页）

们通常将其视为一桩冤案，认定苏格拉底是践履"不自由，毋宁死"的英雄

(接上页)他们在 Thrasybulus 和 Anytus 的领导下准备解放雅典，与此同时，Critias 杀害了数百公民。在 Critias 为期八个月的恐怖执政期间，所杀害的雅典公民总数远远超过先前十年战争中雅典公民的死亡人数。八个月后(即公元前 403 年)，民主派从 Piraeus 起兵，击败了 Critias 一伙与斯巴达的守备军队，柏拉图的两位叔舅(Critias 和 Charmides)在此役中丧命。见势不妙，斯巴达保护者最终抛弃了寡头追随者，接着与民主派签订了和议。和平使民主政体在雅典得以重建。民主型政府在极其严峻的考验中表现出自身的优势，甚至连其敌人都认为它不可战胜。

重新掌权的民主政体刚一开始重建正常的法律秩序，就对苏格拉底提出指控。其用意非常明确：指控苏格拉底参与培养了雅典城邦最为险恶的敌人 Alcibiades，Critias 和 Charmides。起诉者对于因过去不幸的政治事件而惩罚苏拉格拉底或许并未大动心思，因为他们非常清楚这些事件的发生有悖于苏格拉底的本意；他们的目的是想阻止苏格拉底继续从事他的教导活动，因为由此产生的效果在他们看来会对城邦构成危害。出于这些理由，他们对苏格拉底的指控模糊不清，没有意义，说他腐化青年，不敬神明，试图将新奇的宗教实践活动引入雅典城邦。由于当时赦免了所有政治犯罪，"腐化青年"的罪名很不确切，但所有人都知道这里所说的青年指的是谁。在辩护过程中，苏格拉底一再表明，他对"三十僭主"的政策毫不同情，实际上他是冒着生命危险，蔑视他们想要给他定上"三十僭主"所犯罪责之一的企图。他提醒陪审团，在他最密切的交往和最热情的学生中，至少有一位忠诚的民主派领袖 Chaerephon，此人在与"三十僭主"的战斗中献出了生命。

现在人们通常认为，支持起诉苏格拉底的民主派领袖 Anytus 无意让苏格拉底成为烈士。其目的就是将他流放。但是，这一计划被苏格拉底挫败了，因为他在其原则上拒不妥协。他想死，或者说，他喜欢扮演烈士的角色，但我[波普尔]不信。苏格拉底只是为他认为正确的东西而战，为他一生的所作所为而战。他从未想要破坏民主政体。事实上，他一直努力赋予民主政体所需要的信仰。这一直是他一生的追求。他感到这种信仰正遭到严重威胁。他先前那些同伴的背叛，让他如此工作和抛头露面，这对他的震动十分深刻。他兴许喜欢将这一审判当作一个机会，一个证明自己无限忠诚于城邦的机会。

苏格拉底在有越狱机会时，非常仔细地解释了自己的态度：如果他趁机越狱，那就成了流放者，人人都会认为他是民主政体的敌对分子。所以，他要留下来，并且陈述了自己的理由。相关的解释见于柏拉图的对话《克里托篇》(*Crito*, 53b-c)。这很简单。如果他越狱，他就违犯了城邦法律。这种行为将会把他置于法律的对立面，证明他自己不忠诚。这对城邦是有害的。只有他留下来接受审判结果，才会证明他对城邦的忠诚不二，证明他支持城邦的民主体制，证明他从来不是其敌人。因此，没有比他自愿受死更能证明其忠诚的方式了。

苏格拉底之死是其真诚品性的最终证明。他一直保持着无畏、单纯与谦逊的品格，一直保持着分寸感和幽默感。他在《辩护篇》(*Apology*)里宣称："我是神派遣到这座城邦达里的一只牛虻，我总是整天假日地四处蛰你，唤醒你，劝导你和责备你。你恐怕找不到一个像我这样的家伙，因此我应当告诫你放过我……如果你打击我，诚如 Anytus 要求你那样，匆忙地将我致死，那么你的余生都会长睡不醒，除非神出于佑护之心，再派给你另一只牛虻。"(30e-31a)苏格拉底表明，一个人不仅会为命运、名誉或其他诸如此类的宏大事情而死，也会为批评思想的自由而死，会为与妄自尊大或多愁善感毫无关系的自尊而死。Cf. Karl Popper, *The Open Society and Its Enemies*: *The Spell of Plato*, pp. 202-207.

典范。对此,斯东(I. F. Stone)的感受与反应颇具代表性。他这样坦言:“我越是爱上了希腊人,苏格拉底站在法官面前受审的景象越教我痛心。作为一个民权自由派,我对此感到震惊。这动摇了我对杰佛逊式的对普通人的信念。在这样一个自由的社会里,怎么可能发生对苏格拉底的审判呢? 雅典怎么会这么不忠实于自己呢?”[①]这种“痛心”与“震惊”,既源自审判的结果,也源自控诉的起因。在标榜言论自由的民主雅典,苏格拉底却因维护言论自由而遭起诉并被判死刑,这委实是一出不可思议的荒诞闹剧,必然使人对雅典的民主制度心生疑虑与失望。然而, 汉密尔顿将此冤案归于“一个例外”,归于政权突变时的“突然恐慌”和一时的“残忍”,这一精巧的辞令显然是一种大而化之的轻描淡写,其意在为雅典的自由进行辩护,为雅典的过失寻求开脱。另外,汉密尔顿还拿五百年来的欧洲与数百年的古代雅典相比,这样做的目的与效果也许是让希腊人在心理上感到某些舒缓或宽慰。但是,这一比较对于我们中国人而言,则会产生一种迥然不同的反响。举凡了解中国历史的人,只要稍加回顾五百年来在华夏九州因“文字狱”和“莫须有”等“罪名”而导致的冤假错案和残酷虐杀,就会发现五百年来的欧洲之所作所为只能算是“小巫见大巫”了。至于古代雅典的政治制度及其历史实践,我们若能将其同中国的相关情况加以对比,就会发现那对于我们来说更是不敢奢望的奢望了。

古希腊人的精神基质

从汉密尔顿对雅典的相关赞词中,有些读者也许会问:那种在生活赋予的广阔空间中卓异展现自身生命力的幸福,那种在各种艰难困苦中争取维护人格尊严的幸福,那种不畏强权迫害而冒死追求真理的幸福,我们

---

① 斯东:《苏格拉底的审判》,董乐山译,三联书店,2003 年,第 4 页。

中国人能够消受吗？不知道。但我们知道希腊人能够消受，尤其是那些具有节制、勇敢、智慧、健康和正义德行的雅典公民更能消受，他们消受这些东西，就如同在会饮场际消受神话故事和哲学对话一样。当然，这不仅是因为他们具有上列德行，而且因为他们能够真正"恪守和完成自己对城邦和同胞所负的责任"。在柏拉图心目中，这种"责任"的最高境界，不是在奥林匹克运动会上获得冠军，也不是在战争时期赢得胜利，更不是在和平年代的各种赛事中拔得头筹，而是"终生竭诚效力于城邦的法律"①。所谓"终生竭诚效力"，按照我个人的理解，那就是终其一生，诚心竭力地遵守和维护城邦法律的权威与效用。因为，这"法律"不是纸上书写，而是立国之本，护国之道，兴邦之策，"遵守和维护城邦法律"，实际上就等于护法卫国，等于担负着护法者、卫国者与建国者的多重职责。这便是凝结希腊精神的基质所在。为此，柏拉图在《法礼篇》里一再凸显立法的双重性(dual nature of legislation)，特意将重在教育性劝诫的导言(the preambles of educative persuasion)与重在强制性惩罚的律例(the laws of coercive punishment)有机地结为一体。而且，柏拉图一再强调"顺从法律"(slavery to the laws)的理念，诚望切切实实地遵纪守法不仅成为公民言行举止的日常习惯，而且成为公民伦理生活的重要尺度。因为只有这样，只有当统治者成为法律的奴仆而法律成为统治者的主人时，"城邦才会得到诸神的拯救，才会享有诸神赋予的所有美好事物"②。

历史告诉我们，古希腊人是自由人，是追求理智与激情平衡适度的自由人；他们喜欢自由生活，热衷独立思考，并以昂扬的精神和顽强的斗志反抗僭主统治，蔑视权势专制，拒斥神权教条，他们却义无反顾地"只服从于法律"(希罗多德语)。他们知道，服从法律，就是维护法律；维护法律，就是保卫城邦。为此，他们勇于担当，不怕牺牲。正是基于这种性格和精神特质，柏拉图才将"终生竭诚效力于城邦法律"的公民，奉为城邦德行最

---

① Plato, *Laws*, 733-734.

② Ibid. ,715d.

为卓越的“完善公民”(politēn teleon)。在他看来,唯有这样的公民,才是城邦的脊梁,才会把守法护法视为自己的最高使命,才会把由此赢得的声誉看得高于其他一切荣誉,甚至看得高于自己珍爱的生命。再者,也唯有这样的公民,才会懂得并能完成两项任务:一是在遵纪守法的同时以正当方式做事(to do things right);二是在遵纪守法的同时,根据道德准则和实际需要去做正当之事(to do right things)。所谓“正当”,也就是“对,好,正确,妥当”。前者更多强调的是基于规则约定的做事方式,后者更多强调的是基于规则约定的善好动机和行为目的。自不待言,举凡能够在社会活动中践履如斯的公民,其法律意识与道德修为已然化境,足以抵制“放纵”“懦弱”“愚蠢”“有病”与“不义”的恶习,摒弃“放纵”“懦弱”“愚蠢”“有病”与“不义”的生活,恪守“节制”“勇敢”“智慧”“正义”与“共善互益”(the common good)的德行。这样一来,柏拉图也就不必太过担心新建的城邦,再次出现那种“民已非民,官已非官,邦已非邦,一盘散沙,天厌敌伐,势必败亡”的恶果了。

最后,在结束讨论之前,人们也许会问,到底是何种立法使得古希腊人“只服从于法律”呢?答案只有一个:顺应“神明意志”的“优良立法”。至于“神明意志”(the will of the gods)一说,主要是由于古希腊法律源自古代习俗和古希腊人相信神明约束的宗教观念所致,赫拉克利特就曾宣称:“所有人类法律都由一部神明法律滋养而成。”①至于涉及民主政体的“优良立法”(good legislation),主要发端于“希腊七贤”之一梭伦(Solon, BC 630-BC 560)。梭伦“拔掉了田地里的许多界标,使逃亡异乡的穷人获

① C. M. Bowra, *The Greek Experience*. London: Phoenix, 1994, pp. 66-68. The statement about the laws follows: “Since laws were derived from ancient custom, it was only natural to assume that they had a divine sanction and represented in some sense the will of the gods. This was the Greek equivalent to the notion of natural law, and it was held by Heraclitus, who said, ‘All human laws are fed by the one divine law’. Historically this may mean no more than that the state took over responsibility for offences which had once been the concern of the family, but it also meant that the laws were revered because ultimately they were sanctifies by the will of the gods.” (Ibid., p. 67)

得解放”,他所“制订的法律,无贵无贱,一视同仁,直道而行,人人各得其所”。[①] 他的基本立法精神在于抑制富有阶层,扶持贫困阶层,强化中等阶层,引入民主精神,奠定雅典“民主政体的祖制”,规定公民都有被选为公众法庭陪审员的机会。[②] 亚里士多德本人由衷地赞赏这一方略,认为只有这样才能使中等阶层成为富人和穷人的仲裁者,成为社会结构的主导力量,最终才能使城邦得以稳定和长治久安。当然,法律的实际意义还包括诸多方面,譬如,(1)促成全邦公民都能进入正义和善德的永久制度;[③](2)确保全邦公民都能严格遵守平等原则,让穷人与富人处于同样的地位,谁都不作对方的主宰;(3)尊重全邦公民的自由权利,让所有人都尽可能地一律参加并分配政治权利;(4)确立法治的通则与法律的威信,让城邦治理不是以命令而是以法律为依归。[④] 总之,“凡不能维持法律威信的城邦,都不能说她已经建立了任何政体。法律应在任何方面受到尊重并保持无上的权威,执政人员和公民团体只应在法律(通则)所不及的‘个别’事例上有所抉择,两者都不该侵犯法律”[⑤]。这就是说,任何城邦或国家的政体或政治体制,如果不能维护法律至高无上的权威,那就不能算作一个真正成熟的政体或政治体制;同时,法律至上的原则与实践,不受任

① 亚里士多德:《雅典政制》,日知、力野译,商务印书馆,1999 年,第 15 页。在制度上,梭伦建立了九执政官的法律,创立了四百人议会,实施了城邦官职的改革。其立法的民主特色有三:第一是禁止以人身为担保的借贷,第二是任何人都有自愿替被害人要求赔偿的自由,第三是向陪审法庭申诉的权利,这一点便是群众力量的主要基础,因为人民有了投票权利,就成为政府的主宰了。……这些便是梭伦所制定的具有民主性质的法律;在他立法之前,他的民主改革是取消债务,而以后则是提高度量衡制和币制的标准。参阅亚里士多德:《雅典政制》,第 11—12 页。

② 亚里士多德:《政治学》,吴寿彭译,商务印书馆,1997 年,卷二,1274a37—44。梭伦顺应民意和历史潮流,在完成立法的基础上,成功地推行了土地改革运动,废除了传统意义上神圣不可侵犯的田地界石,解放了土地和农民。为此,他在自己的诗作里自豪地写道:“这是一项没有希望的事业,但在神的助佑下我竟然做成了。大地母神可以为我作证,我用灵巧的双手除去了界石,受奴役的土地现在终于自由了。……凡在大地上受到严酷奴役的人,在主人面前胆战心惊的人,我都解放了。”参阅库朗热:《古代城邦——古希腊罗马祭祀、权利和政制研究》,谭立铸译,华东师范大学出版社,2006 年,第 253—254 页。

③ 亚里士多德:《政治学》,卷三,1280b12—13。

④ 同上书,卷四,1291b30—1292a3。

⑤ 同上书,卷四,1292a30—34。

何执政人员的地位与权力的影响，否则就是侵犯法律；另外，在法律所不及的"个别"事例上，执政人员务必根据法律的基本精神予以公正地裁决，任何营私舞弊或偏袒不公都属于违法行为。这一理念在本质上显然反映了"法律面前人人平等"的"法治"（rule of law）特征，而非"法律面前权力说话"的"法制"（rule by law）品相。

综上所述，两千多年前古雅典所设定和实施的立法准则，委实取法乎上，真正以民为本，使得法律（nomos）成为"一种高级的客观力量"和"整个城邦的真正灵魂"①，由此开启了"民治、民享、民用"制度的历史先河，甚至称得上是引领人类政治文明的永恒灯塔。现如今，在民主与开放的社会里，所有这些准则已然成为立法依据与公共常识，但在非民主与封闭的社会里，它们依然属于半遮半掩的论题或相当生疏的理念。可以预见，

① 布克哈特：《希腊人和希腊文明》，王大庆译，上海人民出版社，2008 年版，第 111 页。这段话是这样说的："对于城邦把自己视为一个理想的整体，还存在另外一种看法和另外一种形式，这是从 nomos 这个字看出来的，这个字通常包含了法律和政体的含义。Nomos 是一种高级的客观力量，高居于所有个体存在和意愿之上，不仅仅满足于缴税和服兵役为代价对公民进行保护，就像现代社会那样，还热衷于成为整个城邦的真正灵魂。作为众神的造物和赐予，人们用最崇高的词汇对法律和政体加以颂扬，称之为城邦的人格，所有美的的护卫者和保存者。……斯巴达的德马拉图斯（Demaratus）对薛西斯解释道：他的人民对'主宰一切的法律'（despotes nomos）的畏惧，远在波斯人对他们伟大国王的畏惧之上。正如柏拉图所言，官员们尤其是法律的奴仆。因为，立法者被视为超人……最重要的是，法律（nomos）不能去永和某个人物或碰巧处于大多数的那些人的一时的兴趣和想法，至少在理论上，人们强烈地感到，旧有的法律应该保留；实际上，甚至比法律还要古老的风俗和习惯被认为具有一种生命力，法律只不过是其外在的表现罢了。即使那些不合法的法律，只要它们还在被严格地执行，也似乎要比改变它们更能给社会提供一种稳定感……在一些城邦，男孩子们必须要会用抑扬顿挫的声调背诵法律，这样做不仅是要他们牢记在心，而且还是为了确保它们不被改变。（希腊文 nomos 具有'法律'和'曲调'的双重含义。）"

需要说明的是，"斯巴达的德马拉图斯"曾是斯巴达的国王，被流放在国外时，由波斯君主薛西斯（Xerxes）的父王收留，暂居波斯。在与薛西斯讨论波斯人与斯巴达人的作战能力时，德马拉图斯说了这一番话："拉凯戴孟人[斯巴达人]在单对单作战的时候，他们比任何人都不差；在集合到一起来作战的时候，他们就是世界上无敌的战士了。他们虽然是自由的，但是他们并不是在任何事情上都是自由的。他们受法律的统治，他们对法律的畏惧甚于你的臣民[波斯人]对你[薛西斯君主]的畏惧。我可以拿出证据来证明他们的确是这样：凡是法律命令他们做的，他们就做，而法律的命令却永远是一样的，那就是，不管当前有多少敌人，他们都绝对不能逃跑，而是要留在自己的队伍里，战胜或是战死。"参阅希罗多德：《历史》，王以铸译，商务印书馆，2005 年，下册，第七卷 104，第 505 页。

在后一种社会形态中，由于“优良的立法”环节先天缺失，致使法律的实际意义与上列准则之间存在相当差距，在这样不充足的现实条件下，如果强求人们效仿“只服从法律”的古希腊人，那恐怕是一种勉为其难的非分之想了。且不知读者诸君以为然否?

后马克思主义话语接合论及其批评价值[①]

陶水平[②]

[摘要] 当代英国政治哲学家拉克劳与墨菲创立的"后马克思主义",是当今西方学术界继"西方马克思主义"之后一种最新的左翼学术文化思潮,以解构传统马克思主义的意识形态及领导权的经济还原论和阶级本质主义为思想旨趣,认为在当今时代身份政治与文化政治比传统政治更为根本也更为迫切。在后马克思主义理论话语中,话语接合论是其最具标志性的理论和方法。拉墨后马克思主义话语理论本身即是当代西方解构哲学、后现代哲学等新理论与西方马克思主义的阿尔都塞、葛兰西理论的"接合",是当代马克思主义文化政治学的"语言学转向"的最新产物。后马克思主义话语接合理论对晚近文化研究和文化批评产生了极其重要的影响,对我国当下的文化研究、文化诗学和文化批评也极具借镜意义。

[关键词] 后马克思主义 拉克劳 墨菲 话语 接合 文化政治 身份政治 文学研究 理论启迪价值 方法论价值

"后马克思主义"是当今西方学术界继"西方马克思主义"之后的一种最新的左翼理论思潮,以解构传统马克思主义的意识形态及领导权的经济还原论和阶级本质主义、解构传统政治倡导后现代

---

① 本文系笔者所承担的国家社科基金项目(09BZW002)"文化研究的学术逻辑与批评实践"的阶段性成果之一。

② 陶水平,江西师范大学文学院教授,文学博士,博士生导师,主要从事文艺美学与文化诗学研究。

政治为思想旨趣。何谓"后马克思主义"(Post-Marxism)？国内外学界主要有三种理解：1. 作为苏联、东欧国家各类社会文化革新思想的总称；2. 作为当代西方左翼或中左翼社会文化批判思潮的泛称；3. 作为当代西方著名政治哲学家拉克劳和墨菲所创建的后马克思主义理论的专名。笔者在此所论为第三种含义的后马克思主义。拉克劳和墨菲在其合著的《领导权与社会主义的策略》一书中，把自己的理论命名为"后马克思主义"，并因此蜚声国际学术界。本文集中讨论拉墨后马克思主义的话语接合理论及其对美学研究、文学研究、文化研究、叙事学研究的启迪意义。

一　拉墨后马克思主义的文化政治与身份政治理论

尽管"后马克思主义"这个名称早已有之，但作为一种真正理论化的学术形态，则是与拉克劳和墨菲两位的名字联系在一起的，以至于国内外一些学者径直把"后马克思主义"简称或并称为"拉墨理论"。可以说，拉克劳与墨菲是后马克思主义理论的真正创立者。

恩斯特·拉克劳(Ernesto Laclau，1935—　)，阿根廷籍英国著名政治哲学家，后马克思主义主要理论家。拉克劳出生于阿根廷布宜诺斯艾利斯一个中产阶级家庭，早年就读于布宜诺斯艾利斯大学。青年时代的拉克劳曾是阿根廷激进学生运动领袖之一，由于参加反对阿根廷军人政府独裁统治的学潮而受到官方通缉，于 1969 年流亡英国并进入牛津大学深造。1970 年代毕业后在欧美多所大学任教。拉克劳的主要代表作有：《马克思主义理论中的政治与意识形态：资本主义、法西斯主义、民粹主义》(*Politcs and Ideology in Marxist Theory—Capitalism*、*Fascism*、*Populism*，1977)、《领导权与社会主义的策略——走向激进民主政治》(*Hegemony and Socialist Strategy*：*towards a radical democratic politics*，1985)(与查特尔·墨菲合著)、《我们时代革命的新反思》(*New reflection on the revolution* *of our time*, 1990)、《认同政治的缔造》(*Making of Political Indentities*, 1994)、《解放》(1996)(注意,该书的英文书写形式是复数 emancipation [s])、《论民粹主义理性》(*On Populist Reason*, 2005)等。后马克思主义另一位重要代表人物是比利时籍英国著名政治哲学家**查特尔·墨菲**(Chantal Mouffe,1943—),出生于比利时沙勒罗瓦,墨菲曾先后在比利时卢汶大学、法国巴黎高师、英国艾塞克斯大学等学校学习,早在卢汶大学求学期间即是社会主义党左派成员。毕业后在欧美多所大学任教。作为一名激进的马克思主义学者,她曾于20世纪60年代远赴哥伦比亚,多年投身当时拉美世界的反帝斗争。作为厄尼斯特·拉克劳在艾塞克斯大学任教期间最重要的学生并与之齐名的学者,墨菲在当代政治思想、新社会运动和女权主义理论研究方面著述颇丰。除了与拉克劳的合著之外,墨菲的重要代表作还有《葛兰西和马克思主义理论》(*Gramsci and Marxist Theory*, 1979)、《政治的回归》(*The Return Of The Political*, 1993)等。

拉墨的后马克思主义理论主要体现在其三部代表作,即《马克思主义理论中的政治和意识形态》《领导权与社会主义的策略》《我们时代革命的新反思》。这三部著作是拉墨最有原创性、代表性和影响力的著作,堪称拉墨"后马克思主义理论的三部曲"①。精读这三部曲,即可把握拉墨后马克思主义的主要理论观点。因篇幅关系,笔者对这三部理论经典著作的解读从略。

拉墨后马克思主义是当代西方左翼社会运动思潮的理论化,同时也反过来给它们以巨大影响。拉克劳—墨菲后马克思主义的社会基础是当代西方各种反抗资本主义及其全球化的新社会运动。拉克劳在论及后马

① 拉墨二人的学术合作即始于《马克思主义理论中的政治和意识形态》的写作时期。在该书"导论"的最后一段,拉克劳写道:"我必须向尚塔尔·墨菲致以深深的谢意,我和她详细地讨论了这些论文的主要部分,她对于一些核心论点的阐发所作出的贡献具有如此的决定意义,以至于在某些方面它们必须被看作是合作的产物。"见 Emesto Laclaut, *Politics and Ideology in Marxist Theory*, London, 1977, p. 13。

克思主义的理论性质时曾指出：

> 后马克思主义不意味着在马克思之外或反马克思主义，而是重视其他社会斗争形势的马克思主义，这些斗争形势从 19 世纪以来已经发展了性、性别、民族、种族等等方面的特征。后马克思主义意味着仍然是马克思主义的探索，但是它加入了所有社会构造特性中的多样化方面。①

拉墨认为，新社会运动身份政治的出发点是行动者(agent)，而不是抽象的主体(subject)。在《领导权与社会主义策略》第二版序言中，拉克劳还写道：

> 《领导权与社会主义策略》的核心原则之一是需要把等同的链条与各种反对不同从属形式的民主斗争联系起来。我们认为，反对男性至上主义、种族主义、性别歧视的斗争以及环境保护，需要与左翼领导权设计中的那些工人链接起来。(《领导权》，第 4 页)

拉墨激进的民主理论解构了传统马克思主义的受制于必然规律的、以暴力革命为根本的、以全人类彻底解放为终极目标的革命话语。拉墨认为，传统马克思主义的大写的暴力革命的解放话语的基础主义的式微，导致了"阐释的战争"，阐释中要求的意义通过斗争语境得以建构，如女同性恋群体、社区团体协会、黑人组织的要求等，他们之间往往缺乏凝聚力。正因为此，各种新社会运动的多元激进民主需要领导权的接合。接合是各种新社会运动的个体要求得以具体化限定和实现的话语实践，各种新社会运动的解放因而建立了一种既差异又等同的关系。

后马克思主义认为当今世界的政治是一种身份认同政治，以差异主体的身份认同政治取代总体化的阶级政治是后马克思主义的政治规划。在拉墨看来，阶级政治与政党政治固然重要，但是在后现代社会，身份政

---

① 拉克劳、墨菲:《领导权与社会主义的策略》，尹树广等译，黑龙江人民出版社，2003 年，中译本译者前言，第 4—5 页，拉克劳给中译者的信。

治与文化政治更为根本或更为本源，也更为切近每一个人的生存。拉墨认为，“阶级斗争仅仅是身份政治学的一种，并且是这样一种，它在我们所生活的当代世界中已变得越来越不重要”①。拉墨主张改变社会变革的阶级主体（具体说是工人阶级主体，拉墨称之为“特权主体”），代之以当今西方新社会运动中的各种反主流反体制力量，从而以身份政治替换阶级政治，以文化政治替换革命政治，以话语政治替换本质主义政治。他们所要建立的新领导权既非资产阶级的霸权，亦非无产阶级的领导权，而是当今西方各种新社会运动的非主流力量的领导权，以诸如都市亚文化运动、生态运动、女权运动、和平运动、反种族歧视运动、同性恋运动、反全球化运动等社会力量作为争取新领导权的主体力量，建立黑人、女性、劳工、同性恋者之间的等同性、去中心、去总体化的连接。

> 在一个社会中，每个人无论他/她的性别、种族、经济地位、性偏好如何，都出现在平等而共同参与的情景中，不再有产生歧视的基础，自我管理将出现在所有的领域内——在我们看来，这就是今日的社会主义理想所应有的内涵。②

在某种意义上，拉墨反对阶级政治、倡导身份认同政治与德勒兹反对解放政治、倡导游牧政治的激进观点具有可比性。

拉墨善于在其著作中使用定冠词“the”，常常在一些表达文化的抽象意义的词语前加一个定冠词“the”，使之获得一种在特定语境中接合而成的具体含义。例如，区分不加定冠词的“社会”（society）与加定冠词的“社会”（the social），前者是遵循必然性逻辑的、完全闭合的总体化的社会，拉克劳认为这种社会只是本质主义的理论抽象，因而具有“不可能性”；后者则是现实存在、不断接合而成的、遵循偶然性逻辑的、开放的、差异化的、相对缝合的社会。其他如不加定冠词的“政治”（politics）与加定冠词的

① 朱迪斯·巴特勒等：《偶然性、霸权和普遍性》，胡大平等译，江苏人民出版社，2004年，第214页。

② 拉克劳、墨菲：《领导权与社会主义的策略》，第74页。

"政治"(the political)亦然,前者是抽象的、一元论的、本质主义的、完全缝合的封闭的政治,后者是具体的、不断接合的、多元民主的开放的政治。大写的"解放"(Emancipation)与小写的、复数的"解放"(the emancipations)之分,亦是如此。

二 拉墨后马克思主义的话语接合理论及其精义

"接合(articulation)理论"是拉墨后马克思主义话语中最有理论意义和实践价值的理论。对于拉克劳—墨菲来说,意识形态的接合(ideological articulation)、政治的接合(the political articulation)、社会的接合(the social articulation)、身份的接合(identity articulation)、多元民主的接合(Multi-democracy articulation)、领导权的接合(hegemonic articulation),等等,归根结底是话语接合(discourse articulation)。"articulation"可谓后马克思主义最具标志性的理论方法 。"articulation"本是英语中一个很普通的单词,从词源学和语义学角度看,"articulation"本义是"发音""发声",引申为"表述、连接、关节"等。"articulation"中文翻译有"接合""连接""链接""串联""阐释""表述"等多种译法。笔者建议一律译为"接合"。"接合"在后马克思主义和文化研究那里,主要有"表征""连接"两层含义。[①] "接合"可以发生在各个层面:意识形态的接合、话语的接合、社会

① 关于何谓"接合"?拉克劳在《马克思主义理论中的政治与意识形态》一书的导言中,曾首次对西方思想史上的"接合理论"进行了谱系学的追溯。深受拉克劳影响的英国文化研究领袖人物霍尔则对何谓"接合"做出了最形象也最经典的表述:"我一直在使用'链接(articulation)'这个词。但是我不知道人们是否完全理解我赋予这个词的意义。在英国。这个词具有微妙的双重意义。因为 articulation 的意思是发声(to utter)、说出来(1anguaging)、表述(expressing)等方面的含义。但是我们也可以说'铰链式'卡车:一种车前体(车头)和车后体(拖车)可以连接,但并非必然地相互连接的卡车。两个构件相互连接,但是要通过一个特殊的联运装置,也可以通过这个联运装置将构件拆开。因此接合是一种连接形式。它可以在一定条件下将两种不同的要素相互统一起来。它是一种关联,但并非总是必然的、确定的、绝对的和本质的。"(见《接合理论与后马克思主义:斯图亚特·霍尔访谈》)

的接合、主体位置的接合、文化领导权的接合等。"articulation"在拉墨那里,一如"理念"在柏拉图那里,"意志"在尼采那里,"现象"在胡塞尔那里,"延异"在德里达那里同样重要,堪称理解后马克思主义的一把钥匙。因此,有必要进一步集中讨论"话语"及其"接合"。

首先,我们千万不要想当然地认为"话语"即是"语言"。话语的含义比语言更丰富。

不妨先引用几段拉墨解说话语的论述:

> 我们把任何建立要素之间关系的实践称之为链接,那些要素的认同被规定为链接实践的结果,来自链接实践的结构化总体性,我们称之为话语。不同的立场只要在话语之中被链接起来,我们称之为因素(moments)。相应地,我们称任何没有被话语链接的差别为要素(elements)。[①]

为了有助于人们对其话语理论的理解,在《领导权》一书中,拉墨从三个方面阐述了话语的特点:关于话语形态特有的连贯性;关于话语的维度和范围;关于话语形态的开放性和封闭性。

1. 关于话语形态特有的连贯性

拉墨认为,我们所归于话语形态的连贯性类型接近于福柯在《知识考古学》中所阐明的话语的"分散中的规则性"(分散本身成为统一原则)。拉墨所谓的"话语形态"也可以被看成是所有不同话语立场的全体,但是它构成了一个结构,可以在某种语境中接合成一个总体。话语形态的接合方式是"分散的规则性",任何话语接合都不可能导致每个"要素"不加限定地成为"因素"。话语形态只是差异要素被连接起来并占有不同位置的话语总体,而非被缝合的总体。"连接是没有先于或外在于分散的被连接要素的基本层面的话语实践。"[②]换言之,话语是有差别的实体,是不同

---

① 拉克劳、墨菲:《领导权与社会主义的策略》,第114页。

② 同上书,第121页。

因素的结构化体系。话语即不同意义或差异链的连接,这些意义不断被商议,由于中心的缺席无法把结构系统完全封闭起来。

2. 关于话语的维度和范围

拉墨指出:

> 我们的分析拒绝话语与非话语实践之间的差别,而肯定了(1)每个对象被构造为话语对象,只要对象不是在每一个出现的话语条件之外给定的;(2)通常被叫做语言与社会实践行为方面之间的任何差别……在我们看来那是不相容的。①

鉴于这第二点特别有可能被人误解,拉墨专门就话语的这个特点做进一步阐发,主要是从以下三方面加以论述的:

其一,每一个客体被构成话语客体的事实与是否存在外在于思想的世界没有关系。地震或一块砖头的落下当然是存在的事件,在眼下出现的意义上,独立于我的意志。但是它们或被作为"按照自然"现象形成的客体,或被视为按照"被上帝惩罚的表征"的形成而构成的客体,总是依赖话语领域的结构化。具体到这个例子来说,地震或这块落下的石头,要么是自然科学这种话语的建构,要么是神学的话语建构,要之,都是话语对象。

其二,与以往把话语当作精神性的传统偏见不同,拉墨肯定每一个话语的物质特征。当代哲学如当代言语行为理论正是试图打破话语的物质性与精神性的二元对立。维特根斯坦的语言游戏即是这样一种新的理论,语言游戏即是语言与行为的相互连接。例如维特根斯坦著名的对两名建筑工 A 和 B 递砖与砌砖事件的语言游戏的分析,认为他们递砖与砌砖构成的语言和行为的整体即是一种"语言游戏"。拉墨指出,"很显然,每个客体的物质特性是维特根斯坦所谓的语言游戏的一部分,是我们称

① 拉克劳、墨非:《领导权与社会主义的策略》,第 116—127 页。

之为话语的东西的一部分”①。可见,言语与非言语要素构成了不同的结构化的位置体系即话语。② 连接的实践,不是由所谓纯粹的语言现象构成,而是必须通过话语形态的结构化来打破各种制度、习俗、行为的整个不透明性或自明性。“不存在简单的观念体系,意识形态具体化于制度、习惯等等之中。”③从葛兰西到阿尔都塞都逐渐肯定了意识形态的物质性。

其三,我们还必须考虑话语所具有的生产力和意义。不仅自然对象是自然科学话语的构成对象,社会更是话语实践的产物,社会关系都是话语构造的。终结话语/非话语二分法的结果是放弃思想与现实对立,以及由此而来的那些说明社会关系的范畴领域的扩张。同义词叠用、转喻、隐喻不仅是思维形式,更是社会在其中被构成的话语领域本身的一部分。对思想/现实二分法的拒绝带来了那些被当成唯我独尊的范畴的相互贯通。④

3. 关于话语形态的开放性和封闭性

话语形态或话语总体从来就不是简单给定的和划定的。话语逻辑总是不完整的并且被偶然性打破。从“要素”到“因素”的转化不可能是完

---

① 拉克劳、墨菲:《领导权与社会主义的策略》,第 119 页。

② 后来,在《无怨无悔的后马克思主义》一文中,拉墨再次强调,不同于传统语言观仅仅把语言看成精神性的言语(speech)与写作(writing),拉墨所说的“话语”是包括语言和非语言的总体。“这一自身既包括语言,又包括非语言的总体性,就是我们所谓的话语。”拉墨认为,一切“意义”都是社会构型的,例如,一个圆球成为“足球”,固然与其物质性有关,同时与足球运动的体育规则有关。因此,被称为“足球”的话语对象是社会关系建构的,这一关系系统即是“话语”。一块石头或一块钻石似乎是一纯然的自然物,其实仍是社会建构的,它们或作为矿物,或作为投掷物,或作为审美沉思的对象,或作为首饰,都是在某种具体的话语构型(矿物学、军事学、美学)范围之内的对象。正是话语构成了“对象”(足球、矿石、钻石)和“我(建筑工或玩球者)”的主体身份(《新反思》,第 121—122 页)。拉墨还援引维特根斯坦的“语义即用法”的观点,进一步提出,“所有认同或话语对象都是建筑在行为的语境之中”(《新反思》,第 123 页)对于人类社会而言,没有完全自明的或透明的自然实存物,即便是“石头”也不例外。假如地球上没有人类创立的矿物学,也就没有语言对其命名和分类。因此,哪怕是科学理论也可以归入日常语言和话语理论之中。对象永远不会被给予纯粹的实存,而总是在语境之中得到连接(《新反思》,第 124—125 页)。

③ 拉克劳、墨菲:《领导权与社会主义的策略》,第 120 页。

④ 同上书,第 121—122 页。

整的，话语的同一性只能是相对的。社会同一性没有必然性的保证，社会的必然性只是作为偶然性的局部成果而存在，社会也无法被完全缝合。“每个总体的不完整的特征必然导致我们放弃分析领域中作为被缝合并且自我规定的总体‘社会’这一前提。”①每一个社会客观上都是话语而构型的，抽象的“社会”不是话语对象。所有社会实践——在它的一个维度上——都是接合。总体的内在性和总体的外在性都是不可能的，绝对的固定性与绝对的不固定性也是不能的。正是在这两个不可能之间，现实的社会被构成。每个话语要素作为差异化的要素，都是“漂浮的能指”，在被“接合”的过程中都会产生意义的剩余，而不可能被完全“缝合”。任何话语形态都会被溢出的意义剩余所颠覆。意义最终固定的不可能性意味着任何意义的形成都是局部的固定。这个从来就没有被充分固定的同一性领域，是多元决定的领域。“连接实践因此由部分上固定意义的关节点构造，而且这一固定的部分特征来自社会的开放性。”②“接合”之所以不同于“缝合”，正在于“缝合”即能指与所指之间的关系被完全固化，没有剩余的意义或意义的剩余，而“接合”则是社会要素的非必然的连接，是差异要素之间的等同化。接合作为结构化是相对的，其中总有部分的意义被溢出，因而是非本质主义的、非总体化的，或者说，只是结构性的、开放的总体化。

总之，在拉克劳—墨菲那里，话语是连接与颠覆、差异与认同(等同)、文本与语境、结构与解构、确定与非确定、稳定与变化、总体与开放、中心与边缘的统一。或者说，话语是连接与颠覆、差异与认同(等同)、文本与语境、结构与解构、确定与非确定、稳定与变化、总体与开放、中心与边缘的双重属性，它们之间的位置和属性可以相互转化。

---

① 拉克劳、墨菲：《领导权与社会主义的策略》，第122—123页。

② 同上书，第126页。

三 拉墨后马克思主义话语接合理论的诗学意蕴

拉墨充分运用胡塞尔、索绪尔、德里达、维特根斯坦、海德格尔、拉康、福柯、利奥塔、巴赫金、理查德·罗蒂等人的批评方法来解读马克思主义。拉墨的后马克思主义实质上是马克思主义与非马克思主义的“接合”，是把当代西方后结构主义、后现代主义、现象学、分析哲学、后分析哲学以及知识考古学和权力谱系学乃至康德哲学一并接合(articulation)到阿尔都塞主义和葛兰西主义理论话语之中，质言之，可以称作“后阿尔都塞主义和新葛兰西主义”的接合体。

在拉墨的著作中，一些语言学和符号学术语成了其理论关键词：诸如articulation(接合)、disarticulation(解接合)、re-articulation(再接合)，discourse(话语)、moments(因素)、elements(要素)、discursive(语境)、hinge(枢纽)、linkage(节点)、nodal points(环扣)、connotative(意涵的)、evocative(激发的)、floating signifier(漂浮的能指)、master signifier(主能指)、empty signifier(空的能指)、difference(差异)、equivalence(等同)、syntagmatic pole(组合轴)、paradigmatic pole(聚合轴)、Metonymy(换喻)、Metaphor(隐喻)、The significance of residual(意义的剩余)、Suture(缝合)、locutionary(以言表意的)、illocutionary(以言行事的)等。在拉墨的著作中，到处充斥着语言学和符号学的术语，其“后马克思主义”堪称一种充满话语色彩的时尚理论。

拉墨的后马克思主义是当代马克思主义政治理论和意识形态理论“语言学转向”(广义)和“文化转向”的最新产物。他们把其“激进多元民主的政治理论”充分地语言学化、符号学化、话语化、文学化、诗学化了，使之具有浓郁的文学性。因此，当代美国政治哲学家道格拉斯·拉米斯把拉墨的后马克思主义著作与当代意大利符号学家、后现代小说家、批评家艾柯的小说作品相提并论。[1]

在马克思主义思想史乃至整个当代西方思想史上，拉墨后马克思主义接合理论占有重要的历史地位。接合理论是对卢卡奇“总体性”的批评与超越；是对哈贝马斯的“共识理性”的批评与超越；是对鲍德里亚“表征危机”和“冷漠的大众”的批评和超越；也是对利奥塔的“绝对的差异”的批评与超越；更是对现代性的民主、自由、解放等价值与后现代性的差异、多元、尊重他者等价值的综合创新（道格拉斯·凯尔特）。

拉墨既反对总体的本质主义，也反对要素的本质主义。前者指的是卢卡奇等人，后者指的是利奥塔等人。拉墨认为，单一的总体性与彻底的解构主义都使得连接成为不可能。单一性决定原则控制的整体，不存在接合的问题。绝对的解构或绝对的后现代差异性相互之间不可通约，也谈不上接合的可能。

“接合”虽然在葛兰西、阿尔都塞、普兰查斯那里，甚至在马克思、列宁、毛泽东那里都已有理论的思考和实践，但真正把接合上升为一种系统理论、方法与实践的，当属拉克劳—墨菲。换言之，拉克劳—墨菲使得“接合”思想充分地概念化、理论化。

从学术史上做如下比照是有趣的：马克思、恩格斯之于原典马克思主义，列宁、毛泽东之于特色马克思主义，卢卡奇、葛兰西之于西方马克思主义，拉克劳、墨菲之于后马克思主义，尽管他们的政治意义悬殊甚大，然而他们的思想史地位有诸多可比之处。

近二三十年，拉墨的后马克思主义在世界范围尤其是在欧美国家产生了广泛的影响。然而两位赫赫有名的西方马克思主义理论家——伊格尔顿和詹姆逊——居然对拉墨理论极少置评。并且，詹姆逊和伊格尔顿还竞相提出“理论之后”的话题，显然未把拉墨后马克思主义放在应有的地位。这使人不得不对他们产生白人种族主义和欧洲中心主义之嫌。究

① 道格拉斯·拉米斯：《激进民主》，刘元琪译，中国人民大学出版社，2002年，第5页。

其原因,与西方马克思主义主要是一种西方发达国家的新马克思主义不同,拉墨后马克思主义以及受其影响的当代文化研究都与第三世界国家、澳洲等新兴发达国家关系密切。拉墨两人都有拉丁美洲的生活、政治斗争的思想经历。拉克劳是阿根廷裔的英国人,其学生墨菲也曾在哥伦比亚从事多年的文化、政治和学术活动。而后面要论述的霍尔是牙买加裔的英国黑人学者,其学生托尼·贝内特有长时期的澳洲工作经历和生活经历。既然拉墨后马克思主义具有如此巨大的理论影响力和理论生产力,人们有理由质问:"理论"果真终结了吗?

四 后马克思主义话语"接合"论的理论启迪意义与方法论价值

拉墨后马克思主义的话语接合理论本质上是一种文化政治哲学,却具有极高的文化诗学理论意义和文化批评实践价值。可以说,作为一种话语实践活动,"接合"乃无处不在。其实,马克思主义本身也是接合的产物。马克思主义与西方传统形而上学不同,不是从一个核心范畴出发推导出来的,也不是对各种概念归纳出来的。马克思主义三个组成部分(政治经济学、唯物史观、科学社会主义)之间不是从某个元范畴推论出来的,这三个组成部分是接合的成果。新中国强调的"佛教与社会主义相适应"其实也是异质文化间的接合。

又比如,放在中国古代文化诗学研究领域,我们也可处处发现接合的存在,诸如中国上古时期的西周伦理型礼乐文化与殷商宗教型祭祀文化的关系就是一个文化的接合。中国古代中古时期本土儒道文化与佛教的关系也是不同文化间的接合。

再比如,霍尔曾举例说,拉斯特法里教(Rastafari movement)作为1930年代牙买加兴起的一个黑人基督教宗教运动,即非洲黑人的土著语言文化与基督教"圣经"相接合的产物。"它是通过把某一文化实践的因素(这些因素本身并没有任何必然的政治意义)重新加以组合所形成的转化。"①

拿美学和文艺学研究来说,"接合"理论对于诠释文学艺术在人类社会文化结构中的位置和功能极具方法论意义。这是因为,艺术与宗教、伦理、政治、习俗的连接,从来就以这样那样的形式存在着。过去如此,今日依然。艺术自律只是一个特定语境下的美学观念,艺术的常态恰恰是以同其他各种社会文化因素相连接的形态而存在。

笔者认为,作为一种文化政治学、文化审美学、文化诗学乃至文化批评学的理论形态和实践方法,"接合主义"批评的理论特色与方法论意义是:1. 重视话语研究,重视语境批评;2. 对大众文化批评的借鉴价值;3. 对文化政治研究的启迪意义;4. 对文化身份认同研究的意义;5. 对历史转捩期文化转型研究的方法论意义;6. 对文化建设和理论创新的意义;8. 文学叙事、史学叙事、媒介叙事、文化叙事、社会叙事及哲学叙事的接合及其研究意义等。

当代美国传播学者斯莱克(Jennifer Daryl Slack)认为:接合(articulation)"可能是当代文化研究中最具生产性(generative)的概念之一。它对于理解文化理论家如何构想世界、分析世界和参与形塑世界至关重要"②。

作为一种文化诗学和文化批评,后马克思主义接合论批评是对当代西方解构批评和后现代批评的矫正。因为,文化研究学者可以创造性地借镜接合理论批评的方法和实践,并以"接合"克服鲍德里亚的"表征的危机",以"接合"超越德里达的"一味的解构",以"接合"取代利奥塔的"绝对的差异化"。可见,接合论(接合主义、接合理论、接合批评)优于解

---

① 霍尔:《接合理论与后马克思主义:斯图亚特·霍尔访谈》,周凡译,载周凡、李惠斌主编《后马克思主义》,中央编译出版社,2006 年,第 198 页。

② Jennifer Daryl Slack,"The Theory and Method of Articulation in Cultural Studies", David Morley, Kuan-Hsing Chen, Stuart Hall: *Critical Dialogues in Cultural Studies*, London 1996, p. 112.

构论(解构主义、解构理论、解构批评)和后现代论。后马克思主义话语接合批评比西方解构批评和后现代批评更具有理论上和实践上的建设性,体现了批判与建设的双重统一。

“接合”已然成为当今西方理论和批评中最前沿也最重要的一个关键词,成为当代西方文化语境下社会运作、话语政治、理论阐释、理论建构和文化批评的一个最为重要的学术表征,堪称当今西方文化研究领域一个最新的学术转向。可以说,拉克劳—墨菲和霍尔—贝内特等人的“接合主义”文化理论及其接合批评实践(articulatory practice),充分表明“接合主义”已接合、包容、超越了解构主义和后现代主义,宣告了一个“接合主义”的理论时代已然来临。

因此,本文的结语是:走向“接合主义”的美学理论、文学理论、文化理论及其批评实践。对于当代中国古今会通、中西互动、文史哲相互渗透、理论与实际密切联系的美学研究、诗学研究、文化研究及其批评实践来说,“接合”比“融合”“整合”等术语更具有建设性、当代性、广泛性、理论性、实践性、可言说性和可操作性。

意义论:文学研究的知识学主轴①

冯黎明②

[摘要] 文学研究和文学批评的核心任务在于意义的阐释,因此意义论乃是文学理论的中心。古典时代的文学意义论规定文学的意义在于言说总体性真理,近代表现论认为文学的意义在于个人情感的抒发,美学诞生后又将文学文本的含义解释为审美意识。语言论转向给文学意义论带来了一系列的变化,一是意义概念取代了真理概念,二是意义的结构性生成取代了表现性生成,三是互文性意义取代了个人独创性意义。文学文本的内涵是一种前学科性的意义,现代文论的缺陷在于用学科化的知识进行文学意义阐释。前学科性的文学意义需要运用现象学的经验描述和文化研究的跨学科性话语分析的方法。

[关键词] 意义论 文学研究 语言论转向 前学科性

"文学批评的基本任务在于分析说明作品的语义。"③由认识论角度观之,所有的文学理论都可以归结为意义论;文学研究的知识学旨归就是意义理论的实践。意义的生产、传播与消费构成了文学活动的基本内容,因此关于文本意义的阐释就成为文学研究的首要职责。近代以来文学研究领域里的流派纷争,其起因大多是关于文学文本

---

① 本文系国家社会科学基金项目"文化现代性视域中的艺术自律问题研究"(10BZW002)。

② 冯黎明,文学博士,武汉大学文学院教授、博士生导师,主要研究方向为文学理论与现代思想史。

③ M. H. 艾布拉姆斯:《欧美文学术语词典》,朱金鹏等译,北京大学出版社,1990 年,第 132 页。

意义的内涵、属性和价值的分歧。20世纪,各种时尚的外部学科的知识不断介入文学研究,引发了文学研究的学科化危机,这一危机在很大程度上缘起于各种外部学科知识对文学文本意义阐释的侵占。

一　知识学科化与文学意义论

知识的学科化跟知识的实证化和形式化一样,都是现代性的产物。古典时代的知识尚未被“分解式理性”区隔为自主性场域,因此在关于文学意义的属性问题上,古典思想没有特意地关照所谓文学性的意义。但是由于文学活动在古典文化中占据着意义生产源头的地位,因此文学的意义又获得了一种“宇宙论”的普适功能。

古典时代的文学意义理论也常用“诗”这一概念来划定理论对象的意义范围,但诸如“言志”“模仿”“载道”等说法中用以界定“诗”之内涵的概念(志、道、自然等),都是一些远大于文学性的宇宙论或存在论的概念。把“诗”的意义供奉于普适性的大叙事宝座上,这说明古典思想并不是把文学活动仅仅当作某一独特意义的生产场域,也说明诗在古典时代具有总体性言说的霸权地位。

古希腊的模仿说认定“史诗和悲剧、喜剧和酒神颂以及大部分双管箫乐和竖琴乐——这一切实际上是摹仿”①。以亚里士多德为代表的希腊哲人们还不可能有现代学科化知识的意识,因此诗的摹仿性意义也并未得到类型学意义上的进一步界分;这意义是对人类活动的全部内容而非特定内容的摹仿。与之相似,中国古代哲人们提出的“诗言志”“诗缘情”“文以载道”等说法,其中被认定为文学意义的“志”“情”“道”等,似乎都来自“先天综合判断”。没有人对这些概念的内涵进一步作类型学的辨

① 亚里士多德:《诗学》,载亚里士多德、贺拉斯:《诗学·诗艺》,罗念生译,人民文学出版社,1962年,第3页。

析，像现代性工程展开后文学意义之“情”被界定为“审美”之情那样。当然，文学在古典时代的意义生产平台上至高无上的地位也由此而来，即文学的意义是人类乃至宇宙的全部意义的体现。

文艺复兴之后，思想文化出现了两个重大变化：其一是知识的实证化，其二是意义的个人化。这两种思想文化趋势的出现使得文艺复兴向现代性工程发展。知识的实证化将“模仿”推进至“镜子”，让文学的意义变成了现实世界的“镜像”。莎士比亚借哈姆莱特之口说：“自有戏剧以来，它的目的始终是反映自然……”[①]直到实证科学普及之后，仍有学者认为文学的意义即现实的映像，不过这现实不是物质的自然，而是人类社会。就像知识的实证化消解了神学宇宙论的知识学霸权一样，意义的个人化作为个性解放运动的一种文化诉求，也挑战了神学意识形态的总体性叙事。个性精神的普及带来了一种全新的文学意义，即创造性。对个人创造精神的肯定和追求最终形成了浪漫主义的文学意义论。浪漫主义给文学意义论注入了一种诗学天才的、独一无二的意义，这种彻底的个人化使得欧洲文学走出了遵循古典规范的传统，显现了审美现代性的雏形。

浪漫主义诗学的理论代表柯勒律治在《文学传记》中写道：“在诗歌创作中，同样也在哲学研究中，天才将最为普遍承认的真理从普遍认可的环境造成的软弱无力的境地拯救出来，同时创造了最为强烈的新奇效果。”[②]这意味着，诗的生产者虽然是非凡的天才，但是其文本意义却是“普遍真理”，而不是仅仅属于诗歌活动的特定范畴。亚里士多德认为诗和历史的差异在前者叙述可能发生的事情，而后者则叙述已经发生的事情，诗模仿的对象更具普遍意义。直到柯勒律治，这种总体性或综合性的意义论一直是文学意义论的主流。其他浪漫主义者关于文学意义的说

---

① 上海戏剧学院戏剧文学系编选：《外国剧作选》第二册，朱生豪译，上海文艺出版社，1980年，第281页。

② 拉曼·塞尔登编：《文学批评理论：从柏拉图到现在》，刘象愚、陈永国等译，北京大学出版社，2003年，第138页。

法，如赫尔德的民族精神、赫士列特的“激情”等，同样不是发生在分析层面，只是一种综合判断。

在近代学科知识形成以至于为人类的各种社会实践划分特定意义类型的历史进程中，美学的出现对文学意义的自主性有着极为重要的功能。当各种知识走出神学的整一性宇宙论大厦，寻求自主性存在时，人们尝试着用审美来为诗学提供学科化知识的合法化依据。

康德对理性进行了分析性的审理。在康德那里，纯粹理性、实践理性和判断力分别指向三种认知活动，即合概念性、合目的性以及形式游戏。这一区分适应了现代知识学发展的基本走向即分科立学。在康德关于判断力活动的辨析中，指向形式游戏的审美判断构成了艺术活动的基本内涵。康德写道：“诗的艺术随意的用假相游戏着，而不是用这个来欺骗人，因它自己声明它的事是单纯的游戏……”①于是诗所涉及的内涵就与概念及目的的判断区别了开来，成为一个独立的场域，即形式游戏的场域。康德之后，美学作为一门具有特定知识对象的学科逐渐成形，这一学科将艺术当作典范来探讨人与其生活世界的审美关系，并且将人在形式游戏中实现精神自由作为其知识活动的价值准则。

各专业学科知识从上帝、逻各斯那里夺来意义生产的权力之后，它们纷纷致力于划定自身的知识对象的边界、确立自主性的阐释技术和价值准则，营造专属性的表意话语。文学研究原本缺乏知识学科化意义上的自主性，于是从美学中借来了知识对象自主性的理论依据。美学在艺术活动中抽取出的独立性质——审美意识——为文学研究划定了知识对象的范围；而且通过将审美置于超功利的形式游戏中释放出人类精神自由的解放论价值，文学批评引入这价值作为自己关于文学文本意义阐释的坐标。文学研究从美学那里获得了自己的学科身份合法化依据，因此审美意义的阐释也被许多学者们设定为自身的知识生产旨归。从19世纪

① 康德：《判断力批判》上卷，宗白华译，商务印书馆，1964年，第173页。

的浪漫主义到20世纪的审美救世主义，从唯美主义到形式主义，近代以来产生重大影响的文学批评理论思潮大都秉持着审美主义的文学意义论。这种意义论把文学批评从关于作品总体风格的描述提升至关于作品中所潜藏的一种人与世界的本体论关系的阐释，这也使得文学和文学批评具有救赎或解放的伟大功能。

特里·伊格尔顿在《美学意识形态》中写道："与艺术语言正好相反，美学话语的特殊性在于，它一方面植根于日常生活经验的领域，另一方面，它详细地阐述了假定是自然的、自发的表现方式，并把它提升到复杂的学科知识的水平。"18世纪后期思想直到现代的各种审美主义理论——诸如海德格尔的美学本体论、新左派的审美批判理论，美学逐渐摆脱了"关于艺术品的统一性和完整性的概念"状态，走向意识形态体系。① 文学批评和文学理论之所以能够在现代学科知识大厦中占有一片自主性的空间，得益于美学话语提供的意义阐释路径、方法和价值准则。其中最重要的是，美学为文学批评鉴定文本意义属性——这属性的自主性存在将确证文学批评的知识学身份——制造了一整套理论话语。

在文学研究和文学批评中，用审美意义来规定文学文本的情感或思想的内涵，已经成为一种普遍的理论范式。1980年代的美学热后，一部由官方组织编撰的《文学理论教程》将文学的属性规定为："文学是显现在话语蕴藉中的审美意识形态。"②这就是说，文学批评和文学研究的基本任务即从文学文本中提取审美意义。

但是，从知识的学科化层面来看，美学意义论却缺乏明晰的表意判断。大多数关于文学文本的美学含义的阐释都处于一种意义经验描述的状态，而这些被描述的意义经验并非只是"形式游戏"，它们包含着多重繁复的含义，甚至涉及政治、伦理、性等。事实上，文学活动是人类生活实践

---

① 特里·伊格尔顿：《美学意识形态》，王杰等译，广西师范大学出版社，1997年，第2、4页。

② 童庆炳主编：《文学理论教程》（修订版），高等教育出版社，1998年，第71页。

的整体呈现,对之动用奥卡姆剃刀的结果常常令人尴尬。尽管在20世纪美学发展成为一种具有终极救赎功能的审美主义价值体系,但仍有许多非美学的学科知识介入文学意义阐释活动。早在19世纪,泰纳、圣伯夫、阿诺德等人的批评就大大超出审美意义范畴。进入20世纪后,语言学、心理学、人类学、社会学等众多的学科都曾经充当文学意义阐释的理论依据。比如关于《哈姆莱特》主题的研究,从人类学角度将其释义为一种远古献祭仪式的再现,从心理学角度将其释义为恋母情结借白日梦方式升华,从社会学角度将其释义为资产阶级上升时期的历史性悲剧,当然也可以从美学角度将其释义为自由意志与世俗世界的普遍冲突,等等,这些释义几乎都可以成立。在现代学科化知识体制中,文学批评和文学研究大概是最缺乏单纯性的知识活动,它们的阐释成果游离于各个学科之间。

法国学者埃德加·莫兰(Edgar Morin)写道:"思想的古代病理学表现在给予神话和思想所创造的神祇以独立的生命。思想的现代病理学存在于使人对现实的复杂性茫然不见的超级简单化中。"①文学理论中的意义论可以说是这种"思想的现代病理学"重症病例。文学研究的知识对象——文学活动——的意义阈限涉及人类全部生活实践,而现代学科知识则仅仅赋予它单一的阐释路径,致使文学研究在现代学科体制中经常性地调换"驻地",因为它一方面无法回到前学科时代知识生产的总体性范式,另一方面又无法对文学意义的复杂性视而不见,于是只好多方"引资"来实现对文学意义的包容性言说。莫兰说:"人们误以为由大学创立的学科划分就是现实本身,而忘记了比如在经济中存在着人类的需要和欲望。在货币的后面,存在着整个情欲世界,还有人类的心理学。"②现代性的知识学工程的三大项目——学科化、实证化和形式化——排斥那些与情欲世界密切相关的释义活动,而文学研究恰恰就是属于此类活动。

① 埃德加·莫兰:《复杂性思想导论》,陈一壮译,华东师范大学出版社,2008年,第9页。
② 同上书,第69—70页。

二　语言论转向与文学意义论

20世纪思想文化领域里的语言论转向催生了一系列全新的文学意义论观念。由结构主义到后结构主义的发展、由逻辑经验主义到分析哲学的发展、由现象学到阐释学的发展，这三大思潮形成了一种语言本体论哲学，终结了长期主宰文学意义论的指涉性、表现性和独创性的意义观念。

语言论转向为文学意义论首先带来的一个变化是：古典意义论的核心范畴是"真理"，而现代思想则认为人文科学的核心范畴是"意义"。

古典思想的宗旨在于设定诸如"道""逻各斯"等宇宙本体，就其普遍有效性和客观必然性而言，这种宇宙本体被定义为"真理"。同时因为宇宙本体论真理具有关于存在的属性和价值的终极判断的功能，所以全部思想话语都必须表述本质、规律、必然性等"真理"形态的意义。这种思想文化语境也对关于文学文本意义的判断作出了规定，即文学文本应该以真理为表意对象。以"真理"为主旨的意义论演化出多种文学本质论，如模仿说、反映论、再现论等，这些理论大都强调文学意义在于对某种客观存在的、普遍性的必然现象的表述。亚里士多德认为诗所描述的事带有普遍性，比叙述个别事实的历史更富于哲学意味。意思是，诗的含义比历史更接近真理。这种以普遍真理为主旨的文学意义论长期主导着西方学者们对文学文本意义的阐释，浪漫主义兴起之后才出现了一种"个人情感表现"的意义论与之抗衡。中国古代的文以载道论也属于真理论的意义观。"文以载道""文以明道""文以贯道"等说法都主张文学文本的意义指向终极性的真理——道。

道或逻各斯掌握着意义生产的最高权力，这就形成了一种真理论的阐释话语，而语言也就被定位为既定意义的表述工具。因为一切语言文本的含义都是那先于、外在于和高于语言活动而存在的真理本体，所以语言只能充当表述真理的工具。亚里士多德认定"语言的表达"在悲剧体诗的创作中只占"第四位"①，语言论转向潮流中的现代思想家们则声称"文本之外无一物"（德里达）。在语言本体论的审视之下，文学活动中居于首位的就是语言，文学性的书写就是一场能指游戏。

语言论转向用语言本体论把语言从工具论地位上解放出来，让言语活动成为一种自主性的意义生产机制。对于结构主义、后结构主义、分析哲学、阐释学等现代思想潮流而言，语言表达式的含义并不指向"真理"，因为它生成于语言表达式内在的结构，即所谓"用法""策略"等话语游戏。不是那外在于、先于、高于语言活动的"真理"规定着语言表达式的构成，而是语言表达式的结构在生产着"逻各斯""道"一类宇宙本体。"真理"这一范畴所包含的"客观必然性"被语言本体论思想逐出语义学的殿堂，而一个超然于主体与客体二分、个别性与必然性二分之外的概念——意义——取代真理，成为语义分析和判断的主轴。

语言论转向后，文学理论界倾向于把文学意义理解为语言活动生成的心理经验。从形式主义的"等价原则""陌生化"到新批评的"张力""反讽"，从阐释学的"视界融合""误读"到解构主义的"踪迹""播撒"，文学话语的含义日益远离客观的、确定性和必然性的真理。20世纪的人文科学似乎将真理让给了自然科学，而将意义的阐释视作自身知识生产的内容。现代批评不再从文本中搜寻逻各斯、道或者相类似的社会本质、历史规律、人类本性等，批评家们要做的只是描述一种由话语活动生发出来的意义经验，这经验不具备真理的客观性、确定性和必然性。

语言论转向带给文学意义论的另一个变化是：在文学意义生成机制问题上，近代的表现主义演变为现代的结构主义意义生成论。

表现论相信文学文本的意义生成于作者心灵。罗马时代的朗吉纳斯

① 亚里士多德：《诗学》，载亚里士多德、贺拉斯：《诗学·诗艺》，第24页。

称崇高是伟大心灵的回声①,认定意义形态(崇高)与作者的心灵之间存在着因果关系。这种重视主观表现的文学观念到浪漫主义时代升格为“一切好诗都是强烈情感的自然流露”②。近代个性解放运动给予表现论文学观以文化精神的动力,使得人们普遍接受了文学文本意义来自于作者心灵这一观念。表现主义的意义论在文学研究和文学批评领域里集中体现为传记研究。19 世纪欧洲学者们热衷于研究作者传记,他们用传记事实来解释文本含义,因为他们相信文本含义的源头是作者的心理活动,而这心理活动是由传记事实塑造的。

在中国古代,表现主义的意义论一直占据着文学理论的核心。早期的“诗言志”一说就奠定了文学文本意义来自于作者心灵的观念。汉代的《诗大序》更是在情感活动与艺术表现之间搭建起直线因果关联,后来又有“诗缘情”一说进一步强调诗歌文本的情感含义。由于肯定了文本意义源于作者心灵,所以古代文论和诗论都主张作者读万卷书行万里路,因为生命经验赋予文本以特定的含义。

语言论转向推出了语言自主性的观念,将语言从主体的表现工具地位上解放出来,使之成为一种凭借自身的结构而自主地生产意义的功能性活动。结构语言学带来现代思想的一个重大变化乃是语言的结构功能取代指涉功能,承担意义生产者的职责,正是这一变化引发了现代思想走向语言本体论。分析哲学认为意义来自语言的用法,结构主义认为意义来自句法结构,阐释学认为意义来自对话,后结构主义甚至认为权力是被话语生产出来的。海德格尔声称:“词语缺失处,无物存在”,因为“词语乃物之造化”。③ 人这个所谓的意义主体并非在说着语言,相反人是被语言说出来的。语言表达式的意义是由句法结构、修辞策略制造而成,不存

① 朗吉纳斯:《论崇高》,载《缪灵珠美学译文集》第一卷,中国人民大学出版社,1987 年,第 124 页。

② 威廉·华兹华斯:《抒情歌谣集·前言》,载拉曼·塞尔登编《文学批评理论——从柏拉图到现在》,第 172 页。

③ 海德格尔:《在通向语言的途中》,孙周兴译,商务印书馆,1997 年,第 131、197 页。

在先于语言活动的主体，也不存在先于语言的意义。

语言本体论令现代批评热衷于细致分析文学文本的句式、词汇、音韵等，从符号学、语义学、修辞学等视角对文本进行细读，现代批评家们坚信文本意义是由这些因素酿造的。他们不像19世纪批评家那样去考据作者生平，因为语言论转向之后所谓“表现性主体”对于意义的建构作用甚微。威姆萨特和比尔兹利写道：“诗的意义是通过一首诗的语义和句法，通过我们对语言的普通知识、通过语言和词典，以及词典来源的全部文献达到的，总之是通过形成语言和文化的一切手段达到的……词语的意义就是词语的历史，而一个作者的传记，他对于词语的使用以及这个词语对他个人所引起的联想——这些都是这个词的历史和意义的一部分。”[①]文学文本的意义不是先窖藏在作者生平事实中然后灌装进文本而得以呈现，它本身就是被文本语言建构而成。

语言论转向给文学意义论带来的第三个变化是：近代的个人独创性意义让位于现代的互文性意义。

自文艺复兴高扬个性解放大旗始，近代思想一直把个人的主体性视作现代性工程的重要内容。个性解放运动将“自我”塑造成为个别主体，由此个人的独创精神上升为一种普遍价值。浪漫主义的天才诗学更是把这种个人独创精神提升到至高无上的地位。进入19世纪后，文学意义的个人独创性逐渐为西方学术界普遍接受。丹纳说：“艺术家由于种族、气质、教育的差别，从同一事物上感受的印象也有差别；各人从中辨别出一个鲜明的特征；各人对事物构成一个独特的观念，这观念一朝在新的作品中表现出来，就会在理想形式的陈列室中加进一件新的杰作。”[②]杰作来自个人独创性，这一普遍观念既为歌德、雨果、左拉等艺术家信仰，也促使着圣伯夫、阿诺德、丹纳、勃兰兑斯等文学研究者认真地辨析文学文本中

① 威姆萨特、比尔兹利：《意图说的谬误》，丁涪海译，载戴维·洛奇编：《二十世纪文学批评》上卷，上海译文出版社，1987年，第579页。

② 丹纳：《艺术哲学》，傅雷译，人民文学出版社，1963年，第338页。

体现出的某种特立独行的精神踪迹。在主体论哲学和个性解放大旗的推动下，近代以来的文学批评一直把通过文本结构的独特之处寻找作者的个性化精神作为首要的理论任务。

类似于“风格即人”等说法，在中国古已有之，如唐代书法家李邕的“似我者俗，学我者死”①，同样显示出一种文本意义个人化的倾向。

随着结构语言学的普及，意义个人化的观念开始遭受来自于结构主义的质疑。结构主义对结构模型的肯定排斥了任何单一结构元素的意义生产功能。当我们把全部社会实践纳入一种类似于“二项对立”那样的普遍有效的结构之中时，作为社会实践之元素的个人就失去了意义生产主体的地位。雅克布森虽然认可作者的独创性，但事实上从他把“等价分布”的结构原则加之于一切诗歌文本上开始，诗歌意义就与个体精神渐行渐远了。艾略特则反感浪漫主义的天才诗学，提出“非个人化”来强调个人情感对普遍宇宙秩序的遵从。1960 年代列维-施特劳斯与萨特的那场争论的核心分歧也在于意义的个人化问题。坚持个人主体性的萨特在这场争论之后影响力下降，而坚持结构首要性的列维-施特劳斯则影响日甚，其中原因就在于列维-施特劳斯的思想更适应语言论转向这一当代思想文化语境。后来在法国先后出现德里达的“延异”理论、克里斯蒂娃的“互文性”理论和罗兰·巴尔特的“作者之死”理论，这些理论都直接或间接地否定了文学文本意义的个人化。

互文性作为一种意义理论，其源头可追溯到巴赫金的“复调小说”理论，对互文性概念作清晰、系统的阐述的则是 1960 至 1970 年代的一批法国理论家，如克里斯蒂娃、罗兰·巴尔特、热奈特等。福柯论及福楼拜小说《圣安东的诱惑》时写道：“这篇作品从一开始就形成于知识的空间里：它本身就处于和其它书籍所保持的基本关系之中……它所从属的文学只能依靠现存作品所形成的网络而存在，也只能存在于其中……福楼拜之

① 刘熙载：《艺概》，上海古籍出版社，1978 年，第 156 页。

于书库类似马奈之于美术馆：他们的艺术往往屹立于洋洋典籍之间。”①费力普·索莱尔斯对这种非独创性的互文理论作了一个定义：“每一篇文本都联系着若干篇文本，并且对这些文本起着复读、强调、浓缩、转移和深化的作用。”②这样，文艺复兴以来人们趋之若鹜的意义独创性就被解构了。在互文性理论的视野中，任何文本都只是无尽的文本网络中的一个环节，依赖与其他文本的相互关联而存在，因此文本意义的个人独创性只是一个心造的幻影。

深受德里达思想影响的希利斯·米勒在《小说与重复》一书中细致分析《德伯家的苔丝》的叙事策略。他发现哈代的叙事只是以往既有的多种叙事方式的重组而已，所以“任何小说都是重复和重复中的重复的编织物”③。互文性理论对个人独创性的否定在这里得到了呼应。语言论转向之后的现代思想放弃了个人主体性，而更倾向于在社会文化的复杂关联这一历史性结构层面上讨论个别作者或个别文本的互文性存在。

语言论转向为文学意义论带来的第四个变化是：对话性意义取代自律性意义。

现代性工程的展开在艺术文化领域里孕育了一个重要成果，即艺术自律。现代性的“分解式理性”将社会实践区隔为众多自主性的场域，艺术亦因此借助审美自律性而发展成为自主性的存在。经过康德美学的理论论证、浪漫主义的天才诗学、唯美主义的审美伦理实践，文学乘上审美的彩车天马行空，羽化登仙。在关于文学文本意义的问题上，艺术自律的观念为批评家们划定了一个自足性的界限，即：文学生产并表现着一种与其他社会实践场域相隔绝且只能由文学来生产并表现的审美意义。文学活动的主体是诗学天才，他们超然于世俗社会的现实和历史之上，创造出终极性的自由人生的意义。因为坚信文学意义的自律性质，所以在19世

---

① 蒂费纳·萨莫瓦约：《互文性研究》，邵炜译，天津人民出版社，2003年，第117页。
② 同上书，第5页。
③ J. Hillis Miller, *Fiction and Repetition*, Harvard University Press, 1982, p. 16.

纪中期以后的大多数批评家眼中，文学文本的意义是一种审美“独语”；它发自诗学天才们的自由意志，指向游戏性的审美经验，因而远离尘嚣，超凡脱俗。这种审美自律的意义一方面为文学的存在提供合法化的依据，另一方面又将文学隔绝于其他社会实践，面临被遗忘的危险。进入20世纪后，自律性的文学意义论仍然为许多理论家所秉执，即使在受到语言本体论影响的形式主义文论中，也有诸如雅克布森等人致力于在句法结构中寻找语言的诗歌功能。

但是，随着语言学理论逐步渗入现代人文社会科学知识的各个角落，封闭于语言表达式内部的结构扩展成为关于社会、文化和历史的阐释坐标，文学意义论开始尝试着冲破自律论的藩篱，重新输入普适性的言说力量。

巴赫金在批评形式主义文论时提出用“对话”概念来理解文本意义。在巴赫金看来，“语言只能存在于使用者的对话交际之中。对话交际才是语言的生命真正所在之处”①。小说同样不是所谓审美主体的独语，而是多声部的对话的结果。小说的复调性质正是源自于多声部的对话。巴赫金意图将被艺术自律拔出大地的文学意义拉回历史，他的策略是把意义置于多重主体的话语交流之中以重建意义的历史性。

现代阐释学哲学则彻底走出了个别主体决定文本意义的思维模式，将意义论建立在阅读经验之上。海德格尔的“阐释循环”概念指的是意义判断形成于理解与文本的互动关系中。这一说法在伽达默尔那里演化为“视界融合”。“视界融合”中生成的意义不是单一的主体性，而是“主体间性”。对于哈贝马斯来说，多重主体在对话交往中达成理解乃是通往意义的有效途径。由于现代语言哲学重视话语在知识生产中的特殊功能，因而话语中蕴涵的主体间性亦受到特别的关注。主体间性的凸显否定了近代思想对个别主体及其意义生产权力的崇拜。在文学理论界，阐释学

---

① M. 巴赫金：《陀思妥耶夫斯基诗学问题》，白春仁、顾亚铃译，三联书店，1988年，第252页。

将文学研究的对象扩展为文学活动，认为文学的意义是在作者与读者的对话之中产生的。伊瑟尔写道："文本与读者两极以及发生在它们之间的相互作用，构成了文学交流理论所赖以建立的蓝图。可以假定，文学作品是一种交流形式，因为它撞击着世界、流行的社会结构和现成的文学。"① 现代批评家们大都注意到文学活动中意义的"间性"或"复调"的特点，这是因为他们不再把意义理解为个别主体的喃喃自语，而是在话语（discourse）——其本义就是讨论——中理解意义的生成和内涵。

三 意义阐释与方法论

20世纪文学理论是诸多理论话语众语喧哗的场所，各种学术流派的争论实际上集中在有关文学意义的理解这一终极性问题之上，各种思潮都渴望通过意义阐释的有效性获得学术统治力。

C. K. 奥格登和 I. A. 理查兹在 *The Meaning of Meaning: A Study of the Influence of Language upon Thought and of the Science of Symbolism*（1923）一书中罗列了十六种关于意义的定义。该书关于语言表达式意义的探讨依据马林诺夫斯基的功能主义和语境定义的原则，后来的新批评实际上也秉执这种意义论。在意义的客观性问题上，结构主义跟表现论、再现论一样，都反对相对主义的意义论。比较来看，由现象学发展起来的阐释学文论则不再崇拜意义的客观性。阐释学文论将意义的生成机制视作文学阅读者与文本书写者之间的话语交流活动，肯定了文学意义的流动性与个别性。E. D. 赫施为保卫文本意义的客观性和确定性，提出区分意义（meaning）和意味（significance），前者源于作者，后者则是读者的经验。

在文学文本中辨析出一种抽象的、逻辑化的思想命题，这正是逻各斯

① W. 伊瑟尔：《阅读行为》（英文版原序），金惠敏译，湖南文艺出版社，1991年，第26页。

中心主义思想文化传统的必然后果。苏珊·桑塔格声称:“我们现在需要的决不是进一步将艺术同化于思想,或者(更糟)将艺术同化于文化。”①这跟德里达的“延异”论一样,体现出后现代思想反逻各斯中心主义的理论立场。在解构哲学眼中,意义即踪迹,属于个体经验,无法纳入普遍理论的逻辑框架。

近代以来文学意义论的首先一个误区是将文本内涵理解为一种学科化的知识。我们一直由某单一学科的知识视界入手来进行意义的阐释。文学作为一切意义之源这一事实造就了文学意义的前学科属性,当文学意义被归入某单一学科的知识内涵时——诸如从政治学入手来解释《红楼梦》,文学意义的前学科性就遭遇了遮蔽乃至异化。

现代性工程展开的一个重要的后果即是社会实践场域的专业性划分,这在知识生产活动中则表现为知识的学科化。知识学科化将古典时代关于宇宙的整一性言说分解为关于宇宙现象的“小系统”的言说。每一个小系统知识都必须有自身的方法、对象、评价准则等,于是形成了诸如数理化政史地等学科类别。每一种类的学科知识都由自己独有的视界来观察和理解世界。

但是文学属于前现代性。当各种现代学科知识在各自的知识学领地里指点江山激扬文字时,文学研究和文学批评却难以找寻到自己的知识学位置,只能借助于其他“显学”来对文学文本进行意义的阐释。尽管文学研究学者们致力于探寻文学研究的自主性话语系统——文学性,但事实上至今关于文学性的诸多界定也是来自于其他学科的知识视界,比如“文学性”概念的提出者雅克布森的解释就明显是建立在语言学知识视界之上的。形式主义用语言学作为意义阐释的依据,马克思主义用政治学作为意义阐释的依据,精神分析学批评用心理学作为意义阐释的依据,等等。在知识学科化的时代,文学意义的知识学属性成了一个理论难题,这

① 苏珊·桑塔格:《反对阐释》,程巍译,上海译文出版社,2011年,第15页。

里的原因不在于现代性的知识学体制，而在于文学本身的前学科性质。文学的意义生产是一切现代知识的起源，它是全部意义（全部学科化意义）的原始形态，因此文学研究的意义阐释无法被现代学科知识体制定位。

海德格尔对诗的前现代性有清醒的认识。在他看来，诗是真理的发生，“艺术作品的本源……它是真理进入存在的独特方式……”①人存在于语言与大地相逢的那一顷刻，在那一刻人用隐喻性的语言言说大地，大地在语言的隐喻中敞开，因而人诗意地栖居，这诗意即真理的发生。“相反，科学在根本上不是真理的发生，而总是在已经敞开了的真理领域里的扩充，特别是靠理论和论证那些在此领域显现为必然正确的东西。当科学超过正确而达到真理时，这已经意味它达到了存在者作为存在者的本质揭示，它便成为哲学。”②所有成为科学的那些现代学科知识，都是真理发生以后被逻辑化、形式化、系统化的产物，它们是诗的转基因后代。现代性工程展开之后，由诗生发出来的各种知识纷纷自立门户，而作为一切知识之源的诗——所谓真理的生发——却无法将自身学科化，因为它不属于“科学”。

现代知识的学科化却是无法扭转的历史趋势，因此文学研究在学科化浪潮中找不到自己关于意义的言说空间了，它只好到其他学科那里去借取理论话语来言说自身的意义，这就是现代文论总是跟在其他学科知识后面借石攻玉的原因。现代文论的这一缺陷在某种意义上又是其优点，即它启发人们从多学科知识视点进行文学意义的阐释。文学文本意义的前学科性意味着文学批评作为知识生产实践难以进入现代学科体制，同时意味着文学批评可以在各学科之间生存并发展。尽管我们无法回到前现代性的世界，但是现代性的“分科立学”提供了“学科间性”的生存空间。

---

① 海德格尔：《诗·语言·思》，彭富春译，文化艺术出版社，1990年，第72页。

② 同上书，第59页。

文学文本的话语含义处于一种多元包容的状态。我们可以从大多数现代学科的视角对之进行阐释;文学研究和文学批评跟众多现代学科知识之间呈现为一种“家族类似”的关系。因此文学意义论的一个重要特点即学科间性的知识视界。

近代以来的文学意义论的另一个缺陷是用形式化的理论话语来进行文学文本意义的阐释。文学文本是语言主体追问意义的经验的踪迹,其语义呈现为一种话语经验,与逻辑判断无涉。当我们力图在文学文本的话语中提取出某种“命题”或“论断”时,文学留给我们的生动而丰富的生命经验便消失殆尽。

现代语言哲学的意义理论主要有五种形态:指称论、观念论、功用论、行为论和语义论。① 其中指称论对于文学话语意义的阐释有效性不足,因为它从逻辑经验主义中生成,强调意义是一种判断。而功用论、行为论和语义论则看到了语言表达式意义的经验状态。比较而言,英美语言哲学比较排斥诗性语言,而大陆哲学——如阐释学和后结构主义——更为注重对诗性语言活动的反思。诗性语言活动始于语言主体对存在的追问,它留给我们的是这追问的经验——即所谓“踪迹”——而非判断。诗性语言活动的特性在于其隐喻性,隐喻性的语言活动与形式化的逻辑判断有着明显的差异。就此而言,诗既是语言的发生也是意义的发生,这种语言活动给我们提供的就是一种追问大地时的生命经验。

现代知识是形式化的知识。知识的学科化使得各门类的知识失去了古典时代的宇宙论哲学的那种强大的阐释力量,但几乎每一学科的现代知识都致力于建立一套抽象的、逻辑化的和普适性的公理性话语,这使得现代知识日益走向超越存在的个别性和具象性的形式化知识。即使是在文学理论领域,也出现了比如雅克布森的“等价分布”一类关于文学性的抽象定义。由文学意义的原初性和表象性观之,形式化定义的阐释方法

---

① 涂纪亮:《英美语言哲学概论》,人民出版社,1988 年,第 126—165 页。

无疑有言不及义之虑。比如，作为中国古典审美文化精神之代表的诗歌意境，倘若被形式化为主观之意与客观之境的统一，那么意境中蕴涵的那种特殊的意义经验就被过滤掉了，而真正的文学性恰恰就在那经验之中。

文学话语的含义表现为一种原初性的意义经验，这一点启发我们，文本意义阐释的有效方法是现象学。现象学哲学致力于探究人类意识的发生机制，它超越现代知识的学科化、形式化和实证化，对人类意识的起源，即意向性与纯粹客体之间的本源关系以及自由联想在意识起源中的展开机制进行反思。这恰恰与诗性语言活动作为意义生发功能相吻合。伽达默尔说："现象学曾是一种无先入之见的描述现象的方法论态度。"①这跟艺术家展现人的直接生命经验是一致的。胡塞尔写道：艺术家"对待世界的态度与现象学家对待世界的态度是相似的"②。现象还原、经验描述、本质直观这一套方法，用于文学文本意义的阐释很是恰当。国内有学者发现，"本质直观固然是一种方法，但它同时也是一种'解读意义'、'发现意义'、'赋予意义'的精神活动"③。从意义论层面的文学研究来看，现象学方法引导我们去掉所有现代知识学的先入之见向文本语言这一纯粹客体还原，通过描述和反思我们的阅读经验展示出一种普遍的意识内涵和意识形式。现象学批评在文学意义论方面的一个典范是日内瓦学派的乔治·普莱的《人类时间研究》，仅就关于普遍观念的起源研究而言，该书对文学意义理论应有方法论的启发。

近代以来的文学意义论还有一个缺陷，即它总是在文学意义自律和文学意义他律之间摇摆不定。审美自律论为文学理论在现代学科体制中提供了身份论证的依据，这一依据也给文学的存在注入了一种象牙塔功能，使得文学借助于审美意识的生产与表述而独立于其他社会实践场域。由此形成了近代以来的自律论意义观念，从浪漫主义到形式主义，自律论

① 严平编选：《伽达默尔文集》，邓安庆译，上海远东出版社，1997 年，第 313 页。
② 倪梁康编选：《胡塞尔选集》，上海三联书店，1997 年，第 1203 页。
③ 张永清：《现象学与西方现代美学问题》，人民出版社，2011 年，第 35 页。

的意义观念一直强调文学文本的意义与社会历史无关，它或者属于遗世独立的自由人性，或者属于能指的游戏性出场。

自律论的意义观固然带来了文学意义的自主性和独立性，但它同时建构了一种逃亡者诗学，导致文学面对社会历史失去言说功能，于是又有他律论的意义观念出来声言文学的历史性。他律论的意义观认为文学意义来自于文学之外的社会实践，政治、宗教、伦理等深刻地影响着文学，甚至决定着文学文本的含义及表达。伦理批评、马克思主义批评和人类学批评大都坚信这种他律论的意义观念。他律论提升了文学关于社会历史的言说力量，但其中也暗含着取消文学的自主性存在的危险。

也有一些学者力图将他律论和自律论统一起来。阿多尔诺坚决主张艺术自律，但他的艺术自律不是逃亡者诗学，而是充满社会革命激情的抵抗诗学。阿多尔诺理解的艺术内涵是完全自律的“异样事物”，凭借其“异样”而超越自律且具有引发革命激情的功能，因此艺术既属于审美也属于历史。但是这套理论的艺术意义论和艺术功能论是分裂的，对于自律性的意义何以必然具有他律性的功能的问题，其解释颇显模糊。另一位调和自律论与他律论的学者是特里·伊格尔顿。伊格尔顿反对阿多尔诺那种超历史的审美形式反抗着历史的观念，他提出的“美学意识形态”概念意在将审美意识本身拉回历史。在伊格尔顿看来，任何一种特定的审美意识都只是特定历史语境中生发出来的意识形态。即使阿多尔诺的那种反总体性的自律论美学，也体现出新左派的政治诉求。新历史主义的文化诗学在文学意义论问题上也持类似看法，即历史是由话语生产的，就像文学艺术中的审美意识生产出了某种政治形态一样。

结构语言学对现代思想的一个重大贡献在于它揭示了意义产生于语言结构这一普遍原理。实际上，语言论转向中许多现代思想家都认可意义的语言性而放弃了意义的指涉性，如维特根斯坦、伽达默尔、德里达、福柯等。这在后结构主义那里形成了所谓话语理论，权力关系、意识形态、知识系统等都被认为是话语活动的结果，文本意义同样是由叙事或修辞的策略生产出来的，而这意义又不断地生产出社会历史的种种存在。比如在新历史主义的文化诗学中，文艺复兴时代“自我”的凸显就是一系列叙事文学编码的成果。话语理论在意义论上超越了自律和他律的对立，它把关于话语形式特征的技术性分析与权力关系、意识形态的批判结合为一体，把作为结构或句法的话语与作为文化或政治的话语结合为一体。

就文本意义的阐释而言，文化研究大量采用的批判性话语分析是一种值得借鉴的方法。文化研究本身就是多学科聚合的产物，批判性话语分析则综合了话语理论、分析哲学、精神分析、批判理论等在方法论上的优势，既超越了内部研究与外部研究的分离，也超越了实证理论与批判理论的分离，它汇集了现代思想文化主要潮流的方法论特征并化合为一种全新的阐释技术。艾伦·卢克(Allan Luke)认为：“批判性话语分析更类似于一系列政治的、认识论的立场的集合体：为了在不断变化着的当代各种社会的、经济的和文化的状况下对语言、话语、文本和图像的位置与力量作批判性的分析，而对各种立场与实践进行有原则的解读。”[①]对于文学文本意义的解读来说，批判性话语分析以学科间性切合了文学意义的前学科性，同时消除了所谓内部研究和外部研究的分歧。

① 艾伦·卢克：《超越科学和意识形态批判——批判性话语分析的诸种发展》，吴冠军译，载陶东风、金元浦、高丙中主编：《文化研究》第五辑，广西师范大学出版社，2005年，第84页。

也谈林同济的美学概念“虔恪”

——论《寄语中国艺术人》与尼采《悲剧的诞生》的渊源

杨俊杰[1]

[摘要] 林同济的《寄语中国艺术人——恐怖·狂欢·虔恪》(1942)模仿尼采《查拉图斯特拉如是说》的行文风格,借取尼采《悲剧的诞生》的思想框架,敦促中国的艺术人,尤其是画家走一条从“恐怖”到“狂欢”再到“虔恪”的心路,画出新风格。有鉴于其所申述的“狂欢”与尼采悄然有别,其“自恐怖而狂欢”的递进也与《悲剧的诞生》貌合神离的。林同济所着意者,原就是狂欢以后的“虔恪”。

[关键词] 林同济　尼采　虔恪　美学

一

林同济的《寄语中国艺术人——恐怖·狂欢·虔恪》(1942)模仿尼采《查拉图斯特拉如是说》的行文风格,敦促中国的艺术人,尤其是画家要在思想境界方面有所提升,走一条从“恐怖”到“狂欢”再到“虔恪”的心路,“猛把恐怖、狂欢与虔恪揉着一团画出来”(第167页),

---

① 杨俊杰,北京师范大学文学院讲师,致力于研究德国和古希腊的文学与理论以及比较文学。本文原系2012年12月13日“文心讲座”底稿,投稿时间是2012年12月20日。

画出不再让人昏昏入睡的画作。[1] 这并非林同济第一次模仿尼采《查拉图斯特拉如是说》撰文。然而,《萨拉图斯达如此说——寄给中国青年》(1940)的旨趣是敦促中国的青年勇敢地上战场,"政治"意味鲜明,这迥然有别于《寄语中国艺术人——恐怖·狂欢·虔恪》的确切的"美学"意味。[2]

虔恪大抵就是西方精神史里的 pietas(拉丁)、pietät(德)、piety(英),可作"虔诚""恭敬"。林同济把"虔恪"(这里通作"恭敬")作为艺术创作心理的"第三道母题",也就把这当成一个美学概念,可他并不像有研究者所说的那样在中西美学史上是美学概念"恭敬"的首倡者。[3] 自西方美学史,可寻得有早于林同济而慧心"恭敬"的先行者。

歌德晚年格外看重"恭敬"。1824 年,在点评小说《阿隆索》的时候,他称赞这部历史小说的优点是"恭敬",却并非里面某个角色表现出恭敬,而是小说"作者的精气神"是恭敬的。[4] 紧接着,歌德借用西塞罗所说的 Pietas gravissimum et sanctissimum nomen,亦即"恭敬是一个最重要也最神圣的名词"[5],指出恭敬之于人实可谓"遗传的美德"(Erbtugend)而能够对

---

① 《寄语中国艺术人——恐怖·狂欢·虔恪》原载《大公报·战国》第 8 期(1942 年 1 月 21 日),后收入林同济主编:《时代之波》,在创出版社,1944 年,第 1—12 页;北京大学等主编:《文学运动史料选》第 4 册,上海教育出版社,1979 年,第 326—333 页;温儒敏、丁晓萍编:《时代之波——战国策派文化论著辑要》,中央广播电视出版社,1995 年,第 417—423 页;许纪霖、李琼编:《天地之间——林同济文集》,复旦大学出版社,2004 年,第 161—167 页。特别需要指出的是,1944 年《时代之波》版本删去文章最后一句话里的"——萨拉图斯达如此说"。本文所引均出自《天地之间——林同济文集》,以下直接在正文标以页数。

② 黄怀军:《中国现代作家与尼采》,博士论文,四川大学,2007 年,第 157 页。

③ 张武军、高阿蕊:《力本体论哲学和美学的构建——林同济的世界视野与中国经验》,载《励耘学刊》总第 14 辑(2011 年第 2 辑),第 109—123 页,尤其第 118 页。

④ 参看歌德主编的《论艺术和古代人》(*Über Kunst und Alterthum*)总第 5 卷第 1 册,科塔出版社,1824 年,第 182 页。

⑤ 德国特里尔大学的叔斯勒教授(Werner Schüßler)在文章里对这句拉丁文作了翻译,参看 Werner Schüßler: Peter Wust als Denker der Pietät. (Un-) Zeitgemäße Betrachtungen zum Thema Selbstliebe, in: *Trierer Theologische Zeitschrift* 121 (2012), S. 85-100, hier 87。感谢他惠赠此文,带动笔者对"恭敬"主题的浓厚兴趣。歌德引自西塞罗,可参看 E. Franz: *Goethe als religiöser Denker*, Tübingen 1932, S. 109。

人的所谓“遗传的罪过”(Erbsünde)亦即“原罪”又或者歌德视作等义的“根本的恶”(radikales Böse)形成震慑,也就是说,恭敬就是“人的生而有之的善根”的展示。① 关于康德所说的“根本的恶”,歌德耿耿于怀,曾严厉地指出这“弄脏了……康德哲学的外衣”②。恭敬概念作为“根本的恶”的解药,对歌德而言也就有着极其特别的意义。就此而言,歌德的浮士德因“永远奋发向上”而终被“搭救”③,这便意味着浮士德是恭敬的,善根始终都在浮士德的心里活跃着。然而,恭敬的浮士德只是一位恭敬的文学“人物”,歌德关于《阿隆索》这部小说所作的点评其特别之处在于,明确关注《阿隆索》这部作品的创作者的恭敬并由此夸赞作品的成就。④ “恭敬”之为美学概念,至晚已由老年歌德予以申论。

在2006年北京召开的“美学与文化·东方与西方”国际学术研讨会上,曾有澳大利亚学者将柏拉图、孔子的“恭敬”美学进行比照。⑤ 按照这

① 歌德:《论艺术和古代人》,第183页。

② 这是歌德1793年6月7日写给赫尔德的信,参看Goethe: *Goethes Briefe und Briefe an Goethe* Bd. 2, hrsg. von Karl Robert Mandelkow, München: C. H. Beck 1988, S. 166: Dagegen hat aber auch Kant seinen philosophischen Mantel, nachdem er ein langes Menschenleben gebraucht hat, ihn von mancherlei sudelhaften Vorurteilen zu reinigen, freventlich mit dem Schandfleck des radikalen Bösen beschlabbert, damit doch auch Christen herbeigelockt werden, den Saum zu küssen。也可参看雅斯贝尔斯《康德的根本恶:1935年的苏黎世讲演》:Karl Jaspers: Das radikale Böse bei Kant (1935), in: ders.: Über Bedingungen und Möglichkeit eines neuen Humanismus. Drei Vorträge, München: Piper 1951, S. 53-81。

③ 歌德:《浮士德》(《歌德文集》第2卷),杨武能译,河北教育出版社,1999年,第605页。

④ 歌德1824年3月8日与缪勒(Friedrich von Müller)的谈话也谈到了“阿隆索”的恭敬。参看Goethe: *Goethe. Begegnungen und Gespräche* Bd. 14. 1823-1824, begründet von Ernst Grumach und Renate Grumach, hrsg. von Renate Grumach, bearbeitet von Angelika Reimann, Walter de Gruyter 2011, S. 362: Das Gespräch fiel wieder auf Alonzo, dessen Pietät und milde Religiosität, ohne Frömmeley, er sehr prieß. 也可参看Goethe: *Ästhetische Schriften 1824-1832*, hrsg. von Friedmar Apel, Deutscher Klassiker Verlag 1999, S. 1024. 这次谈话所谈的恭敬的“阿隆索”,究竟是小说《阿隆索》,还是小说里的阿隆索,确实不易分辨。这里倾向于认为,这是指小说《阿隆索》是恭敬的,与歌德对《阿隆索》的点评一致。

⑤ Eugenio Benitez/本尼特斯:“The Aesthetics of Piety in Plato and Confucius”/《论柏拉图与孔子的“虔诚”与“孝”之美学》,载高建平、王柯平编:《美学与文化·东方与西方/Aesthetics and Culture: East and West》,安徽教育出版社,2006年,第366—389页。这里通将piety作“恭敬”。

种思路，西之于柏拉图，中之于孔子，恭敬早已是一个美学概念。可这位学者所说的柏拉图的“恭敬”美学，取意于一种更广义的“美学”，立意“感知”，而与艺术，甚至狭义的“审美”无缘。其所谓的柏拉图“恭敬”美学是指柏拉图关注作为内在“德行”的恭敬与作为外部“表现”（从而可被感知）的恭敬之间的张力，这与林同济自艺术创作心理层面谈“虔恪”（恭敬）相去甚远。更有甚者，该学者在谈“恭敬”的时候，颇着意于子对父的恭敬，甚至所谓的孔子“恭敬”美学就是指“孝”的美学①，这与林同济以“形而上”指涉为底蕴的“恭敬”一词几有天壤之别。如此所说的“恭敬”美学，不拘柏拉图，抑或孔子，均不可被视作林同济所着意的“恭敬”美学的前行者。

二

依《寄语中国艺术人——恐怖·狂欢·虔恪》所言，恐怖是“生命看到了自家最险暗的深渊：它可以撼动六根，可以迫得灵魂发抖”，对“无穷的时空，生命看出了自家最后的脆弱，看出了那终究不可幸逃的气运——死亡、毁灭”（第162页）。狂欢，是“时空的恐怖中奋勇夺得来的自由乱创造！没尝过恐怖的苦味的，永远尝不到狂欢的甜蜜”（第163页）。自恐怖而狂欢的递进是：“那正是你看到人生最后深渊的刹那，六根颤，汗满身，血满面，你认定了生命是无能，忽然间不知从哪里刮过来一阵神秘之风，揭开了前面的一角黑幕，你恍惚有所见，见得了一线的晨光……我能，我能！拍案大叫，踢开门，大步走出来，上青天，下大地，一片无穷舞蹈之场。挺着胸呼吸，不发抖，不怕什么，你把握着自家，你否认了恐怖。你脚

① 把《论语》里的“孝”译作 piety、pietät，亦即恭敬，这是一种很流行的做法。还可参看 Xuewu Gu（辜学武）：*Konfuzius zur Einführung*，Hamburg：Junius 1999，S. 124-129。这就好像“恭敬”在中国只是指子对父的恭敬，而不存在某种超越家庭伦理范围的恭敬。这当然是错误的。更能够与西方思想史里的 piety、pietät 等相对应的儒学概念，当是“敬”。

轻,你手松,你摸着宇宙的节拍……你眼光,你魂躁,你忍不住放声叫,唱,唱出来你独有之歌腔,追随着整个宇宙奔驰、激起、急转、滑翔!你和宇宙打成一片!不,你征服了宇宙,要变成宇宙的本身!你四体膨胀,灵魂膨胀——膨胀到无极之边。"(第163页)

《寄语中国艺术人——恐怖·狂欢·虔恪》统共三道母题,其所述的恐怖、狂欢以及自恐怖而狂欢的递进,这前两道母题俨然就是对尼采《悲剧的诞生》的转化。在《悲剧的诞生》里,人不经意间体认的"酒神般的智慧"带来了恐怖,"酒神般的智慧"就是感受到了"原始的痛苦",看到了生活的可恶:智慧的西勒诺斯"尖声大笑着说出这样一番话来:可怜的蜉蝣族啊,无常与苦难所生的孩子,你逼我说出你最好不要听到的话吗?最好的东西对你来说是根本达不到的,即不出生、不存在,处于虚无状态。不过对你来说还有次好的东西——马上就死。[……]奥林匹斯魔山似乎向我们开放了,让我们看到它的根源。希腊人知道并感觉到生存的恐怖与可怕"。[①] 林同济所说的"自家看出",是对尼采的那带来恐怖的"酒神的智慧"的改写,而尼采的"酒神的智慧"又是得益于叔本华的指点:"叔本华向我们描述了一种巨大的恐惧,当人突然怀疑起对现象的认识形式,从而充足理由律在其任何一种形态下似乎都遇到了例外时,他就会产生这种恐惧。"[②]

尼采还在叔本华的基础上,在叔本华所指认的"巨大的恐惧"的基础上谈到"狂欢",此可谓"喜悦的陶醉"的外化或象征:"如果我们再给这种恐惧加上个体化原理崩溃时,从人的最内在基础即天性中升起的充满喜悦的陶醉,那么我们就可以看一眼酒神倾向的本质了。"[③]狂欢,是"人被刺激着登上了他的象征能力的最高峰……必须有一个象征的新世界,首先是整个躯体的象征,不仅是嘴的象征、脸的象征、语言的象征,而且是有

① 尼采:《悲剧的诞生》,杨恒达译,译林出版社,2007年,第26页。

② 同上书,第18页。叔本华的文字实是叔本华《作为意志和表象的世界》上册第4篇第63节,石冲白译,商务印书馆,1982年,第484页。

③ 《悲剧的诞生》,第18—19页。

节奏地运动全部肢体的完整舞姿。然后突然迅猛地发展起其他的象征力量，即有着节奏、力度、和声的音乐的象征力量。为了实现所有象征力量的彻底解放，人必须处于那种自弃的高度，要象征地以那些力量来说话”。把身体看成意志的“象征”，尼采的思路是对叔本华的“意志的客体化”的展开。[①]“喜悦的陶醉”所凝聚起的强烈感受，需要一些极致的“表出”或“象征力量”。狂欢时的舞而蹈之，不论轻柔，抑或迅疾，在尼采而言便是极其自然的事情。

不难看出，《寄语中国艺术人——恐怖·狂欢·虔恪》固然在行文风格方面摹仿尼采的《查拉图斯特拉如是说》，但其前两道母题的思想架构显然更多地得益于尼采的另外一部作品《悲剧的诞生》，自恐怖而狂欢的递进与《悲剧的诞生》有着颇为吻合的外观。而林同济的《寄语中国艺术人》对尼采《查拉图斯特拉如是说》《悲剧的诞生》这两部作品同时有所吸纳，这一点已有研究者留意。这位研究者甚至还指出第三道母题“虔恪”同样取自《悲剧的诞生》，认为林同济所说的作为“我们严肃肃合掌皈依”的“虔恪”就对应着《悲剧的诞生》第 1 章最后一句话里的“肃然倒地”和“对神秘的造物主顶礼膜拜”。[②]但这个说法是值得商榷的，尼采只是说“倒地”或“跌倒”（只是 stürzt nieder），而没有说这是“肃然”倒地，尼采所设想的酒神般的人们对酒神顶礼膜拜的场景或是恐怖的景象“上百万人

① 参看叔本华《作为意志和表象的世界》，第 162—163 页：“这整个系列的行为，从而每一个别的行为，并且还有行为的条件，执行这些行为的整个身体本身，从而还有身体存在于其中，由之而存在的过程等等，这些都不是别的，而只是意志的现象，是意志的成为可见，是意志的客体化……身体的各部分必须完全和意志所由宣泄的各主要欲望相契合，必须是欲望的可见的表出：牙齿、食道、肠的输送就是客体化了的饥饿；生殖器就是客体化了的性欲；至于攫取物的手和跑得快的腿所契合的已经是意志的比较间接的要求了，手和脚就是这些要求的表出。如同人的一般体形契合于人的一般意志一样，同样，个人的身体也契合个别形成的意志，各个人的性格。因此，人的身体，无论是就全体说或是就所有各个部分说，都有个别的特征，都富有表现力。”

② 黄怀军：《现代中国的尼采阐释与思想启蒙》，知识产权出版社，2011 年，第 165 页。尼采的原文是：Der edelsten Thon, der kostbarste Marmor wird heir geknetet und behauen der Mensch, und zu den Meisselschlägen des dionysischen Weltenkünstlers tönt der eleusinische Mysterienruf: “Ihr stürzt nieder, Millionen? Ahnest du den Schöpfer, Welt?”

充满畏惧地倒在尘埃中”，或是狂欢的景象“每个人都感到自己不仅同他人团结、和解、融合，而且完全成为一体”①，固然有恭敬的内涵，却绝没有林同济所着意的那种严肃的恭敬，所谓“这刹那我们严肃肃合掌皈依”（第166页）。

三

林同济的文章《中国心灵：道家的底蕴》，1947年发表于美国著名的《观念史杂志》②，像《寄语中国艺术人——恐怖·狂欢·虔恪》一样脱胎自尼采的《悲剧的诞生》。他指出，中国人的“心性”是两重性的，在社会层面信奉儒家，在个体层面又都信奉道家，既是“儒”者又是“道”人（259）。在每个中国人身上，儒家心性表现为合群、接受规范，道家心性则表现为离群、向往自由（262—263）。林同济笔下的“儒家的东西”“道家的东西”，之于中国的“心灵”，类似于尼采所说的“日神般的东西”“酒神般的东西”之于希腊的“意志”。

林同济还谈到了道家的东西在儒家的东西这顶面具底下的奔腾，甚至冲决，一如酒神般的东西冲破日神般的东西的繁多堤坝③，但他特别强调这冲决在中国有着较为多样的形态。道家有四种重要类型，或可谓狂

---

① 尼采：《悲剧的诞生》，第19—20页。

② Lin Tung-Chi: The Chinese Mind: Its Taoist Substratum, in: *Journal of the History of Ideas* 8 (1947), 259-272. 中译可参看林同济：《天地之间》，第180—193页。这里引自英文版本，直接在正文标以页码数字。1946年秋，林同济在斯坦福大学讲课（参看 Annal Report of the President of Stanford University，1947年，第164页，也可参看林同济：《天地之间》，第398页）。《中国心灵》署名地址是“斯坦福大学”，可知这篇文章大抵是林同济1946年秋提交给《观念史杂志》的。这其实是林同济1941年发表于中国南京的英文刊物《天下月刊》（吴经熊主编）的《每个中国人的里面都有道家》的再发表，略微有所调整，参看 Lin Tung-Chi: The Taoist in Every Chinese, in: THM (T'ien Hsia Monthly) 11 (1941-1942), 211-225。

③ 尤其《悲剧的诞生》第9章最后一段，参看尼采：《悲剧的诞生》，第62页。

放派、隐逸派、弄世派、出山派。① 在狂放派身上道家的东西以最激烈的形态冲决了儒家的东西，狂放派也因此最与尼采笔下的酒神般的人相仿。林同济恰借用尼采所说的“酒神般的醉”（在尼采那里，这是与“日神般的梦”对峙的），品评狂放派的生活状态，甚至直呼其为“酒神般的狂放派”（a Dionysian rebel）（264）。他还以“酒神般的醉”为基础，进一步析出“酒醒”而退隐的意象，以解读“隐逸派”的生活姿态。按照林同济的思路，隐逸派显然是比狂放派更高级的，是酒醉而酒醒以后的一种生活姿态，而比隐逸派更加高级的，是“弄世者”。一位真正的弄世者，“一般说来，在精神发展层面，是走过了狂放派和隐逸派的漫长旅途的，（也因此）有能力作一个幽默的人而不至于妄自尊大”（268）。② 比弄世派还要高级的，则是“出山派”。他们不像“弄世派”那样隐身在茫茫的人潮里，而是主动地站

① 林同济的表述是英文，分别是 the rebel，the recluse，the rogue，the returnist。the rebel 指狂士，the recluse 指隐士，大致是无误的。至于 the rogue 和 the returnist，则较难还原，这里拟分别解作“弄世者”“出山者”。所谓 the rogue，在西方的语境里常指流氓土匪，《天地之间》中译亦作“流氓”。1912 年出版的《列子》英译，题为“道家学说：《列子》著作”（Taoist Teachings: translated from the Book of Lien Tzu），曾把“说符第八”注解“晋国苦盗”的“群诈之所逃”译作 the cunning rogue will escape（第 105 页），此 rogue 意指“盗诈”，与“流氓”可谓大同小异。然而，林同济所说的 rogue 并非作奸犯科之辈，也非游动的底层人（譬如日本的“浪人”又或中国的“游士”），其所着意的这类人的特点是举止从众而内心自由（268），甚至是比“隐士”更高一层的人物，贸然解作“流氓”又或者“盗诈”之徒，这恐怕是不尽合适的。值得注意的是，《战国策》1940 年第 4 期第 15—21 页刊有署名“岱西”的文章《隐逸风与山水画》，这几乎就是林同济同时期发表的英文文章《每个中国人的里面都有道家》（以及此后的《中国心灵》）的中文底版。由此可以断定，在林同济主持的《战国策》上发表文章的这位作者“岱西”（甚至还有“郭岱西”）就是林同济的笔名。至于林同济何以取岱西、郭岱西的笔名，委实难以考证，这里拟推测当与林同济的妻子名为“黛南”，甚至全名“黛南·格雷”（或可解作“郭黛南”）有关。林同济在这篇《隐逸风与山水画》里指出，道家的倾向是“谑浪情怀”，“这种谑浪情怀有四大类型的表现：曰狂放派，曰隐逸派，曰弄世派，曰出山派”（第 15 页）。故宜把 the rogue 解作“弄世派”（这弄世派，大抵就是冯友兰所谈到的与“遁世”有别的“玩世”），把 the returnist 解作“出山派”（李约瑟《中国科学技术史》第 2 卷提及林同济对道家所作的四类区分，中译本将 the returnist 译作“归真”，参看李约瑟：《中国科学技术史·科学思想史卷》，科学出版社和上海古籍出版社，1990 年，第 178 页。这是错译，林同济所说的“归”恰恰不是归“真”而是归“俗”）。至于前两类，就也可更正为“狂放派”“隐逸派”。

② 原文是：A genuine rogue usually comes, in his spiritual development, from the long way of a rebel and a recluse and is enough of a humorist to be free from conceit。

出来，带着一种因道家的东西而极纯洁的心性在社会中积极行事，不啻是一位下凡于尘世的“曲星”(270)。

将儒家的东西限于合规范的意味而将超脱的意趣判给道家的东西，这种思路或还有可推敲处。儒家也有超脱的维度，约略说来，这或是另一种超脱，另一种求自由的“路线”：“孔子所要培养的儒者，可称作仁者。对于孔子来说，仁作为人成其为人的本始而终极的价值，其根柢或端倪在人的性情的真率、自然处，它的极致是一种虚灵而真实的境界，圣的境界。这境界是形而上的。”[①]这就意味着，林同济最为看重的“出山派”，未必就是已抵道家高远境界而重返俗世，儒家也能开出既积极在世而又心意自由的可能性。然而，有一点是显而易见的，林同济的《中国心灵：道家的底蕴》固然接纳尼采《悲剧的诞生》关于“日神的东西”和“酒神的东西”所作的动态论述，却又越出尼采的思想框架，坦率地给出他自己的观点。将道家分作四类，其所着意者惟在第四类“出山派”。

就此而言，《寄语中国艺术人——恐怖·狂欢·虔恪》与之几无二致。狂欢之于林同济，作为艺术创作心理的一个阶段，是一个要被扬弃的阶段。扬弃是黑格尔的术语，依林同济后来的思考，则可谓“生化”。[②] 狂欢是个体自我张扬而至极致，虔恪则是重新察觉有更大于个体者。自狂欢而虔恪的递进，须以重新察觉甚或“清醒”为前提。狂欢的艺术家(个体)，必要由酩酊大醉而酒醒，才能进至皈依而成其为虔恪。林同济与尼采的差别便尤其在于，他们对清醒以后的走向的判断是不同的。尼采直

---

① 黄克剑:《由命而道——先秦诸子十讲》，线装书局，2006 年，第 29 页。

② 林同济:《中国思想的精髓(1980 年 11 月 18 日演讲于加利福尼亚大学伯克利分校)》，丁骏译，载林同济:《天地之间》，第 194—206，204 页。“……生生化化，生化。生就是生命，创造生命，而不是道家的无的极乐境界。化是转化，不完全是变化，化的含义是某一事物发生了变化，但不是变成另一个全新的事物，即变化之前的物本身含有一些对这种变化起作用的东西。化的产生并不意味着对过去完全否定；这就是化和变化的区别。”

接进至“模仿”式的“造梦”（立足于西方的“模仿论”传统）[1]，林同济则别取“虔恪”。

四

林同济所说的恭敬又或者“虔恪”，直接关联着“皈依”：“面对着这个绝对体，你登时解甲投降，你邪念全消，自认渺小，你不敢侵犯、不敢亵渎，你愿服从、愿自信、愿输诚、愿皈依，你放弃一切盘问、请求，你把整个生命无条件地交出来，在兢兢待命之中，严肃肃屏息崇拜！”（第165—166页）自狂欢而虔恪，自“自我外不认有存在”而皈依，这递进在他那里并非《寄语中国艺术人——恐怖·狂欢·虔恪》所仅见。

在《廿年来中国思想的转变》（1941）里他已然清楚写道：“在当年宗法社会壁垒森严的压力下，自由两个字无疑是中国青年的无上福音。把自我看作超出一切而存在，脱了一切而仍有价值的一物，煞是快事！然而经不多时，一般感觉敏锐之人，颇已能恍然发现对面的真理；如果人们需要自由（freedom），人们也必要皈依（attachment）。”这是因为“无论由物质或精神生活着眼，自我终是未能自给的一物。它终须皈依于更大于我者

---

① 尼采《悲剧的诞生》谈艺术家的创作，指出狂欢以后便是“造梦”，把作为艺术创作的“造梦”（而非生理意味的“造梦”）称作“模仿”，对狂欢时的“神秘的合一的感觉”进行模仿：“自然的艺术本能直截了当地得到了满足，首先是梦的形象世界，个人无需借助知识方面的博学或者艺术方面的修养就可以得到完满的梦的形象世界，其次是醉的现实，这个现实同样也不在乎个人的现实，反倒是要毁灭个体，透过一种神秘的合一的感觉来救渡个体。艺术家是跟自然的这种直接的艺术状态不一样的，所有的艺术家都是摹仿者，或者是日神般的梦的艺术家，或者是酒神般的醉的艺术家，又或者，说到底，就像希腊悲剧所展示的，既是醉的艺术家、又是梦的艺术家，我们大概要这样来设想这种艺术家，这种艺术家，在酒神般的酩酊状态和神秘的放弃状态里，远离热情洋溢的歌队而孤单单地倒下，于是，这种艺术家，借助日神般的造梦能力，把他自己的这种情形，也就是说，他与世界最内在的根据的合一，展示在一个像比喻一样的梦的形象里。”以上均见《悲剧的诞生》第2章第1段。

而存在，而受得存在的意义与价值”。[1]

《廿年来中国思想的转变》确实还指出，所须皈依的“更大于我者”就是“国家与民族”。但要注意，他这样说是有前提的：“如果五四时代青年们都感得摆脱家庭束缚的愉快，最少，九一八之后，一般知识分子已能深切体验自我确确不能离开国家而生存。对家庭自由，必须向国家与民族皈依。越是不为小家庭的一分子，我们灵魂深处越要渴求做大社会的一员。”[2]原来是“九一八”的时代背景，使得林同济认为其所在的现阶段的中国的“更大于我者”是国家与民族，而并不意味着所谓“更大于我者”只是指国家与民族。

这样说来，林同济 1943 年把“更大于我者”解读为形而上意味的“无穷”[3]，并不就是他的“更大于我者”的内涵发生了变化。完全有理由推断，其所着意的“更大于我者”在根底处是指“无穷”又或者“绝对”，只是《廿年来中国思想的转变》着意于中国的紧张局势，而要把形而上意味的“更大于我者”形而下地“定格”为国家与民族。

在《寄语中国艺术人——恐怖·狂欢·虔恪》里，“严肃肃合掌皈依”所要皈依的，恰是旷野里直面那为绚丽的“日出”所象征的“绝对”：“一轮黄金之球，地底涌出，庄严华丽，天后之容，上下四方，反映着都是光，都是热，都是颜色！你和我不由自主地张着口，呆着目，一齐站起来迎驾。万籁无声，一轮高耀——这刹那我们认识了她——绝对，这刹那我们严肃肃合掌皈依！这叫作虔恪！”（第 166 页）

林同济还指出，个体要是意识不到自己是需要“绝对”的，就不可能有恭敬的心：“在哪一个面前，你们真晓得严肃肃合掌？在哪一个背后，你们

---

① 林同济：《廿年来中国思想的转变》，载林同济：《天地之间》，第 27—33、30 页。这篇文章作于 1939 年 5 月 4 日，发表于 1941 年 7 月 20 日《战国策》第 17 期。

② 同上书，第 30 页。

③ 林同济：《民族宗教生活的革创——议礼声中的一建议》，载林同济：《天地之间》，第 168—174 页，尤其第 170—171 页。这篇文章作于 1943 年 11 月 8 日，载 1944 年《时代之波》，第 97—107 页。

不伸出你们那秽腻的指头，哼出你们那虚无的鼻中笑？笑？原来你们自诩无需绝对体！”（第166页）这就隐约地意味着，个体终于在“绝对”是恭敬的，这结缘于个体在狂欢以后（这是必经的阶段），在“自我”膨胀以后，能够清醒地意识到他是需要“绝对”的。

此前在《廿年来中国思想的转变》里，他讲“皈依”是attachment，又讲个体在特定局势下终于意识到“不能离开国家而生存”，从而“必须向国家与民族皈依”，这便意味着，其所说的attachment，作为“皈依”，当取attachment的“依托”之意。如此意味的attachment，多少与20世纪初半段不少德国学者所喜谈的Gebundenheit相通。[①] 向国家与民族皈依，便是要“依托”国家与民族，“需要”的意味何其清晰！由此便有理由推断说，《寄语中国艺术人——恐怖·狂欢·虔恪》里经“无需”所折射出的“需要”，当是理解林同济的“虔恪”概念的关键。

这里并不想谈作为“恭敬”的基石的“需要”与20世纪初德国所风行的“血和土”（Blut und Boden）这种政治浪漫派思想有几多相似。[②] 这里只想结合《寄语中国艺术人——恐怖·狂欢·虔恪》与尼采《悲剧的诞生》的渊源来谈林同济的恭敬论，宁愿关注从狂欢到虔恪这一递进究竟如何可能。自狂欢而至“需要”意味的虔恪，这递进如果是可能的，必定意味着这狂欢并非尼采所着意的那种狂欢。

在尼采那里，固然每一次狂欢都是暂时的，却终究是不断继起的，凝聚着个体对永恒地而非暂时地合一的殷切盼望。个体渴望“世界的心”把个体永恒地而非暂时地改造，也就是由于这种渴望的深沉性，个体才会在

---

① 譬如蒂利希（Paul Tillich）。此前翻译蒂利希的著作（蒂利希：《蒂利希论谢林选集》，香港道风书社，2011年），笔者颇觉Gebundenheit难译，勉强译作“凝结”，还拟解作“缠绕”。如此说来，有特定情况下可更正为“依托”。

② 蒂利希把“血和土”所象征的政治浪漫派理论称作“起源”神话，并予以极其清楚而严厉的批判。详可参看蒂利希1930年代的著作《社会主义选择》，现已收入《蒂利希主要著作》（Main Works / Hauptwerke）第3卷《社会哲学和伦理学著作选》（Writings in Social Philosophy and Ethics / Sozialphilosophische und ethische Schriften, Berlin u. New York: Walter de Gruyter . 1998）。

那暂时地被改造的“狂欢”情境里“预感到了那位造物主”①,而“世界的心”之所以能够被暂时地改造的个体“预感”为“造物主”,就在于只有在永恒的改造被实现以后,“世界的心”才成其为酒神般的个体所念想的那种真正意味的“造物主”,新“造物主”。向着这样的“世界的心”又或者它的象征(譬如日出),个体不可能有一种“需要”意味(起源意味的“离不开”)的恭敬,而如果一定要说个体的姿态是恭敬的,也至多只能说这是一种“盼望”意味(终末意味的“新造物”)的恭敬。本着这种恭敬,个体在遇到其所恭敬者的时候不可能是“严肃肃”的,不可能是可以自持的,而是感觉到了自己的(暂时的)消失,感觉到自己与其是合一的。然而“盼望”意味的恭敬,与其说是恭敬,不如说是切望,毕竟“恭敬”取意于静而“盼望”取意于动。这样说来,自狂欢而虔恪,在尼采《悲剧的诞生》那里是不可能的。

狂欢在尼采那里固然是暂时地“合一”,却还关联着对永恒地“合一”的盼望,而林同济所说的狂欢只是暂时地“合一”而绝没有盼望永恒地合一的维度。甚至于,林同济所说的暂时地“合一”更着意于“成为一”,个体成为“一”。但无论如何都可看出,林同济所说的三道母题,自恐怖而狂欢而虔恪,实是一条要让个体找回作为个体的自己的心路历程,与尼采着意于与“世界的心”彻底合一而再无个体自身这一点所谈的自恐怖而狂欢,在根底处迥异其趣。

既然《寄语中国艺术人——恐怖 · 狂欢 · 虔恪》所申述的狂欢与尼采悄然有别,其“自恐怖而狂欢”的递进也就是《悲剧的诞生》貌合神离。如此说来,林同济只是借取《悲剧的诞生》的思想框架,其所着意者原就是狂欢以后的“虔恪”。

① 《悲剧的诞生》,第18—19页。

伊夫林·沃的天主教叙事①

张　欣②

［摘要］　伊夫林·沃是20世纪英国天主教文学的代表作家，本文分析他的代表作之一《旧地重游》的叙事策略：主人公外聚焦；长篇追忆；将传统圣徒传作为有待颠覆的潜在文本，建构以衰落为主线的故事；以及对天恩的隐性讲述等。这些叙事方式结合成一个有机的整体，共同为小说的天主教教化功能服务，因此，这些叙事策略并不是偶然现象，而具有这一文学谱系强烈的时代特征。

［关键词］　伊夫林·沃　《旧地重游》　天主教小说

在20世纪英国天主教文学中，伊夫林·沃（Evelyn Waugh，1903—1966）是不可忽视的一位，他和格瑞厄姆·格林（Graham Greene，1904—1991）是20世纪中叶英国天主教文学最耀眼的双子星座。他的作品不论在内容、形式，还是影响模式上，都颇具代表性。在内容上，伊夫林·沃关注伦理和罪性的探讨；在叙事手法上，他很少使用象征、意识流等现代主义的标志性手法和叙事传统，故事呈戏剧化性，文风流畅；再如，他的作品受众广泛，尽管在文学史上或学院派批评家的眼中，他的地位不及同时代的艾略特、伍尔夫等人，但他是20世纪英美最受欢迎的小说家

①　本文为教育部人文社会科学研究规划基金/青年基金/自筹经费项目“20世纪英国天主教小说”（10YJC752052）的中期成果。

②　张欣，北京师范大学文学院比较文学与世界文学讲师，主要研究基督教文学、英美文学和小说理论。

之一,作品长销不衰[①],和格林一样,他的所有代表作都拍成影视作品,有些还不止翻拍一次;甚至这种似乎更受普通读者而不是学院派青睐的"流行"也可以说是英国天主教文学的特点之一。[②]

在伊夫林·沃的代表作中,《旧地重游》(*Brideshead Revisited*, 1945)是最具天主教特征的一部。作者在立意上设定了其天主教文学的特征,在小说的自序中,作者声明这部作品的主题是"天恩眷顾各种不同而又密切联系着的人物"[③];它也是沃最受读者欢迎的小说,受欢迎的程度甚至达到令沃本人不悦的地步。因此,本文尝试以这部小说为核心,兼及20世纪天主教小说的叙事策略,并借此一瞥英国天主教文学在当代的贡献和地位。

伊夫林·沃的"现代性"?

在中国的外国文学研究领域,具有明确宗教标签的作品往往位于国内学者视域的边缘。深受西方人文主义和学院精英传统的影响,我们往往自觉或不自觉地侧重西方文学史中更具精英主义特征的文学作品。因此,伊夫林·沃和格林等人具有明显宗教色彩的作品或者译介较晚,或译介之后也未引起人们的重视。笔者以为,这种偏好有可能使我们对英国当代文学的复杂性认识不足,继而导致对当代文学与社会的关系评价有误。

英国天主教小说往往具有较强的跨"界"特征,它们像通俗小说一样受欢迎,读者广泛,却无法归入一般意义上的通俗小说的类别,如侦探、言

---

① 参见《时代》周刊(*Time*)"All Time 100 Novels";The Observer critics' "100 greatest novels of all time"; Random House Modern Library's "100 Best Novels"。

② 以下为不完全统计:《荣誉之剑》(电视连续剧),1967,BBC;《旧地重游》(电视连续剧),1982,Granada Television,该剧在英美影响广泛,《时代周刊》评价极高;《一抔尘土》(电影),1988;《邪恶的躯体》(电影),2003,更名为《聪明的年轻人》(*Bright Young Things*);《旧地重游》(电影),2008。

③ 伊夫林·沃:《旧地重游》,赵隆勷,译林出版社,2009年,再版序言,第375页。

情、恐怖小说等,因为它探讨人生、罪性等严肃主题,因此有别于一般消遣性的类型化作品;所以它们往往在文学史上有一席之地,可以归入严肃文学,但同时,它们又和20世纪西方文学史上的"主流"作品有一定距离,因为天主教文学一般来说通俗易懂,不尝试颠覆现有的文学体裁模式,或是极端挑战读者的思考能力和文学接受能力,并没有出现一篇所谓现代文学流派中"划时代"的作品或者说代表一种新文学形式的作品。依据天主教小说的这种特征,笔者以为,不论"新批评"式的文本细读,还是文化批评,都不完全适用。因为不同的研究方法必然导向不同方向的结论,一般来说,采用"新批评"的方法研究严肃文学,目的在于寻找其独特的文学价值;而使用文化批评研究通俗文学或流行文化,目标是拆解文本对读者想象力的迎合,暴露作品潜藏的性别、政治或民族意识形态的建构。但针对天主教文学这种"娱众"的"严肃文学",笔者拟在稍加借鉴这两种批评的同时,将结论导向文学和宗教的关系。首先,笔者希望通过对伊夫林·沃的现代性的讨论,给予他,同时是20世纪天主教小说在广义的文学(即包括通俗文学在内,比一般文学史范围更广的文学)格局中更清晰的定位。

20世纪的天主教小说的意义是什么?显然,在这个"世俗化"的世纪,宗教文学与社会的关系,无论如何和中世纪都不会一样。但是,仅仅因为小说问世的时间是20世纪,就认为它们是"现代"小说,具有当代价值,并不能说明它们的独特性。对这个问题的探讨和长期以来对伊夫林·沃的现代性的讨论很相似。关于伊夫林·沃是否现代的问题有两种截然相反的说法。有不少人认为,沃不太现代,他的作品乍一看主题是传统的,叙事形式也是传统的,加上作者在日常生活、话里话外总是尽量渲染自己的好古癖,刻意将自己树立成"反现代"的姿态,也使得伊夫林·沃的小说缺乏现代性成为人们最容易得出的结论;与这种观点对立的代表学者是乔治·麦卡特尼,他在专著《伊夫林·沃与现代传统》①中从思想

① George McCartney, *Evelyn Waugh and the Modern Tradition* (New Jersey: Transaction Publishers), 2004.

倾向、人物形象、艺术手法等几个角度,涉及沃各阶段的代表作,全面论证了伊夫林·沃的现代特征,该书首版于1987年,再版于2004年,较有影响力。笔者以为,麦卡特尼的论述澄清了一个问题,沃的作品虽然看似"传统",但不等于他没有现代特征,因为"现代传统"或现代性不等于"现代主义"。作为一位20世纪英国作家,沃的主题、思想倾向、表现手法都与前现代,甚至19世纪有明显区别。但是如果将"现代传统"等同于"现代主义",尽管沃与伍尔夫几乎同时在创作,两人的主要作品都于20年代到40年代之间问世,区别却很大。沃自己曾不止一次明确表示对所谓现代主义文学不满,在他的作品中也刻意使用与之截然有别的文学手法。因此,更好的方式不是将伊夫林认定为一位"传统"作家,而是将他置于现代传统的大背景下,放在与现代主义竞争、相抗衡的另一现代文学谱系中。

麦卡特尼没有特别考察沃的现代天主教特征,这是我们将要做的,即讨论他如何在20世纪中叶书写一种"现代的"天主教文学,由于西方近代基督教地位的巨大变迁,这种叙事无疑将拥有明显的时代特征。

《旧地重游》以倒叙的方式描写"我"(画家赖德)与一个没落中的天主教侯爵家庭的种种纠葛。故事开场是二战后期,"我"在后方停滞、无序的军队中度日,偶然驻扎在大学好友塞巴斯蒂安的故居——布莱登堡,这唤醒了"我"一段历时十余年的回忆,这段回忆随即构成了小说的主体部分:"我"与这个天主教家庭中的小儿子塞巴斯蒂安有同性倾向的友谊,以及十年后与这个家中的长女朱莉娅的婚外情,两者均无果而终,留下"我"(回到二战后期的当下)在人去楼空的古老府邸中独自追忆。

伊夫林·沃在小说再版序中这样评价《旧地重游》给他带来的影响:"它使我失去了我一度在同时代人中享有的重视,并把我引进一个收到大批书迷来信和受到报刊摄影记者包围的陌生世界。"[①]在这部小说中,沃

① 《旧地重游》,再版序言,第375页。

前期创作中杰出的讽刺才能大为收敛，取而代之的是一股怀旧情绪，令许多对沃的讽刺艺术评价很高的批评者非常失望；但同时，这部小说也使沃在读者中名声大震，确立了他作为天主教作家的身份标签。

首先需要介绍这部小说的一些背景。天主教贵族家庭在英国是一个有效的文化标签。自1529年英国实行宗教改革以来，除了玛丽女王在位的五年时间，英国的正统宗教信仰是英国国教。在被迫脱离教廷的三百年多中，英国的天主教徒主要由两群人构成。一是绵延不绝的爱尔兰移民，他们在英国社会中一般处于中下层，甚至主要属于下层，在文化方面的影响很小；二是英国贵族。由于改教期间英国政府对天主教徒课以重税，即使中等收入家庭也会因为沉重的税收负担在数年之内迅速破产，因此只有拥有大片采邑的天主教贵族才能生存下来。贵族属于知识和精英阶层，在无法接受梵蒂冈直接领导，没有系统的教阶体系和教会管理的情况下，贵族很自然地成为英国天主教群体的领袖和旗帜。

在19世纪中期以前，天主教徒在经济、政治、教育等方面均受到十分严重的限制。时至今日，虽然各种禁令已然废除，但英国天主教徒始终是少数人的群体。但令人们惊讶的是，在20世纪，人数不多的英国天主教徒在文学上的影响力远胜新教，前者构成了绵延整个世纪的文学谱系，代表作家层出不穷，而后者是否存在都是一个问题。这说明虽然同为基督教的不同支派，天主教和新教在英国现代社会中扮演了十分不同的角色。一般来说，国教徒作为主流人群，秉持了新教的现世精神和理性色彩，具有比较突出的实用倾向，这也导致他们在思想和行为上“与时俱进”，对信仰淡漠乃至放弃，与现代社会合流，导致宗教身份不明；而天主教徒在层层重压下拒绝放弃天主教，在整整三个世纪被排斥在主流群体之外，使天主教徒的身份标识异常鲜明，被普通英国公众视为“不合时宜的他者”，但与此同时，他们也具有了自己独特的文化身份。

经济、政治、教育等一系列长期针对天主教的排斥政策，世世代代为信仰付出的巨大代价，使天主教徒非常关注和保持自己的宗教身份，这同时使天主教徒与国教徒始终有着较深的隔阂，再加上英国贵族和平民的生活圈子原本难有交集，因此，在英国，一系列的标签，如“非理性的”或“神秘的”、爱尔兰（民族）或贵族（阶级）、“传统”乃至“中世纪”（时间）等，时至今日仍然存留于主流人群对天主教徒的想象中。天主教贵族“不合时宜”的“中世纪式”的信仰，或者说傲慢的固执，已是民众的一种成见。伊夫林的这部小说在叙事策略上可以说充分迎合了这种民众“想象”。

小说以“我”——一位与这个家庭不同成员有深度接触的旁观者——的回忆的形式展开。“我”开始是一名牛津的学生，后来成为有名的画家，身份为白人上层男性，“我”对信仰始终采取一种不置可否的态度，这种身份和态度比较容易受到主流读者的认同。但同时，在“我”的眼中，这个家庭魅力四射：俊美异常的塞巴斯蒂安和朱莉娅，富丽奢华的布莱登堡，以及“我”始终难以理解的神秘信仰。不论是我的追忆、惊叹还是迷恋，都带着读者进入了一个令人憧憬的异己环境中。“我”的职业是画家，因此这部小说也是一位艺术家的独白，充满了情感和感性特征，为整部小说增添了绚丽而浪漫的色彩。无独有偶，格林在同时期另一部标签明确、极受欢迎的天主教小说《恋情的终结》（*The End of the Affair*, 1951）中采用了完全相似的叙事策略：“我”是一位没有宗教信仰的英国男性白人作家，与一位女性发生了婚外情，对她突然爆发的天主教信仰以及随后决然分手的行为，“我”始终无法理解或不愿接受；小说的主体部分同样是主角充满情感色彩的回忆。采取外位的身份叙述天主教徒的故事，使故事充满情感的，或者说非理性的色彩，无疑是一种非常有效的叙事策略。

不少评论家批评《旧地重游》充分暴露了伊夫林·沃的“势利眼”，认为小说对这个古老的天主教贵族家庭的描写将他对贵族的艳羡暴露无遗。但是很显然，一味恭维古老的天主教贵族家庭，如果不依托于某种时代情绪，没能够满足读者的深层需求，不可能成为一部畅销书。何况这部小说问世时正逢二战末期，在纸张限制的情况下，竟能广受欢迎，读者的恭维和痴迷却令伊夫林·沃厌倦不已。

笔者以为,这就是小说的第二条叙事策略起到的决定性作用:怀旧。正是这一点把握住了时代的情绪。这个由画家追述的故事充满了艺术和感性的气氛。布莱登堡里画着古典神祇和英雄像的拱形天花板大厅、布置着青铜圣器的小教堂、索恩式图书室、中国式或庞贝式客厅、彩色壁纸和奇彭代尔的精工细雕的木器家具、挂着壁毯的大走廊、喷泉、葡萄酒窖,还有和塞巴斯蒂安一起度过的威尼斯假期——令人眼花缭乱。小说的辅助线索是主人公赖德逐渐走向绘画的职业生涯,因而其中穿插了不少作画的过程,从布莱登堡开始描摹古老宅邸,最后发展成他的职业,在世界各地画即将消逝的古老府邸;侯爵之家的酒色财气,以及竭尽渲染的对已逝青春的喟叹,使小说缔造了一幅既绚烂又极易受到认同的旧日图景。通过这些,在二战末期写作与出版的《旧地重游》牢牢把握浩劫中的英国人的情愫,与二战相比,战前的生活无疑如黄金般宝贵,美梦般易逝。一种时代精神般的伤逝感,使承受了无数轰炸的英国人的伤痛得以表达并得到慰藉:在噩梦般的现状面前,"过去"呈现为一个带着光晕的美好世界。

"怀旧"描写"曾经美好的过去",此时,过去被表现为一个封闭的整体世界,这个纷繁多变但具有某种统一性和完整性的世界,天然地带来审美的愉悦感。在这个意义上,《旧地重游》深植于浪漫主义的文学传统中,与现代主义形成鲜明的对比。在浪漫主义传统中,文学是抒情的工具,小说中不时闪现的青春挽歌,是浪漫主义美学兴起之后形成的主流读者群最熟悉的文学形式。相比较而言,现代主义往往反对缔造使读者忘记现实处境的梦境,而是不断催促读者反思自身和现实世界,从而击碎这种梦境或幻象。与这样的诉求相应,英国现代主义文学常常将重点放置在瞬间或非常短的片段中,而不是长时间段的完整故事,如《尤利西斯》《到灯塔去》。因为对于"顿悟"而言,"当下"的认识和体验是最重要的,相对来说,"怀旧"或者"曾经美好的过去"却必须是一个完整的时空,因为关注延续的时空或者说有一定长度的人生经验才可能追问意义,导向某种终极关怀。

浪漫主义的文学传统在给其文本世界着色的同时，也输出一种相应的世界观：以抒情为主的生命感受，通过赋予人生经验完整性和美感，从而肯定生命的价值。但是如果读者在现实社会中缺少坚实的立足点，浪漫主义有可能蜕变为审美主义，将文本世界等同于真实世界，因为文本世界不具备开放性，所以无法帮助解决具有开放性的现实问题，过分沉湎其中可能导致现实世界的问题，这也是浪漫主义发展的畸变之一。

与理性主义不同，浪漫主义肯定人生命中的非理性因素，比如情感、经验，并通过描绘这些共通的情感和经验建构读者的认同。在《旧地重游》中，作者将怀旧的审美经验和非理性的宗教实践融合在一起：小说的叙事不尝试将侯爵一家的天主教信仰合理化，而是刻意将它表现得非理性，缺乏现实依据。从表面上看，天主教信仰着实未为这一家人带来任何好处，它未能使侯爵夫人免于自负和虚荣，以致不能以正确的方式教育孩子，导致了年轻一代的悲剧；它也没能使塞巴斯蒂安停止酗酒，或是令朱莉娅拥有幸福的家庭生活。囿于特定的视角，作者刻意回避描写这些信徒内心的信仰体验——这可以成为对天主教信仰的正面表达，以及证明信仰合理性的内在证据。相反，作者蓄意突出了这种信仰的“非理性”特征。因为在一般人眼中，英国天主教应该呈现为现代主导的“理性”“实用”或“现实”逻辑的对立面；信仰生活应该看似穿插于现代社会之中，实质上游离其外，自成体系。这召唤普通读者暂时脱离自身的环境，带着一种猎奇心态阅读这部小说构筑的既切近又陌生的世界。因此，小说的叙事刻意突出了这种信仰的“非功利”色彩，在为天主教蒙上一层神秘的面纱的同时，也迎合了读者对天主教的想象。不过这种过分神秘的天主教信仰也可能在一定意义上缺乏现实根基。实质上，在这部小说中，“非理性”信仰更像一层表面，而浪漫主义的审美体验却是其本质。

需要留意的是，“我”带着几分唯美色彩的青春与激情的追忆，同时融合了天主教的历史文化遗产。布莱登堡就是一个具体而微的巴洛克艺术殿堂，这一点唤醒并加强了读者对天主教极富历史意味的文化的印象。

但直到目前为止，沃更多利用的并非“当代”天主教的独特资源，在叙事上并没有脱离浪漫主义的窠臼。因此，我们现在还不能说他是现代的。

浪漫主义作为理性主义的对立面出现，它有一项诉求却和理性主义相似，即都尝试探求个人的本真性伦理①，这种本真性伦理的发现建立在对个体经验的反思之上，现代主义文学延续了浪漫主义的此项诉求，比如《达洛卫夫人》结尾处女主人公对人生的顿悟就是这种发现的典范。因此，意识流小说试图建构读者心理世界的镜像，在叙事手法上表现为极端内聚焦。但伊夫林·沃在本质上怀疑这种本真性伦理的“真实性”。在他的作品中，情节推进的动力并不是主人公的自我发现。现代主义寻求与社会相对分离的个体，因而极度关注人物的内心，而伊夫林·沃关心行为正确与否，他的小说的重点是描画外在言行，从他的第一部小说《衰落与瓦解》(*Decline and Fall*,1928)直到《荣誉之剑》三部曲，主人公都不十分突出，和意识流小说形成了非常鲜明的对比。沃在《衰落与瓦解》中评价主人公道:“保罗·潘尼费瑟根本当不成小说的主人公，他存在的意义只是把一连串的事件联结起来，而他的影子是这些事件的见证人。”②反英雄主人公游历于周遭令人惊异的各种荒唐人事中，在叙事手法上表现为主人公外聚焦，这种主人公形象和叙事手法比较接近传统的流浪汉小说。因此很多评论者认为沃真正继承了英国的讽刺小说传统，虽然沃否认自己写作的是讽刺文学，他的理由是:“(讽刺)在稳定的社会状况中才能繁荣，它预设一致的道德标准……通过极度夸大貌似文雅的残忍和愚蠢，暴露它们的本质。讽刺制造羞愧感。在这个**平民**世纪，邪恶甚至不再说德

① 查尔斯·泰勒:《本真性伦理》，上海三联书店，2012 年。本真性伦理的追求:人可以通过不断认识社会、他人和自我，尤其是自我反思，更接近人存在的真相，并使自己在一定程度上超越环境，这个伦理学属性中包含对人的肯定。泰勒对“本真性伦理”持赞成态度，笔者的立场接近泰勒，只是认为现代主义过于关注个体之“真”，需要谨慎对待其中的极端个人主义倾向。

② 伊夫林·沃:《衰落与瓦解》，高继海译，上海译文出版社，2003 年，第 118 页。

行是好的,讽刺已经没有用武之地。”①沃的评论对论证他的小说是否是讽刺文学并没有太大帮助,但是在这里我们看到,对现代社会中道德标准的衰微,沃深以为忧。巴赫金在研究梅尼普讽刺体时曾指出:讽刺是一种双声语。在讽刺文学中,隐形叙事者往往不动声色地描写反常之事,使主人公的内心视角相对隐退,导致的效果是读者比较难深度认同主人公,从而将评价留诸约定俗成的常识。巴赫金的这个观点和沃的看法非常接近。在讽刺小说的双声语中,一种声音是主人公眼中的他人言行“表象”(往往不追究背后动机),另一种声音是隐匿于读者心中的常识。相对于现代主义文学,沃的小说更关注的不是本真性伦理中的“真”,而是作为公众良知的善,即道德常识(或者用沃的话说“一致的道德标准”)的声音。真可以是一种认识,但善仅仅在人际关系间存在,个体是否能够寻求到与他者无关的自我真相?忽视社会的统一道德标准,个体依据什么评价自己?正是在这个意义上,沃始终质疑伍尔夫与乔伊斯等现代主义小说中的极度精英意识和唯我主义倾向。

因此,在这部小说中,不是富丽堂皇的古老城堡,也不是陈词滥调的青春追忆,是伊夫林·沃对伦理的一贯重视为《旧地重游》的情节奠定了最终的现实基础。这是这部小说的叙事策略之三,讲述一个“衰落”的故事。尽管讽刺的力度远远不及沃的其他小说,但小说仍然清晰地显示,侯爵一家的衰落是因为他们刻板、浮华,远离普通人的义务和责任,和现代社会脱节。在这个意义上,小说中与贵族之家式微同步消逝的青春,也隐喻了所有生命美好体验消亡的必然性,因为人本质上的德性缺陷,使之无法阻挡衰亡的来临。但在这里就出现了一个问题,讲述一个天主教家庭“衰落”的故事,如何体现“天恩眷顾各种不同而又密切联系着的人物”的主题?有趣的是,这却是20世纪欧美天主教小说最主要的叙事策略。

---

① “Fan-Fare”, life, 8 April 1946, collected in *The Essays, Articles, and Reviews of Evelyn Waugh*, ed. Donat Gallagher Methuen, London (Little Brown & Co), 1984, p. 304.

逆转的“圣徒”

近观马奇梅因侯爵一家，实在乏善可陈。小说细细描述了这一家人几乎无法阻挡的堕落过程：侯爵大半生抛妻弃子，与情妇在威尼斯享乐；侯爵夫人出生天主教世家，独自抚养四个孩子长大，但她刻板、虚荣的抚养模式毁掉了孩子们；长子想当神父的愿望被扼杀，生命力也为之夭折，只知墨守贵族和宗教的成规，为人冷漠之至；长女朱莉娅误嫁政治掮客，与赖德陷入婚外情，但最终为了宗教信仰放弃了在尘世追求幸福的希望；幼子塞巴斯蒂安是同性恋和无可救药的酒鬼；幼女科迪莉娅做了修女，年纪轻轻就丧失了青春活力……但是，描写不成器的教徒，却是20世纪天主教文学最重要的题材。

在天主教中，圣徒扮演着非常重要的角色。美国学者兼神父安德鲁·格瑞雷说：“天主教徒生活在未曾驱魅的世界中，一个由雕像与圣水、彩色玻璃和供奉烛、圣徒与宗教纪念章、玫瑰念珠和圣画的世界中。”“天主教想象陶醉于作为节日的故事和作为故事的节日之中。教堂，不论大小，并非是天主之爱的故事在时间、空间中具体讲述之所。但却是故事的宝藏贮存和流溢之处。”①这些故事，一大部分就由圣徒故事构成。圣徒传可谓天主教徒最熟悉的故事（耶稣的故事之外）。在近代西方文学的发展过程中，圣徒文学的影响很大，许多非宗教文学明显有圣徒传的痕迹，如《十日谈》中的一些小故事，可以看作是反圣徒传（如第一天的第一个故事“歹徒升天”），或者“世俗”圣徒传（如第十天的第十个故事“贤达的克丽雪达”）。

但是，在当代，传统圣徒传出现了严重的危机。圣徒传的问题是程式化，圣徒的言行处处显出神性的标志，生平故事充满神话因素，圣徒从纯

---

① *The Catholic Imagination*, Andrew Greeley, London: University of California Press, 2000, p.52.

洁走向圣洁,似乎永远不会失败或犯错。在20世纪,天主教的圣徒传统依据深入人心,但同时,在这个世纪,人们对人性的看法因为现代心理学、存在主义等非理性思潮的影响,已经有了重大改变,所以苍白而刻板的圣徒形象显得越来越缺乏真实性。与此同时,20世纪一些最重要的天主教作家纷纷在作品中缔造"负面"主人公,他们的写作可以称之为"反圣徒传",普普通通的有缺陷的平信徒或神父替代了天主教的传统主流文学叙述。如获得诺贝尔文学奖的〔挪威〕温塞特的《劳伦斯之女克里斯汀》;〔法〕莫里亚克的《蝮蛇结》;〔法〕贝尔纳诺斯的《乡村教士日记》;〔英〕格林的《权力与荣耀》和《恋情的终结》,以及〔加〕尼诺·里奇的《圣徒传》等。《蝮蛇结》的主人公是一个极度自尊又自卑的嗜金者,《黛莱丝·台斯盖鲁》的同名女主人公是投毒犯;《乡村教士日记》记叙了一位从娘胎里便酒精中毒的教士;此外还有美国小说家拉尔夫·麦金托什的罪案小说;南方女作家弗兰纳瑞·奥康纳对道德和外形畸形的人物的偏好……暴力、犯罪、婚外情,替代了千篇一律的圣徒传,几乎构成了20世纪最为人们所知的"天主教文学"。

比如,为格林带来"天主教作家"盛名的《权力与荣耀》中明确包含着圣徒传和反圣徒传。小说的主线讲述墨西哥宗教迫害时期的一位酗酒神父,其间穿插了一位笃信天主教的母亲为孩子们诵读圣徒传的支线情节。

> "小胡安①",母亲读道,"从很小的时候起就是个恭顺、虔敬的好孩子……总是尊奉基督教的训诫,一边脸挨了打还把另一边脸也递过去。……"

这位小圣徒的完美形象令听众之一——家里的小男孩极不耐烦,打起了哈欠。他的厌倦和反感来自这位殉教的胡安与身边见过的神父的差距:在宗教迫害中叛教结婚的何塞神父,"身上有一股味儿"的威士忌神

① 胡安是当代墨西哥宗教迫害中的殉道者之一。

父。[1] 这些完美的殉道者和真实的神父距离太远了，显得极不真实，因此，他说："'这些话我一个字也不信，男孩子气呼呼地说，'没有一句是真的'。"因为"没有这样的傻瓜"。"那个叫胡安的人……他的事太不近情理了。"这个男孩崇拜迫害天主教的墨西哥政府军，崇拜手里握着象征力量的枪的警察。[2]

在圣徒传中，胡安在殉难前夜"跪着祈祷……态度安详，甚至显得有些高兴。看见警察局局长一行，他笑着问，是不是带他去赴宴"。这种态度甚至感动了"迫害过不少无辜人民"的警察局局长……枪决后他的脸上挂着"幸福笑容"。[3]

"威士忌神父"在临刑前一天则在思考："过去艰苦无望的八年他觉得只是他履行神职的一种讽刺。他只送了几次圣体，听过几次告解，却永远给人树立了一个很坏的榜样。……人们为他而死[4]，他们值得一位圣人。为什么天主就没有想到给他们派来一位圣人？……他的脑子浮现出那些把他抛弃了的圣人的一张张冷漠的脸。""过不了多久，他自己也不会有谁还记得了……他一事无成，只能空着手去见天主。"[5]他的心中充满了悔恨，毫无平安幸福可言。

临刑时，"威士忌神父""双臂突然抽动了几下。他想说一句什么。临死前人们习惯会喊一句什么话？但也许他的嘴太干，发不出声音来了。他含混不清地似乎只说了一个词，听去像是'原谅'"。虽然到了小男孩的母亲嘴里又成了另一幅圣徒景象，在这位神父殉道后，天主教徒又开始传颂关于他的"英勇事迹"：

> "'他喊没喊"基督王万岁"？'男孩子问。
>
> '喊了。他是个信仰坚定的英雄。'"

---

① 格雷厄姆·格林：《权力与荣耀》，傅惟慈，上海译文出版社，2012年，第33—35页。

② 同上书，第70—74页。

③ 同上书，第323—327页。

④ 在小说中，天主教徒为了参加他主持的宗教仪式和保护他遭到严重迫害。

⑤ 《权力与荣耀》，第308—310页。

但正是这个一身酒味的神父的殉道，使小男孩感受到了一种英雄主义，并开始厌恶诉诸暴力的政府军，他的宗教信仰就此建立起来，在小说的结尾，他热诚地亲吻了下一位偷渡到迫害之地的神父。

正像《天主教想象》一书中所说，天主教“为烛光、圣徒像、念珠串所围绕”，圣徒故事是天主教信仰非常重要的组成部分，他们是神圣教会的见证者。今天的天主教和《权力与荣耀》中的母亲一样，仍然依赖圣徒故事教导会众。但天主教作家普遍感受到圣徒传的虚伪和危害。传统圣徒传距离人们的真实生活经历如此遥远，以致浅薄的信众只能单纯地崇拜圣徒和圣徒代表的教会，无法将这种超凡脱俗的信仰与自己的生活实践结合。将善与恶的斗争简单化，使他们很容易陷入程式化的自我标签，而对生活体验缺乏洞察和反思能力。格林的“威士忌神父”软弱却真实，感人肺腑。和格林一样，沃的小说以攻击当代所谓“敬虔者”出名，几乎先天地质疑所谓体面和天真。在《旧地重游》中赖德和成为修女的科迪莉娅这样谈起了侯爵夫人：

“你并不喜欢她。我有时觉得，当人们要恨上帝的时候，就恨妈妈。”

“你这话是什么意思，科迪莉娅？”

“喏，你看，她像圣徒一样，可是她并不是圣徒。谁也不能真的恨一个圣徒，能够吗？他们也不能真的恨上帝。当他们想要恨他和他的圣徒的时候，他们就不得不找到和他相似的东西，假托这就是上帝，然后加以仇恨。……”①

在小说中，马奇梅因夫人终身以体面、敬虔的天主教徒自居，这种模仿圣徒的、自以为是的信仰与侯爵放荡的行为一道毁了她的孩子。

在大学课堂中，20世纪西方文学被描写为一部着力挖掘人的非理性侧面的文本历史，或者说，在这里，对非理性的表达本身构成了西方现代

---

① 《旧地重游》，第237—238页。

文学存在的合理性，而天主教小说，或者说反圣徒传书写同样反启蒙式的理性，反英雄主人公，深度关注日常生活中无处不在的罪性，这与非理性探求趋同，使之在一定程度上能够融入由所谓严肃文学组成的文学史中。但是，这二者对人的缺陷的关注重点非常不同，相比较而言，现代主义文学论证人的非理性，因此专注于描述现象，偏重提供人内心的镜像，回旋于感性、纷呈的心理表层，将善恶评价的根基的问题一再延后。天主教小说则探究这种非理性的源头，同时依据一些“古老的”道德律令对它们评头论足。他们首先批评的对象是天主教徒，这种严苛地判定对错的态度，不依不饶地追究善恶，是天主教关注普通人生活的方式。对于普通读者来说，现代主义构成认识上的挑战，期待他们突破日常生活的幻象，而天主教小说则将他们带回熟悉的日常生活里，在这个领域，伦理，或者说善恶对错无处不在，并在指出问题的时候暗示着答案。在某种意义上，可以说现代主义文学具有较强的反思性，较具精英色彩，而天主教小说则相对平民化，因为它的主题贴近人们的日常问题，毕竟普通人更直接面对的不是认识问题，而是现实抉择。因为天主教小说关注的重点不在于更新认知，所以它在形式上对读者的挑战比较小，留给学院派的阐释空间也相对较小。但另一方面，背后潜伏的价值观，使它在一定程度上只能作为非主流或者说有一定异质性的声音，在文学格局中在场。这种价值观不仅表现在对伦理的关注上，而且表现在揭示道德缺陷及其根源的同时，天主教小说总是尝试隐约地指向“天恩”。

依据沃的用意，尽管马奇梅因侯爵一家自身的行为乏善可陈，但是所谓“天恩”也就是在此处显现。上帝的恩典不因人性的堕落和罪恶而拒绝降临在人的身上，因为这种恩典是异质的，不与人性挂钩。换句话说，正是罪性才显出了恩典，因为不是信徒的好行为赚得的。但是，这种信仰逻辑在这部小说中却因为堕落的人们多多少少的“善终”而削弱：朱莉娅和妹妹一道投身服务他人的事业，马奇梅因侯爵回到家中接受了临终傅油，塞巴斯蒂安勉强寄身于修道院……另一位以描写暴力著名的天主教作家弗兰纳瑞·奥康纳的小说,更彻底地表现了堕落,她解释道:“在任何时代,试图描写人与上帝相遇的小说家都会面临一个问题:如何使读者理解、相信这种既自然又超自然的经验。今天,这个难题几乎无法逾越。因为今天读者的宗教情感,即使没有萎缩,也是滥情。”①既然读者是冷漠的,甚至连信徒的宗教情感都已经萎缩或变质,文学难以再成为赤裸裸的“我的告白”(忏悔录的另一种译法),而只能成为一种隐形的“辩护”。天主必须在文本中隐匿,因为世人否认他。于是在小说中,对上帝恩典的叙事如草蛇灰线,若隐若现,却承载着作者强烈的寄寓。

沃在一封写给乔治·奥威尔的信中说,他非常喜欢《1984》,但是“我认为你的形而上学是错误的”。他认为男主人公温斯顿·史密斯否认了灵魂的现实性,事实上是预先向其统治政府的非人性思想投降。② 小说的结尾处温斯顿在面对最恐惧之物时在人性上的妥协,使《1984》的世界显得绝望无比。但沃认为,《1984》中对人性阴暗的预设,并非是人全部的真实面貌,用他的话说,“人是不会投降的,会战斗到底”。这就是所谓灵魂的现实性。即使出卖了最亲密的爱人,暴露了人性最丑陋的部分,如果是一部具有天主教关怀的小说,这恰好是主人公获得新生的机会,因为他直面了人性无可否认的弱点和人类的渺小,他只能忏悔,这是走向绝对他者的开端。《1984》中的“老大哥”不过是企图扮演上帝角色的赝品,只要人是有灵性的,并且自由始终是人心无法磨灭的渴望,“老大哥”就无法彻底实施其精神统治。因为在天主教看来,人身上总有一个部分,任何其他现实的人都无法支配;上帝并不支配,因为是他赐下了自由的意志。

在莫里亚克的代表作《蝮蛇结》的结尾处,心怀怨恨度过一生的孤独老人最终也窥见了“天恩”:“我不知道是什么东西或是什么人让我变得超脱……是什么力量在牵引着我?是一股盲目的力量?是一种爱?可能

① *Mystery and Manners*: *Occasional Prose*, Flannery O' Connor, selected & edited by Sally and Robert Fitzgerald, New York: Rarrar, Straus & Giroux, 1979, p. 161.

② Evelyn Waugh, *the Letter of Evelyn Waugh*, ed. Mark Amory (New York: Tichknor &Fields), 1980, p. 302.

是一种爱……”①

莫里亚克的另一部代表作《黛莱丝·德克罗》的开头也提及了圣徒的问题，显然，圣徒传的影响和颠覆传统圣徒模式的天主教徒形象的问题一直萦绕在莫里亚克的笔尖：

> 我居然能臆想出一个比我其他作品中的主人公都更丑恶的人物，许多人都会对此感到惊讶，难道我曾经对那些德行昭著、善良高尚的人谈过些什么吗？那些“善良高尚”的人，故事并不生动，而我对那些感情深蕴并糅合在污秽的躯壳里的人的故事，却是异常熟悉。
>
> 黛莱丝，我真愿你伴着痛苦去见上帝。我也曾久久地希望你配得上圣女洛居斯特②的芳名。可是有些人会叫嚷道这是亵渎神明，虽说他们自己是相信灵魂的堕落和赎救劫难中的灵魂的。③

和莫里亚克相似，沃的创作不遗余力地揭露所谓体面的天主教徒，戳穿信徒虚假的自我想象，为的是探寻真正的救赎。格林的另一部天主教小说《恋情的终结》被评论为“通奸走向成圣之路”，因为小说依照天主教的某些封圣条件塑造了一位楚楚动人的通奸者兼圣徒。如果说圣徒是纯洁、神圣的，从不怀疑，永远胜利，是完美天主教徒乃至完美人性的代表，那么，在20世纪天主教小说中，主人公（不论信徒还是神父）是罪恶、堕落的，始终挣扎不已，几乎注定是失败者，却回应了更真实的人性经验和信仰体验。

天主教作品不约而同地书写堕落，颠覆传统的圣徒传，首先因为这是在非信仰环境中的叙事策略：就像奥康纳说的，在怀疑的年代，天主教小说家必须思考，如何在一群不相信超自然存在的人面前讲述上帝。但另一方面，所谓信徒也不过是在信与不信中彷徨的人，对于信徒来讲，在自己的生命中触及绝对的他者，是一生追寻的过程，所以，当天主教文学借

---

① 莫里亚克：《蝮蛇结》，王晓郡译，重庆出版社，1987年，第104页。

② 据说洛居斯特曾在暴君尼禄的食物中下毒。

③ 莫里亚克：《黛莱丝·德克罗》，周国强译，江苏人民出版社，1981年，第2页。

助伦理的维度，而不是像中世纪那样以超自然存在为想当然的方式，切入对信仰的探讨，它是尝试在人的生命体验中找到超自然的链接点：以罪为信仰在个人生命中的起点，结论会自然地导向只有在人性中引入灵性的空间才能获得平衡和更健全的发展。不同的哲学诉求使天主教文学和非天主教文学明显有别。因为天主教文学的最终目的不是在文本中建立审美共同体，总是指向自身文本之外，指向终极。教皇格里高利曾经为圣像画辩护，说它是“穷人的圣经”，同样，今天，天主教文学在某种意义上就是“怀疑者的圣经”。由于承载了这种独特的教化功能，天主教文学在主题、叙事上才产生了一系列具有相当辨识度的特征。

从重视教化功能这一点来说，天主教文学与许多现代文学的诉求显然有相当区别。这也在一定程度上导致我们无法仅仅采用主流的文学批评方法处理这种特殊的文学类比。法国文论家托多洛夫在《个体在艺术中的诞生》一书中这样讨论近代西方绘画艺术：“人们可以倾向于接受中世纪那种使可见事物受制于心智的观点，也可以像许多现代阐释者那样，只停留在画面表层，而不关心其寓意，抑或像众多现代画家那样拒绝表现本身。不过，人们也可以接受这种（即15、16世纪的西方绘画——笔者注）对世界的赞美和对绘画表现艺术中固有的个体表现的赞美，并从中品味作品的思想。”①批评方法在一定程度上需要和批评对象匹配，才可能最大限度发掘文本的价值，对于天主教文学，完全忽视它开启的灵性维度恐怕不仅会导致难以正确理解它，而且会使我们难以评价其优劣。或许令人诧异，但这是实情，即许多宗教文学写得不好，不是出于其他原因，而是因为在神学上落后，换句话说，小说的思考是否跟上了当代复杂的信仰实践？“逆转圣徒”的出现，说明了基督教信仰在当代的一个重大变革。与新教相比，天主教向来更注重传统和权威，倾向于从正面（不论理性、圣徒还是教会）证明信仰，但是天主教作家笔下反圣徒传普遍出现，却说明

---

① 茨维坦·托多洛夫、罗贝尔·勒格罗、贝尔纳·福克鲁尔：《个体在艺术中的诞生》，鲁京明译，中国人民大学出版社，2007年，第22—23页。

信徒的个人经验在信仰中正在起到越来越重要的作用,挑战外在威权式的传统。我们或许还记得,在但丁的《神曲》中,最活灵活现的人物形象总是待在地狱里,他们是不可救赎的罪人,但充满了个性,有丰沛的情感和个人理想。不论炼狱多么有益于道德,天堂多么美轮美奂,但丁未能避免其人物的刻板、模式化,读者或许对这些处所心生向往,却不见得亲近那些没有自己喜乐哀愁的"一张张冷漠的脸"。但"反圣徒传"或许会一劳永逸地改变这种状况。

中国古典诗学

礼者体也:先秦典籍中关于身体与礼的讨论

何建军①

[摘要] 在先秦礼学思想中,礼从来不是只作为形而上的哲学概念而存在的,它同时是维系社会秩序的手段,通过对述行性身体的控制和训练而实现。具体来说,礼训练身体使其被社会所接受,而社会同时需要规范过的身体来维持尊卑秩序。礼的实践性始终是先秦儒家的重要考虑,因为道德伦理必须体现在日常生活的每一个场合和层面中,因此具有表演性的身体和身体动作被礼赋予象征意义,用来确认和表现礼。身体由此被礼仪化,而礼就实现层面来说无时不有表演性。礼书于是带有明确的教学功能,事实上成为指导和训练身体的行为指南,目的是消除不被接受的身体动作以确保人际间的交互行为是有规则的,可预测的,因而关系是稳定的。礼书试图将身体社会化并且训练成为在任何时间,任何地点礼的要义的物质体现,这就是所谓的"礼者体也"的含义。

[关键词] 身体 礼 先秦儒家 礼仪化 社会秩序

礼对于中国伦理社会的形成和维系正如文官制度对于中国传统政治体系的构建和运作一样,是不可或缺的。然而自五四以来,对中国封建社会的反省首先表现在对礼制和礼教的批判和否定上,这种思潮一直持续到本世纪初国学热兴起。在国学热中,除了对古代典籍的通俗介绍外,传统礼仪也成为这种文化寻根和文化认同公众化进程的一项重要形式或标签。重建礼教甚至被视为拯救当下社会道德缺失的解药。在学

---

① 何建军,西肯塔基大学中文领航项目副教授,研究兴趣为先秦两汉文学与文化史。

术层面上，关于礼的研究基本上可概括为两种途径，一是对礼在传统文化、制度中的演变和作用进行历史学意义上的梳理和总结，二是借鉴西方理论，特别是文化人类学的方法对中国礼学进行反思和重新评价。这两种途径的共同的问题是其讨论往往局限在哲学层面，对礼做形而上的研究，而忽视了就其社会功能来说礼同时是概念和手段的二元性。本文因此选择身体这一礼最基本的操作对象来考察礼在先秦儒家思想中是如何通过规范个人行为来构建社会秩序的。换句话说，礼训练身体使其被社会接受，而社会同时需要规范化的身体来维系尊卑秩序。在这种理解下，礼既是意义又是手段，既是伦理体系又是表演性的仪式。身体将形而上的礼和作为社会规范的礼结合在一起，赋予礼真正的社会意义。以下首先考察仪式化(ritualization) 的问题，提出为维系社会的尊卑秩序，社会不同阶级、群体间的关系必须通过被训练过的身体以及规范化的身体行为的展示来统一、表现和重复确认。从这一方面来说，礼是必须有表演性的。在接下来的小节中分析《周礼》《仪礼》《礼记》的教学功能，提出当礼书事无巨细地就生活中各种礼的场合规定详细的身体行为时，礼书事实上成为用来指导和训练身体的行为指南，目的是使身体和个人被社会所接受。而这种礼的思想和实践的最基本的考虑是以服务于社会为目的的。同时，通过礼而达到个人道德的提高，最终也服务于社会等级秩序的维系。

一　身体的礼仪化

美国汉学家郝大维(David Hall)和安乐哲(Roger Ames)在其合著的《汉哲学思维的文化探源》(*Thinking from the Han*)一书中将儒家自我的观念概括为焦点—场域式的(focus-field model)，这种自我观强调个人与社会的关系。该书认为儒家的自我就是建构场域的焦点，而这个焦点自身又被场域所建构。场域在这里指的是“一系列被具体的家庭关系或社会政治秩序所定义的明确的情境”。场域塑造自我，反过来自我又构建场域。如果没有二者之间的这种联系，这个模式中的任何一方都会失去意义。所以，该书将这种模式定义为“情景交融的艺术”（art of contextualization）。换而言之，儒家的这种焦点——场域模式“源自于对个体与世界的关系是被情境化的行为所构成的理解上的”。[①]

毋庸置疑，当郝大维和安乐哲选择“场域”一词时，他们想到的是诸如复杂的人际关系和交往的规则等社会网络。虽则如此，他们选用“场域”一词来解释自我在其中获得完全意义的社会还是相当有意思的，因为“场域”一词毫无疑问地包含着强烈的空间概念。诚然，一个社会若没有约定俗成的规则、习惯或明确的关系将其成员联系起来，这个社会是无法存在的。但是，我们还是不应忘记社会在其物质形式上是一个有着疆界的空间，其中有着中心和边缘的区别，内和外的对立。或许在古人心中社会的空间形式与定义社会的抽象概念同等重要。将社会看成是空间实际上和郝大维与安乐哲把社会定义为规则和联系的观点并不相悖。因为空间不仅是一种形式，而且是一个概念。莱布尼茨就把时间解释成“延续的秩序”（an order of successions），把空间解释成“存在于同一时间的事物的秩序”（an order to things which exist at the same time）。根据这个观点，美国汉学家陆威仪（Mark Edward Lewis）提出空间暗含关系、秩序和分部。[②] 这样看来，郝大维和安乐哲的“场域”一词很显然是与莱布尼茨和陆威仪的“空间”的定义相同的。不可否认，空间既是物质的又是形而上的。

上述的社会是由空间组成的观念在先秦思想中无处不在。正如陆威仪指出的，中国的创世神话是从空间的创造和物体从虚无混沌中产生开

① David Hall and Roger Ames, *Thinking from the Han: Self, Truth, and transcendence in Chinese and Western Culture*, Albany: State University of New York Press, 1998, pp. 39-43.

② Mark Edward Lewis, *The Construction of Space in Early China*, Albany: State University of New York Press, 2006, p. 1.

始的。① 正因为空间的产生来自于原始的混沌，建立空间秩序的考虑因此在中国人千年的思维中始终占有重要的地位。为了维持一个有序的世界，在物质形式和概念层面上设定界限、划分区域就变得很有必要。所以中国人从很早的时候开始就非常注意区别中心和边缘、内与外、自我和他人。礼帮助建构空间秩序。先秦礼书显示出很强的空间意识并试图通过对身体和身体动作的控制来建构空间。尽管礼的终极目的是规范社会关系，礼却从辨析和界定空间区域开始。这背后的原因是在早期思想中世界是由不同层次的空间区域/群落所组成的：家庭、城邑、地区、国家以及天下。各个空间区域之间的界限标明了什么是内，什么是外。在每一个空间区域之内，更小的空间单位被进一步区分为中心和边缘。另外，这个区域之内所包含的不同的空间位置则根据他们与中心的距离以及在阴阳五行理论中与中心相对的方向而有高下的分别。

礼承认空间的这种等级秩序并且赋予每个地点、位置和方向象征意义。这些象征意义与空间区域内存在的伦理关系紧密相关，同时又超越了那个区域的限制，因为在相同的区域内随着参与者的改变，伦理关系也发生相应的变化。为了在一确定空间中建构秩序，规范行为，礼首先要辨别当时在该空间的事宜和参与者，也就是说，弄清事情是什么，参与的人都是谁。例如，一座家宅通常是家庭成员日常活动的私人场所，但当举行婚丧并有宾客参加活动时，它就成为公共性质的地方。一旦事宜和参与者搞清之后，礼就参照每个空间单位的象征意义来安排事情的空间顺序——从哪个地方开始，到哪个地方结束，并根据参与者的社会地位来给每个人安排合适的位置。《礼记》中的乡饮酒礼提供了一个很好的例子。

据《礼记》郑玄注，乡饮酒礼是在地方庠序举行的尊贤养老之礼。乡饮酒礼的具体规定显示出对空间顺序的精心安排，以及为每一个参与者在任一确定空间中位置的仔细设计。如我们在《乡饮酒义》篇中所看到

---

① Mark Edward Lewis, *The Construction of Space in Early China*, Albany: State University of New York Press, 2006, p. 2.

的，乡饮酒礼从主人在庠门之外迎宾开始。这之后是一系列的由外向内的移动，以及不断重复的诸如“揖”“让”“拜”“升”等身体动作：主人引主宾入门，作揖三次然后到达堂阶，又揖让三次然后登上台阶，揖让三次后才登堂。在每一个空间的延续中，每个人的位置都被精心安排，他们的社会地位与他们所配的位置的象征意义相符。例如，在堂上主、客、介、僎都有规定的位置和象征意义：主宾坐在西北方，因为西北方象征着尊严之气，主宾坐在西北与义气相应；主座在东南，东南象征盛德之气，主人坐在东南与仁气相应。介在西南以辅主宾，僎在东北以助主人。四个方位于是象征四季以及其代表的德行。除了主客坐在堂上外，乡饮酒礼其他的参与者被分在较低的、边缘的位置。例如主人对主宾在门外行拜礼，在入门后和升堂前要各揖让三次，礼仪非常复杂。但主人对众宾不行拜礼，众宾在堂上没有座位，只能在西阶跪祭、站饮。在这种位置安排下，礼将空间等级化用来体现社会等级。空间和社会关系被礼用同样的方法组织和规范，正如下面所引的《礼记》的《孔子燕居》篇所总结的，礼等同空间的秩序化和社会的规范化：

> 目巧之室，则有奥阼，席则有上下，车则有左右，行则有随，立则有序，古之义也。室而无奥阼，则乱于堂室也。席而无上下，则乱于席上也。车而无左右，则乱于车也。行而无随，则乱于涂也。立而无序，则乱于位也。昔圣帝明王诸侯，辨贵贱、长幼、远近、男女、外内，莫敢相逾越，皆由此涂出也。

在这里，社会关系通过观察在礼仪中的等级化的空间单位而变得可辨识，等级化的空间体现了等级化的社会关系。《礼记 · 檀弓上》记载孔子说他哭兄弟于庙，哭父之友于庙门之外，哭师于寝，哭朋友于寝门之外，哭认识的人于野。《礼记 · 奔丧》又说：“齐衰望乡而哭，大功望门而哭，小功至门而哭，缌麻即位而哭。”正是这种等级化空间的表现。

除了空间的等级化以外，三礼还对在不同的礼仪环境中人的面部表情、身体姿态和动作等有非常详细的规定。比如，就丧礼来说就有众多的关于举止、动作的指示。如在《奔丧》篇中所见，奔丧之礼实际上是一个在选定的不同的地方不断重复身体动作的一个复杂的过程：当听说亲丧的消息时，孝子先哭，然后再问死因。哭这一动作在奔丧之途中不断被重复。孝子每经过一个国境要哭到尽哀而止，哭时要避开集市。看到国境时要哭。到家时，从左边的门入，从西边的台阶上，走到灵柩东边，面向西坐，哭尽哀。然后束发、袒臂、下堂，东向立，西向哭。之后穿上衣服，站立在堂东的主人的位置，表示他继承父母的地位，但同时要不停地踩脚大哭。这里我们看到的是《奔丧》篇对孝子在整个奔丧过程中在每一个具体的空间单位中如何正确执行身体演示（performance）的严格的规定。在这个例子中，我们同时看到对空间、位置的机械划分和模式化的动作展示。身体和身体动作被礼高度编码，而这种编码和意义加注在很大程度上是被空间单位的礼仪功能和参与者的社会地位所决定的。《玉藻》篇给我们提供了很好的例证。

《玉藻》篇关乎宗庙献祭，包含很多具体的身体演示的规定，其中颇多关于献祭时行步的规矩。例如君、大夫、士走路的步伐和姿态是不一样的："君与尸接武，大夫继武，士中武。"他们的步速根据他们的社会地位和在献祭中角色的不同而有所差别。除宗庙献祭以外，该篇还包含了很多在不同的场合应采用的不同的走路姿态的规定。例如，当疾行时要求脚跟迅速离地，但手脚切勿摇摆；走小碎步是脚跟看起来不离地，衣服下摆擦地如流水般。除此以外，还有所谓的端行，即疾行时头要低，双颊斜垂如屋檐般。弁行，即跑步时双脚时时举起。除了这些舞蹈化的身体动作外，《玉藻》篇也试图规范在不同场合行步时的姿容，所谓"行容惕惕，庙中齐齐，朝庭济济翔翔"。对于君子来说，他比常人更应严格控制姿容和身体动作。《玉藻》篇写道：

> 君子之容舒迟，见所尊者齐遬。足容重，手容恭，目容端，口容止，声容静，头容直，气容肃，立容德，色容庄，坐如尸，燕居告温温。凡祭，容貌颜色，如见所祭者。丧容累累，色容颠颠，视容瞿瞿梅梅，

言容茧茧，戎容暨暨，言容诘诘，色容厉肃，视容清明。立容辨，卑毋谄，头颈必中，山立，时行，盛气颠实，扬休，玉色。

这里我们看到的几乎是全方位的关于身体、姿态的指示。其结果就是要呈现出一种与君子社会地位和礼仪角色相适应的庄重之气。礼指导下的身体的展示最终将君子内在的德扬美于外，散发出孟子所描述的温润如玉的脸色。从这些例子可以看出空间为了服务礼而被社会化了；同时，身体也被社会化以体现空间所含的礼的意义。礼精确地规定身体的位置，严格地控制身体，并且为身体设计了舞蹈化的动作来构建和实现秩序，在社会空间中展示礼的价值。身体因此被礼转化成空间单位。

在将身体社会化以在空间和社会中构建秩序时，礼必须应对由阶级差异和社会尊卑而造成的各种冲突。礼承认这些社会冲突并通过使社会群体接受区分化的身体仪态来解决这些冲突。换句话说，礼试图通过合礼的、社会化的身体间的相互作用来创建一个和谐的社会。它提倡上层阶级具有礼仪化的、威严的仪态，同时鼓励其他社会阶层接受这种威严显贵的身体，将其看成是政治权力的展现。在先秦典籍中，威仪代表了社会身体的礼仪化的相互作用。下面具体讨论威仪的意义和社会功能。

威仪的概念首先作为贵族身份的标志出现在早期文献中。1976年陕西扶风出土的微氏礼器中，微伯提到他的祖先帮助尹氏司典威仪有这样两句话："皇且考，司威义，用辟先王。""丕显高祖、亚祖、文考，克明厥心，疋尹典厥威义，用辟先王。"①在这两段铭文中，微氏先人司典威仪的功绩界定了微氏作为贵族精英的地位。铭文中提到的威仪似乎更近于一种宫廷典礼，而不具任何道德的意味。

这种威仪和贵族身份的联系在《诗经》中，特别是在《雅》和《颂》中频频出现。这些诗常常描述宫廷饮宴，对周王的劝诫以及对大臣的描绘。在这些诗中威仪成为贵族所应有的一种举止品行，开始带有道德的意味。

① 周法高：《三代吉金文存补》，台联国风出版社，1980年，第103、104页。

《诗经·大雅·抑》写道:"抑抑威仪,维德之隅。"《诗经·民劳》也告诫贵族应该"敬慎威仪,以近有德"。这种威仪和德行的联系在《诗经》中被进一步宣扬为古人先贤所教导的一种行为训诫。如《烝民》篇颂仲山甫之德:

仲山甫之德,柔嘉维则,
令仪令色, 小心翼翼;
古训是式, 威仪是力。
天子是若, 明命使赋。

诗中赞美仲山甫为贤臣,他严格谨慎地依礼来控制身体和行为,故而是周天子合格的辅佐。仲山甫之德就体现在他的被威仪所雅化的举止典范中。

在《诗经》的很多篇章中,贵族身份标志的威仪被转化为政治象征。通过展示一种权威的举止,而这种举止是被作为其他社会成员模仿的榜样出现的,威仪具有统治的力量。故此《抑》和《泮水》都告诫贵族要"敬慎威仪,维民之则"。毫无疑问,威仪的道德所指对其政治效果是很重要的。在这种将道德的重要性和政治的象征性通过身体的演示结合中,威仪从阶级的标志转化成充满礼的意义的概念。先秦礼书中诸多关于威仪的讨论继续了威仪既作为道德体现又是政治策略的理解。《礼记·乐记》篇为威仪的这种双重作用提供了理论解释。在论述乐和礼的区别时,《乐记》篇如下写道:

致礼以治躬则庄敬,庄敬则严威。心中斯须不和不乐,而鄙诈之心入之矣。外貌斯须不庄不敬,而易慢之心入之矣。故乐也者,动于内者也;礼也者,动于外者也。乐极和,礼极顺,内和而外顺,则民瞻其颜色而弗与争也;望其容貌,而民不生易慢焉。故德辉动于内,而民莫不承听;理发诸外,而民莫不承顺。

这段话开篇直截了当地提出礼使身体显得庄敬、威严。如果心中缺乏音乐的调和，在外没有礼仪的升华就达不到这种庄敬威严的境界。如上文所述，音乐的力量在于创造和的境界，而礼的力量则是“顺”，恭敬顺从，有着强烈的接受的含义。所以下文紧接着说“民瞻其颜色而弗与争也”，意思是说民众接受君子的道德权威，从而放弃私欲之争。

上面的引文有两点值得进一步检讨。其一是身体对内在德行的展示，所谓“德辉”是也。这里我们清楚地看到孟子的影响。其二是“理发诸外”。虽然“理”字通常与道理、原理相关，但这里的“理”字郑玄解释为“容貌之进止也”。如果我们把整个段落一起来看，那么很清楚郑玄对礼的解释是和身体的动作和姿态紧密相关的。此外，郑玄也接受了孟子的德在身体上外现的观点，把“德辉”解释为“颜色润泽也”。正如孟子说的“有诸内，必形诸外”（《孟子·告子下》）。从这一点看来，《乐记》篇和郑玄注都在传达同一个信息，即二者都认为威仪是君子内在高贵品德的体现，并将威仪视为君子理所当然的统治权的实证。对于民众来说，《乐记》篇和郑玄注都建议他们应该认同威仪为君子高尚德行的身体展现的看法，接受君子的政治权威，恰如接受君子的道德权威。

这种将威仪视为礼的重要组成部分并将其等同为政治权威的思想在《左传》中也有清晰的记录。《左传》成公十三年刘子批评成子说：“吾闻之：民受天地之中以生，是以有动作礼义威仪之则，以定命也。能者养之以之福，不能者败以取祸。是故君子勤礼，小人尽力。”威仪在这段话中是和君子联系在一起的。考虑到刘子的批评的背景，君子无疑是专指统治者的。对统治阶层来说，威仪是他们天授的权力，同时这种权力也要求他们严格地演示礼仪。

或许《左传》襄公三十一年北宫文子的一段话是对威仪观的最清晰的解释：

公曰：“善哉！何谓威仪？”对曰：“有威而可畏谓之威，有仪而可象谓之仪。君有君之威仪，其臣畏而爱之，则而象之，故能有其国家，令闻长世。臣有臣之威仪，其下畏而爱之，故能守其官职，保族宜家。

顺是以下皆如是，是以上下能相固也。卫诗曰：‘威仪棣棣，不可选也’，言君臣、上下、父子、兄弟、内外、大小皆有威仪也……故君子在位可畏，施舍可爱，进退可度，周旋可则，容止可观，作事可法，德行可象，声气可乐；动作有文，言语有章，以临其下，谓之有威仪也。”

这段话中有几点非常重要。首先是威仪“可象”，是一个可以被模仿的行为范式。北宫文子在这段很长的说教中两次引用《诗经》的“敬慎威仪，维民之则”来强调威仪的榜样作用。其次，威仪不仅使臣民尊敬君主，还使他们在情感上和行为上依附君主。臣民不但“畏”之，“爱之”，君主的行为仪态也成为他们观察和模仿的对象。威仪于是成为一种具有控制力的东西，通过它来实现集体的行为规范。在这种情况下，威仪通过把统治上层的庄重威严的行为树立为下层民众的仿效学习的榜样的方法巩固社会的等级尊卑。所以，当这种等级尊卑的身体展示被接受、敬慕和仿效时，社会和谐就因此达到了。

上面所引的《左传》这段话还明确写到无论是君臣、父子，还是上下之间的所有社会关系中都有相应的威仪来给每个参与者提供参照。《礼记·曲礼》篇写道：“天子穆穆，诸侯皇皇，大夫济济，士跄跄，庶人僬僬。”这里是说不同社会阶层的人的仪态是不一样的。就算对同一个人来说，在面对不同关系的人时，他的举止要相应地变化。正像荀子说的，当一个人作为父兄的角色时，“其容良，俨然，壮然，祺然，蕼然，恢恢然，广广然，昭昭然，荡荡然”；而当他是子弟的角色时，“其容悫；俭然，恀然，辅然，端然，訾然，洞然，缀缀然，瞀瞀然，是子弟之容也”（《荀子·非十二子》）。

在《荀子》中，庄严之貌就叫做“容”，这个词有很强的修饰外表、编码过的姿态和公共场合的表演的意味。所以有的时候荀子所宣扬的这种高尚的举止更像是存在于理念层面的，而非可行的行为动作的准则。先秦其他礼书中描述的“容”也有类似的问题。如《周礼》所说的保氏的职责有六：“教国子六仪：一曰祭礼之容，二曰宾客之容，三曰朝廷之容，四曰丧祭之容,五曰军旅之容,六曰车马之容。”[①]且不论上述六仪的真实性如何,其中包含的思想是清楚的:在任何一个社会背景中,每一个社会成员都有具体的行为规则。每个人都需要清楚他所处的社会关系,并且相应地调节他的行动举止从而被社会所接受。换而言之,一个有着等级尊卑的社会网络是由演示规范化的身体动作而建构和稳定的。身体因此被礼仪所训练以符合社会的期待。但这里还有一个互依关系:正如身体被礼仪训练一样,礼仪在很大程度上也是由身体构成的。从这一实践层面上来说,礼书是关于身体动作的说明书,其价值是通过训练过的身体来实现的。

二　以身体礼

上面的讨论引向礼书的实用性的问题。在与其他先秦诸子学说竞争的过程中,儒家重视礼的集团不是仅仅在理论层面上宣扬礼仪。为了将礼提高为统领社会中一切方面的最高准则,礼书必须作为一种指南或手册出现,人们从中可以找到行为举止的规则。这就是说礼应该有可操作性,礼书应该具有手册的功能,以便教导人们用身体来体现礼的艺术。下面就从这一点出发来论述《论语·乡党》篇的意义。

《乡党》篇在很多方面和《论语》的其他篇章很不一致。《乡党》篇没有记录孔子的话语,也没有孔子与弟子间的对话。该篇的描述性的、带有训诫意味的语言和隐晦的章旨使得很多后来的学者怀疑其可靠性,特别

① 礼和容的关系比较复杂。“容”字常见礼书中,但很难确定它只是在理论层面上还是确实被表演执行。容在先秦礼论发展中的作用是什么,同样有待进一步的研究。汉初容和学术性的礼似乎是有很大的区别的。《史记·儒林传》记载鲁徐生“善为容”,以容为礼官大夫。“传子至孙延、徐襄。襄,其天姿善为容,不能通礼经;延颇能,未善也。襄以容为汉礼官大夫,至广陵内史。延及徐氏弟子公户满意、桓生、单次,皆尝为汉礼官大夫。而瑕丘萧奋以礼为淮阳太守。是后能言礼为容者,由徐氏焉。”

是其中颇多与礼书类似的文字。英国著名汉学家亚瑟·韦利(Arthur Waley)就认为该篇是"编纂礼书格言而成",不属于《论语》原文。① 因为《论语》的经典地位,传统注家坚持《论语》的完整性和可靠性,他们把《乡党》篇解释为孔门弟子对夫子日常起居中的遵礼行为的忠实记录,并认为孔子真正的教导就是信而行之、坚持不懈,而《乡党》篇恰恰体现了这一儒家思想。不管我们对该篇成书的时间或真实性的看法如何,可以肯定的是该篇反映了我们在前面论述礼书时看到的对礼和礼的身体表现的相同的态度。而且,如果我们对《乡党》篇做仔细的考察,我们会发现传统注家的解释是有道理的。

虽然在该章中对孔子的描述是多样的,但读者还是能从内容上做出梳理。美国学者白牧之(Bruce Brooks)提出《乡党》篇中的描述可以分为四类:关于公共场合的,关于衣服饮食的,关于拜访和馈赠的,关于夫子个人行为的。② 白牧之的分类虽然清楚但是还有问题,比如说衣服、饮食、拜访和馈赠可以既是有关公共场合的,又是有关私人生活的。实际上,将该章所有段落结合起来的不外两事:孔子的模言范行。《乡党》篇非常注意描写孔子是如何做的,并把他的举止动作呈现为一个真正的礼学大师在真实生活中的演示。无论是在何种场合下,《乡党》篇中的孔子用优雅的身体动作显示了适时、恰当的美德:

> 君召使摈,色勃如也。足躩如也,揖所与立,左右手,衣前后,襜如也。趋进,翼如也。
>
> 入公门,鞠躬如也,如不容。立不中门,行不履阈。过位,色勃如也,足躩如也,其言似不足者。摄齐升堂,鞠躬如也,屏气似不息者。出降一等,逞颜色,怡怡如也;没阶趋进,翼如也;复其位,踧踖如也。
>
> 执圭,鞠躬如也;如不胜。上如揖,下如授,勃如战色,足蹜蹜如

---

① Arthur Waley, *The Analects of Confucius*, New York: Vintage Books, 1989, p. 21.

② Bryan Van Norden, *Confucius and the Analects*, Oxford: Oxford University Press, 2002, p. 188.

有循。享礼,有容色;私觌,愉愉如也。

这些段落运用充满韵律的、诗一般的语言描写孔子在公共场合待人接物的举止动作,文字之间蕴涵着敬仰和热爱。孔子的各种各样的姿态或庄重,或优雅,或从容,是所有人模仿的最好榜样。我们在这些描述中看到了一个不同的孔子。孔子在《论语》其他篇章中或是政治失意者,或是韦编三绝的学者,或是诲人不倦的老师,或是有着鲜明个性甚至缺点的凡人。而《乡党》篇中的孔子则是一个时时处处严格训练自己的礼者。他的言辞和衣着永远符合当时的社会情境。无论在朝还是居家,他的仪态永远毫无瑕疵,他的举止总是蕴涵着深刻的象征意义。孔子的身体被完美地礼仪化了,体现着《论语》中他的一贯的教诲。

《乡党》篇属于《论语》“上论”部分的最后一篇。如我们所知,“上论”十篇通常被认为是《论语》中最早成书的部分,所以以描述孔子礼仪的“乡党”篇作为“上论”的结尾是有暗含的意义的。正如汉学家森舸澜(Edward Slingerland)所总结的,《乡党》篇是整个《论语》的拱顶石(capstone),暗示着在孔子学说中以身体礼的重要性。[①] 可以说,《乡党》篇对所有敬慕和效仿孔子的人是一本指南,用来指导他们如何训练身体,成为更高尚的社会成员。

《乡党》篇的这种教科书的功能在先秦两汉礼书中也很突出。从本质上来说,礼书就是一种手册,用以指导在现实政治、伦理生活中如何动作,同时为创建理想社会提供思想蓝图。虽然《周礼》《仪礼》和《礼记》最后成书于汉代,但三者都包含了众多的战国材料;礼书的这种教育性的功能在《周礼》和《仪礼》中有非常清晰的表现。例如,《周礼》六部中有五部是定义各种各样的官职,描述他们的职责。这些章节系统化的结构、详细的关于政府上下部门的名称、组织和责任的说明使得这本书看上去像是一个理想社会的组织大纲。同样的特征在《仪礼》的内容和结构上也可以看

① 参见 Edward Slingerland, *Confucius Analects*, Indianapolis: Hackett Publishing Company, 2003, p. 98。

到，虽然《仪礼》是为士阶层礼仪服务的百科全书式的汇编。《仪礼》的十七章涵盖了从例如士冠礼，士昏礼到士丧礼和祭祀用的少牢馈食礼的复杂的礼仪规则。这些都理应是为士阶层利益练习而汇编的手册。

与《周礼》和《仪礼》相比，《礼记》缺乏系统的结构，其内容繁杂，形式不一。然而，《礼记》包含了众多的礼仪规定，这些规定很可能在先秦时代被传授和实践过。从这一点来说，《礼记》的价值就在于它对原始礼仪材料的保存以及它对礼仪的理论、规则甚至有关礼的趣闻的百科全书式的收集。《礼记》的这种不加修饰的、文献性的特征在《曲礼》篇中表现得最明显。在这种散乱的篇章中，《曲礼》保存了相当全面的关于礼仪活动的记录。① 此外，一些并不针对具体社会团体或社交场合的礼仪的说明同时包含在这章中。就这一点来说，《曲礼》和《周礼》和《仪礼》篇章很不相同；如前所述，《周礼》主要是关乎政府官僚体制的，而《仪礼》是为士阶层服务的。另外，《曲礼》中的段落显示出强烈的教学的意味。与我们在《论语》的《乡党》篇看到的一样，《曲礼》所记的也在宣扬通过身体的训练来实现礼仪化的思想。当我们把这些散乱的段落放在一起时，发现这一章所记的实际上也是表演礼仪的手册。

以下我们通过梳理这章中的一些段落来证明上面的观点。在开篇讲述礼的重要性之后，第十三到二十八段主要是关于日常礼仪活动的说明，可归入郑玄所谓的嘉礼类。其中，第十三段到第十七段是对人子行为衣着的规则。第十八段说的是学生与老师同行时应表现的合适的行为礼节。之后是一个零散的关于是否可以大声说话的规矩。进入房间的正确的方式在第二十段中描述，其后是又一个关于士进入君主房间的片断。

---

① 《曲礼》含104条杂乱的、不相关联的小节。从东汉开始学者试图解释为什么这些不相关的条目被放在同一章中。学者们也试图将这些条目加以合理的分类。郑玄认为《曲礼》所记实为传统的“五礼”，即吉礼、凶礼、宾礼、军礼、嘉礼。这种分类在历史上被广为接受。然而，如果我们仔细检查《曲礼》，郑玄的分类还是有些问题的，因为在该章中有很多关于礼的意义的讨论，还有许多无法归类到五礼中的规定。或许我们应该简单地把该章看成由众人在不同时期编纂的关于各类礼仪的原始材料的集合。由此该章的段落可以分成两大类：关于礼的理论和关于具体礼的举止行为的说明。

接下来第二十三段的叙述转向朝堂，主要是关于礼物馈赠之礼。但是中间第二十二段又插入迎宾的规则。第二十四、二十六、二十七和二十八段介绍侍坐先生、君子或长者时的礼仪。而第二十五段则是关于在宴席上的礼仪。

在上述看似杂乱的段落中有一些重要的特点。首先是《曲礼》篇内容的广泛性。上面所总结的内容几乎包含了社会关系的各个方面（父子、君臣、师生、长幼、宾主）和各种场合（居家、路途、迎宾、侍长、行、坐、食，等等）。既然每个人都生活在社会中，是整个社会关系中的一分子，仪礼对所有的人都适用，无论男女老幼。例如，第十七段说童子"立必正方。不倾听。长者与之提携，则两手奉长者之手。负剑辟咡诏之，则掩口而对"。这里我们看到的是对小孩子的礼仪要求，侧重在对他身体动作姿态的训练和控制。长者和孩子的不同的身体姿态有重要的象征意义。当长者伸手握住孩子的手时，他在接受这个孩子成为家庭/社会的成员，因此对孩子表达出慈爱。为了表达对这种接受的感激，孩子必须用双手捧住长者之手。在这里孩子的身体动作直接表达了他对长者的尊敬和谢意，双手的动作也表现出他想被接受的心情。此外，掩口而对的动作也反映出孩子想加入这种关系以及从属于长者的愿望。在这个等级鲜明的关系中，孩子被要求小心控制他的身体，甚至呼吸，以避免冒犯长者，以被这种长幼关系所接受。

传统注家在解释上引段落时强调了一个相关的要点。郑玄解释上文要求孩子正立，双手奉长者之手，以及掩口而对时说，这些要求是为了让孩子"习"如何与长者交往。① "习"固然有习惯、熟悉的意思，但它的本义是学习、练习，有强烈的训练的意味。换而言之，孩子必须不断地通过学习和练习来训练他的身体以被接受。由此引向《曲礼》篇的第二个特点：众多细致具体的为了礼仪的目的而训练身体的规定。比如，第十八段是

① 郑玄解释童子"立必方正"时说这是使童子"习其自端正"，"两手奉长者之手"是为了让童子"习其扶持"，"掩口而对"是为了"习其乡尊者屏气也"。

有关学生在路上遇到老师:“遭先生于道,趋而进,正立拱手。先生与之言则对;不与之言则趋而退。”第二十八段:“侍坐于长者,屦不上于堂,解屦不敢当阶。就屦,跪而举之,屏于侧。乡长者而屦;跪而迁屦,俯而纳屦。”如果一个年轻人遵守这些复杂和细致的规则,他就被训练得通过身体动作来表现他在长者面前的从属地位。

仔细分析这些段落中具体的描述,我们发现有众多的规则是设计来教导社会地位低的人,如学生、子女和孩童,如何控制他们的身体。和《礼记》中的其他篇章一样,《曲礼》给这些社会地位较低的人列出了身体方面的很多禁忌,这些禁忌是为了在礼仪情景下维持等级尊卑的社会关系。例如,第二十七段讲侍坐君子之礼,要求“毋侧听,毋嗷应,毋淫视,毋怠荒。游毋倨,立毋跛,坐毋箕,寝毋伏。敛发毋髢,冠毋免,劳毋袒,暑毋褰裳”。这里所看到的严格的禁忌不但包括了身体动作,甚至包括和身体有关的衣服、发饰等。这种严格的身体禁忌也适用于女子。《内则》篇写道:“在父母舅姑之所,有命之,应‘唯’,敬对,进退,周旋慎齐。升降、出入、揖游不敢哕、噫、嚏、咳、欠、伸、跛、倚、睇视、不敢唾、洟。寒不敢袭,痒不敢搔。”这里对身体的控制几近苛刻。十三种被禁止的动作都是身体自然、本能的行为。但是,恰恰通过禁止这些人体自然的动作,礼仪将人从生物的人转化为社会的人。基于这个目的,礼书教人们应该做什么,不应该做什么。《内则》篇实质上是女子的一个训练手册,对父母公婆和他人来说也是评价女子的一个条目单。

礼书的这种教学功能是为了通过规范化身体而建立正确的社会关系。它消除不合适的、无法接受的身体动作,从而确保人们参与社会事务的权利。身体被看作礼的具体体现,同时相应地决定了个体被社会接受的可能性。换而言之,身体必须经过礼的训练才能被接受。另外,如我们在礼书中看到的,这样的身体的训练并不区分公共的和私人的礼仪情景。相反,它总是在解构私人空间,将所有的个体动作看成公共场合中的表现。在我们上面引用和讨论的《曲礼》段落中,很多的规则是有关私人的或是家庭背景下很琐碎的事物,然而在这些环境中的人的行为还是被高度规范,如同是在公共仪式上表演一样被严格要求。事实上,早期的礼论对人们的私下的、个人的行为非常谨慎,并且明确提出自我约束的必要性。最著名的就是"君子必慎其独"这句话了。君子即便是独处时也要小心谨慎,如同在稠人广众之中。恰如曾子所叹:"十目所视,十手所指,其严乎。"(《礼记·大学》)也就是说,无论何时何地,君子都要始终约束他的举止行为,因为他的身体不再是个人的身体,而已经变成一个社会主体(social subject)。礼因此将公共和私人之间的分界打破,并给每个人规定了不容逃避的规则来改造自己,目的是成为一个被认可的社会成员。

三 结 语

礼是儒家思想的重要组成部分。孔子、孟子和荀子都宣扬礼的社会重要性。虽然他们对礼的观念不尽相同,但在他们的礼论中身体始终是一个重要的问题。与西方在礼仪活动中强调身体的生理特质不同,先秦儒家礼的思想试图删除身体的物理性,将身体转化为具有象征意义的社会成员,并通过对这一社会身体的训练来体现社会关系。身体因此被界定为述行的、有表演性质的;身体的动作也因此需要被规范。

先秦两汉礼书继续了这种哲学层次上的身体观。在《礼记》中,有关礼的论述清楚地和身体结合在一起,即礼是内在情绪还是外在行为的问题。在理论之外,礼的实践性是早期儒家的另一主要考虑。对他们来说,指导道德伦理的礼需要一套系统来指导个体行为,以达到维持社会稳定的目的。因此,身体动作被礼编码化,以此表达象征的意义,而这些意义对稳定和规范社会关系来说是不可或缺的。故此,《淮南子》说"礼者体也"。

身体的礼仪化首先将身体看作一个空间单位。先秦两汉礼书表现出一种很强的将空间看作是等级层次化的单位的意识，认为这些空间单位建构并体现了社会的等级尊卑结构。礼作为伦理道德的指导将象征意义投射到空间单位中，并且将这些空间单位，包括人的身体这一最基本的单位，和人际关系中的伦理要求结合起来。身体动作再次被舞蹈化，用以帮助和表现规范化的社会/空间秩序。同时，被规范化的身体，具体体现为被编码了的行为动作，变得可以被社会所接受。礼书就是在这种情况下具有手册的功能，用来为社会背景下的个人行为提供指南。《论语》中的《乡党》篇或许是最早的手册性质的礼的记录。尽管该篇中的描写可能是后来人对孔子的再现，但将这一章收入《论语》中的目的是清楚的：所记的都是礼学大师孔子的模范行为举止，这些行为举止都是应该被学习和模仿的。

礼书的这种教学功能是为了约束和训练身体使其被社会接受。在这个过程中，礼书消除不被接受的身体动作以确保人际间的交互行为是有规则的、可预测的，因而关系是稳定的。作为行为的规则，礼书将身体完全视为社会概念，因此礼书所含的内容是全面的。正如在礼书中所看到的，对于身体的训练并不把礼的环境区别为私下的或是公共场合的。反之，礼解构私人空间并把个体行为视为公共场合的表现。换句话说，礼书试图将身体训练为在任何时间、地点的礼的体现，这就是所谓的“礼者体也”。

嵇康音乐美学思想及其价值新探

贾奋然①

[**摘要**] 嵇康是在礼乐分离、诗乐分离、主客分离的情境下辨正乐之名实，提出“声无哀乐论”的。其论一方面透视音乐自身规律，讲音乐的“自然之和”“体之自若”“音声之无常”“和声无象”，使得长期以来被遮蔽的音乐本体特征得以显现；另一个方面则使审美主体从与审美客体的固定性、僵化性、束缚性关系中解脱出来，在审美领域开魏晋个性解放与自由之先声。嵇康音乐美学理论使审美主、客体都获得了解放，促进了魏晋时期“文的自觉”和“人的自觉”的审美变革。

[**关键词**] 嵇康　声无哀乐论　礼乐分离　诗乐分离　主客分离　审美变革

嵇康音乐美学思想涉及音乐本体特征，音乐与情感，音乐的功用、礼乐之分离、诗乐之分离、主客之分离等重要理论问题的讨论，其论一方面透视音乐自身规律，于破中立，讲音乐的“自然之和”“体之自若”“音声之无常”“和声无象”②，使音乐彻底从儒学政治教化束缚中解放出来，宣告了音乐的独立和自足，另一方面则使审美主体从与审美客体的固定性、僵化性、束缚性关系中解脱出来，在审美领域开魏晋个性解放与自由之先声。因此，嵇康音乐美学思想是对传统乐论的大胆突破和变革创

---

① 贾奋然，现任教于首都师范大学文学院，主要从事古代文学理论研究和中西比较文论研究。

② 嵇康：《声无哀乐论》，《嵇康集校注》卷五，人民文学出版社，1962 年，第 196—225 页。本篇后文所引未注文字均出自《声无哀乐论》此版本。

新，在中国古代音乐理论史和美学演化史中有着重要的意义。

一　乐体论

本体论是探讨事物本身存在和发展的内在规律和普遍法则的理论，对本体问题的关注是使事物回归自身，获得独立意义的重要途径。先秦儒、道两家较早地涉及了对音乐的看法，但他们将音乐纳入哲学、伦理学、政治学等领域中进行阐释，探究乐之外用，而遮蔽了乐体自身的特点。嵇康精通音律，痛感音乐之体长期被蒙蔽歪曲，“斯义久滞，莫肯拯救。故念历世，滥于名实”，遂欲辩正乐之名实，使乐回归本体，获得独立意义和价值。

儒家认为音乐之和生于阴阳二气的调和，是对自然和声的模仿。如《左传》昭公二十五年：“则天之明，因地之性，生其六气，用其五行。气为五味，发为五色，章为五声。”①同时，他们将音乐纳入礼乐政教体系之中，“是故先王之制礼乐也，非以极口腹耳目之欲也，将以教民平好恶而反人道之正也”②。先王作乐是为了教化民众，所谓“乐统同，礼辨异”③，礼乐相济，共同维护社会的等级秩序与和谐统一。道家以“道”观“乐”，“道”无形无名，超言绝象，音乐为“道”之体现。老子倡“大音希声”④，庄子主“与天和者”之“天乐”⑤，道家最完美的“乐”是与“道”合一的“大音”“天乐”，即无声之乐，也就是“道”本身。因此，他们反对任何人为的音乐创

---

① 杜预注、孔颖达等正义：《春秋左传正义》卷五一，上海古籍出版社，1990 年，第 888—889 页。

② 《礼记·乐记》，郑玄注、孔颖达等正义：《礼记正义》卷三七，上海古籍出版社，1990 年，第 663 页。

③ 同上书，卷三八，第 682 页。

④ 王弼注：《老子道德经》，中华书局，1985 年，第 40 页。

⑤ 《庄子·天道》，郭庆藩：《庄子集释》卷五，中华书局，1961 年，第 458 页。

造，老子愤恨地说："五音令人耳聋"①，庄子偏激地说："擢乱六律，铄绝竽瑟，塞瞽旷之耳，而天下始人含其聪矣"②，以为"人籁"不如"地籁"，"地籁"不如"天籁"③。道家乐论与其整体哲学观念密不可分，带有激进的文化反叛价值，是对当时统治阶级穷奢极欲，用礼乐文化束缚自然人性的批判。由此可见，儒、道两家各自立足于自身哲学观念论乐，尚没有自觉地从音乐本体谈论其审美特征。

嵇康乐体论受到道家关注"道"本身的影响，是对儒家以教化为中心的乐论的反叛，同时打上了魏晋玄学思潮的深刻印迹。汉末至魏晋是中国传统文化的重大转型期：哲学上，从穷究宇宙运行外用的宇宙论向探求天地万物真迹的本体论转变，儒学式微，道学复兴，玄学应运而生；社会意识上，由群体意识向个体意识转变，名教失落，个体觉醒成为时代必然。玄学黜天道而究本体，以虚无为本，万有为末，讲崇本息末，得意忘言，这直接促进了艺术领域的本末之辨，曹丕《典论·论文》首次单独审视"文本"，其论曰："夫文本同而末异。盖奏议宜雅，书论宜理，铭诔尚实，诗赋欲丽。"④也就是说，不同体裁之"文"虽然各有不同的文体风格，但在本质上有着共同点，这种关注文学本体的做法开新的时代风气，标志着中国思想史上"文的觉醒"时代的到来。

嵇康以其乐体论参与了魏晋时代以玄学为中心的审美变革，其论曰："夫天地合德，万物贵生。寒暑代往，五行以成。故章为五色，发为五音。音声之作，其犹臭味在于天地之间。"音乐是阴阳五行运动而产生的自然谐和，与天地万物合为一体。嵇康继承了儒家以阴阳五行来阐释音乐来源的说法，但反对将之生硬地与礼教相连，力图将音乐从伦理本位拉回到自然本位，真正"求乐于自得之域"。嵇康认为音乐"皆以单、复、高、埤、

---

① 王弼注：《老子道德经》，中华书局，1985 年，第 9 页。

② 《庄子·胠箧》，郭庆藩：《庄子集释》卷四，中华书局，1961 年，第 353 页。

③ 《庄子·齐物论》，同上书，卷一，第 45 页。

④ 曹丕：《典论·论文》，萧统编、李善注：《文选》卷五二，中华书局，1977 年影印本，第 720 页。

善、恶为体”“声音之体,尽于舒疾”,这就是说音乐本体是音声的单复、高低、快慢、和谐与不和谐等,这是乐体自身的物质性特点。“五色有好丑,五音有善恶,此物之自然也。”“其善与不善,虽遭遇浊乱,其体自若,而不变也。岂以爱憎易操,哀乐改度哉?”乐体具有自若性,其“善与不善”体现在乐音组合的“和”与“不和”,这样的乐体德性不因世事浊乱,人情悲喜而改变,这是乐的自足性。具体到器乐亦然。“琵琶筝笛,间促而声高,变众而节数”,“琴瑟之体,闻辽而音埤,变希而声清”,不同器乐由于结构和材质不同,在声调、音色等方面各自有不同的审美特点,这是由其物质性特征所决定的,这些特点不因弹奏者的工巧拙笨而改变,“琴瑟之清浊,不在操者之工拙”,“器不假妙瞽而良,籥不因惠心而调”。嵇康嗜好弹琴,终生与琴瑟相伴,乃至临刑索琴而弹,神气不变,他写下《琴赋》论及琴德云:“若论其体势,详其风声,器和故响逸,张急故声清,间辽故音痺,弦长故徽鸣,性洁静以端理,含至德之和平。”①琴声变化多样,这是由琴弦结构决定的,诸如弦驰则琴音浑厚,弦紧则琴音激扬,离琴首远的徽音低沉,琴徽不按则音泛,但整体而言,琴德平和,本性洁静。故“声音以平和为体”,“曲变虽众,亦大同于和”,不同乐曲的曲调虽各不相同,但终究归于谐和之美。

嵇康强调“推类辨物,当先求之自然之理”,罢黜了儒家以政治、伦理等外在因素侵占乐体的做法,将音乐本体作为独立审视的对象,指出乐体具自若性(不变性)、自然性(物质性)、平和性(心和、乐和)等内在形式特点,音乐不需要依附于礼法诗教而具有独立自足的价值,这显示了艺术审美思维从关注功用到关注本体的重大转变。同时,嵇康此论也有着时代反叛价值,包含着论者愤世嫉俗的主观价值取向。魏晋交替之时,艺术为名教之具,名教则行党同伐异,夺取王权之实,艺术堕落为黑暗现实之饰物,血腥屠杀之面具。嵇康疾恶如仇,痛恨名教之虚伪,现实之污浊,艺术

---

① 嵇康:《琴赋》,《嵇康集校注》卷二,人民文学出版社,1962 年,第 105—106 页。

之异化，以“声无哀乐论”执着于乐体，坚决斩断音乐与政教礼法之关系，力图使之重返自身形式谐和的“伊甸园”，则又维护了音乐的纯洁性和神圣性。

二　乐情论

艺术与情感的关系历来是美学领域关注的问题，中国诗学开山理论云“诗言志”①，《毛诗序》释云“在心为志，发言为诗，情动于中而形于言”②，至西晋陆机提出“诗缘情”③，情感都被认为是艺术表现的重要内容。与诗有着密切关系的乐也被视为内在情感的外在表现，《乐记》云：“情动于中，故形于声，声成文，谓之音。”又云：“乐者，音之所由生也，其本在人心之感于物。”④圣人深知音乐对人心的感染力，唯恐音乐放纵人的情欲，因此对音乐表现情感作了严格的限定，“先王慎所以感之者。故礼以道其志，乐以和其声，政以一其行，刑以防其奸。”⑤这样儒家就将音乐纳入到礼乐刑政的王道之轨，音乐抒情受到礼教政法的拘束和制约。

儒家乐论认为音乐旋律与情感表现具有直接对应关系，《乐记》云“其哀心感者，其声噍以杀；其乐心感者，其声啴以缓；其喜心感者，其声发以散；其怒心感者，其声粗以厉；其敬心感者，其声直以廉；其爱心感者，其声和以柔”，并将音乐情感与伦理道德、政治教化相贯通，“乐者，通伦理者也”，“声音之道，与政通矣”，所谓“治世之音安以乐，其政和。乱世之音怨以怒，其政乖。亡国之音哀以思，其民困”，不同的音乐蕴涵了不同的情

---

① 《尚书·舜典》，孔安国传、孔颖达等正义：《尚书正义》卷三，上海古籍出版社，1990年影印本，第44页。

② 毛公传、郑玄笺、孔颖达等正义：《毛诗正义》卷一，上海古籍出版社，1990年，第15页。

③ 陆机：《文赋》，萧统编、李善注：《文选》卷一七，中华书局，1977年影印本，第241页。

④ 郑玄注、孔颖达等正义：《礼记正义》卷三七，第661页。

⑤ 同上。

感内容，有安乐之音、怨怒之音、哀思之音，它们分别对应政和、政乖和民困。他们甚至将音乐五声直接对应君臣民物等外界政务，诸如“宫为君，商为臣，角为民，徵为事，羽为物”①。儒家乐论又将音乐形象直接指涉某些有着教化意味的固定形象，认为“盛衰吉凶，莫不存乎声音矣”，如“季子听声，以知众国之风；师襄奉操，而仲尼睹文王之容”，“师旷吹律，知南风不竟，楚师必败”，音乐因此丧失了自身独立之审美特性，成为服务于政治礼教之工具，这极大地束缚了音乐的表现力。

嵇康批评儒家乐为礼用，歪曲了乐体自身特性，不能真正“识乐”，他从音乐本体论出发，惊世骇俗地提出了“声无哀乐论”，其论曰：“声音以平和为体，而感物无常；心志以所俟为主，应感而发。然则声之与心，殊涂异轨，不相经纬；焉得染太和于欢戚，缀虚名于哀乐哉？”嵇康认为音乐与情感不相经纬，音乐以“平和”为体，只有“善”与“不善”（“和”与“不和”）之分，而无哀乐之别；哀乐情感是人心感于外物而形成的，则与音乐形式无直接关联。他批驳儒家乐论道：如果“文王之操有常度，韶武之音有定数”，即以音乐表现确定不变的对象和情感，那么“仲尼之识微，季札之善听”就是无中生有的事了。嵇康认为音乐表现未必有“常度”和“定数”，所谓“音声之无常”“和声无象”才是音乐本体的审美特点。

这首先表现在“殊方异俗，歌哭不同”，由于各地风俗习惯之差异，抒情表意方式也不尽相同，于是有“形同而情乖，貌殊而心均者”，亦有“用均之情，而发万殊之声”，即表达相似的喜怒哀乐之情，赋予的声音形象未必完全相同；或声音旋律接近，表达的情感也未必完全相同。这表明主体情感与音声形象之间并非确定性的对应关系，不能简单地“观形而知心”。其次，从欣赏者而言，人们欣赏同一乐曲的情感反应未必完全相同，“夫会宾盈堂，酒酣奏琴，或忻然而欢，或惨尔而泣，非进哀于彼，导乐于此也。其音无变于昔，而欢戚并用，斯非吹万不同耶？”欣赏同一乐曲，有欢然喜

① 本段《礼记·乐记》文字载郑玄注、孔颖达等正义：《礼记正义》卷三七，第661—663页。

者,有惨然泣者,这表明即使作曲者赋予了音乐特定情感,如“心戚者则形为之动,情悲者则声为之哀”,但哀乐情感已经隐匿在和声形式中,以“和”的声音形象出现,对他的听众并无直接鲜明的引导性。“哀乐自以事会,先遘于心,但因和声,以自显发”,这就是说,情感作为人的主观体验,是先在于音乐而蕴涵于人内心的,一旦受到音乐“和声”之触发,则自我显现,因此,听者感于“和声”而抒发的是自我内心或喜或悲之情。“声音自当以善恶为主,则无关于哀乐。哀乐自当以情感,则无系于声音”,故“声之与心”则“明为二物”了。

嵇康明确区分音乐形式与情感为二物,显示了他力图排除审美主体因素干扰,独立审视音乐本体的努力。长期以来,儒家乐论强调音乐创造中主客体的僵化固定关系而使音乐成为教化之具,从而掩盖了音乐本体面貌。在嵇康看来,音乐有其自身的审美特点,无论情感以何种形式参与到音乐创造之中,它都不在音乐本体的和声形式中直接呈现出来,也不能引导欣赏者某种确定的情感体验和伦理观念。人们需要在“彼我异名”,主客区分情境下才能辨正音乐之名实,真正审视音乐的本体特征,而不至于将属于主体的因素强加于客体之上,而以为“哀乐皆由声音”。但这并不是说,音乐作为独立客体与审美主体的情感之间没有任何关系,事实上,嵇康认为音乐是“可感荡心志,而发泄幽情”[①]的,他说:“和声之感人心,亦犹酒醴之发人情也”,“音声和比,人情所不能已者也”。音乐与情感至少在两个层面发生关系:首先是音声与心理感受的生理层面的联系,“盖以声音有大小,故动人有猛静也。琴瑟之体……听静而心闲也。……齐楚之曲多重,故情一;变妙,故思专。姣弄之音,挹众声之美,会五音之和……故欢放而欲惬”。随着乐曲旋律变化,人的心理感受也相应地发生变化,或体静,或思专,或欲惬,故音声“皆以单、复、高、埤、善、恶为体,而人情以躁静专散为应”。其次,音乐具有“发滞导情”的作用,“令外物所

① 嵇康:《琴赋》,《嵇康集校注》卷二,第106页。

感，得以自尽”，即音乐能触发审美主体的情感体验而使主体固有情感得以充分宣泄。嵇康自言“少好音声，长而玩之”，深深地感觉到音乐可“导养神气，宣和情志，处穷独而不闷者”①，主体在不同情感状态下聆听相同的琴音，感受是不同的，“怀戚者闻之，莫不憯懔惨凄，愀怆伤心，含哀懊咿，不能自禁；其康乐者闻之，则欨愉欢释，抃舞踊溢，留连烂漫，嗢噱终日；若和平者听之，则怡养悦愉，淑穆玄真，恬虚乐古，弃事遗身”②。这说明欢戚和平之情先蕴于心，遇“和声”自我显发，至和之乐感人至深具体表现于此。

嵇康以“和”为音乐本体的基本特性，剥离了音乐中固定的情感内涵，其实质是要疏离被强行捆绑在其内的政治道德内涵，这一方面符合音乐形式间接抒情的审美特点，另一方面则赋予了音乐自由表现的空间，从而深刻地揭示了音乐与情感表现之间的不确定性、非一致性。反之，若以音声表达特定情感，以其为“偏固之音”“一致之声”，则不能收到“兼御群理，总发众情”的审美效果，这将使音乐走向概念化、公式化而遮蔽其自身独立的审美价值。

儒家乐论从政治伦理视角审视音乐，将音乐与客观现实作简单、直接的联系，“今必云声音，莫不象其体，而传其心”，用音乐表现固定情感，固定形象以服务于政教之用，其论偏重于音乐表现的确定性一面。嵇康从音乐本体论出发，斩断音乐与情感的直接关联，试图将音乐从外在功利束缚中解放出来，追求音乐超越现实情感性、物象性而获得的本体和谐性，以音乐和谐达于“太和”为至高之美，其论执着于音乐表现情感的不确定性的一面。应该说，任何艺术都具有确定性和不确定性的双重属性，而不同艺术两种属性所占比例不同。就音乐而言，“心有盛衰，声亦降杀”，这是心之与声相对确定性的一面；但另一方面，音乐与其他艺术相比，其间接性、抽象性、不确定性程度更高，“笑噱之不显于声音”，音乐不直接言

① 嵇康：《琴赋》，《嵇康集校注》卷二，第83页。

② 同上书，第106—107页。

情，而是将情感隐匿于形式之中，通过“和声”来导情，所谓“克谐之音，成于金石；至和之声，得于管弦”，这就使得音乐具有疏离现实的自由性。嵇康对音乐本体独立性特征的凸显，使主体与音乐之间的固定性关系得到了松绑，音乐作为一种和谐声音形式的表意模糊性使审美主体有了更多的想象空间和主动创造性，这是魏晋时期人的自觉和个性解放在嵇康乐论中的表现。

值得注意的是，嵇康是在诗乐分离的情境下来论及“声无哀乐”的，其“声无哀乐”论主要就无词之旋律和器乐而言。中国古代经历了漫长的诗乐共存时期，《尚书》中云：“帝曰：夔，命汝典乐，教胄子，直而温，宽而栗，刚而无虐，简而无傲。诗言志，歌永言，声依永，律和声。八音克谐，无相夺伦，神人以和。夔曰：於！予击石拊石，百兽率舞。”①这是诗、乐、舞共生的较早原始资料，《礼记·乐记》也云：“诗言其志也，歌咏其声也，舞动其容也。三者本于心，然后乐器从之。”②这表明早期的诗与乐是在相互结合中共同表情达意的，诗的内容总是被纳入乐的形式中完成礼乐教化，即亦后来刘勰在论及乐府诗时所谓“诗为乐心，声为乐体：乐体在声，瞽师务调其器；乐心在诗，君子宜正其文”③的诗乐结合的情况。汉代以后，随着诗的经学化历程，诗歌逐渐从音乐中分离出来成为独立形式，但无论是诗还是乐都依附于经学，服务于政教，诗教乐教隆盛，人们仍然借助于歌词或曲名表意来理解音乐的具体内涵。《乐记》“审乐以知政”④的音乐观念都是在这样的背景下产生的。

在嵇康生活的魏晋之交，诗、乐逐渐从礼教藩篱中解放出来，获得了独立形态，诗、乐分离也渐成趋势，那时不仅有着许多从音乐中分离出来的“徒诗”，也有许多无词之乐曲，据明钞本《琴苑要录》引《琴书》云：“《秋声》、《渌水》、《幽居》、《秋思》、《坐愁》：以上蔡邕五弄。《长青》、

① 《尚书·舜典》，孔安国传、孔颖达等正义：《尚书正义》卷三，第44页。
② 《礼记·乐记》，郑玄注、孔颖达等正义：《礼记正义》卷三八，第680页。
③ 《文心雕龙·乐府》，范文澜：《文心雕龙注》，人民文学出版社，1958年，第102页。
④ 《礼记·乐记》，郑玄注、孔颖达等正义：《礼记正义》卷三七，第663页。

《短青》、《长侧》、《短侧》：嵇氏四弄。通为九弄。”①“嵇氏四弄”就是嵇康所作琴曲，嵇康临刑所奏《广陵散》也是无词古琴曲。嵇康深刻审视音乐本体特点，力图将音乐形态与语言形态相分离来阐释作为独立形态的音乐的特点。他说：“言比成诗，声比成音。杂而咏之，聚而听之。心动于和声，情感于苦言。嗟叹未绝，而泣涕流涟矣。”诗、乐是两种不同的艺术，它们各自有不同的特点：乐以和声旋律打动人，诗以悲苦语言感染人。音乐是通过“声比”形成谐和旋律的，与其他艺术相比，除少数模拟性音响外，音乐形象与外部现实形象、复杂思想情感等精神现象之间存在着间接性、隐蔽性、不确定性的表现特点。换言之，音乐本体作为审美对象对审美主体的限制相对较小，音乐以声音之“和”为主要特点，与主体情感之间无直接、固定性的表现关系。相对而言，诗则能通过语言表意直接摹物言情，诗人在诗中更容易表现悲喜之情，从而用特定情感感染他的读者。因此，当人们要通过音乐表达特定的情感内容时，总是要借助于诗的表意能力，所谓“托于和声，配而长之，诚动于言，心感于和”，“复之而不足，则吟咏以肆志，吟咏之不足，则寄言以广意”②，而从音乐本身形式而言，它并不直接呈现哀乐之情和具体事件。

18 世纪以前，西方人相信诗、音乐、语言是一起产生的，音乐来自旋律，而旋律来自语言，人们很少从音乐本身，反而从歌词中寻找理解音乐的途径，如法国的卢梭说：“音乐在我们心中唤醒了它所表达的情感，通过音乐我们感受到了情感的意象。”③直到 1722 年，法国拉莫提出“旋律来自和声”的思想，才逐渐使音乐从诗歌中解放出来。拉莫说：“人们常常以为听音乐就只是听歌词里所讲的东西或者是根据自己的理解对歌词所作的解释。人们硬要音乐顺从那强迫给它的东西，然而这绝不是人们据以

---

① 转引自戴明扬《广陵散考》，《嵇康集校注》附录，人民文学出版社，1962 年，第 445 页。

② 嵇康：《琴赋》，《嵇康集校注》卷二，第 83 页。

③ 卢梭：《精神印象通常造就最活跃的情感》，《论语言的起源兼论旋律与音乐的模仿》，吴克峰、胡涛译，北京出版社，2010 年，第 87 页。

能够评判音乐的方式和方法。"[①]这就是说,在独立的器乐没有产生之前,人们总是将乐音和声与歌词内容简单对应,认为音乐能表现确定的情感和生活图景,其实,这是音乐没有摆脱对歌词的依赖,没有走向独立自足的表现。音乐作为一种特殊的乐音符号,并不直接呈现外部世界具象、概念和情感,而是自然的感性抽象,它可以与诗结合来表情达意,也可通过独立的旋律来表情。1800 年,交响乐的诞生标志着西方音乐的独立。与西方乐论相比,嵇康早在 3 世纪就从理论上宣告了音乐从诗歌中的独立,即音乐以和声为本体,与情感无直接关系,歌词则能直接呈现情感,若是纯粹乐曲,则以其和声激发人们不同的情感体验,这是对音乐本体的独立审视得出的合理结论。

三 乐用论

嵇康的"声无哀乐"旨在表明音乐本体特点在"和",无系于人情,因此,音乐的功用不在外用而在内化,即以和乐泄导情感而至心和,从而超越有限现实哀乐而趋于无限宇宙自然的"太和"之境。嵇康乐用论是直接针对儒家乐为礼用的功利主义乐用观,以求音乐回归到本体之用。

儒家文化建构了礼乐相济的政教体系,音乐成为礼教之工具。《乐记》云:"圣人作乐以应天,制礼以配地"[②],圣人顺应天地自然之道制礼作乐,并将礼乐与刑政结合,共为治国之道,所谓"礼乐刑政,其极一世,所以同民心而出治道也"[③]。礼、乐各有不同功用,"乐者为同,礼者为异"[④],

---

① 拉莫:《关于人的天性跟音乐及其原理暗合的观察报告》,转引自蒋一民《音乐美学》,人民出版社,1991 年,第 8 页。

② 《礼记·乐记》,郑玄注、孔颖达等正义:《礼记正义》卷三七,第 669 页。

③ 同上书,第 661 页。

④ 同上书,第 665 页。

"乐由中出,礼自外作"①,这就是说,"礼"是从外部强制区分不同等级人们的礼仪举止,而乐则将礼制转化为和谐的艺术形式,从内心促进群体情感和谐。"乐者,圣人之所乐也,而可以善民心,其感人深,其移风易俗,故先王著其教焉。"②这样,先王就将礼教之亲疏、贵贱、长幼、男女之理皆形于乐,使音乐奇妙地与礼制结合在一起,发挥教化民众、促进社会和谐的重要功用。

嵇康对儒家以乐为教的用乐观极为不满,他批评儒家礼乐文化将音乐、诗歌、礼器、仪容捆绑一体,服务于政教之用,使乐丧失了自身价值,"丝竹与俎豆并存,羽毛与揖让俱用,正言与和声同发。使将听是声也,必闻此言;将观是容也,必崇此礼。礼犹宾主升降,然后酬酢行焉。于是言语之节,声音之度,揖让之仪,动止之数,进退相须,共为一体",音乐被强行纳入政教礼仪轨道,赋予了移风易俗之功用。嵇康认为,从音乐本体而言,乐为"和声",与"移风易俗"之教化没有必然联系,"古之王者,承天理物,必崇简易之教,御无为之治。君静于上,臣顺于下;玄化潜通,天人交泰。……群生安逸,自求多福……和心足于内,和气见于外;故歌以叙志,舞以宣情",音乐是"和心足于内,和气见于外"的自然表现,"心与理相顺,和与声相应","乐和"出于"心和",两者结合则抵于乐之最高境界的自然"太和","移风易俗"之论则为子虚乌有,故"风俗移易,不在此也"。

嵇康此论继承了先秦道家的礼乐观,庄子曰:"中纯实而反乎情,乐也;信行容体而顺乎文,礼也。"③庄子认为内心朴素,保持平和恬淡本性,怡然自得,这就是"乐";仪容体态随心所欲,顺乎自然节律,这就是"礼"。若偏移自然礼乐,造立仁义礼智,则天下就会大乱。嵇康也认为"移风易俗"乃承后世之"衰弊","至至人不存,大道陵迟……造立仁义,以婴其心,制其名分,以检其外"④,后世礼乐文化盛行恰是礼乐偏离了自然之

① 《礼记·乐记》,郑玄注、孔颖达等正义:《礼记正义》卷三七,第665—666页。
② 同上书,卷三八,第676页。
③ 《庄子·缮性》,郭庆藩:《庄子集释》卷六,第548页。
④ 《难自然好学论》,《嵇康集校注》卷七,第259—260页。

道，统治者“宰割天下，以奉其私”[1]的社会风气败坏的结果。嵇康云：“乐之为体，以心为主。故无声之乐，民之父母也。”乐之所以能以“心”为主，在于“心和”能导向“乐和”，“心和”则有“无声之乐”，“无声之乐”是“心和”抵达“乐和”音乐的最高境界。若统治者弃一己之私，崇简易之教，就能形成“万国同风，芳荣济茂”的太平盛世，抵于“乐和”的境界。

嵇康强调音乐“以平和为体”，乐体本无哀、乐之分，雅、郑之别，更无移风易俗之用。“淫之与正同乎心，雅郑之体，亦足以观矣”，淫、正在心而不存于乐，人们往往以淫、正的主观感受强加于乐体之中，以为“郑声”本身就“淫”，故迷惑人心，败坏风俗。嵇康不以为然，他说：“夫若郑声，是音声之至妙。妙音感人，犹美色惑志，耽槃荒酒，易以丧业。自非至人，孰能御之？”嵇康大胆地背离了儒家“郑声淫”“放郑声”[2]观念，宣称郑声是“至妙之声”，就像美人美酒可使人获声色之悦，心淫之人自淫之，心和之至人则能驾驭郑声，不为妙音所惑。

嵇康不像庄子那样“绝圣弃知”“殚残天下之圣法”[3]，极端地绝弃文化，他也绝不“擢乱六律，铄绝竽瑟”[4]，激烈地摧毁礼乐文化，他甚至是崇奉礼法的。他所反对的是司马氏统治集团“宰割天下，以奉其私”的虚伪礼法，以及将音乐服务于虚伪礼教的“移风易俗”，其实质乃造立仁义，束缚万民以自私。以乐为礼用，是对音乐本体审美特性的漠视，将音乐变为虚伪礼教之附庸和工具，这是嵇康所不能容忍的。嵇康在理想与现实的矛盾之中痛苦地裂变，他一方面分离礼与乐，以维护音乐的独立自足性，但另一方面，又幻想着有“大人”出现，重振礼法，使其合乎自然之“大道”，这样才能抵于心和、乐和、太和高度统一的最高境界，这是嵇康所祈盼的合乎自然大道的礼乐文化，是乐之“无用”之大用。

---

① 《太师箴》，同上书，卷一〇，第312页。

② 《论语·卫灵公》，何晏等注、邢昺疏：《论语注疏》卷一三，上海古籍出版社，1990年，第137页。

③ 《庄子·胠箧》，郭庆藩：《庄子集释》卷四，第353页。

④ 同上。

四　小结：乐和论

嵇康音乐美学思想的主旨最终归为乐体和论，“和”是嵇康界定音乐本体的美学范畴，也是嵇康所追求的人生最高境界。

“和”是中国文化精神的基本范畴，远在殷商春秋时期就有和同之辩，“夫和实生物，同则不继”①，“和”为多种不同事物的和谐统一，故“声一无听，物一无文，味一无果，物一不讲”②，音乐之美就在五音谐和，即老子所谓“音声相和”③。儒家将乐“和”导向政治、伦理范畴，《乐记》云：“礼义立，则贵贱等矣；乐文同，则上下和矣。”④道家讲阴阳谐和，“万物负阴而抱阳，冲气以为和”⑤，追求“与天和者”之“天乐”。嵇康从音乐本体论“和”，将“和”从哲学范畴转化为美学范畴，其乐和论归于以下三点：

从音乐发生而论，音乐之“和”源于天地自然之和谐生气，“律吕分四时之气耳，时至而气动，律应而灰移。皆自然相待，不假人以为用也”，音声之十二律吕出于四时节气的阴阳之气运动变化而形成的自然和声，音乐是人类模仿自然声律的结果，无论人情如何介入，最终要抵于声律之自然谐和，这是不以人的主观意志为转移的，故“音声有自然之和，而无系于人情”。

从音乐本体规律而论，“声音以平和为体”，“宫商集化，声音克谐”之“和”是音乐本身的审美特征。音乐之和是通过乐音有规律地组合而形成的，“律有一定之声”，“上生下生，所以均五声之和，叙刚柔之分也”。所谓“上生”“下生”是指十二音律上下相生，《吕氏春秋·音律》云：“三分所

---

① 《国语·郑语》，《国语》卷一六，上海书店出版社，1987年影印本，第186页。

② 同上。

③ 王弼注：《老子道德经》，中华书局，1985年，第2页。

④ 《礼记·乐记》，郑玄注、孔颖达等正义：《礼记正义》卷三七，第665页。

⑤ 王弼注：《老子道德经》，第41页。

生，益之一分以上生；三分所生，去其一分以下生。”[1]音乐就是用上下相生而形成的十二律吕来均匀五声，达到声音协调和谐之美，“音自满而无损”，这是乐体之自足性。

从音乐审美功用而言，嵇康认为“乐和”可导向“心和”，最终使人抵达与宇宙万物合一的“太和”境界。“曲变虽众，亦大同于和”、“随曲之情，尽于和域”，这是说音乐以和谐为本体，不同的乐器演奏的音乐不同，不同的乐曲曲调不相同，但它们都能抵达和境；不同的人在欣赏同一首曲子虽有不同的情感反应，但最终也能抵于和境。嵇康极重养生，“琴诗自乐”[2]是嵇康养生的重要方式，在嵇康看来，养生重在养神，使“爱憎不棲于情，忧喜不留于意”[3]，抵达精神上的“大和”[4]。音乐之和声可以使人摒弃世间烦忧俗累，体妙心玄，逍遥地遨游于宇宙太和之域。嵇夜叔在《与山巨源绝交书》中说：“今但愿守陋巷，教养子孙，时与亲旧叙阔，陈说平生，浊酒一杯，弹琴一曲，志愿毕矣。”[5]他所追求的是“理正声，奏妙曲，扬白雪，发清角”[6]的与琴为友，与自然合一的至和人生境界，这是乐和抵达的至高境界。

---

① 《吕氏春秋·季夏纪》，高诱注：《吕氏春秋》卷六，上海书店出版社，1986年，第56页。
② 嵇康《兄秀才公穆入军赠诗十九首》，《嵇康集校注》卷一，第19页。
③ 嵇康：《养生论》，同上书，卷三，第146页。
④ 嵇康：《答难养生论》云：“以大和为至乐，则荣华不足顾也”，同上书，卷四，第190页。
⑤ 嵇康：《与山巨源绝交书》，同上书，卷二，第126—127页。
⑥ 嵇康：《琴赋》，第93页。

论郝经的学术取向

张炳尉①

［摘要］ 郝经之学以性理而非所谓“实学”为基本取向，绍述程朱，而非泛取北宋诸家。虽然立论大都依据朱学而未能有大的突破，但郝经刻意抹去这层关系，通过家学叙述把自己的学术渊源向上承接于二程。他这么做，与其“国朝”意识等因素有关。

［关键词］ 郝经　学术取向　实学问题　家学叙述　与朱学的关系

对于郝经的学术取向，近十几年来，学界形成了比较一致的看法，认为他注重实用而反对空谈性理，学自二程而泛取北宋诸家，受家学影响甚深而很少推许朱熹。但细细推敲这些观点，先不说它们之间是否相互抵牾，单论每一点，都会发现很多疑问。郝经有追求实用的强烈倾向，但追求实用就一定反对性理之学吗？实际上，包括程朱性理之学在内的宋代许多学派都有追求实用的自觉倾向，论者却很少考察郝经与各派的具体关系。郝经对北宋学者有广泛的肯定，但这种肯定与他对二程的肯定相同吗？实际上，他对周、邵、程、张之外的北宋学者的肯定比较空泛，而在根本问题上则依据程氏等人之说对他们进行了否定。对此，论者也很少注意。郝经屡屡提起家学渊源而很少推许朱熹，但他对家学的叙述与史实不符，仔细考察，反而会发现他的叙述是依据朱熹之说做出的。对此，论者更是没有深入探讨。因此，有必要对这些问题重新进行一番考察。详论如下：

---

① 张炳尉，北京师范大学文学院文艺学研究中心讲师。

一　从实学问题看郝经学术的基本取向

郝经为学，有追求致用的强烈倾向，历来为后人所注重。其门生苟宗道的《郝公行状》《元史·郝经传》以及清人朱樟序《陵川集》，都指出他“不学无用学”（《陵川文集》卷二一《志箴》）[①]。郝经的出处亦卓然不群，诚如四库馆臣所说：“生平大节，炳耀古今”（《四库全书总目》卷一六六）。近些年来，遂有学者进一步指出郝经学术思想的基本精神是主实，注重为世所用，反对空谈心性，并以此将郝氏之学与程朱之学相区分。[②] 综观持此说者所举的证据，大致有两类：一类即“事虚文而弃实用，弊亦久矣”（卷二〇《文弊解》）、“非用无以见道”（卷二四《上紫阳先生论学书》）等强调“实”“用”的话，另一类则是“未能洒扫应对，而便说性与天道”（卷三六《先父行状》）等反对空谈性命的话。从字面上看，其言凿凿，其意甚明，但稍加推敲，便会发现其实不然。

先说第一类。郝经的确强调“实”“用”，但他针对的并不是心性之学。不必远求，看看《上紫阳先生论学书》“非用无以见道”的前后文，便可明白。在这句话之前，郝经记述了他早年的求学经历：“自十有六，始知问学，世有科举之学，学之无自而入焉，蜡乎其无味也；有文章之学，学之无自而入焉，蜡乎其无味也。……如是者有年，始取六经而读之，虽亦无自而入，而知圣之学、道之用，二帝、三王致治之具，在而不亡也，真有用之学也。”他所说的有用之学，针对的是组织虚文的文章之学、利禄其心的科举之学。在“非用无以见道”之后，郝经把学道之士不能自立的原因归结为：“事无用之学也。盖自佛、老盛而道之用杂，文章工而道之用晦，科举

---

① 本文所引郝经作品均出自秦雪清点校《郝文忠公陵川文集》，山西人民出版社，2006年。以下只注卷数。

② 查洪德：《郝经的学术与文艺》，《文学遗产》1997年第6期，第53—54页。

立而士无自得之学，道入于无用。”除了文章、科举之外，又加上了佛、老异端之学。

再说第二类。“未能洒扫应对，而便说性与天道”出自郝经在《先父行状》中引述其父的一段话：“世之人好高慕远，以欺世盗名。未能洒扫应对，而便说性与天道。紊理逾分，枉探速成，戕本根，坏伦类，示不以常而重为之诳，败德孰甚焉！”细味其说，批评的重点是为学次序的紊乱，而不是性与天道本身。就在这段话之前，作者详细记述了其父教学的次第：“（髫龀）乃为言坐行立、揖拜俯仰之节，诵记孰复、执笔为书之制，声音笑貌、疏数疾徐之仪，一之以敬，而不使之惰。少长则为解说义理，缀辑章句，简直切律，力少而功倍之。成童则以性理、经学为本，决科、诗文为末，而寖致之大学。”由此可知，郝经并不反对探讨天命心性，只是强调为学次序应当为“幼而洒扫应对，长而性与天道”（卷一九《辨微论·学二》）。

由上述可知，郝经强调实用，但并不反对性理之学，我们不能以此轻易地将他和程朱进行区分。实际上，学界对实学的内涵、演变及其与理学的关系，已有相对一致的认识。作为宋代实学的重要一支，程朱之学在与佛、老的空、无之学的论辩中，强调作为宇宙本体的“理”实而非虚，并在此意义上自称其学为“实学”。尽管程朱之学有偏向内圣的一面，其末流也暴露出空谈性命的弊端；但其主要倾向仍然是主张内圣与外王的体用不二，坚决地反对俗儒的记诵辞章之学与佛老的寂灭虚无之学，从而开创了实理论的“实体达用之学”。① 反观郝经对有用之学的提倡，其针对性与程朱同出一辙。“幼而洒扫应对，长而性与天道”的为学次序，也是程朱所反复强调的：“古者初年入小学，只是教之以事，如礼乐射御书数及孝弟忠信之事。自十六七入大学，然后教之以理，如致知格物及所以为忠信孝弟者。”（《朱子语类》卷七）将郝经与程朱双方崇实重用的具体内容相对照，

---

① 葛荣晋：《中国实学思想史（上卷）·导论》，首都师范大学出版社，1994 年，第 1—24 页。

凸显出的不仅不是两者相异，反而是两者的高度一致。

除了程朱一路之外，宋代实学尚有多支。其中与我们判断郝经的学术取向相关的，有为后来元气论实学导夫先路的张载之学、永嘉永康学派的事功实学。与程朱的实理说不同，张载主张的是元气实体说，许多明清实学家继承其说作为批判佛老以及理学末流的依据。郝经在《太极图说》之中，将太极描述为"混然一大活物"："浑沦圆转而无上下内外，开廓布置而皆上下内外。含弘天地人物，包括鬼神造化，混然一大活物。旁行而不流，无所不往而未尝去，居其所而变化无穷焉。圣人无以指名，故名之曰太极。"（卷一六）对照张载对太极的论述，郝氏之说颇有些元气实体说的意味。但这种以太极为一物的说法在《陵川文集》中极为罕见，在绝大多数情况下，郝经是承袭朱熹之说，以理而非以物释太极。

功利实学的特点是"谈功利而辟性命"，正与程朱之学针锋相对。郝经在《上紫阳先生论学书》中对英雄豪杰与诵书学道之士的抑扬，逼肖陈亮的口吻①："世有人焉，之无伏腊之不辨，鲁鱼亥豕之不分，乃辨天下之大事，立天下之大节，济天下之大难，享天下之大富贵，声色不动而有余裕焉。吾诵书学道之士，试之一职，则颠蹶而不支，委之一事，则㖞挠而不立，汲汲遑遑，终其身不能免于冻馁，而趋利附势殒义丧节。"（卷二四）但遍览郝氏文集，这种说法可谓绝无仅有，郝经对待功利之学的压倒性的态度，是与朱熹一致的从其隐含的利欲驱动的角度进行批判："呜呼！功利之误世也深矣。自其说一行，而三代之学遂废，圣人亦从而不作，以及于今，泯泯也。盖天下之人，有血气之性，故有利欲之心；有利欲之心，故有功名之志。有利欲之心，必争夺以充其心；有功名之志，必争夺以充其志。莫有自反而以本然之分制之者，此乱之所由生也。"（卷一九《辨微论·学三》）

---

① 葛荣晋：《中国实学思想史（上卷）·导论》，首都师范大学出版社，1994年，第574—575页。

另外，在经史关系上，程朱有明显的荣经陋史的倾向；而明清以来反对空谈性理主张以史学经世的黄宗羲、顾炎武、章学诚等人，多持“六经皆史”之说。在经史不分的思想的形成过程中，郝经对“六经自有史”（卷一九《辨微论·经史》）的阐发颇为引人注目，有学者即认为他的论述比章学诚的更为全面具体[①]。也有学者提出异议，指出程朱之所以荣经陋史，根源于他们对理气关系的理解，而郝经的经史关系论并没有在理气关系这个更为内在的问题上取得突破。[②] 从本文的角度来看，笔者支持后一种观点，因为通观陵川著述，《续后汉书》等史学撰论虽然占了很大的分量，但仍不足以改变他的“性理，问学之本也”（卷二四《与汉上赵先生论性书》）的基本取向。

至此，我们便可得出本节的结论：郝经为学注重致用的强烈倾向，体现了他的气质风骨、生命追求，也体现了元初反对空疏学风的时代思潮。[③] 考察其具体内容，与程朱之学并不矛盾；虽有受元气实体说与功利实学影响的痕迹，但微乎其微。他注重史学，但不足以改变其以性理之学为核心的基本取向。

二　从人性论看郝经对北宋诸家之学的取舍

对于北宋诸家之学，郝经有较为广泛的肯定，他在《与北平王子正先生论道学书》中的一段话很有代表性：

> 周、邵、程、张之学，固几夫圣而造夫道矣，然皆出于大圣大贤孔、孟之书，未有过夫尧、舜、禹、汤、文、武、周、孔之所传者，独谓之道学，

---

① 田河、赵彦昌：《“六经皆史”源流考论》，《社会科学战线》2004 年第 3 期，第 127 页。

② 向燕南：《从“荣经陋史”到“六经皆史”——宋明经史关系说的演化及意义之探讨》，《史学理论研究》2001 年第 4 期，第 33—34 页。

③ 周少川：《元初对宋末空疏风气的反正》，《北京师范大学学报》2003 年第 5 期，第 100—105 页。

则尧、舜、禹、汤、文、武、周、孔之学，不谓之道学，皆非邪？孟、荀、扬、王、韩、欧、苏、司马之学，不谓之道学，又皆非邪？（卷二三）

有的学者根据这类言论，判断郝经之学主要得自二程又泛取北宋诸家而不专主一家。[①] 然而深入考察这个问题，我们会发现郝经对欧、苏、司马的肯定与对周、邵、程、张的肯定，有很大的不同。他对前者，肯定的只是其学能够排抵异端维系道统；而他对后者，则进一步肯定其学能"几夫圣而造夫道"。

郝经单独谈论欧阳修或苏轼或司马光的地方很少，多是把他们放在一起，纳入扬雄、王通、韩愈一脉进行讨论。不同于朱熹的以周敦颐直接上承孟子，郝经也给予扬、王、韩、欧传承道统的地位，但这种肯定仅限于"佛老更兴，异端并作，扬、王、韩、欧之徒衡而争之"（卷三〇《送常山刘道济序》），这在其《周子祠堂碑》中有极为鲜明的表述：

（孟子之后）千有余年之间，学士大夫致志用力，掇拾残断，崎岖章句，不为不勤。其独造自得，力探特悟，以道自任者，如扬、王、韩、欧，绝无仅有，虽竞于一时，而其学不复传，是以终不能永圣人之统，续而复绝也。剥食糜烂之余，偾踣撑裂之极，获圣人之心，纫缉道绪，传诸其徒，益久益彰者，有宋舂陵周子而已。（卷三四）

"其学不复传"云云，是郝经对扬、王、韩、欧学道不精的委婉表达。在他看来，只有周敦颐开启的周、邵、程、张一路，才能够"获圣人之心"，从而使道统"益久益彰"。

在郝经的学术价值坐标中，"性理，问学之本也"。深于性理之学，才能称得上"获圣人之心""几夫圣而造夫道"。他对周、邵、程、张的肯定，正是着眼于此。笔者在这里要强调的是，早在南宋人对北宋学术分野的论述中，就出现了把性理之学专属于程氏一路的倾向，如陈善《扪虱新话》上集卷三云："荆公以经术，东坡以议论，程氏以性理。三者要各立门户，

① 查洪德：《郝经的学术与文艺》，《文学遗产》1997年第6期，第53页。

不相蹈袭。”这种传统门户之见肇始于前，再经过现代学科体系划分的变本加厉，遂使程氏一路之外的学者在性理之学上的贡献被严重遮蔽。因此，有必要特别指出，郝经虽然没有在性理之学上肯定欧、苏、司马等人，但他并没有无视他们对性理的探讨。郝经对人性这一性理之学核心问题的讨论，在《与汉上赵先生论性书》与《论八首·性》中最为集中，尤其是前一篇，对孔子以来的儒家人性理论进行了全面回顾，其中一段，不指名地批评了欧、苏等人的人性说：

> 至今先儒谓性非学者所急，又谓颜状未离于婴孩，高谈已及于性命，于是不言性。纵或言之，不过夫性习之说，不辨夫理性与夫气质之别，遂谓扬子云之善恶混为最得。又谓论性之差自孟子始，孟子不当定名为善，复谈空说无，入于老、佛氏。皆自以为是而不知其非，又在荀、扬之下矣。（卷二四）

其中“于是不言性”云云，针对的是以欧阳修为代表的人性之说。① 欧阳修不仅反对“颜状未离于婴孩，高谈已及于性命”的颠倒次序，更认为无论人性是善是恶都不能不修身：“使性果善邪，身不可以不修……不修其身，虽君子而为小人。使性果恶邪，身不可以不修……能修其身，虽小人而为君子。为君子者，修身治人而已，性之善恶不必究也。”（《欧阳文忠公集·居士集》卷四七《答李诩第二书》）因此，人性问题根本没有讨论的必要。

“遂谓扬子云之善恶混为最得”云云，针对的是绍述扬雄之说的众多北宋学者的人性理论。② 扬雄对人性善恶之争进行了调和，认为善恶相

---

① 或谓斥责“颜状未离于婴孩，高谈已及于性命”之语，出自司马光，参见宋佚名撰《锦绣万花谷别集》卷十七。

② 郝经此说或据白云郭氏语而来：“本朝言性者四家，司马公谓扬子兼之，王荆公谓扬子之言似矣，苏氏亦曰扬雄之论固已近之，亦多蔽于雄之学。独程氏言孟子性善乃极本穷原之理，又谓荀、扬不知性，故舍扬不论。”（《东雅堂昌黎集注·原性》廖莹中注引）案，此说不确。王安石与苏轼对扬雄的性论皆多批评之语，王安石的观点接近更接近欧阳修，而苏轼则把批评的重心转移到了孟子。司马光肯定扬雄，但更肯定韩愈。

混，修习其善则为善人，修习其恶则为恶人。韩愈则进一步指出，有些人生来即善，有些人生来即恶，并不会因为后天的修习而发生改变，仅仅把善、恶调和成善恶混，还不够全面。于是他远绍孔子之说，近取董仲舒、王充、荀悦等人的观点，综合出一套可以包罗众说的三品之论：

> 性之品有上中下三。上焉者，善焉而已矣；中焉者，可导而上下也；下焉者，恶焉而已矣。……孟子之言性曰：人之性善；荀子之言性曰：人之性恶；扬子之言性曰：人之性善恶混。夫始善而进恶，与始恶而进善，与始也混而今也善恶；皆举其中而遗其上下者也，得其一而失其二者也。……然则性之上下者其终不可移乎？上之性就学而愈明，下之性畏威而寡罪，是故上者可教而下者可制也，其品则孔子谓不移也。（《昌黎先生文集》卷一一《原性》）

由于很好地解释了现实生活中善恶参差、变化各异的复杂状况，韩愈的性三品说得到了北宋众多学者如司马光、李觏等人的广泛赞同，诚如苏轼所说："昔之为性论者多矣，而不能定于一。始孟子以为善，而荀子以为恶，扬子以为善恶混。而韩愈者又取夫三子之说，而折之以孔子之论，离性以为三品……以为三子者，皆出乎其中，而遗其上下。而天下之所是者，于愈之说为多焉。"（《东坡应诏集》卷一〇《扬雄论》）但在郝经看来，这些不过是沿袭了性相近而习相远的思路罢了，没能把握人性问题中最为关键的"理性与夫气质之别"，即义理之性与气质之性的区别。他的评判有两点值得注意：一是评判依据完全出自程朱一路。二是郝经把评判对象中承上启下的中心人物韩愈单独抽离了出来，不仅不做与对其他人相同的批评，反而称赞他"以五性、七情并义理、气质合而为言，则过夫荀、扬远矣"。（卷一七《论八首·性》）二程、张载最早做出了义理之性与气质之性的区分，后来朱熹屡赞他们的这种说法大有功于圣学，遂继承其说并加以改造。① 郝经认定韩愈论性区分义理与气质，其说出自朱熹："退

① 陈来：《朱子哲学研究》，华东师范大学出版社，2000年，第203—208页。

之见得到处，却甚峻绝。性分三品，正是说气质之性。至程门说破‘气’字，方有去着。”（《朱子语类》卷九六）在朱熹看来，韩愈虽然没能明确提出气质之性，但他以三品论性已经有了区分义理与气质的初步意识。朱熹的观点有其一贯之处。他以“兼气质而言者也”（《论语集注》卷九）解释了孔子的“性相近也，习相远也”“唯上知与下愚不移”（《论语·阳货》），而韩愈的性三品说的远源正是孔子之说，因此，肯定韩愈的说法也是势所必然。但是，朱熹的观点更有其无法说通之处。韩愈以三品论性，并无区分义理与气质的自觉意识。他只是认为孟子、荀子、扬雄的性论只涉及中品而忽略了上下二品，因而加以完善罢了。后人对他的肯定，如前引苏轼所言，正是着眼于此，这一评判远比朱说通达。郝经依据朱说，以性分义理与气质而不以性分三品肯定韩愈的人性论，可谓盲从。至于他批评韩愈的说法“谓性与情之品三，则太拘而有未尽焉者。盖自其同者而言，则万殊一本，自其异者而言，则一本万殊，非三品所能限也”（卷一七《论八首·性》）。依据的依然是朱熹的说法：“退之说性，只将仁义礼智来说，便是识见高处。如论三品亦是。但以某观，人之性岂独三品，须有百千万品。”（《朱子语类》卷一三七）

“谓论性之差自孟子始”云云，针对的则是苏轼的人性之说。苏轼在《子思论》中，把儒家对人性理论的纷争归咎于孟子固执“性善”之名：

> 且夫夫子未尝言性也，盖亦尝言之矣，而未有必然之论也。孟子之所谓性善者，皆出于其师子思之书。子思之书，皆圣人之微言笃论。孟子得之而不善用之，能言其道而不知其所以为言之名，举天下之大，而必之以性善之论，昭昭乎自以为的于天下，使天下之过者，莫不欲援弓而射之。故夫二子之为异论者，皆孟子之过也。（《东坡应诏集》卷八）

姑且不论孔子、子思、孟子之说的异同，单就“必之以性善之论”而言，苏轼实在是冤枉了孟子。“性善”一词在《孟子》中仅出现过四次，与孟子有关的三次，都是他人称孟子的观点为“性善”，而孟子本人从不这样表述。[①] 至于“性善”的表述引起“二子”即荀子、扬雄的刻意另立新说，更是无法成立。这些的确是苏轼人性论中明显失误的地方，但只是其枝叶而非根本。郝经以此批评苏轼虽然无误，但没有抓住苏轼与程朱双方的根本差异。实际上，“不辨夫理性与夫气质之别”的批评对苏轼不适用。尽管苏轼没有提过气质之性的说法，但他说的“才”实与气质之性相通。[②] 至于苏轼继承孟子的即情论性，与程朱以体用思想整合孟荀诸儒之说，两者的理论效力当如何评判，郝经更是没有涉及。

综观郝经对人性问题的讨论，他继承了程朱之说，以义理之性与气质之性有别作为标准，对诸儒的人性理论进行了评判。欧、苏、司马等周、程一路之外的北宋儒者，他们在人性问题上的理论建构虽然没有被忽视，但仍然受到了颇为独断的批评，其历史贡献被评定为仅能排抵异端。鉴于郝经之学以性理为本，我们可以得出其学主要出自程朱一路而不取北宋其余诸家的结论。

三　从《图说》看郝经与朱熹之学的关系兼及郝氏家学问题

《陵川文集》中有许多郝经对家学渊源的记述，其六世祖受学于程颢，一再传至东轩老人郝震，又一再传而及于其身。一些学者依据这类资料，强调郝经之学首先得自家传，并且其家学在流传过程中发生了变异，已不

① 葛瑞汉（A. C. Graham）最早注意到这个现象，他指出，中国早期人性理论有一个普遍的特征，即除了在哲学家之间的争论中或用惯用语总结哲学家的学说时，几乎不做“性善”或“性恶”这样的直接表述（《孟子人性理论的背景》，江文思、安乐哲主编：《孟子心性之学》，社科文献出版社，2005 年，第 73 页）。

② 参见拙著《儒家性命思想视野中的文道关系诸问题》，北京师范大学出版社，2013 年，第 129—139 页。

完全同于程学。因此，当赵复北上传播程朱之学时，郝经虽执弟子礼，但在观点上却与之颇为不合。尤其值得注意的是，郝经极少称扬朱熹，偶尔提及也只是出于对赵复的尊敬。①

在郝经的记述中，《铁佛寺读书堂记》中的一段话非常耐人寻味，郝经的父亲送少年郝经入寺读书，"以《太极》、《先天》二图，《通书》、《西铭》二书付畀，且指授其义曰：'此尔曾叔父东轩老得诸程氏之门者，尔其勉之'"（卷二六）。从字面上看，郝父所言正说明郝氏家学出自程门。然而细思其说，却会发现疑窦丛生。《太极图》《通书》出自周敦颐，《先天图》出自邵雍，《西铭》出自张载，将它们组合在一起作为理学经典的，是朱熹而绝非二程。虽然程颐对《西铭》赞赏备至，但他的易学偏于义理一路，直至朱熹吸收了先天象数之学，才建构出一套融合义理与象数的易学体系。至于《太极图》与《通书》，情况更为复杂。最早在潘兴嗣为周敦颐所作的墓志铭中，并无师承与传授的记载。后来朱震说周敦颐的《太极图》源于陈抟而传与二程，而胡宏则认为启二程以不传之学的是《通书》而非《太极图》。直至朱熹出，才力主周敦颐自作《太极图》与《通书》并传与二程，人为地为濂洛之间建立了授受关系。②

由上述可知，郝经对家学渊源的叙述，依据的其实是朱熹对理学传承统序的建构。它在字面上告诉我们郝氏之学得自二程，在实际上则表明，郝经深受朱熹的影响自己却不承认。沿着这条线索深入考察，我们会发现郝经对《太极图》与《先天图》所做的解说与朱熹之学有着极为紧密的联系，详论如下：

（一）

对于《太极图》，周敦颐本自有《说》。后来朱熹为之作《说解》，用自

① 查洪德：《郝经的学术与文艺》，《文学遗产》1997年第6期，第55—57页。

② 邓广铭：《关于周敦颐的师承与传授》，《邓广铭治史丛稿》，北京大学出版社，1997年，第193—213页。

己的理气之说进行了阐释，其核心内容围绕着《太极图说》的首句“无极而太极”展开。朱熹指出，不言无极则太极同于一物，不足为万化根本；不言太极则无极沦于空寂，不能为万化根本。对于自己的解释，朱熹极为自负，认为是得了千圣不传之秘。再后来，郝经又以《太极图说》为题对周说进行了解释。我们细细比较郝经《太极图说》与朱熹《太极图说解》的异同，会发现郝经的解说与朱熹的大体一致，少数不同的地方，竟然多是根据朱熹与陆九渊的太极无极之辩有意做出的调整。

朱、陆之辩头绪颇繁，朱熹于第一封答书分为七条进行回应，第二书更是分为十四条。以今天的眼光，去掉意气之争、无谓之论，合并相关内容，陆九渊对朱熹的质疑为可以归纳为“不说”“不必说”与“不可说”。所谓“不说”，是指《通书》、二程不说无极，陆九渊由此认定《太极图说》是伪作或少作。所谓“不必说”，是指前圣未曾说无极，后学并没有因此而错认太极为一物；何况《大传》已经明言一阴一阳为形而上，因此没必要再用无极的说法强调太极为形而上。所谓“不可说”分为三点：一是极当训为中，不可说无中，故不可说无极。二是极不可训为形，故太极无形不可表述为无极。三是说无乃落入老子语脉，故不可说无极。在“不说”“不必说”与“不可说”之中，“不可说”引发了郝经的一系列回应。

关于“不可说”的第一点，双方的争论集中在“极”的训诂上。针对朱熹的说法，陆九渊指出极当训为中，无极即无中，无中的说法在儒学上不能成立，因此无极的说法也不能成立。面对陆九渊的质疑，朱熹在第一封答书中重点阐发了极当训为至极而非中。他指出，太极之得名是因为此理乃究竟至极，举天下之至极，亦无以加此，故名之曰太极。至于先儒有训极为中的，是因为事物之极常在事物之中；而太极即此理固在事物之中，但其得名却是因为至极而非中。朱熹这样解释，其实是用自己的至极收纳了陆九渊的中。对此，陆九渊一方面吸取了朱熹的说法，指出极、中、至三者都可以指称此理；另一方面又引《诗经·周颂·思文》“立我烝民，莫匪尔极”为证，强调极之得名是因为中，试图反过来用自己的中收纳朱熹的至极。于是，朱熹在第二封答书中重点驳斥了陆的引证，指出"莫匪尔极"的极不是指"民受天地之中以生"（《左传·成公十三年》）的中；并重申己意，强调太极固然不偏不倚，但其得名则来自至极而兼有标准之意。综观朱、陆关于极的争论，当以朱说为长。既然极是指此理的至极而中是指此理的不偏，那么太极之称自然是从至极一路而来。后来郝经在《太极图说》中把极解释为极尽无余，与朱、陆之说都不一样；但他在《皇极道院记》中把极解释为"为之主而制之者"（卷二五），更接近朱熹所说的标准之意。

关于"不可说"的第二点，双方的争论集中在"无极而太极"的语法上。陆九渊强调，即便无极的说法如同朱熹的解释是为了形容太极的无形状无方所而采用的，无形也不能表述为无极，因为极不能训为形。进一步说，朱熹对无极而太极的解释，把前面无极之极解为形，把后面太极之极解为至极，一句两解，殊为不通。朱熹在第一封答书中回避了这个对自己极为不利的问题，陆九渊紧逼不放，朱熹遂在第二封答书做出了回应："'无极而太极'，犹曰：'莫之为而为，莫之致而至。'又如曰：'无为之为。'皆语势之当然……其意则固若曰：'非如皇极、民极、屋极之有方所、形象，而但有此理之至极耳。'"（《晦庵文集》卷三六《答陆子静》）从朱熹的解释看，他意识到了陆说的合理性，试图沿着对方的思路把自己的观点说通。他用"莫之为而为，莫之致而至""无为之为"做类比，力证"无极而太极"在语法上没有错误。但我们注意到，无论是"莫之为而为""莫之致而至"，还是"无为之为"，前面的"为"或"致"与后面的"为"或"至"，意思不变或相互呼应；而朱熹对"无极而太极"的解释，前后两个"极"依然一个为形象，一个为至极。因此，朱熹的解释不能成立。有鉴于此，后来郝经把极解释为极尽无余，把无极而太极解释为莫能极尽而莫不极尽，保持前后两个极的意思一致，比较好地解决了"无极而太极"的语法问题。

关于"不可说"的第三点，双方的争论集中在《太极图》是否源自陈抟，无极之说是否体现了道家宗旨。陆九渊认为潘兴嗣关于周敦颐之学无授受的说法不足信，而朱震的说法必有所据，陈抟之学乃老子之学，无极二字正出于《老子·知其雄》，无极而太极之说体现了道家宗旨。对此，朱熹坚持《太极图》乃周敦颐自创，而《老子·知其雄》所说的无极是无穷的意思，与周敦颐所说的无极不过是字面偶同罢了，含义实不相同。后来，郝经对朱、陆的争论做了折中。他一方面肯定陆九渊所说的《太极图》源于陈抟①，而陈抟初为老子之学，故以无极冠于太极之上；另一方面又肯定朱熹的观点，认为周敦颐所说的无极与老子所说的含义不同："作图之义，本于《易》不本于《老子》。……虽非《六经》所有，假以明道，故谓之'无极而太极'。非太极之外，复有无极也。"（卷一六《太极图说》）按照郝经的说法，《太极图》源于陈抟，以无极冠于太极之上，的确体现了道家宗旨；但传授到周敦颐时发生了根本性的变化，周借用道家的《太极图》阐发儒家易学，他所说的无极，与老子、陈抟所说的已经完全不同。郝经对朱、陆观点的折中，是以朱学为基点的。周学虽被溯源于陈抟，但更强调其间的裂变。

（二）

在朱熹以易学为架构的理论体系中，太极学偏重义理，而先天学则偏重象数。他认为程颐的"《易传》义理精，字数足，无一毫欠阙。……只是于本义不相合"（《朱子语类》卷六七）。朱熹对"本义"的强调，着眼点有二：一是指《易》本为卜筮之书，若脱离象数而言义理，则支离散漫无所归依。二是指易学有先天与后天的区别，即《河图》《洛书》是天地自然之易；伏羲之易不曾用心思智虑，为先天之学；文王之易就已成之卦加以推演而别自为说，落入后天之学；孔子因文王之易而作《彖传》，以卦变说成卦之由，非易之本旨，只是孔子之学。因此，朱熹给自己易学的定位便是，为发展至程颐《易传》业已完备的义理学奠定象数学基础，向上直探根源，

① 但在《周子祠堂碑》中，郝经又径直采用朱熹的说法，认为周敦颐学无师承："其学不知其所自……创为《太极》一图。"（卷三四）

揭出易之本义。① 为此，他先是撰出《周易本义》，后来自觉不满，又作《易学启蒙》加以修正。在《易学启蒙》的《本图书》篇中，朱熹就世传的《河图》《洛书》，深入发掘了其中所蕴涵的自然易理；在《原卦画》篇中，他运用邵雍的“一分为二”法，对伏羲之易进行了详细解说，并对从伏羲之易到文王之易的卦位变化进行了论证。对自己的《易学启蒙》一书，朱熹非常满意，据《朱子语类》卷十四记载，他曾“说《大学》、《启蒙》毕，因言：‘某一生只看得这两件文字透，见得前贤所未到处’”。而后来郝经作《周易外传》，却对朱熹的作为视而不见，只说经过周、邵、程颐等人的推演，“易道几明”（卷二九《周易外传序》）。《周易外传》今已失传，但细考郝经的《先天图说》，其立论针对的正是朱说。

针对朱熹对《河图》《洛书》的论述，郝经指出《易传》虽有“河出《图》，洛出《书》，圣人则之”的说法，但语焉不详，世传的“点志”（图 1、图 2）系后出，从中无法推演出八卦。

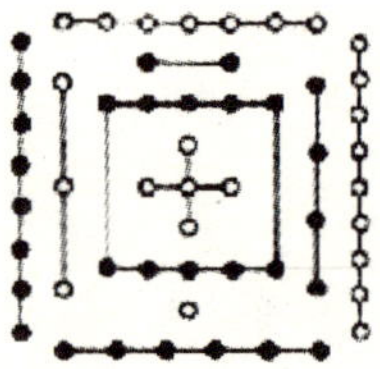

图 1 《河图》

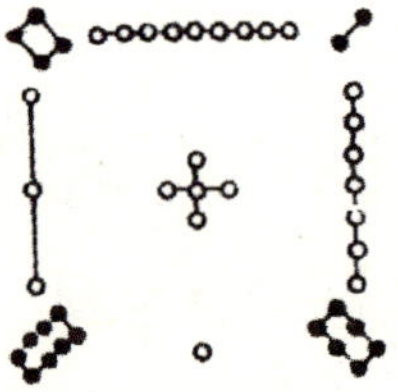

图 2 《洛书》

依据《易传》所载的“天一，地二，天三，地四，天五，地六，天七，地八，天九，地十”、“天数五，地数五，五位相得，而各有合。天数二十有五，地数三十，凡天地之数五十有五，此所以成变化而行鬼神也”，郝经参考《太极图》创制出一幅新的《河图》（图 3）：

① 参见余敦康：《朱熹〈周易本义〉卷首九图与〈易学启蒙〉解读》，《中国哲学史》2001 年第 4 期，第 5—6 页。

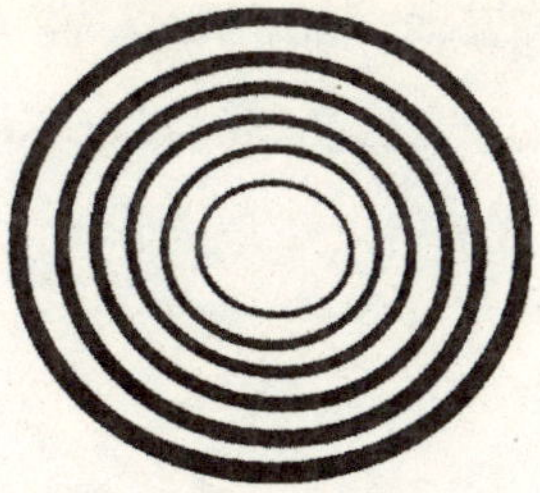

图3　郝经所制《河图》

最中间的空心圈为太极，乃天地之中。太极之外加一层空心圈，为奇为阳，乃天一；再加一层实心圈，为偶为阴，乃地二；以此类推，直至天九、地十。对于其中蕴涵的易理，郝经做了如下论证：

内则参天两地而为五，外则参地两天而为十。于是一、三、五之间而有二、四，以奇兼偶，天中有地，而阳根阴；六、八、十之间而有七、九，以偶兼奇，地中有天，而阴根阳。参天两地则阴从阳，参地两天则阳从阴。于是参伍错综，互相依附……阳变阴化，天推地荡，开阖聚散，摆拉旋转，人与万物莫不各具一天地，以本太极。三才兼两，卦画自成，不假作为，而莫非自然。故一、三、五之三天而自为乾，二、四、六之三地而自为坤，一天依二地而自为震，一地依二天而自为巽，二天间一地而自为离，二地间一天而自为坎，二天依一地而自为兑，二地依一天而自为艮。（卷十六《先天图说》）

把他的解说与朱熹的加以对比：

《河图》之虚五与十者，太极也。奇数二十偶数二十者，两仪也。以一、二、三、四为六、七、八、九者，四象也。析四方之合以为乾、坤、离、坎，补四隅之空以为兑、震、巽、艮者，八卦也。……《洛书》而虚其中五，则亦太极也。奇偶各居二十，则亦两仪也。一、二、三、四而含九、八、七、六，纵横十五而互为七八、九六，则亦四象也。四方之正以为乾、坤、离、坎，四隅之偏以为兑、震、巽、艮，则亦八卦也。……其时虽有先后，数虽有多寡，然其为理则一而已。（《易学启蒙·本图书》）

笔者对象数之学所知甚浅，但认为两人的解释皆可自圆其说，朱熹从《河图》《洛书》中推演出了八卦，郝经的指责不能成立。而针对朱熹用六横图（太繁，不录，详见《易学启蒙·原卦画》）对伏羲六十四卦成卦之理进行解释，郝经则创制了六圆图：

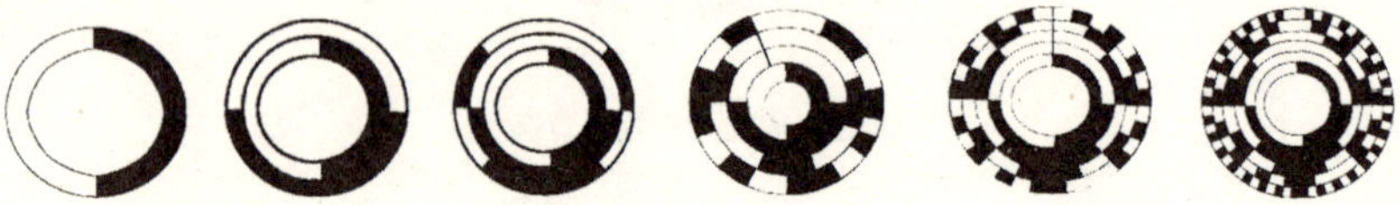

图4 郝经所制六圆图

从左至右，依次为一分为二、二分为四……直至生成六十四卦。另外，郝经似乎不强调先天学与后天学的区别，只是他的《周易外传》与《太极演》都已失传，后人无法一探究竟了。

通观郝经对《先天图》的解说，皆针对朱熹之说而发。他借鉴周敦颐《太极图》的构形，创制出新的《河图》与六圆图，比朱熹的制图更为整一，颇有创意。他无视朱熹的贡献，大概是自信已经超越了朱熹的易学，尤其是先天学。但在笔者看来，郝经对图中所蕴义理的解说，大都是承朱说而来，并无大的区别。总的说来，郝经对朱熹易学的继承与改进，沿袭多而创见少。他虽努力突破朱学的笼罩，但着眼处大都局限于枝节，学理价值有限。

小 结

通过前面的论述，我们清楚地看到郝经之学以性理而非所谓“实学”为基本取向，绍述程朱，而非泛取诸家。虽然立论大都依据朱学，但郝经刻意抹去这层关系，把自己的学术渊源通过家学叙述向上承接于二程。他这么做，与其“国朝”意识有关。在他眼中，北宋的继承者不是南宋而是金元。金元不仅是军事上的胜利者，更传承了华夏文化。因此，无视南宋而把政统、文统等承接于北宋，以强调金元的正统地位，是他的一贯做法。[①] 相对于政治、文学，金元在道学上的成就更为不足，郝经别无渊源，只能通过家学叙述隐隐以道统正传自居。另外，作为儒学的一支，道学从开创之始便有高自标榜、排斥异己的恶劣作风，屡屡授人以柄，贻祸士林。正是有鉴于此，郝经曾痛言其非：

> 及其徒欲神其说，分宗别派，谓之伊川之学、康节之学、伊洛之学，引而自高，揭然以道学为名，谓一世之人皆不知道，又谓汉唐诸儒皆不知道，直以为仲尼、孟轲复出。论说蜂起，党与交攻，投窜贬斥，竟成宣、政之乱。秦、韩当国，遂谓之伪学，又谓之奸学，衣冠之祸，古所未有，皆标置立名之激之也！……岂伊洛诸先生之罪哉？伪妄小人私立名字之罪也。……今其书自江汉至中国，学者往往以道学自名，异日祸天下，必有甚于宋氏者。（卷二三《与北平王子正先生论道学书》）

书中不提与朱熹及其弟子密切相关的庆元党祸，或许是因为江汉先生赵复北上之后，道学大盛，一时人等颇以朱门后学自居，党同伐异，气焰甚高，故而不便直言。然而，郝经的用意也正在于此。他不承认自己学自朱熹，正是不愿与那些"伪妄小人"为伍。最后，卓然自立是每一位有追求的学者向往的境地，郝经也不应该例外。他不承认学自朱熹，是自信突破朱学的表现。只不过以笔者目前对两人学术的理解，只能尊敬郝经的追求，而远远无法认为他已经成功。

---

① 樊文礼：《略论郝经对儒家"用夏变夷"思想的发展》，《孔子研究》2006 年第 1 期，第 91—98 页。钱志熙：《试论郝经文学创作的渊源与造诣》，《求是学刊》2007 年第 4 期，第 102—105 页。

诠释学循环的反转[①]

——戴震"由字以通其辞"的解读

李畅然[②]

[**摘要**]　传统上将戴震《与是仲明论学书》的"由字以通其辞"理解为从部分到整体的归纳过程，其实从哲学诠释学"前理解"的观念以及索绪尔语言学"语言·言语"的范畴看，却反传为凭借抽象的字对具体文本加以解码的演绎过程。"字"代表着读者理解文本的技能暨知识准备，代表着前理解。专业的训诂考据只是前理解之常识冰山中露出水面的那一角。命题、句子可以还原为概念、语词与其上下文（语境）之和。"语言·言语"的范畴中占第一性的是言语，因此概念和命题中也是命题占第一性。统一性暨差异性的建构总是根据人的处境需要来实时调整，因而尽管训诂考据的材料依共时性强弱而分层，但阅读本身并不存在固定不变的焦点。

[**关键词**]　诠释学的循环　前理解　语言　言语　概念　命题　上下文　戴震　汉学　宋学

同汉儒和宋儒解经方法论的零散和不清晰相比，清儒戴震的解经方法无疑是鲜明、系统而凝练的。戴震于乾隆十四或十五年[③]二十七

---

① 本文是2011年度国家社科基金年度项目"《孟子》与清代学术研究"（项目批准号11CZX035）的阶段性成果。

② 李畅然，北京大学儒藏编纂与研究中心副研究员，主要从事中国古代学术史和诠释学的研究。

③ 我们不取乾隆十八和二十二年之说，详钱穆《中国近三百年学术史》，商务印书馆，1997年，第344页。

八岁所作之《与是仲明论学书》(简称《论学书》)最早提出且完善阐发了“由字以通其辞，由辞以通其道”的口号，是戴震终生乃至整个乾嘉考据学的解经方法论纲领，自清至今持续引发学界广泛的兴趣。而且《论学书》完全有资格作为放之四海而皆准的一般诠释学理论，本文借助哲学诠释学和现代语言学对戴震《论学书》“由字以通其辞”的口号重加解读，以期减少今日“后续的汉宋之争”中无谓的争论。“由字以通其辞”主要是凭借抽象的字对具体文本加以解码的演绎过程，而非传统上所理解的从部分到整体的归纳，字实际上代表着读者理解文本的技能暨知识准备，代表着前理解。

先将《论学书》的主体节引如下，分为四段，标着重号的文字将重点讨论：

> Ⅰ.经之至者道也，所以明道者其词也，所以成词者字也。由字以通其词，由词以通其道，必有渐。
>
> Ⅱ.求所谓字，考诸篆书，得许氏《说文解字》……又疑许氏于故训未能尽，从友人假《十三经注疏》读之，则知一字之义，当贯群经、本六书，然后为定。
>
> Ⅲ.至若经之难明，尚有若干事：诵《尧典》数行……不知恒星七政所以运行，则掩卷不能卒业；①诵《周南》《召南》……不知古音，……则龃龉失读……凡经之难明右若干事，儒者不宜忽置不讲。……然后知圣人之道如县绳树槷，毫厘不可有差。
>
> Ⅳ.仆闻事于经学盖有三难：淹博难，识断难，精审难。……前人之博闻强识如郑渔仲、杨用修诸君子……淹博有之，精审未也；别有略是而谓大道可以径至者，如宋之陆，明之陈、王，废讲习讨论之学，假所谓“尊德性”以美其名，然舍夫道问学，则恶可命之尊德性乎？未得为中正可知。(《戴震全书》第六册，黄山书社，1995 年，第 370—

① 《论学书》初稿另有一大段论天文，见王昶编《湖海文传》卷四四，第 13—15 页，道光十七年经训堂刻本；参蔡锦芳《戴震生平与作品考论》，广西师范大学出版社，2006 年，第 247 页。

372 页)

首段字·词·道的架构中,“词”指经书的句子和篇章,初稿作“辞”[①],更符合社会习惯,故本文凡再次引用戴文及申说时一律改用“辞”[②]。现代语言学在言语活动中区分出“语言”和“言语”两个范畴[③],“语言”(langue)是后台起支配作用的词汇和语法,相当于文本诠释中的“文字”、《论学书》所谓“字”(汉语语法问题不突出);“言语”(parole)则是前台实际说出来的话语,也即词汇遵照语义和语法的线性组合——句子和语篇,相当于文本诠释中的“文本”和《论学书》所谓“辞”。“辞”在现代语言学称“言语”,戴震在《古经解钩沉序》里则申说为“语言”[④],这是训诂学上的“对言有别,散言无别”。

在文本诠释的论域下,现代语言学关于文字和语词(语言)的区别可以忽略。[⑤] 尽管戴震能区分出二者,但假如把《论学书》的“字”“辞”解读为文字和语词(语言)之别,则《论学书》“所以成辞者字也”的命题无法成立。

一　诠释学循环的反转

我们首先看第Ⅳ段。《论学书》鲜明地提出“舍夫道问学则恶可命之尊德性”,强调了道问学的重要性,后人对此大做文章(如钱穆《中国近三

---

① 见王昶编《湖海文传》卷四四,第13—15页,道光十七年经训堂刻本。

② 戴震后来避“辞”用“词”,盖因今本《说文》训辞为讼。段玉裁《说文解字注》依《广韵》订讼为说,上海古籍出版社,1988年,第742页。单从语义和造字上考虑,训讼训说不存在根本性矛盾,或本义为讼而引申为说,或造字时以具体形象(讼)代表抽象的说罢了。

③ 详索绪尔《普通语言学教程》(简称《教程》),高名凯译,商务印书馆,1985年,第32—37、40—42页。

④ 《尔雅注疏笺补序》和《与段若膺论理书》则径称“语言”。

⑤ 所以这并不表明笔者必然赞同汉语的“字本位”说。其实文字同语言有一个重大区别,语言完全居于言语活动中的后台,人们实际听到的只有言语的基本连续的语音流;文字直接对应于言语活动中的语言部分,从而大致使语言前台化和离散化了。参《教程》,第37页(4)。

百年学术史》,第 346—347 页),不过同段明明先强调了另一面——仅有道问学和淹博同样“未得为中正”。尽管不轻视材料(淹博),然而得出结论(识断),特别是得出终结性的定论(精审)才是戴学的终极追求。至于识断和尊德性之异同分合,一方面似可暗示戴学突出的智识主义(本文不展开),一方面则属于修辞上的互文见义,大体可以通约,因为解经是从文本认知出发,以道德为标的。至少《法象论·原善》在论博约关系时仍讲存心:“君子之于问学也,如生;存其心,湛然合天地之心,如息。”(《全书》六 477、344、8)

“诠释学循环”的古典原理表明,阅读活动既需要逐一理解文本的每个组成部分以达成对该文本整体的理解,同时这种整体性理解又会反过来促进对该文本每一部分的理解。《论学书》第 I 段“由字以通其辞,由辞以通其道”一般理解为由字到句子、由句子到篇章,纯属归纳;不过正如钱锺书先生所指,在经学领域,戴震也有从整体到部分、以简驭繁的演绎法,只是“分见两边”,未能“通观一体”,如乾隆十八年《毛诗补传序》谓:“《诗》之词不可知矣,得其志则可以通乎其词;作《诗》者之志愈不可知矣,断以‘思无邪’之一言则可以通乎其志。”(《全书》一 125)[1]早一年的《屈原赋注》之所以推屈赋“盖经之亚”,是因为其心、其学及立言指要皆“至纯”;并批评旧有的研究者一方面“碎义逃难,未能考识精核”,另一方面又“**弥失其所以著书之指**”(《全书》三 611)。

戴震在清代考据学者中非常讲求以简驭繁。他对段玉裁说:“学贵精不贵博,吾之学不务博也。”又说:“知得十件而都不到地,不如知得一件却到地也。”(段玉裁:《戴东原先生年谱》,《全书》六 714)[2]戴震于地理学讲究以主脉统支脉,“令众山如一山,群川如一川”,其终极著作《水地记》更

① 钱锺书:《管锥编》,中华书局,1986 年,第 1 册,第 172 页。

② 以下简称段《谱》,且只注页码。余英时:《论戴震与章学诚》,三联书店,2000 年,第 194 页暨注①认为戴震著名的“十分之见”说承朱子之教。《朱子语类》卷一五:“致知格物,十事格得九事通透,一事未通透,不妨;一事只格得九分,一分不透,最不可。凡事不可着个‘且’字,‘且’字其病甚多。”

将“合天下之山为一山，合天下之川为一川”（段《谱》702）。戴震一生甚喜自作经典。年仅二十五即欲以等韵学自造一部经，以与汉代《尔雅》《方言》《释名》并列，名曰《转语》，原因在于无论古今语音差别有多大，总受限于人的发声器官，通过不变的来观察变化的，自可以简驭繁——“人之语言万变，而声气之微有自然之节限。是故六书依声托事，假借相禅，其用至博，操之至约也。”（《全书》六304）[①]此外尚有《句股割圆记》三篇、《原善》三篇、《释天》四篇、《法象论》一篇（段《谱》708）以及《深衣解》一卷（《段谱订》710）等，均力图用很小的篇幅清晰勾勒出某一学科或课题的基本内容；戴震《声韵考》四卷之所以影响极深远，是因为创造性地囊括了传统音韵学的主要内容——等韵学、广韵学和古音学（《全书》三279）；文集有《春秋改元即位考》三篇，戴震本欲作“此种文字数十篇”（段《谱》715），显然也是在为相关的经样文字作准备。戴震最重要的自作经典总称“七经小记”，涉及历算、地理、礼制、小学、义理五大学科，末一种即为《原善》（段《谱》702—705）。戴震在义理上自《原善》三章起也是借《孟子》“天之生物也，使之一本，而夷子二本”（《滕文公上》）标榜自己是“一本”之学，斥其他学说皆为“二本”。[②] 戴震之所以终生重视文字小学，正因为文字可以统摄所有的文本、典籍；而进一步说，文字的字形又可由六书来统摄，字音的古今流变则可通过发音生理学来贯穿。如乾隆十年《六书论序》说：“载籍极博，统之不外文字；文字虽广，统之不越六书。”（《全书》六295）[③]

而且戴震有很高的理论素养，他追求的以简驭繁并非独断论的“约”，

---

① 参戴震《书广韵韵目后一》：“音之流变有古今，而声类大限无古今。”（《全书》六298）

② 宋儒同样标榜自家学术是“一本”，斥其异端为“二本”，详拙著《清代〈孟子〉学史大纲》附录二《〈孟子〉“一本”“二本”的说法在宋代理学话语中的用法辨析》，北京大学出版社，2011年，第462—473页。

③ 甚至在六书内部，戴震又进一步区分出象形、指事为根本，形声、会意次之，假借、转注则纯属文字之应用，从而形成四体二用，见《答江慎修先生论小学书》（《全书》六295）。戴震在古音学上的主要贡献也在于利用发音生理学来审音，特别是确立阴阳入相配，考古功力不算深，详孙钦善《中国古文献学史》，中华书局，1994年，第972页。

不是有所妙悟即志得意满，而要能真正贯穿、支配全部现象，与现象密合无间，即从“识断”上升到“精审”。因此乾隆二十年《与姚孝廉姬传书》论述“十分之见”，是“必征之古而靡不条贯，合诸道而不留余议，巨细毕究，本末兼察”，否则新立之说“徒增一惑”（《全书》六 372）；二十五年《与任孝廉幼植书》提出治学只有到了“贯本末、彻精粗”方可创论（《全书》六 369）。尽管《毛诗补传序》开篇即断定三百篇皆“思无邪”，随后却大篇幅感叹“说之难一”：“一诗而以为君臣朋友之词者，又或以为夫妇男女之词；以为刺讥之词者，又或以为称美之词；以为他人代为词者，又或以为己自为词。”（《全书》一 125）其关于训诂的论述尤具“诠释学循环”的意味，如三十七年《尔雅注疏笺补序》提出的“援《尔雅》附经而经明，证《尔雅》以经而《尔雅》明”（《全书》六 276），前者是由整体演绎到部分，后者是由部分归纳为整体。① 可见戴震的识字并非只是机械、被动地翻查字典，也要通过文例来检验甚至修正、补充字典既有的总结，演绎与归纳并重，即戴震对段玉裁总结其学时所言“以经考字，以字考经”②。

必须指出和强调的是，上揭戴震治学中表现出的循环意识是语言学、考据学本位的，而研究语言文字、名物典章时的“整体”“部分”概念同研究特定经书文本时的概念是反转的。现代语言学指出，只要是说出来的话也即“言语”都有个人化倾向，语言学正是要从千差万别的言语事实中归纳出共性的“语言”来。与宋学家和古典诠释学的错觉正相反，语言（文字）相对于话语（文本）而言，是抽象的一般而非具体的个别，否则无法解释先秦的汉语可以服务于争鸣的各家各派，而非专属于儒家的五经四书，也无法解释为什么人们都嫌字典枯燥而喜欢读书读报。王弼《略例》在讨论《系辞》言、象、意的同时却将相对应的书、辞、言问题忽略不计，这类似于《孟子》“以文害辞，以辞害意”总是后者吸引眼球。人们总

① 《尔雅文字考序》也提出“援《尔雅》以释《诗》《书》，据《诗》《书》以证《尔雅》”（《全书》六第 503 页）。此文性质、年代辨详后。

② 陈奂跋，载段玉裁《说文解字注》，第 789 页。戴震对字书韵书的怀疑参二十八年《论韵书中字义答秦尚书蕙田》，《全书》三第 336 页。

是觉得对语言文字枯燥乏味，对意志可自由控制的、具体的言语则兴味盎然。只有特定的若干语汇组合成句子、语篇，特定的若干文字连缀成文本，意义才会明确和具体起来。阅读的目的当然不同于语言学研究之专注于共性，而是关注特定本文，尤其是其特定的所指，狭义上指语义，广义上还包括其所反映的作者用意；但任何文本都是个性与共性的综合体①，古典"诠释学循环"中以文字为代表的"部分"从语言学的角度看恰恰属于共相性的"语言"，而文本"整体"则属于殊相性的"言语"，传达出特定的语义和用意。

因此，《论学书》第Ⅰ段一般解读为归纳过程的"由字以通其辞"在讲究"载籍极博，统之不外文字"的戴震看来，恰恰是以简驭繁的"演绎"过程，否则何以全文踌躇满志？戴震乾隆十一年《考工记图后序》于结语更流露出十足的自信："执吾图以考之群经暨古人遗器，其必有合焉尔。"（《全书》五 462）该书成果在戴震有生之年即有为出土器物证实者。② 戴震的自信并非源自事实，而是源自有预见力的普遍性。

反之，假如"由字以通其辞"是归纳的话，那么，将"去年我书桌上放过一盆花"中的"书桌""花""盆""放"同"我""上""过"以及"一""去年"九个词归纳出来，其结果之抽象恐怕连哲学家和理论物理学家都未必感兴趣。一句话具体的意义是其各个（意义模糊的）组成部分共同拼接、搭建而成的，也即狭义的"语境"（context）。

与由字词到句子以演绎为主有所不同，由句子到语篇归纳性的比重更大。不过理解语篇总要以对其结构的认定为前提，这既包括是先总后分还是完全铺叙，分几个主题，篇章结构（对分叙结构的语篇，归纳才占突出地位）等，也包括更基本的断句功夫——把一个个句子辨识出来。"由字以通其辞"在《沈学子文集序》叫"离辞"（《全书》六 393），意即对文辞

① 类似地，《教程》指出："在句段的领域内，作为集体习惯标志的语言事实和决定于个人自由的言语事实之间并没有截然的分界……在这组合的产生中，两方面的因素都曾起过作用，而且它们的比例是无法确定的。"第 174 页。

② 段《谱》715 页，详蔡锦芳《戴震生平与作品考论》，第 284—286 页。

予以解码，离析出内部的结构——篇章和句子。① 解码在句子层面和语篇层面都具前提性，就像反过来，归纳总要以一定的分类标准为前提一样，这最深刻地体现出"由字以通其辞"的演绎性质。

事实上，除语言文字学外，考据学的其他学科——名物典制、天文历算也都偏重具有一定抽象性普遍性的对象，像典章制度明显是当时的游戏规则，地理则兼涉社会和自然两类规则（以前者为重）。即便研究具体的历史事件，在因果律和"所见异辞，所闻异辞，所传闻异辞"（《公羊传》隐公元年）的作用下，其研究成果也具有广泛的意义暨后果，何况《论学书》恰恰规避了这类有争议的知识。尽管各考据学科的历史性有强（如历史地理）有弱（如自然地理），至少在文本产生的年代，它们均足以作为演绎的依据；反之，即便是物理规律，后爱因斯坦的学者已不期待它在其他宇宙会是一样的。

语言学、考据学的这一视角恰恰跟哲学诠释学异曲同工。后者指出，在展开从"部分"到整体的阅读之前，读者已然对包括经书在内之世界抱有"整体"性把握。读者关于语言以及天文地理、名物典制等的知识和技能，恰恰属于整体性的前理解。换言之，尽管特定的文本自有其部分和整体，但特定文本之整体相对于一般性整体也即无限能产的语言，或者说所有潜在可能的文本而言，仍然只是一个特例，仍具有特殊和部分的性质。于是乎，对特定文本的逐字解读从文本（所指）的本位看是归纳的，从文字的本位看却是演绎的过程。这种部分与整体关系之反转，证明"诠释学循环"的精髓并不在于何为整体何为部分，而在于循环本身，在于各个实存的要素间反复互诠。② 因此，考虑到《论学书》第Ⅱ段的"贯群经"，则第Ⅰ段的"由字以通其辞"应该理解为从更大范围的文本到字的归纳过程和在

① 《礼记·学记》"离经"郑注："断句绝也。"这里之所以不提句子以下的结构——字词，是因为文本相对于言语的语音流已然通过文字离散开了。关于解码，似可参《教程》关于 langage articulé 的论述，第 31、158 页。

② 《真理与方法》从不纠缠于循环始于部分还是整体，应该是出于这种考虑；在伽达默尔看来，"整体"从来不是给定的实存。

此基础上从字到特定文本的演绎过程，这样的解读才真正深刻、准确地揭示了诠释过程。①

不过《论学书》第Ⅱ段提出“一字之义当贯群经、本六书”，其立意并不属于循环范畴，因为“本六书”并非从字典字义演绎回群经，而是从六书直接推求字义，属于更高一层的演绎。戴震既然认为“载籍统之不外文字，文字统之不越六书”，那么翻用前引“十分之见”的话说，“贯群经”是“征之古而靡不条贯”，“本六书”是“合诸道而不留余议”；翻用乾隆二十年《与方希原书》的话说，六书相对于字典字义而言正是“求其本，更有所谓大本”（《全书》六375）。可见《论学书》抽象的字义是从末到本与从“大本”到本两个方向夹击确定的，已拥有归纳和更高层次之演绎的双向保险，越发不受制于既有之字典，从而提高了《论学书》“由字以通其辞”之演绎过程的可靠性。

尽管《论学书》未直接出现类似诠释学循环的话语，但是第Ⅳ段的“淹博”“识断”和“精审”三个静态的境界却深寓诠释学循环之灵魂。“淹博”是力争充分占有相关资料，占有“全部”相关之“部分”，“识断”是从部分到整体，从资料中归纳出结论；“精审”代表着定论，也即“十分之见”，是通过将资料与结论反复循环，直至结论中的误说暨独断论成分完全消除，从而达成圆融无碍的境界。同段所谓“中正”指对淹博与识断、道问学与尊德性无所偏重，但只有达到精审，始达真正之“中正”；所以孔子说：“道之不行也，我知之矣，知者过之，愚者不及也；道之不明也，我知之矣，贤者过之，不肖者不及也。人莫不饮食也，鲜能知味也。”（《中庸》）

① 参王小婷《“义理”、“考据”辨》：“首先通过更大范围的文本整体以确保对特定文本每一个构成部分的正确理解，再将这种理解累积成为对该文本之整体性理解。”载《北京大学学报（哲学社会科学版）》2011年第3期，第148页。该文重在揭示考据活动的共相性，并以文本而非一名一物作为现象界，但没有悟出从文字名物到文本是演绎而非归纳，其“积累”一词就在沿用古典的循环概念。郑吉雄《论戴震与章学诚的学术因缘》也指出义理训诂典章制度“三者本来就是一整套学问”，载《文史哲》2011年第3期，第167页。

二 “难点训诂”与“逐字训诂”——前理解的冰山一角与冰山

《论学书》第Ⅱ、Ⅲ两段所列的训诂考据知识似有轻重先后之别。指摘《论学书》方法论局限的清儒存在两种解读。考据阵营的批评者遵循训诂考据的传统观念——“诂者，古今异言，通之使人知也”[1]，认为训诂考据只解决经文中局部的难解点，只涉及部分经文而非全部，因此尽管《论学书》“因考索而成学问”（章学诚的概括）、“训诂明而后义理可明”（陈澧的概括）的高要求是对的，但容易引发读者的畏难心理；有人读能读懂的那部分经文总强似无人诵读（章说[2]），经书至少有一部分内容是好懂的，无须专门的知识训练，“何不先于此而求其义理乎”（陈说）？但是章学诚只记住了《论学书》第Ⅲ段的“若干事”，可《论学书》讨论文字训诂是在第Ⅱ段；陈澧只记住了“训诂”常用的狭义定义，可第Ⅱ段的《说文》不同于专搜故训的《尔雅》，是无字不包的，并不符合“训诂”之传统定义——“古今异言通之使人知”，而是广义上的无字不包的“训诂”。[3]《论学书》是把识字放在首位，高于后面未必适用于“全经”的“若干事”（古音学属于后者）。因此这篇纲领不但可以解决读五经四书的问题，也适用于读外语文献。反而是宋学阵营的方东树把握到了第Ⅱ段的精神。方在反驳钱大昕、戴震强调训诂小学在经学中具有排他性的重要地位时，主动承

① 语出陈澧未刊稿，转引自钱穆《中国近三百年学术史》第668页，下同。参《说文解字》：“诂，训故言也。”张揖《杂字》：“诂者，古今之异语也。”（邢昺《尔雅疏》“释诂第一”题下疏引）孔颖达《毛诗正义》“周南关雎诂训传第一”题下疏：“诂者，古也，古今异言，通之使人知也。”

② 《又与正甫论文》，载《章学诚遗书》，文物出版社，1985年，第338页。参见余英时《论戴震与章学诚》，第13—14、39—40页。

③ 《论学书》第二段初稿的《尔雅》《方言》等对应于定稿中《十三经注疏》的地位，正与《说文》形成对立。

认了训诂小学拥有更大范围的基础地位:“古今相传里巷话言、官牍文书,亦孰不由训诂而能通其义者?”①可见,《论学书》本来就兼具考据阵营“难点训诂”的解读(第Ⅲ段)与宋学阵营“逐字训诂”的解读(第Ⅱ段)两个面向。

“难点训诂”与“逐字训诂”两个面向理应是统一的,而非脚踩两只船。解读某个文本总是需要一些准备。陈澧之所以觉得五经四书多数文本无须专业知识就能懂,是因为他懂汉语(文言),识汉字。换一个完全不懂汉语的人,而且幸运地不是全无“文字”观念的蒙昧之人,面对一本《孟子》,如果他能意识到那是一本书而不是一些图案的话,那么他倘或立志要读《孟子》,就首先要识汉字、通汉语,否则无法对五经四书作基本的解码,阅读理解更无从谈起;倘研究已死亡之语言文字或者像玛雅文字那样语言未亡但识字的祭司久已死灭,更是难上加难。针对文本难点展开的训诂考据,提示着一个(已激活言语能力的)人在解读文本时所必需的一切前提知识,包括语言能力的激活;阅读需“专业知识”的古典,使“常识”显题化。②

前理解无疑以常识为主,但日常知识与专业知识之间没有绝对界限。在哲学诠释学看来,逐字训诂等一般性知识储备永远只是特定读者在特定时间的知识储备,它既构成新理解的前提,又必将随着读者新的阅读和阅历而得到强化或修正,从而向着(读者一生之内的)“精审”更进一步。一方面,专业知识可以转化为常识,假如学者解决了一个难题甚至突破了一个领域(如牛顿力学、先秦韵部),就可以成为后来的常识;文言知识更是一般人眼中的专业技能,古典学者的常识。反之,常识也可以转化为专

① 方东树:《汉学商兑》卷中之下,《汉学师承记(附二种)》,三联书店,1998年,第311页。方东树认为问题在于经书与普通文本不同,它属于大学,关乎大道,这属于《论学书》第Ⅰ段“经之至者道也”涵盖的问题,详拙文《“经之至者道也”——戴震通经求道的权威主义策略及现实关怀》,载《大连大学学报》2012年第5期。

② 哲学诠释学利用偏见引发前见(prejudice)的观念,训诂考据作为克服偏见的工具之一,正有着与偏见同样的理论启示,甚至更为直接,因为训诂考据具有克服偏见之手段的正面形象。

业知识。古典研究之所以重视共时及时代接近的资料，正是鉴于原典创生所依赖的背景知识在时间距离之下转而费解，正如戴震乾隆三十年《题惠定宇先生授经图》（简称《题授经图》）所说："求之古经而遗文垂绝，今古县隔也，然后求之故训。"（《全书》六505）三十四年《古经解钩沉序》表述几乎相同："士生千载后……而遗文垂绝，今古县隔，时之相去殆无异地之相远。"（《全书》六377）三十五年《与曹给事书》指出："盖以汉人言周秦则多失，以后魏人言汉魏晋则多失，以唐人言后魏齐周隋则多失，势使然也。"（《全书》六330）三十六年《沈学子文集序》："以今之去古既远，圣人之道在六经也，当其时，不过据夫共闻习知以阐幽而表微，然其名义制度自千百世下遥溯之，至于莫之能通。"（《全书》六393）三十七年为任基振代笔之《尔雅注疏笺补》自序也说："盖士生三古后，时之相去千百年之久，视夫地之相隔千百里之远无以异。昔之妇孺闻而辄晓者，更经学大师转相讲授而仍留疑义，则时为之也。"①（《全书》六503）

既然文本的个性在时间距离等因素的作用下未必足以通过自身来完满呈现，例如原典存在几个不理解的点，甚至到处都是，仅利用易解之部分得到的整体性理解能有多强的权威性呢？例如，你如何确信你读懂的那部分不属于原典所批判的观点呢？这就要借助本文以外之文本，特别是与原典共享更多知识背景和游戏规则的共时性文献资料来进行常识意义上的"训诂考据"。牵连到其他文本的训诂考据会改变——而且通常情况下是改善——读者对一般性整体的把握，从而更好地照亮本文。《论学书》所强调的"诵《尧典》数行"云云，甚至包括文字训诂在内的若干专门性知识储备，正是达到对古代经书的完满性理解所必需的一部分前理解，而且可经后天努力达到，或者说可通过有限的时间缩短时间距离，那么只要条件允许，为什么不呢？因此《论学书》才说"儒者不宜忽置不讲"，结

① 《尔雅文字考序》在乾隆间任基振著作《尔雅注疏笺补》署为自序，周德美谓因戴震润色过而误入戴集（《戴震〈尔雅文字考序〉考伪》，载《文献》2003年第3期）；笔者鉴于此文与戴氏《笺补序》内容大体相当，又未确指成书卷数，倾向于任氏自序全出戴手。

文又强调“群经六艺之未达，儒者所耻”。[1] 戴震乾隆十一至二十年《考工记图序》也说：“古六书九数等，儒者结发从事，今或皓首未之闻，何也？”（《全书》五 313）乾隆三十五年《答朱方伯书》亦提出“古礼……士君子不可不讲也”（《全书》六 369）。一般的识字者像章、陈所言涉猎一下，读读选本就可以了，但儒者作为先通经后临民之专业人员，理应有更高的标准，否则古代礼乐射御书数之六艺愈发沦为虚设。[2]

三　语言和言语——资料层级性及其消解

既然传统的训诂考据有正当性，下一步就需要澄清本文与由训诂考据建立起关联之其他文本的关系。时间距离不仅为今日阅读古典设置了障碍，也为跨越障碍指明了出路，因为任何参考资料的可参据性均取决于与本文的时间距离：阅读活动与训诂考据活动尽管本位相反，却都首重原来的文句，也即最狭义的上下文，其次是范围比较大的上下文，再次是同一本文中的其他文句，也即“以经解经”或马丁·路德的“自解原则”[3]，最后是他书资料；他书资料中首重与作品、作者直接相关的资料，其次是与作品作者同一时代、学派学科、文化或者文体的文献。

资料选择的这种层级性提示我们，当解读某个文本时，训诂考据的正确与否决不单纯以本文以外泛泛的整体文本为准，而恰恰总是要以对本文达到完满性理解为首要前提。因为从逻辑上讲，要理解的特定文本并不能独立于为确保逐字训诂可靠性所要求之整体文本之外，对二者的把

---

① 《论学书》初稿虽于“儒者不宜忽置不讲”无“儒者”二字，然于“儒者所耻”作“知学之士所耻”，大意相同，定稿趋密。

② 关于六艺的现实处境，参三十二年《刊九章算术序》：“古者六艺之教，礼乐残阙失传，射御则绝无师说；书者，治经之本，廑廑赖许叔重《说文解字》略见梗概，而所谓九数，即《九章》，世罕有其书。”（《全书》六 336）

③ 后者参伽达默尔《真理与方法》，洪汉鼎译，上海译文出版社，1999 年，第 226—227 页。

握过程没有本质差别。一切文本地位平等，对任何文本的解读都是以关于文本整体之知识作为前提的。

在这种观照之下再反观戴震的《与是仲明论学书》，仍然会发现其理论架构之缜密。尽管对于目标固定单一的经学而言，《论学书》没有义务考虑得太过周详和繁杂，但这篇"经学"诠释纲领已然小心地把训诂资料限制在了"群经"之内（第Ⅱ段）。

戴震对资料选择的层级性有非常清醒的认识。《答江慎修先生论小学书》在探讨《说文》时即提出"以《说文》证《说文》"（《全书》三 334）。《尔雅注疏笺补序》指出使用经书以外的材料，包括汉代的资料，都是在文献不足的情势下迫不得已的选择——凡《尔雅》所载字义在经书找不到用例者，"为之旁摭百氏，下及汉代，凡载籍去古未遥者咸资证实，亦势所必至"（《全书》六 276）。这正如后来索绪尔概述共时语言学时所说："语言状态不是一个点……那可能是十年、一代、一世纪，甚至更长一些的时间。"（《教程》，页 144）作为 18 世纪伟大的汉语言学家，戴震对现存最早成规模的汉人训诂资料于重视之余，却从不迷信，早在《经考》就已表现出了不满——"汉人之书……有师承可据者，亦有失传傅会者，在好学之士善辨别其间而已"（《全书》二 359）。[①] 误以语境义为词义的"缘词生训"尽管在三十四年《钩沉序》主要针对的是"数百年已降"（《全书》六 377），但早就多次毫不吝惜地给过毛、郑乃至更早的《尔雅》。[②] 其卒年《与某书》在大讥宋人"恃胸臆为断"时，仍不忘指出"汉儒故训有师承，亦有时傅会"（《全书》六 495）。我们尤其不应忘记其卒年四月《答彭进士允初书》在捍卫《原善》和《疏证》立场时对本文语境的强调。戴震在信中非常反感援儒道入佛的彭绍升援六经孔孟程朱之言"共证心宗"，至于论辩的

① 又见《答江慎修先生论小学书》，《全书》三 331。参余英时《论戴震与章学诚》，第 197—199 页。

② 《答江慎修先生论小学书》，《全书》三 331；更多材料详王小婷《重源慎流——从戴震对〈诗经国风〉的研究浅析其训诂学的主要倾向》，《中国诠释学》第 7 辑，山东人民出版社，2010 年，第 114—115 页。

方式，“非语言之能空论也，宜还而体会六经孔孟之书本文义云何”（《全书》六356）。例如彭绍升认为不必大惊小怪于朱熹《四书集注》“复其初”出自《庄子》，因为《孟子》“汤武反之”即是此意；戴震认为后者指“反而实之身”，否则下文“非为生者”云云都无着落，可见“各核本文，悉难假借”（《全书》六361，参356“还而体会六经孔孟之书本文义云何”）。因此，凡指摘戴震以汉儒见解统括先秦儒典，非知戴学者；凡简单引用《孟子》“心之所同然者”“谓理也，义也”驳斥戴震对分理之强调者，都忘了《题授经图》《原善》三卷·《读孟子论性》、《中庸补注》，特别是《孟子字义疏证》（简称《疏证》）、《绪言》《孟子私淑录》系列，都对孟子“心之所同然”一语津津乐道。

不过“以经解经”并非享有排他性的正确性，假如单纯讲训诂，则语例不必限于原典或原典群，而是范围越大越有说服力。虽然《论学书》没敢这么说，戴震却在这么做。四十一至四十二年的《疏证》尽管以斥程朱为“老庄释氏”为基调，戴震四十二年正月十四日与段玉裁书透露其《疏证》之写作，在阐述“理”字之义时却引用了《庄子》：“古人……曰天理者，如庄周言‘依乎天理’，即所谓‘彼节者有间’也。”（《全书》六541）今传本《疏证》也可找到庖丁解牛的材料，“理”字首条“情得其平，是为好恶之节，是为依乎天理”下自注：

> 《庄子》，庖丁为文惠君解牛，自言：“依乎天理，批大郤，导大窾，因其固然，技经肯綮之未当，而况大軱乎！”天理，即其所谓“彼节者有间，而刀刃者无厚，以无厚入有间”，适如其天然之分理也。（《全书》六152）

三十六年《沈学子文集序》（简称《沈集序》）曾为类似的援引庄子义理的行为作过理论上的辩护：“庄生有言：‘入水不濡，入火不热。’指或殊而为抱一则同。”（《全书》六393）不仅是道理或者义理，概念也可以用，如《原善》三卷本有云：“一家之内，父子昆弟，天属也；夫妇，牉合也。”（卷下，《全书》六37）按，“天属”出《庄子》，“牉合”出《仪礼》。

那么《论学书》的理论与戴震的学术实践是否存在矛盾？这首先要从源头上，从发生学的角度讨论作者的立言过程在多大程度上可以自由使用通用的日常语词，又在多大程度上需要画地为牢，使用自身学派甚至是个人的术语，从而导致以经解经享有排他性的正确性？

这一问题需要借助现代语言学区分语言和言语，以及语言之不可变性等原理来解决。人们在接受索绪尔"语言"和"言语"这对范畴时惯以个人和社会、异质和同质来区分，但索绪尔的洞见还在于指出在时间、社会以及系统的多重作用下，"语言"的运作极少意识的参与。"符号在某种程度上总要逃避个人的或社会的意志，这就是它的主要的特征；但这正是乍看起来最不明显的。"（《教程》39）语言尽管"每个人都具有"，却"在储存人的意志之外"（41）。具体地说，在言语活动中的语言部分并非发生于发话人去执行说话的主动环节，"从来不需要什么深思熟虑"，而"是个人被动地纪录下来的产物"，"在话说者当中形成了一些大家都觉得是相同的印迹"；"相反，言语却是个人的意志和智能的行为"，因为"执行永远不是由集体，而是由个人进行的"（34—35）。语言的演变是以连续性为前提的（112）。与"可以随便同意或不同意"的契约不同，语言的重要特征在于不可变性（107）。这除了音义结合的任意性、语言符号的大量性、语言系统的复杂性等原因以外，最首要的原因则在于"集体惰性对一切语言创新的抗拒"。不同于法典条款、宗教仪式"在一定的时间内，每次只跟一定数目的人打交道"，"语言却是每个人每时都在里面参与其事的"，"同社会大众的生活结成一体"（109—111）。更重要的是，"社会力量是因时间而起作用的"（111），"任何社会，现在或过去，都只知道语言是从前代继承来的产物而照样加以接受"（108）。因此，语言的改变尤其不受主观意图的控制。尽管语言很像下棋，但后者"有意移动棋子"，前者"却不会有什么预谋"（129）。于是乎，"任何民族一般都满意于它所接受的语言"（109）。

可见与哲学家通常的观念和主观意愿相反，日常语言既给了原典作者最大的规约性限制，迫使他尽量去遵守和尊重日常语汇而极少改变，同时给了他通过言语或者说词语的线性组合——也即句子、命题——来传达信息及思想意图的充分自由。而且从更积极的角度考虑，文章、著作不仅写给本学派，更是为争取论敌及中间派别，所以其概念的使用即便存在着自身的特点，也决非完全不可通约，关键看其观点和阐述如何。因此尽管《疏证》名曰"'字义'疏证"，却从未直指宋儒不明故训，反而沿袭《私淑录》和《绪言》，三次批评宋儒不能"详审文义"。[①] 字义属语言范畴，文义属言语范畴。而先秦虽然百家争鸣，在概念系统上却是大体相近的。[②] 事实上，语言形成先于学派形成及流衍，汉语形成时无法预见到将来何时会有百家争鸣，界时具体会有几家；即便是在战国时期，诸子降生后首先学会的也都是日常的汉语，父母教他时并不知道他未来会不会成为知识分子，会在何派名家，一生是否兼习多个学派。我们之所以认为儒家的道与道家的道有差别，关键的证据显然不在于"道"字本身，而在于相关的表述不同，在于与"道"共现的其他语词有分歧。解读《孟子》的"理"主要利用《孟子》本书的"理"字不假，但《孟子》"理"的独特之处与其说是《孟子》的几个"理"字所自有的，不如说是其上下文——也即共同组成命题、语篇的其他词语、概念——所提供和明确下来的；如果剥离、抛弃甚至排斥与"理"共现的其他词语，那就根本无从认定《孟子》的"理"与《庄子》的"理"差别在哪里。因此不必先讲孤立的概念，再津津乐道于概念的语境，因为二者相加恰恰构成了句子暨命题，集体的贡献不宜单由某个成员负责。类似地，学派概念的趋同也主要因学派命题、观念的趋同，而非概念本身的直接继承；只有当某个命题、词组特别频繁地出现，人们才会造一个词或缩略语从而成为一个术语。值得注意的是"以经解经"和"经文自解"都不局限于单字，而是对句子、语篇也适用；着眼于命题和语篇，不仅

① 详拙著《清代〈孟子〉学史大纲》，北京大学出版社，2011 年，第 270—272 页。

② 佛教源自外语文化，自当别论，但绝非不可通约，因为外在世界是一样的，详拙文《"经之至者道也"——戴震通经求道的权威主义策略及现实关怀》，载《大连大学学报》2012 年第 5 期。

是中国哲学的本色，甚至西方哲学亦不能外。

从实践上看，学者著书立说确实可以约定某些概念的使用，但多数语词还是在其常识意义上使用，而且所约定的概念一般来说只限制为其通行用法的某个义项或者下位概念，至少不会风马牛不相及。结构主义语言学更深刻地指出，语言符号的意义主要不是由其自身决定的，而更多受同一系统中相对立之符号的制约，概念“不是积极地由它们的内容，而是消极地由它们跟系统中其他要素的关系确定的……它们是别的（概念）所不是的东西”（《教程》162，末句的译法有调整）。“观念唤起的不是一个形式，而是整个潜在的系统，有了这个系统，人们才能获得构成符号所必需的对立。符号本身没有固定的意义。”（180）“（内部语言学）不容许随意安排；语言是一个系统，它只知道自己固有的秩序。”（46）因此，一本著作不妨尽可能多地约定每一个概念，但为此而牵涉的日常用语及其他概念反而会更多，包括在场和不在场的。在场的即共同处于线性组合的上下文，不在场的则为可以出现于同一位置的词或者表达方式（参《教程》171），所以上一段单以在场的句子、命题作为作者之意的主要载体，仍然是简单化的处理。即便在有定义概念之传统的西方哲学界，尽管《存在与时间》成功生造了诸如“此在”等一系列概念，但海德格尔后来还是放弃了某些“高度造作的区别”。[①] 索绪尔指出，“同我们不自觉地形成的错误看法相反，语言不是为了表达概念而创造和装配起来的机构。……变化出来的状态并不是注定了要表达它所包含的意思的。大多数的语言哲学家对这一点也同样毫无所知，可是从哲学的观点看，这是最重要不过的。……变化是在一切意图之外发生的”（124—125）。“人造语只要还没有流行开，创制者还能把它控制在手里；但是一旦……成为每个人的东西”，则会“按照一些与经过深思熟虑创制出来的规律毫无共同之处的规律流传下去，再也拉不回来”（114）。存在主义的直接奠基人海德格尔之

① 详海德格尔《存在与时间》，陈嘉映、王庆节合译，陈嘉映修订，三联书店，2000 年，第 34 页并译注。

所以后来不愿划为“存在主义者”，是因为他人的存在主义理论都不能“于我心有戚戚焉”。背离日常语言的尝试总体上不会成功，因此可见思想家的影响和成功总是相对的，孤独却是绝对的。

仅仅通过个人的约定、倡议来改变概念和语言，总体上不会成功，唯一容易的途径是利用言语实践的魅力加以推广，因为促使语言演变的正是个人性的言语（《教程》41）。因此，凡有历史地位的哲学家必然是好的作家。“一切变化都是在言语中萌芽的”“一个言语的事实”“一再重复，为社会所接受，就变成了语言的事实。”（141）对语词的使用而非约定，始享有从长远看改变语词含义的最大可能性。一个词如果总是在特定的语境下使用，那么其语境便会与该词形成联想关系，进而进入这个词的意义当中；尽管戴震反复批判“缘辞生训”，“缘辞生训”却预示着语境义进入词义的可能性。

回到读者的角度。日常语汇的知识不会损害他对文本独特性的理解，假如某文本的某个词确有独特性，那也是从上下文或者说其他的“正常”语词推导出来的。只要最终是以《孟子》本文为据，那么对于普通词语“理”的把握绝不会阻碍对《孟子》“理”字的理解。[①] 索绪尔指出：在一次讲演中反复听到的“先生们！”在语义上“没有绝对的同一性，可是我们还是有这种同一性的感觉。同样，一个词可以表达相当不同的观念，而它的同一性不致因此遭受严重的损害”（《教程》152—153）。后者指词义的引申，通常只有一个义项可以与上下文达成统一性，这样就不必区别为两个不同的词，从而控制、降低了系统元素的数目。训诂的取材范围无限扩大尽管存在独断论的风险，但一般还是正面有效的。诠释的风险性与成功概率始终并存，无论取材范围大还是小。可见《论学书》提“贯群经”还是太保守，改提“贯群书”为确，也符合戴震的学术实践，只是同时还要费辞强调圆满读通原文的首要性。这是《论学书》限于“群经”的妙处所在，

① 王小婷的《“义理”、“考据”辨》恰恰证明无论儒家内部的《礼记》《荀子》，还是儒家以外的《庄子》，都把“理”看作与“义”相当的概念，“义”正是主分不主合，第 145—146 页。

含混却稳妥。“贯群经”既不至于使训诂考据可支配的资料在数量上太过捉襟见肘，又提示“以经解经”之原则，保守地保证了资料的说服力。

不妨注意的是，上面的论述主要在用难点训诂的概念。其实文本中每一个字、每一个表达方式，甚至每一个命题的背后均有读者之前听过的无数话语、阅读过的无数文本作为支撑。所以阅读不可能有一个永恒固定的核心文本，所谓参考资料的层级性也就随之淡化、消解。进一步说，重要性层级其实是发散的、多维度的，像解读作者早期作品时，同时期的他人作品或许比同一作者的晚年作品更有说服力，因此资料范围之大与小并没有显而易见、一成不变的标准；同样我们除了可以研究《孟子》的某个概念外，也可以纵向研究儒家的同一个概念或横向研究先秦诸子的同一个概念，甚至泛时空地研究世界的“同一个”概念——“至大无外，谓之大一；至小无内，谓之小一”（《庄子·天下》），统一性暨差异性的建构，总是根据人的处境需要来实时调整的。

论胡应麟的唐诗变化观①

方锡球②

［摘要］ 胡应麟的《诗薮》，在总结明初以来格调论诗变观的基础上，吸收性灵论诗变观的有益成果，形成了极为丰富的关于“诗变”的理论。一是溯源别流，勾勒唐诗发展的完整历程；二是分辨格调，突出唐诗发展的时代特征和诗人个体差异；三是标举理想范型，树立“本色”意识，为诗歌流变确立参照，以分清“正”“变”及其互相更替变化的轨迹。胡应麟是格调论诗变论的归纳者和完善者，他的“诗变”理论是复古论唐诗学的总结。

［关键词］ 胡应麟　唐诗学　诗变观

胡应麟（1551—1602），字元瑞，又字明瑞，自号少室山人，又号石羊生，浙江兰溪人。万历四年举人，会试屡不第，筑室山中，购书四万余卷，闭门读书，与王世贞交往，列“末五子”之一。著有《少室山房类稿》和《少室山房笔丛》，尤其是诗论著作《诗薮》，在总结明初以来格调论诗变观的基础上，吸收性灵论诗变观的有益成果，形成了极为丰富的关于“诗变”的理论。

《诗薮》大致以论“体”为内编，以论“代”为外编，另有杂编、续编。胡应麟以大量篇幅论各体诗歌流变；论每一代诗歌特征；把论体与论代结合起来。在论诗歌特征和诗体流变过程中，胡应麟运用新的范畴，对以唐诗

---

① 本文是作者主持的国家社科基金项目《唐诗学与诗变论——从前七子到叶燮》的阶段性成果。

② 方锡球，文学博士，安庆师范学院文学院教授。

为中心的历代诗歌进行新的阐释，初步确立了以唐诗为代表的诗歌研究范式、视角和方法，为后来的唐诗研究提供了较为丰富的理论资源。

胡应麟的诗学思想中，最为突出的是他关于历代诗歌“变化”的观点。胡氏的这一理论观点，为各代诗歌审美范式特别是宋诗存在的合理性，提供了文学规律方面的支持。

一　体与格之变:“诗之体以代变”“诗之格以代降”

《诗薮》开篇就说：

> 四言变而《离骚》，《离骚》变而五言，五言变而七言，七言变而律诗，律诗变而绝句，诗之体以代变也。《三百篇》降而骚，骚降而汉，汉降而魏，魏降而六朝，六朝降而三唐，诗之格以代降也。上下千年，虽气运推移，文质迭尚，而异曲同工，咸臻厥美。国风、雅、颂，温厚和平；《离骚》、《九章》，怆恻浓至；东西《二京》，神奇浑朴；建安诸子，雄赡高华；六朝俳偶，靡曼精工；唐人律调，清圆秀朗；此声歌之各擅也。风雅之规，典则居要；离骚之致，深永为宗；古诗之妙，专求意象；歌行之畅，必由才气；近体之工，务先法律；绝句之构，独主风神；此结撰之殊途也。兼哀总挈，集厥大成；诣绝穷微，超乎彼岸；轨筏具存，在人而已。①

通过这段话我们看到，胡应麟的诗学思想建立在格调之“变”的基础上。由于立足“变”之观点并以之统领诗歌分析的全局，因此在诗体流变、诗歌时代特征的演变方面，他能够认识到各代诗歌、各体诗歌都能“咸臻厥美”，各个时代皆能“声歌各擅”，有自己独到的审美特征和创作范式。就各体而言，也仅仅是“结撰之殊途”，各具妙境，异曲同工。在这一基础

---

① 胡应麟：《诗薮》内编卷一，上海古籍出版社，1979 年，第 1 页。

上，方能荟萃优势，集其大成，并诣绝穷微，达于诗歌的理想境界。作为格调论的坚持者，他又与其他格调论者不同，认为诗歌创作“在人而已”，说明其高度重视主体的意义，以为各代、各体诗歌的理想成就的出现，依赖于人的存在。可见，胡应麟“诗之体以代变”“诗之格以代降”的观点，是以人和文本两个中心，建构他的文学发展论的。胡应麟的“诗之格以代降”，确有“体格日卑”[1]之意，但并非仅仅指一代不如一代，他的“格以代降”的观点，具有历时性的意义：“降”包含时间的流动。既言“格以代降”，又言“咸臻厥美”，是说诗歌之变除时代文化、诗体本身两个因素之外，还有第三个重要因素——时间。有了这三个因素作逻辑起点，胡氏论诗歌在“体”“代”方面的流变就非常令人信服。因为这三个因素都是变量因素。

在胡应麟看来，一代有一代之文学之体制。“曰风、曰雅、曰颂，三代之音也。曰歌、曰吟、曰操、曰辞、曰曲、曰谣、曰彦，两汉之音也。曰律、曰排律、曰绝句，唐人之音也。诗至于唐而格备，至于绝而体穷。故宋人不得不变而之词，元人不得不变而之曲，词胜而诗亡矣，曲胜而词亦亡矣。明不致工于作，而致工于述；不求多于专门，而求多于具体，所以度越元、宋，苞综汉、唐也。”[2]在论述这些观点时，他特别从诗史角度，关注“格备”“体穷”“源委”“绝”“亡”这些语词。这些词语，其实都包含诗歌“体”“格”的消长情况、变化内涵和变化规律。比如在开篇，他提到“文质迭尚”的问题，其实他不仅将“文质”纳入“体格”交替变化的范畴，而且赋予时代特征，放在“气运推移”的时间性中进行“文质”代变的考察：“周、汉之交，实古今气运一大际会。周尚文，故国风、雅、颂皆文；然自是三代之文，非后世之文。汉尚实，故古诗、乐府多质；然自是两汉之质，非后世之质。”[3]将“文质迭尚”放在时间流程中去看，其实能赋予“文质”“格调”时

① 胡应麟：《诗薮》内编卷一，第3页。
② 同上书，第1页。
③ 同上书，第3页。

代变化特质,而且可以赋予个性特征。比如四言诗有自己的艺术规定和审美精神,胡应麟以李、杜为例认为:

> 老杜无四言诗。然《羌村》"峥嵘赤云西"、《出塞》"朝进上东门"二篇,实得风、骚遗意,惜不尽脱唐调耳。①
>
> 太白《独漉篇》"罗帏卷舒,似有人开。明月直入,无心可猜"四语独近。又《公无渡河》长短句中,有绝类汉魏者,至格调翩翩,望而知其太白也。②

杜甫五言诗受三百篇四言诗精神的影响,但仍是唐调;而李白四言诗,承接汉魏诗歌格调的精神,但从"格调翩翩"看,却具有个性特征。

对"体格"之变,胡应麟还从不同时代某种体裁数量变化和规定性的变化进行考察。比如他以乐府为例说:"汉乐府多于古诗,六朝相半,盛唐前尚三之一。中晚而下,至于宋、元,律诗日盛,古体且寥寥矣,况乐府哉!乐府三言,须模仿《郊祀》,裁其峻峭,剂以和平;四言,当拟则《房中》,加以春容,畅其体制;五言,熟悉《相和》诸篇,愈近愈工,无流艰涩;七言,间效《铙歌》诸作,愈高愈雅,毋堕卑陬;五言律绝,步骤齐梁,不得与古体异;七言律绝,宗唐初盛,不得与近体同。此乐府大法也。"③随着乐府的各代数量和语言体制、规范的变化,在胡应麟看来,它会渐渐在继承和超越中,使原有乐府体制演变成新的诗歌格调和体裁:"至汉《郊祀》十九章,《古诗十九首》,不相为用,诗与乐府,门类始分,然厥体未甚远也。如'青青园中葵',曷异古风;'盈盈楼上女',靡非乐府!魏文兄弟崛起,建安拟则前规,多从乐府。唱酬新什,更创五言,节奏既殊,格调迥别。自是有专攻古诗者,有偏长乐府者。梁、陈而下,乐府古诗变而律绝,唐人李杜高岑,名为乐府,实则歌行。张籍、王建,卑贱相矜;长吉、庭筠,怪丽不典。唐末五

① 胡应麟《诗薮》内编卷一,第12页。

② 同上。

③ 同上书,第13页。

代，复变诗余。宋人之词，元人之曲，制作纷纷，皆曰乐府，不知古乐府其亡久矣。”①乐府并非一下被其他体裁取代，其本身有一个渐变过程：“乐府之体，古今凡三变：汉魏古词，一变也；唐人绝句，一变也；宋元词曲，一变也。六朝声偶，变唐之渐乎！五季诗余，变宋之渐乎！”②

胡应麟以为，诗歌体制盛衰有自己的标准，这就是看“源”与“极致”，“源”与“极致”的表现形态是“文质彬彬”。他说：“文章非末技也，权侔謦欬，功配生成，气运视以盛衰，尘劫同其悠远。语其极致，则源委于《六经》，澎湃于七国，浩瀚于两都。西京下无文矣，非无文，文之至弗与也。东京后无诗矣，非无诗，诗之至弗与也。”③文章体制兴衰的标准看其是否“源于《六经》”，其话语是否将所要表述和描写的对象表现到极致。若话语还有这样的能力，就说明这一诗体还有生命力。而“西京下无文”和“东京后无诗”，非指没有文章和诗歌，而是以《六经》为准的，其文章或诗歌话语是否能够达到这一范式所规定的“极致”，若达不到，就说明体制已经改变，则是“无文”“无诗”。因为在胡应麟看来，“三代之文”是文之“源”，且“文法”“无大于《六经》”，起到“示人以璞”的作用。《诗经》就是“文”“法”“质”之至，所以也是“天下至文”。④ 自此之后，各代之“文质”就出现不同的情况了，根据这一情况，可判断诗歌体制盛衰的大致情形：“文质彬彬，周也。两汉以质胜，六朝以文胜。魏稍文，所以逊两汉也；唐稍质，所以过六朝也。”⑤这也初步诠释了“诗之体以代变”“诗之格以代降”的内涵。

各体皆有“极致”，皆有“文质彬彬”的理想境界，也就在到达理想境界后，逐渐衰落。胡应麟从历时性的角度看过去，似乎确实是“格以代降”。

---

① 胡应麟：《诗薮》内编卷一，第13—14页。
② 同上书，第14页。
③ 同上书，第2页。
④ 同上书，第3页。
⑤ 同上。

四言之赡，极于韦孟。五言之赡，极于《焦仲卿》。杂言之赡，极于《畴昔》《帝京》。排律之赡，极于《岳州》《夔府》诸篇。虽境有神妙，体有古今，然皆叙事工绝。诗中之史，后人但知老杜，何哉！①

各体之“格”，都在某一时期达于鼎盛，慢慢地就会失去“本色”，向其他诗体过渡或与其他诗体交叉，形成新的诗体。比如四言，“极于韦孟”，在汉之前的三代已达最高境界，其体格亦已达于最为成熟完美之水平。但后来的四言诗，比如晋代四言，虽然“大有汉风，几出魏上”，但毕竟已经与汉前的四言诗不能等同视之。因为话语性质已经改变，晋代四言诗“自是乐府语，非四言本色也”②。晋代四言汲取了汉乐府的艺术营养，远离了原有四言诗的语言范式。就这一点而言，它的“体格”已经不再是原来的四言诗了，所以胡应麟认为“格以代降”。虽然如此，是否晋代就不如汉之前？他认为并非如此，因为就境界而言，各有“神妙”，况且“体有古今”，是难分上下的。当然，也有话语性质未变，而体裁有了差异的情况，比如骚与赋：“骚与赋句语无甚相远，体裁则大不同：骚复杂无伦，赋整蔚有序；骚以含蓄深婉为上，赋以夸张宏巨为工。”③虽然话语性质未变，但话语结构及其所表现的外在形态风貌有变化。所以诗歌变化在各体互相影响、互相发动的过程中不断产生渐变：“骚盛于楚，衰于汉，而亡于魏。赋盛于汉，衰于魏，而亡与唐。”④两种诗体之间有一段承续和替代的过程。当下一种诗体一旦成熟，就会取代前面的诗体：“四言盛于周，汉一变而为五言。《离骚》盛于楚，汉一变而为乐府。体虽不同，诗实并驾，皆变之善者也。”⑤诸如此类的论述，胡应麟《诗薮》中比比皆是。总的是以话语性质、体裁、格、主体因素和文质比例论诗歌变化。在内编，从风格、帝王政治，“人以代异”“文逐运移”等评唐以前诗体流变，别开新面；而论五

① 胡应麟:《诗薮》内编卷一，第3—4页。
② 同上书，第4页。
③ 同上书，第6页。
④ 同上。
⑤ 同上。

言之变，突出“质”“体”“调”“格”五者，这五个方面，分别亡于魏、晋、宋、齐；论《古诗十九首》，以“兴象”为核心，言其“随语成韵，随韵成趣”的特色；言汉诗，以“气象”和“不可句摘”论之，以“浑沦”“透露”论其优劣。尤其是“格以人变”，是对王世贞“才思生格调说”的有益补充，并延伸至话语及其风格。

二 “诗史”意识与对唐诗发展、繁盛的勾勒

胡应麟第一次从较为完整的“诗史”角度论唐诗发展，把唐诗放在“诗史”的长河中加以观照，并非就唐论唐：

> 今人律则称唐，古则称汉，然唐之律远不若汉之古。汉自《十九首》，苏、李外，余《郊庙》《铙歌》、乐府及诸杂诗，无非神境，即下者犹居建安右席。唐律惟开元、天宝；元白而后，寖入野狐道中。今人不屑为者，往往而是，亦时代使然哉！①

这段话有可推敲之处，但也极有价值。在诗歌品质和境界上，将唐律与汉代古诗比；在整体角度，又纵向看唐律的发展、衰退，可见其浓厚的“诗史”意识。接着他从“音节”上找原因：“古诗自有音节。陆、谢体极俳偶，然音节与唐律迥不同。唐人李杜外，惟嘉州最合。襄阳、常侍虽意调高远，至音节时入近体矣。”②李、杜、岑参是否合于古诗音节，这里暂且不论。这里至少有两个方面值得重视，一是他指出孟浩然、高适的诗歌音节是“近体”的音节，与古诗“迥别”，这就是“唐音”了。二是胡应麟看到“唐音”的复杂性，并不是绝对以合不合古诗音节来论定诗歌音声变化：

---

① 胡应麟：《诗薮》内编卷二，第34页。

② 同上书，第36页。

孟五言不甚拘偶者，自是六朝短古，加以声律，便觉神韵超然，此其占便宜处。英雄欺人，要领未易勘也。①

常侍五言古，深婉有致，而格调音节，时有参差。嘉州清新奇逸，大是俊才，质力造诣，皆出高上。然高黯淡之内，古意犹存；岑英发之中，唐体大著。②

孟浩然、高适虽多了"唐音"的分量，这还不是主要的，关键是在承接六朝和"古意"的基础上，出现诗歌"神韵"和"唐体"。以"神韵"论孟浩然古诗，与汉代古诗"神境"不同，表现有三："不甚拘偶""承六朝短古""加以音律"。而尤为新鲜的是，论高适岑参，将"音节"与"才力""造诣"结合，其间无论"古意"之多少，都已昭示"唐体"之特质。以"才"与"造诣"入诗，是唐诗形成的关键环节之一。

其"诗史"意识不仅表现在承前，也看到唐诗"启后"的性质。

储光羲闲婉真至，农家者流，往往出王、孟上。常建语极幽玄，读之使人泠然如出尘表，然过此则鬼语矣。③

韦左司大是六朝余韵，宋人目为流丽者得之。仪曹清峭有余，闲婉全乏，自是唐人古体。大苏谓胜韦，非也。④

常建属于盛唐时代的诗人，言其"语极幽玄"，而"过此则鬼语"，似乎说常建五言诗已埋下中唐韩愈、孟郊、李贺的先兆，"鬼语"，多是李贺诗歌的话语特色。关于常建与李贺的关系，他在论七言歌行时，谈及唐代歌行演变时说："陈、杜歌行不概见。沈、宋压王、杨之靡缛，稍欲约以典实而未能也。李、杜一变，而雄逸豪宕，前无古人矣。盛唐高适之浑，岑参之丽，王维之雅，李颀之俊，皆铁中铮铮者。崔颢、储光羲篇什不多，而婉转流

① 胡应麟：《诗薮》内编卷二，第36页。
② 同上。
③ 同上。
④ 同上。

媚，亦有可观。常建已开李贺，任华酷似卢仝，盛衰倚伏如此。”[①]明确谈到常建开李贺诗歌的先鞭，从而总结“盛衰倚伏”的诗歌变化轨迹。而认为韦应物古诗“大是六朝余韵”，为宋人“得之”，则言其不承汉古，亦少承高适、李、杜等古意，所以“闲婉全乏”，缺少骨肉和生气，其间倚伏宋诗的因子。

“诗史”意识促使胡应麟对唐诗发展、繁盛进行了具体、丰富的勾勒。

> 盛矣，诗之盛于唐也！其体，则三、四、五言，六、七、杂言，乐府、歌行，近体、绝句，靡弗备矣。其格，则高卑、远近、浓淡、浅深、巨细、精粗、巧拙、强弱，靡弗具矣。其调，则飘逸、浑雄、沉深、博大、绮丽、幽闲、新奇、猥琐，靡弗诣矣。其人，则帝王、将相、布衣、童子、妇人、缁流、羽客，靡弗预矣。[②]

这里从“体”“格”“调”“人”四方面看唐诗之盛。从“体”看，语言方面的字数、句子短长皆备；不同时代的诗体皆备。从“格”看，拥有众多品质的诗歌样态；风格及其意义丰富。从“调”看，语言的色泽多姿多彩；诗歌整体面貌和规模五彩缤纷。从“人”看，地位、性别、长幼、职业各种各样。总之涵括诗体发生的基本要素，一则以诗歌文本，一则以主体情况，可以看出诗歌活动的全部面貌和质量、品质，可见其之盛。

唐诗繁盛其次表现在诗群的多样性。唐代诗人的地域和职业分布，十分广泛，仅就职业而言：“唐诗人上至天子，下逮庶人，百司庶府，三教九流，靡所不备。”[③]就大的方面，胡应麟分类为四大诗人群，即庙堂诗群、家族诗群、地域诗群、以时代划分的诗群。这也是明代诗学在诗歌分类上的贡献，这一分类对总结诗歌审美经验，研究唐诗的文化蕴涵具有重要意义。

庙堂诗群包括皇族和政治人物组成的诗歌活动群体：

> 人主如文皇、明皇，宗室如越王、韩王，将相则代、晋诸公，宰辅则

① 胡应麟：《诗薮》内编卷三，第47—48页。
② 同上书，第163页。
③ 同上书，第170页。

燕、许诸公，三省则李乂、薛稷等，六卿则齐瀚、王丘等，学士则崔融、徐坚等，舍人则贾曾、苏晋等，成均则张籍、窦常等，秘监则郑审、姚合等，青宫则王维、薛據等，朱邸则王勃、殷遥等，侍从则高适、贾至等，供奉则卢象、岑参等，给舍则佺期沇、行言李等，谏院则光羲储、元旦韦等……①

本处所言涉及唐代众多诗人，他们的命运与政治集团，特别是与帝王对诗歌的态度有很大关系："宪宗读白居易讽谏百余篇而善之，因召为学士；穆宗读元微之歌诗百余首而善之，立征为舍人。二君不以诗名而好尚乃尔，知唐世人主，亡不喻此道也。"②除太宗、玄宗外，"文、肃、代、宪四君皆工诗。唐十八叶间，惟敬、懿数君无闻，自余靡不精究。帝王文学之盛，殆亘古所无也"③。正是帝王对诗歌的喜爱，甚至亲自创作，他们一般对文学活动及其主体十分关注。而诗歌的发展与走向，就与政治产生了密切关系，与帝王的爱好、帝王文化价值取向有关："文宗欲置诗学士，固非急务，然非雅尚不能。李珏奏罢，未为无见，第以宪宗为诗，酿成轻薄之风，中间聱牙崛奇，讥讽时事，明指韩、柳、元、白诸公，此大是无识妄人。唐一代之文，所以能与汉并，正赖数君，岂俗子所解。乃宪宗兴起之风，可与汉武、唐文相次"④。帝王的价值取向与诗风形成的关系，今天已经有了明确的认识，但文宗朝大臣如李珏对元和时期诗歌的批评，既有其保守的一面，也能说明，他们发现宪宗时期诗风的变易，这一切，与宪宗的爱好、倡导有关。

帝王对诗歌活动的重视程度，使诗人的社会地位也有变化，从而间接影响诗歌的质态及其变化："开元以前，词人鲜弗达者；天宝以后，才士鲜弗穷者。即间有之，然弗数见也。第今制作行世，则景龙、垂拱，百不二

① 胡应麟：《诗薮》内编卷三，第171页。

② 同上书，第172—173页。

③ 同上书，第173页。

④ 同上。

三;大历、元和,十常五六,造物乘除亦巧矣。辄据唐人杂说,类次数条,以见其概云。"①一代帝王对文学人才的重视,其影响可以延续数代,胡应麟发现,太宗开文学馆时入选的十八学士,像杜如晦、房玄龄、虞世南、褚遂良、颜师古、许敬宗等绝大多数在本朝即已"显赫";而中宗置修文馆,设大学士、学士、直学士共二十四员,绝大多数在高、中两朝"显者";武则天时期修《三教珠英》,征天下文士二十六人,绝大多数是上述诸学士;而到玄宗朝,又大面积起用上述学士,到开元中,"宰相至数十人,皆文学士也"。"古今词人之达,莫盛此时。"在胡应麟看来,若不擅诗歌者,即使当政,也会造成治乱不同:"林甫、国忠,虽天资险狯,然俱以不学称。唐治乱判矣。"②而开元以后,虽然诗人位卑者增多,落差增大,心态也有变化,由于仍受盛世影响,盛世精神依然使诗歌创作保持在繁荣的局面。仅以开元以后,位卑而名著者众多这一现象就可窥见一斑。待盛世精神影响渐消,当诗人社会地位一落千丈时,哪怕从事诗歌创作者依然众多,诗歌还是朝衰落的方向变化。

家族诗群是唐代诗坛耀眼的诗歌现象。"唐诗赋程士,故父子兄弟文学并称者甚众",胡应麟列举了大量的现象说明家族诗群的兴起:

> 父子则薛收、薛元超,李百药、李安期,许叔牙、许子儒,宋令文、宋之问,赵武孟、赵彦昭,敬播、敬之弘,陈子昂、陈光,贾曾、贾至,苏环、苏颋,李适、李季卿,崔日用、崔宗之,萧嵩、萧华,李善、李邕,张悦、张均,崔良佐、崔元翰,杜甫、杜宗武,房融、房琯……
>
> 兄弟则孔绍安、孔绍新,盖文懿、盖文达……杜易简、杜审言……王维、王缙,皇甫曾、皇甫冉……③
>
> 三人者,沈佺期、沈全交、沈全宇……白居易、白敏中、白行简……

---

① 胡应麟:《诗薮》外编卷三,第174—175页。

② 同上书,第176页。

③ 同上书,第167—168页。

胡应麟列举祖孙、父子、兄弟四人至八人甚至夫妇、姐妹载于唐史的家族诗群[1]，唐诗之盛，从社会最基层的家庭都可窥见其繁荣的程度，说明诗歌作为一种审美的载体，在唐代如何深入人心了。

地域文化和地域诗群，使唐诗的内涵充实着多元文化融合而造就的丰富色调和渊深朴茂的文化生态。唐代大诗人的足迹几乎遍及唐代版图的每一个地方，这十分容易使相对独立的文化特性在互动中融汇。而地域诗人群的相互影响则促使不同审美文化样态在互相比较中汲取对方的养分，使诗歌审美水平进一步发展到一个新的高度。胡应麟说到吴、扬、越一带的地域诗群：

《丹阳集》云：润州延陵有包融、储光羲，曲阿有丁仙芝，缑氏主簿蔡隐丘，监察御史蔡希周，渭南尉蔡希寂，处士张彦雄、张朝，校书郎张晕，吏部常选周瑀，长洲尉谈戭；句容有殷遥，硖石主簿樊光，横阳主簿沈如筠；江宁有左拾遗、孙处士、徐延寿，丹徒有江都主簿马延，武进尉申堂沟；十八人皆有诗名。右亦多盛唐间人，吴、扬所产也。[2]

唐诗人千数，而吾越不能百人。……一时巨擘，盖得十二三，似不在他方下。[3]

除家族和地域诗群外，唐诗活动中，还出现时代诗群和诗风相近所构成的诗歌群体。时代诗群并非指那些在一个时代有交往唱和的诗人，而是因诗风和诗歌价值取向近似，且处于同一时代，聚集在一起，被当时或后人称道的诗人群体，比如"大历十才子"：

《卢纶传》云：纶与吉中孚、韩翃、钱起、司空曙、苗发、崔峒、耿湋、夏侯审、李端，号大历十才子。……中唐诗人之穷者，嗣是权、武、裴、元、韩、白诸公骤显，元和遂以中兴。[4]

---

① 胡应麟：《诗薮》外编卷三，第168—170页。
② 同上书，第177页。
③ 同上。
④ 同上书，第179页。

从这则看，虽然在论一个时期的诗群，实际上是在总结诗歌变化规律，并寻找现象背后的原因。

胡应麟的“诗史”意识还表现在对科考与诗歌关系的探讨。他提到自“大中、咸通之后，每岁试春官者千余人，其间章句有闻，亹亹不绝”，“皆苦心文华，厄于一第”。正是这样的体制，使他们“丽藻英词，播于海内”。[①] 他们无论穷达，都与时代政治一起，影响唐诗的变化轨迹：“文士笔端与人主名器，殆互有轻重焉？”[②]而且，举子不第，往往在中晚唐居多，这必然在主体性情、诗歌内容方面产生变化。

此外胡应麟还指出唐代诗歌活动中出现的大量诗人并称和称谓现象，这也是就诗歌变化发展层面而发现的问题。

三 溯源别流与标举理想范型

《诗薮》内编几乎是分体溯源别流，辨别体制。从中可以发现，某种诗体若以理想范型的规定性为中心，就可以看到它的形成直至消亡的发展轨迹和变化规律。这里以七言体为例来看看胡应麟的做法。

先看胡应麟对七言古诗形成过程及其艺术规定性的论述。

> 七言古诗，盖曰歌行。余漫考之，歌之名义，由来远矣。《南风》《击壤》，兴于三代之前；《易水》《越人》，作于七雄之世；而篇什之盛，无如骚之《九歌》，皆七言古所自始也。汉则《安世》《房中》《郊祀》《鼓吹》，咸系歌名，并登乐府。或四言上规风、雅，或杂调下仿《离骚》，名义虽同，体裁则异。孝武以还，乐府大演，《陇西》《豫章》《长安》《京洛》《东、西门行》等，不可胜数，而行之名，于是著焉。较之歌曲，名虽小异，体实大同。至《长》《短》《燕》《鞠》诸篇，合而一之，不

① 胡应麟：《诗薮》外编卷三，第178页。

② 同上书，第179页。

复分别。又总而目之，曰《相和》等歌。则知歌者曲调之总名，原于上古；行者歌中之一体，创自汉人明矣。①

这是七言歌行形成的第一个阶段。"《九歌》是其始也"，作为一种诗体，它创自汉代，而此前则称作"歌"。"自唐人以七言长短为歌行"后，其他的就另别一类，称作"乐府"了。② 自建安以降至六朝，七言诗独少大篇，歌行创作较少，五言日盛。③ 原因在时代与主体才力。但也就是这一时期，七言歌行正在积累艺术经验，走向成熟。

七言歌行在形成的第二个阶段有了自己的审美规定。

> 齐、梁、陈、隋……七言古，唐歌行之未成者。王、卢出，而歌行咸中矩度矣；沈、宋出，而近体悉协宫商矣。至高、岑而后有气，王、孟而后有韵，李、杜而后入化。④

此则有两层意思。一是说七言歌行的规定性包括几个方面：矩度、协律、有气、有韵、入化。二是说虽然六代七言歌行寥寥，但上述规定性逐渐形成雏形。这一点胡应麟从历时性角度进行了考察。在体制长短上，梁元帝《燕歌行》"巧于用长，并唐体之祖也"⑤。但在梁代，《燕歌行》《捣衣曲》等虽然体制变长，但音声上还没有形成成熟的风格，直到初唐四杰，七言歌行在音律上才形成自己的规定性："陈江总持、卢思道等，篇什浸盛，然音响时乖，节奏未协……垂拱四子，一变而精华浏亮，抑扬起伏，悉协宫商，开阖转换，咸中肯綮。七言长体，极于此矣。"⑥将"精华浏亮，抑扬起伏，悉协宫商，开阖转换，咸中肯綮"四点作为七言歌行音律规定，正符合长体大篇音声上需要"畅"、文势上"有气"和结构上富于变化的艺术要求。对七言歌行音声作上述规定，是因为它需要音律节奏传"神"。这一

① 胡应麟：《诗数》内编卷三，第41页。
② 同上。
③ 同上书，第46页。
④ 同上书，第47页。
⑤ 同上书，第46页。
⑥ 同上。

点胡应麟也十分重视：

《燕歌》初起魏文，实祖《柏梁》体。《白纻》因之，皆平韵也。至梁元帝“燕赵佳人本自多，辽东少妇学春歌。黄龙戍北花如锦，玄菟城头月似蛾”，音调始协。萧子显、王子渊制作浸繁，但通章尚用平韵转声，七字成句，故读之犹未大畅。至王、杨诸子歌行，韵则平仄互换，句则三五错综，而又加以开合，传以神情，宏以风藻，七言之体，至是大备。要惟长篇大什，叙述为宜，用之短歌，迂缓寡态。于是高岑王李出，而格又一变矣。①

除提出音声和结构、节奏、传神的关系外，胡应麟又提出七言歌行“叙述”的要求。同时，根据文本的事实，他指出七言歌行初唐体格“大备”到高岑王李“格又一变”的发展状况。总之，在他看来，七言歌行自六朝变化到初唐，孕育了自身的审美规定性，这一规定多来自六朝时期歌行的创作，其中具有生命力的那部分在初唐被吸收：“六朝歌行可如初唐者，卢思道《从军行》，薛道衡《豫章行》，音响格调，咸自停匀，体气丰神，尤为焕发。”②

七言歌行的审美规定在初唐形成后，还有进一步的发展。胡应麟论述了这一诗体在唐代变化的情况，并就其艺术范式特点作了探讨。

一是由汉魏“古质”和齐梁“绮丽”发展到雄大、流畅和富丽：“李杜歌行，扩汉魏而大之，而古质不及；卢骆歌行，衍齐梁而畅之，而富丽有余。”③胡应麟具体谈到歌行在唐代变化发展的大致情况。由于“沈宋厌王杨之靡缛，稍欲约以典实而未能也。李杜一变，而雄逸豪宕，前无古人矣。盛唐高适之浑，岑参之丽，王维之雅，李颀之俊，皆铁中铮铮者。崔颢、储光羲篇什不多，而婉转流媚，亦有可观”。④

二是上述这些变化，使唐代歌行与汉魏比，体裁方面带有近体或唐体

① 胡应麟：《诗薮》内编卷三，第46页。
② 同上书，第47页。
③ 同上。
④ 同上书，第47—48页。

的某些特征。“歌行自乐府，语已峭峻，李杜大篇，穷极笔力，若但以平调行之，何能自拔？七言律声长语纵，体既近靡；字栉句比，格尤易下。材富力强，犹或难之；清空文弱，可登此坛乎？”歌行发展至唐代，在“穷极笔力”“声长语纵”“字栉句比”和体格“近靡”方面构成唐代歌行的特色。不仅如此，与汉魏“率可互换”相比，唐代歌行因主体资质不同和社会经验的差异，往往呈现各种面貌。

三是胡应麟清楚地认识到，唐代歌行仅仅凭借“材富力强”是远远不够的，它需要作者多方面的才能：

> 凡诗诸体皆有绳墨，惟歌行出自《离骚》、乐府，故极散漫纵横。初学当择易下手者，今略举数篇：青莲《捣衣曲》《百蛣歌》，杜陵《洗兵马》《哀江头》，高适《燕歌行》，岑参《白雪歌》《别独孤渐》，李颀《缓歌行》《送陈章甫》《听董大弹胡笳》，王维《老将行》《桃源行》，崔颢《代闺人》《行路难》《渭城》《少年》，皆脉络分明，句调婉畅。既自成家，然后博取李杜大篇，合变出奇，穷高极远。又上之两汉乐府，落李杜之纷华，而一归古质。又上之楚人《离骚》，溶乐府之气习，而直接商周。七言能事毕矣。①

此处虽然说的是初学七言诗的技巧，但亦揭示了唐代歌行主体所需要的素质。首先是继承前人遗产的素质能力；其次是创造和驾驭话语组织结构，使之具有起伏多变的才能；再次是音声与境界上的融合能力，能使诗歌成为格高趣远的话语序列。

四是胡应麟根据唐代歌行的创造经验，总结了七言歌行的艺术规定。一是纵横变幻，法律森严：“开阖纵横，变幻超忽，疾雷震霆，凄风急雨，歌也；位置森严，筋脉联络，走月流云，轻车熟路，行也。太白多近歌，少陵多近行。”②上述要求，包含主体的才华、诗歌话语的范式要求，以

① 胡应麟：《诗薮》内编卷三，第48页。

② 同上。

及描写对象的选择，这一切还要用一定的风格呈现出来。二是"隽永深厚"，具有"情致"的品质："短歌惟少陵《七歌》等篇，隽永深厚，且法律森然，极可宗尚。……李之《乌栖曲》《杨叛儿》等，虽甚足情致，终是斤两稍轻，咏叹不足。"①虽然李白古质方面存在不足，但也透露唐代歌行需要"情致"这一艺术特色。他的意思是唐代歌行除出现李白式的变幻错综的才力外，亦有杜陵式的"沉深横绝"。三是调纯语畅，婉转流丽或逸宕纵横："歌行……至唐大畅，王杨四子，婉转流丽，李杜二家，逸宕纵横。"②四是"才大气雄"，有"气概"。在唐以前，古诗在气象方面明显存在缺陷："《大风》千秋气概之祖，《秋风》百代情致之宗，虽词语寂寥，而意象靡尽。《柏梁》诸篇，句调太质，兴寄无存。"③而一改这些风格不足的则是盛唐时代的歌行大篇，比如杜甫创造的"沉郁雄深"之作，李白创作的"豪逸宕丽"话语，虽然他们"沉郁逸宕不同，然皆才大气雄，非子建、渊明判不相入者比"。胡应麟感到可惜的是，若能将李杜合并融汇，就自是另一番景象了："有能总体为一，实宇宙之极观。第恐造物生材，无此全盛。"④这一宇宙之极观，需要时代孕育，还需要"博大雄深，横逸浩瀚之才"。其实，李杜为代表的唐代诗人，已经在整体上创造了这种"宇宙之极观"。

胡应麟还从"诗变"角度，探析了唐代七言歌行的本质特征——"畅""大""化"，并且将其作为理想范型的规定加以标举。先看他的唐代七言歌行流变总论：

> 唐七言歌行，垂拱四子，词极藻艳，然未脱梁、陈也。张、李、沈、宋，稍汰浮华，渐趋平实，唐体肇矣，然而未畅也。高、岑、王、李，音节鲜明，情致委折，浓纤修短，得衷合度，畅乎，然而未大也。太白、少陵

① 胡应麟：《诗薮》内编卷三，第48—49页。
② 同上书，第49页。
③ 同上。
④ 同上书，第50页。

大而化矣，能事毕矣。降而钱、刘，神情未远，气骨顿衰。元相、白傅，起而振之，敷演有余，步骤不足。昌黎而下，门户竞开，卢仝之拙朴，马异之庸猥，李贺之幽奇，刘叉之狂谲，虽浅深高下，材局悬殊，要皆曲径旁蹊，无取大雅。张籍、王建，稍为真淡，体益卑卑。庭筠之流，更事绮绘，渐入诗余，古意尽矣。①

可见理想范式是不断形成的，当这一范式达到巅峰阶段，就开始衰落，朝着另一个范式转化。这里胡应麟将歌行变化分为九个发展阶段，各个阶段有自身的本质特征和话语风格。九个阶段是：四子——张、李、沈、宋——高、岑、王、李——太白、少陵——钱、刘——元相、白傅——昌黎而下——张籍、王建——庭筠之流。各个诗歌阶段对应的诗歌本质特征是：未脱梁、陈——唐体肇矣而未畅——畅乎，然而未大——大而化——神情未远——步骤不足——曲径旁蹊，无取大雅——体益卑卑——渐入诗余，古意尽矣。对应的风格演变亦为九个阶段：词极藻艳——稍汰浮华，渐趋平实——音节鲜明，情致委折，浓纤修短，得衷合度——大而化矣，能事毕矣——气骨顿衰——敷演有余——门户竞开，卢仝之拙朴，马异之庸猥，李贺之幽奇，刘叉之狂谲，虽浅深高下，材局悬殊——稍为真淡——更事绮绘。概论九个阶段诗歌的不同特征和九种风格演变，这是一种历时和共时的双重考察，他为范式形成和衰退描摹的演变轨迹，使我们能一目了然看到范式应该在哪些诗歌中寻找和归纳，也为了解范式的规定性提供了依据。从上所论，我们看出歌行理想范式的本质特征之一是“畅”，其风貌、气象、语和调有“情致”，最高境界为“大而化”；内在有“气骨”之美，有“神情”“步骤”。也就是“畅”要求有脉络、有步骤，而不能因为“大”而敷演，使歌行一体没有“情致”，离“合度”远之。此外，“畅”还要求歌行内容符合“雅”则。胡应麟强调歌行之“畅”有气骨之美，是因为它与“敷演”相反，否则，就会“渐入诗余”。所以他在论歌行艺术规定性时，对与“畅”有

① 胡应麟：《诗薮》内编卷三，第50页。

关的歌行“本色”尤为在意：

> 非博大雄深，横逸浩瀚之才，鲜克办此。盖歌行不难于师匠，而难于赋授；不难于挥洒，而难于蕴藉；不难于气概，而难于神情；不难于音节，而难于步骤；不难于胸腹，而难于首尾。又古风近体，黄初、大历而下，无可着眼。惟歌行则晚唐、宋、元，时亦有之，故径路业杂尤甚。学者务须寻其本色，即千言巨什，亦不使有一字离去，乃为善耳。①

“千言巨什，亦不使一字离去”，概括上述规定，歌行大篇在以上对立范畴，做到融汇一体，结构遒紧，并且元气酣畅淋漓，确实是一种至高境界。

为了说明这一范式，胡应麟考察了初唐至晚唐歌行发展变化情况以及影响歌行变化的基本因素。“初唐七言古以才藻胜，盛唐以风神胜；李杜以气概胜，而才藻风神称之，加以变化灵异，遂为大家。宋人非无气概，元人非无才藻，而变化风神，邈不复观。固时代之盛衰，亦人事之工拙焉？”②将七古变化放在时代和“人事”的层面认识，兼顾内部和外部因素对文学的影响。他以杜甫叙事长篇为例说明。“元微之《乐府古题序》云：‘近代惟诗人杜甫《悲陈陶》《哀江头》《兵车》《丽人》等，凡所歌行，率皆即事名篇，无有依傍。余少时与友人白乐天、李公垂辈谓是为当，遂不复拟赋古题。’观微之此序，则唐人亦自推毂少陵乐府。”③可见，本质上的“畅”“大”“化”与风貌上的“才藻”“风神”“气概”“变化灵异”一起，构成唐代七言歌行的理想范式。而在这之后各代，比如宋、元，则只是抓住其中的一个方面发展了。这就必然会导致七言歌行创作，游离理想范式，走向衰落，而被另外一种诗歌范式代替。

---

① 胡应麟：《诗薮》内编卷三，第 50 页。
② 同上书，第 55 页。
③ 同上书，第 52 页。

四　以“神韵”与“格调”结合论七律之变

胡应麟面对时代思潮的变化，感到复古论诗学有自己的缺陷。他在坚守“格调论”诗学观念的同时，吸取“性灵论”的一些思想，对“格调论”诗学进行了初步的修正和改造，体现了他对复古派诗学的重建意识。这从他有关七言律诗的论析中可以窥见一斑。

从“格调论”出发，胡应麟仍然先指出七律形式方面的特征：“至七言律，畅达悠扬，纡徐委折，而近体之妙始穷。”①七律作为范型，在音律和话语形式方面的理想境界是“畅达悠扬，纡徐委折”，这一规定，决定它在字句、音声上的要求：“五十六字之中，意若贯珠，言如合璧。其贯珠也，如夜光走盘，而不失回旋曲折之妙；其合璧也，如玉匣有盖，而绝无参差扭捏之痕。几组锦绣，相鲜以为色；宫商角徵，互合以成声。”由于组合各有不同，决定话语所蕴涵的意义、内在力量及其所显现的风貌上的特征：“思欲深厚有余，而不可失之晦；情欲缠绵不迫，而不可失之流。肉不可使胜骨，而骨又不可太露；词不可使胜气，而气又不可太扬。庄严，在清庙明堂；沉着，在万钧九鼎；高华，则朗月繁星；雄大，则泰山乔岳；圆畅，则流水行云；变幻，则凄风急雨。一篇之中，必数者兼备，乃称全美。”②这些特征，已经兼顾诗歌文本的内质和精神，情、辞及其彩饰，若达到这些要求，就是理想范式的境界。所以要想在一篇之中做到各种句法、各种结构的上述组合，又要在情思、风骨方面显示丰富的风貌特征，是非常困难的。即使在唐代，也是“工不数人，人不数篇”。往往“壮伟者易粗豪，和平者易卑弱，深厚者易晦涩，侬丽者易繁芜”。正是如此，七律要求“寓古雅于精工，发神

---

① 胡应麟：《诗薮》内编卷五，第81页。

② 同上书，第82页。

奇于典则，溶天然于百炼，操独得于千钧，古今名家，罕有兼备此者”①。这其实是面对纷繁复杂的对象和“格调”规范，如何在创作中处理相对范畴，使各种对立关系达于“中和”。这就必须使不同性质的事物、情感和精神形态融合起来，使之有“气象”和“神韵”。

从初唐开始，诗人就在不断探索、总结格调运用与话语“气象”“神韵”的关系，力求使七言律达到某种至境，从而在“气象”和“神韵”的表现上显现出诗歌格调不断变化的轨迹：

> 初唐七言律缛靡，多谓应制使然，非也，时为之耳。此后若《早朝》及王、岑、杜诸作，往往言官掖事，而气象神韵，迥自不同。②

> 王、岑、高、李，世称正鹄。嘉州词胜意，句格壮丽而神韵未扬；常侍意胜词，情致缠绵而筋骨不逮。王、李二家和平而不累气，深厚而不伤格，浓丽而不乏情，几于色相俱空，风雅备极，然制作不多，未足以尽其变。杜公才力既雄，涉猎复广，用能穷极笔端，范围古今，但变多正少，不善学者，类失粗豪。钱、刘以还，寥寥千载。……大要八句之中，神情总会者，时苦微瑕；句语停匀者，不堪颖脱。故世谓七言律无第一，要之信不易矣。③

以格调、才情、气象、神韵结合起来论唐诗七律的变化发展，此前的谢榛、王世贞虽有零星的意见，但尚未明确提出唐诗格调中的“神韵”问题，而将神韵、气象、才情、格调作为一个评价系统，评析唐代七言律在话语形式和内在精神方面的变化，则是胡应麟的发明。将气象、神韵凸显出来论诗歌变化，胡应麟有自己的实践：“盛唐七言律称王、李，王才藻秀而篇法多重，‘绛帻鸡人’，不免服色之讥；‘春树万象’，亦多花木之累。‘汉主离宫’、‘洞门高阁’，和平闲丽，而斤两微劣。‘居延城外’甚有古意，与‘卢家少妇’同，而音节太促，语句伤直，非沈比也。李律仅七首，惟‘物在人

---

① 胡应麟：《诗薮》内编卷五，第82页。

② 同上书，第83页。

③ 同上。

亡'不佳。'流澌腊月',极雄浑而不笨;'花宫仙梵',致工密而不纤。'远公遁迹'之幽,'朝闻游子'之婉,皆可独步千载。岑调稳于王,才豪于李,而诸作咸出其下,以神韵不及二君故也。"[①]胡应麟是从众多文本中,看出诗歌之变化,神韵发挥了重要作用。胡氏在诗歌文本及体裁分析中,以"神韵"为核心,评判诗歌优劣和诗歌品质,以"神韵"统"格调"的各个因素,这样,此前的复古派以句法、话语结构和才情论诗,就不是十分准确了。他甚至鲜明提出:"大率唐人诗主神韵,不主气格。"[②]胡应麟凸显"神韵"和"气象",就在"诗变"论的语汇里,派生出许多新鲜的概念,比如"气韵""神境""神物"等,使得诗变论的视点和诗学理论内涵更加丰富起来。他在评李白五七言绝时,说"字字神境,篇篇神物"[③],在论晚唐与盛唐诗歌变化差异时,则以"气韵"论之:"'数声风笛离亭晚,君向潇湘我向秦。''日暮酒醒人已远,满天风雨下西楼',岂不一唱三叹,而气韵衰飒殊甚。'渭城朝雨'自是口语,而千载如新。"[④]

从"神韵""气象""才情"和"格调"等多重视角透视唐代七言律,胡应麟发现了唐代七律的变化脉络:

> 唐七言律自杜审言、沈佺期首创工密,至崔颢。李白时出古意,一变也。高、岑、王、李,风格大备,又一变也。杜陵雄深浩荡,超忽纵横,又一变也。钱、刘稍微流畅,降而中唐,又一变也。大历十才子,中唐体备,又一变也。乐天才具泛滥,梦得骨力豪劲,在中晚间自为一格,又一变也。张籍、王建略去葩藻,求取情实,渐入晚唐,又一变也。李商隐、杜牧之填塞故实,皮日休、陆龟蒙驰骛新奇,又一变也。许浑、刘沧角猎俳偶,时作拗体,又一变也。至吴融、韩渥香奁脂粉,杜荀鹤、李山甫委巷丛谈,否道斯极,唐亦以亡矣。[⑤]

① 胡应麟:《诗薮》内编卷五,第84页。
② 同上书,第87页。
③ 同上书,卷六,第108页。
④ 同上书,第109页。
⑤ 同上书,卷五,第84—85页。

上述凡“十变”，表面上似乎仍然偏于以“格调”论诗歌之变，因此，若从上则诗话的字面去看，看不出眉目；若仅仅从格调一个层面去看，又看不出上述“诗变”脉络。这是因为他的格调已经被“神韵”所统辖，将诗歌格调变化的考察和“神韵”“气象”“才情”等因素结合起来，所以才发现具有真理性质的“诗变”轨迹。

可见，胡应麟改变了七子单纯从文本“格调”出发论诗的不足，他从创作出发，兼顾主体和客体的诸多方面。这样，就在神韵、气象、才情、格调等视域下，发现不同时期诗歌的创作特征，为诗变发现提供创作上的支持。比如他论杜甫诗歌之“变”的“大”“化”，就是将杜甫放在众多视点上进行考察：

> 近体盛唐盛矣，充实光辉，种种备美，所少者曰大、曰化耳。故能事必老杜而后极。杜公诸作，真所谓正中有变，大而能化者。今其体调之正，规模之大，人所共知。惟变化二端，堪覈未彻，故自宋以来，学杜者什九失之。不知变主格，化主境；格易见，境难窥。变则标奇越险，不主故常；化则神动天随，从心所欲。如五言咏物诸篇，七言拗体诸作，所谓变也。宋以后诸人竞相师袭者是，然化境殊不在此。①

胡应麟此处区分了“变”与“化”，“变”只在“格”等话语形式，它的发展方向是“标奇越险”“不主故常”；而“化”则在“境”界，“化”的形态是文本话语的“神动天随，从心所欲”，其由内显于外的就是“神韵”和“气象”。这样，胡应麟成功地将话语“格调”和话语“神韵”联系起来。一般而言，字法、句法、篇法无疑属于格调论的话语系统，但他论字法、句法、篇法就牵连到“化”的问题，并使之和“格”“神”“境”关联：“老杜字法之化者，如‘吴楚东南坼，乾坤日夜浮’，‘碧知湖外草，红见海东云’，坼、浮、知、见四字，皆盛唐所无也。然读者但见其宏大而不觉其新奇。又如‘孤嶂秦碑在，荒城鲁殿余’，‘古墙犹竹色，虚阁自松声’，四字意极精深，词极易简，

① 胡应麟：《诗薮》内编卷五，第90页。

前人思虑不及，后学沾溉无穷，真化不可为矣。句法之化者，‘无风云出塞，不夜月临关’，‘露从今夜白，月是故乡明’，‘江山有巴蜀，栋宇自齐梁’，‘近泪无乾土，低空有断云’之类，错综震荡，不可端倪，而天造地设，尽谢斧凿。篇法之化者，《春望》《洞房》《江汉》《遣兴》等作，意格皆与盛唐大异，日用不知，细味自别。”①由于字法、句法、篇法之化，就出现“字中化境”“句中化境”“篇中化境”。②

“化境”又与风格“浑涵”紧密联系。就胡应麟的逻辑而言，“浑涵”是具有“神韵”“神境”的诗歌风格、格调、形象层面的特征，它与“新奇”相对。若说杜甫诗歌话语“入化”，也许与上述提到的其诗“格”之变相悖。胡应麟敏锐地看到这一点：“老杜字句入化者，古今独步。中有太奇巧处，然巧而不尖，奇而不诡，犹不失上乘。”③“奇巧”显然与“格”的关系更密切，而“入化”则派生出风神及其神韵、气象。

胡应麟之所以能准确看到诗歌变化脉络和内在逻辑，是因为他总结出格调之“变”和神境之“化”的“大要”：

> 作诗大要不过二端，体格声调，兴象风神而已。体格声调有则可循，兴象风神无方可执。故作者但求体正格高，声雄调鬯；积习之久，矜持尽化，形迹俱融，兴象风神，自尔超迈。譬则镜花水月，体格声调，水与镜也；兴象风神，月与花也。必水澄镜朗，然后花月宛然。……故法所当先，而悟不容强也。④

这一段话所言之“大要”，在明代诗学史上具有巨大意义。胡应麟清晰地把格调对应的要求“水澄镜朗”和“兴象风神”对应的“花月宛然”联系起来，以主体情意和创造方面的“兴象”，成功地克服了“格调论”言诗的缺陷，这一创造性的改造，使重建“格调论”成为可能。胡应麟认为，体

① 胡应麟：《诗薮》内编卷五，第90页。
② 同上书，第90—91页。
③ 同上书，第91页。
④ 同上书，第100页。

格声调之“则”，所包含的种种技巧和尺度的把握、修炼，通过经久的积习，各种形式方面的东西就会融化出“兴象风神”，格调之“法”与整个创作过程、创作结果的“兴象风神”就会融为一体。在这两者之间，胡应麟发现了一个“中介”——“悟”。虽然以“悟”论诗不是胡应麟的发明，但将“悟”作为“法”和“风神”之间的“中介”，却是胡应麟的创造。为此，他在严羽和李梦阳的基础上，建立了“法”和“悟”的关系：

汉、唐以后谈诗者，吾于宋严羽卿得一悟字，于明李献吉得一法字，皆千古词场大关键。第二者不可偏废，法而不悟，如小僧缚律；悟不由法，外道野狐耳。①

将“悟”与“法”同时作为关键，明确指出二者不可偏废。“法而不悟”，诗歌就只能是空壳子，旧套子，缺少鲜活的内在蕴涵和风神；“悟不由法”，诗歌就会失去应有的审美规范，使艺术话语流于日常话语，从而也会失去艺术的本质特性。正是因为如此，胡应麟论述了技巧层面的“工拙”与“风神”“神韵”的关系。

何仲默云：“诗文有中正之则，不及者与及而过焉者，均谓之不至。”至哉言也！然有以用功过而得者，有以用功过而失者。老杜题雁：“欲雪违胡地，先花别楚云。”既改云：“见花词涨海，避雪到罗浮。”愈细愈精。鲁直题小儿云：“学语春莺啭，书窗秋雁斜。”尚不失晚唐。既改云：“学语啭春鸟，涂窗行暮鸦。”虽骨力稍苍，而风神顿失，可谓愈工愈拙。②

胡应麟以杜诗和黄庭坚比较，是表明诗歌技巧把握的好坏，以及对话语格调的处理，与风神有极其密切的关系。另一方面谈到音声层面的蕴涵与“风神”“神韵”的关系。

律诗全在音节，格调风神尽具音节中。李、何相驳书，大半论此。

---

① 胡应麟：《诗薮》内编卷五，第100页。

② 同上书，第102页。

所谓俊亮沉着,金石鞞铎等喻,皆是物也。①

这样,"格调"层面和"神韵"层面就合二为一了,诗歌文本基本还原成一个具有内在生机和外在审美规定性的艺术整体。以此论诗歌变化发展,也就准确得多。

五　胡应麟论诗术语与"诗变"新发现的意义

胡应麟论"诗变",对不同时代和不同诗体所使用的术语不同,其实是视角有别。他的用意是要找到符合时代文本的论析角度和批评方法。比如论古诗、乐府诸体,注重通过文、质的分析来进行质量评价。论歌行以"畅"作为其本质特征,其间涉及风神、才气、气骨、气概、音节、情致、大而化等话语组合。如以"气雄"论魏;以"词工"论晋;以"韵"论汉宋之离等,而又言这几个时代的诗体,因气、词、韵超汉或不及汉,用意在于说明汉诗无意于此三类追求,故而汉诗质朴。显然,这种比较方法是从诗史视点论析一代诗歌、一体诗歌的优长与不足,颇值得借鉴。

胡氏论"变"涉及诗歌活动和诗学活动的这样一些方面:体、格、语、调、势、才、悟、兴象、风神、神韵、气骨、造诣、杂、事理、兴寄、入化、笔力、情致、气概、气运、情景、精严、美善、气象、气韵、大、中正、斤两、清、性情等术语。在上述30个语词中,大致可分为五类:属于创作方面的;属于文本品质和风格方面的;属于接受方面的;属于主体素质方面的;属于方法论方面的。从这五个角度,我们看到,胡应麟的诗论内容已经较为全面地涉及文学发展变化的基本方面。又能对不同时代、不同诗体的诗歌运用与之相适应的诗学术语进行分析评判,这对于发现文本的现实和作者的审美习惯,以便于准确发现一代或一人之作的独特性,无疑具有较大的可能

① 胡应麟:《诗薮》内编卷五,第103页。

性。其论“变”也就具有较大的可靠性。

在上述三十余个术语中，虽然大多数已经被其他复古论者所使用，但在胡应麟的诗学论著中，最为突出者，当属悟、兴象、风神、神韵、情景、中正、性情、气韵等。从此我们看到的不仅是格调论术语的改变，格调论话语范式的变易，而是格调论理论内容和思想方法的重大改变。与旧有格调论相比，既不是单纯重声律格调等诗体方面，也不是王世贞后期那样把主体的才思引入格调论，胡应麟的这几个范畴，涵盖社会生活、主体条件、文本品质和整体风貌等方面，是话语内涵和话语方法的革命性改造，而且在诣绝穷微上面，达到了相当的深度；就广度言，已经改变了此前格调论在比较中用一个层面、一把尺子、同样的术语和方法套路论各代诗歌的笼统做法，其间由于代有差异，又人各不同，自然出现穿凿附会，牵强之处多多。通观胡应麟的诗论著作，正因为他能对不同时代，不同诗人诗作，在格调论的大范围内，运用不同的范畴去分析、发现、评判，确立一个时代，一个作者，一首诗歌的不同特质，所以能够发现诗歌发展变化的规律。比如其评唐诗，运用情景、兴象、风神、气韵、造诣、性情等术语，就易于发现唐诗不同时期的审美特点。对不同体制的诗歌，他的视角、尺度、话语也各不相同。《诗薮内编》论各体诗歌，也是运用符合时代和文本实际的话语和话语方法，既发现了某体诗歌的共性特点和在不同时期的个性特征，又在不同诗人的文本里发现多姿多彩的面貌。这样做，自然能于其中发现诗体变化规律。

胡氏的这些术语，表明复古主义诗学已经对当时杂语喧哗的文化价值观做进一步的整合。悟、兴象、风神、神韵、情景、性灵这些概念，在明代，自然首先不属于复古论者，明显为“师心”和“性灵”一派的专用话语。胡氏在诗歌分析中整合这些理论观念，就使得古代诗歌和诗人研究在更加符合文学活动实际的同时，诗歌诗人研究质量也产生了飞跃。这对于中国古代诗歌研究价值体系和评价范式的形成，亦同样具有意义。

胡应麟论诗歌之“变”，还注意发掘诗歌变化的原因。一是文关气运，不以人力。二是不同作家群体的作用：包括家族群体、地域群体、职业诗群、时代诗群（大历十才子）、女性群体、观念群体。三是政治、制度和文化的作用，历代统治者的提倡、科考等。四是时代风习。

从以上论述可知，胡应麟标举理想范型，树立“本色”意识，为诗歌流变确立参照，以分清“正”“变”及其互相更替变化的轨迹，这无疑是对复古论诗学和“诗变”论做了初步总结和新的开拓。

罗根泽与古代文论研究新理念

——兼与郭著文学批评史比较[1]

郑 伟[2]

[摘要] 罗著文学批评史代表了异乎郭著的古代文论研究的新理念。较之郭著的观念史演绎倾向与西学指导下的批判立场，罗著对古代文论持有一种同情的态度，注重发掘古人"意识的隐藏"，体察"其所以然"的"时代意识"与思想逻辑，瞩目于古代文学观念参与历史进程的效果，以及指导"将来文学"的借鉴价值，这点意念之光照亮了中国文化诗学的现代源头。

[关键词] 罗根泽 整理国故 中国文学批评史 "真好" 文化诗学

在1920年代，罗根泽和郭绍虞等先生共同创立中国古代文论学科，他们分别代表了古代文论研究的两种学术理念，也体现了当时"整理国故"运动对待传统文化的两个面向。郭先生主要以西方进化论逻辑和审美自律性思想来考察梳理中国古代文学批评史，表现出强烈的观念演绎的色彩与激进主义的倾向；罗先生则志在做一个"真好"的研究家，"把中国还给中国，把一个时代还给一个时代"[3]，并试图从传统中寻得现代

---

① 教育部人文社科基金青年项目"《毛诗大序》接受史研究"（项目号09YJC751055）；国家社科基金青年项目"郑玄诗学及其范式意义研究"（项目号11CZW007）。

② 郑伟，北京师范大学文学博士，山西大学文学院副教授，北京师范大学文艺学研究中心兼职研究员，主要从事古代经学与文论的研究工作。

③ 朱自清《诗文评的发展》评罗著文学批评史语，《朱自清中国古典文学论文集》下册，上海古籍出版社，1981年。

价值以指导“将来文学”。回顾百年中国古代文论研究史，无疑当属郭绍虞的影响最为深远。当20世纪90年代学界抱怨民族精神丧失，主张更新古代文论研究理念，谋求现代性转换的时候，应当说学人对观念演绎与西化倾向之局限的体察是相当深刻的。也正是在这样的背景下，有学者开始提倡“文化诗学”的理念。但是大抵要从西方新历史主义那里寻找依据，很少注意到罗著文学批评史确乎照亮了中国文化诗学的现代源头。

一

在20世纪二三十年代，中国学术界出现了古代文学批评史研究的兴盛局面。这种盛况与“整理国故”运动的关系，是显而易见的。[①] “文学批评”本身就是一个具有强烈的“整理国故”色彩的名词。它以前叫做“诗文评”，之所以换成这个新鲜的名字，罗根泽先生解释说：

> 按“文学批评”是英文 Literary Criticism 的译语。Criticism 的原来的意思是裁判，后来冠以 Literary 为文学裁判，又有文学裁判引申到文学裁判的理论及文学的理论。文学裁判的理论就是批评原理，或者说是批评理论。……我们研究文学批评的目的，就批评而言，固在于了解批评者的批评，而尤在于获得批评的原理；就文学而言，固在于藉批评者的批评，以透视过去文学，而尤在于获得批评原理与文学原理，以指导将来文学。所以我们不能只着眼于狭义的文学批评的文学裁判，而必须着眼于广义的文学批评的文学裁判及批评理论与文学理论。[②]

批评家的任务是行使“裁判”的职能，较量短长而取其优，即胡适所谓

① 刘绍瑾：《整理国故与中国古代文论研究的兴盛》，载《学术研究》2001年第8期。

② 罗根泽：《中国文学批评史》，上海古籍出版社，2003年，第5、7页。

“评判的态度”。[1] 罗根泽本是“古史辨”派的代表人物，因而事实上也属于胡适领导“整理国故”运动的阵营。“整理国故”诸子不满意于五四之后多数人的精神气力转入政治一途，认为新文化运动乃是一项未竟的事业。既然他们否定了“多谈些主义”的出路，那么从古代学术史内部洞穿封建观念得以建立起来的思想逻辑，便是学者型思想家们想要继续承担思想启蒙的主题，所必当从事的正职了。不过这一次在“打鬼捉妖”、证明国故“也不过如此”的同时，多少还带有一点传承民族文化的意味，确切地讲，是以科学的精神烛清旧思想观念的虚伪面目，同时将那些被遮蔽或边缘的文化因素发掘出来，赋予其承接、导引现代性理想的真价值。正是在这个意义上，胡适才称“有系统和带批评性的整理国故——是‘中国文艺复兴运动’中的一个部门”[2]。他显然意识到，“整理国故”延续了前期新文化运动的基本价值观，并从学理上对前期的激进主义态度做出修正。

罗根泽规定文学批评史研究的两项任务与“整理国故，再造文明”的主张同一旨趣。具体说来，狭义的批评史研究“在于藉批评者的批评，以透视过去文学”。联系当时诸如“中国文学不发达的原因”之类的提问，则狭义的批评史研究重在肃清古代正统文学观念的消极影响，体现了“整理国故”运动的激进主义面向。广义的批评史研究“在于获得批评原理与文学原理，以指导将来文学”，这意味着将要转换古代传统中的某些积极因素作为承接现代文艺观念的根基——此为“中国文艺复兴”的必然之义。以上两种划分大致上涵盖了古代文论学科创立之初的两种基本的研究思路，它还暗示了二者之间能够相互沟通的内在价值。如果说古代文学思想不是铁板一块的话，那么“整理国故”也就意味着在古代文学批评史内部进行一种差异化的评判。

---

① 胡适：《新思潮的意义》，《新青年》1919 年第 7 卷第 1 号。

② 唐德刚译注：《胡适口述自传》，引自耿云志编《现代学术史上的胡适》，三联书店，1993 年，第 113 页。

二

按照罗根泽的划分，陈钟凡和郭绍虞可以归到狭义批评史研究家的行列，因为从他们整理国故的性质来看，乃在于“藉批评家的批评以透视过去文学”，在他们的进化论视野中，中国古代文论尤其是封建正统文学观念主要是作为消极的因素而存在的。

陈钟凡《中国文学批评史·自序》尝云：“1921 年 8 月至 1924 年 11 月，任东南大学国文系主任兼教授，对当时的学衡派盲目复古表示不满，乃编国文丛刊，主张用科学方法整理国故。”①东南大学是学衡派的大本营，主张发掘儒学的道德精神，作为承接西方新人文主义思想的能动因素。陈钟凡处在保守主义的阵营之中，对“学衡派”的复古思想表示不满，因而他重点批判了儒家的文艺观念。在他看来，只有南朝的“缘情绮靡”文论才能得文学的真义，至于儒家的诗教说，则认为“言诗之功用有裨于政教，则纯属道德的批评”，“盖儒家重伦理，故每以政教眼光衡量一切艺文，不知文学本身自有其价值也”。②

值得注意的是，郭绍虞本是文学研究会的创始人，向来提倡文学改良社会的功用，然而郭著批评史却坚持文学的审美自律性。这种两相异趋的倾向，适可证明郭先生原本不打算从古典传统中寻找“人生派”文学理论的依据。郭绍虞在 1920 年代撰写了多篇文章，集中阐释了他对古代文论的核心范畴如文与道、神与气、文笔与诗笔进行整理的结果，基本上给出了后来写作《中国文学批评史》上卷的理论框架。其中说：“中国文学批评中的主要问题，不是乌烟瘴气闹什么‘文以载道’的说法，便是玄之又玄玩一些论神论气的把戏，前者是儒家思想之发挥，后者是道家思想之影

① 陈钟凡：《中国文学批评史·自序》，中华书局，1927 年。

② 同上书，第 10—11 页。

响。这两家思想在中国文学批评史上竟产生了这样大的影响。”[①]颇有一些急于将整理好的国故“送进封建博物院”的意味。因为郭绍虞“只想从文学批评史以印证文学史,以解决文学史上的许多问题”[②],所以,儒、道思想也就在根本上成了“这疮痍满体的中国文学”的元凶。

可能是受了陈钟凡的启发,郭绍虞“以文学观念的演进为中心”来安排《中国文学批评史》上卷的编写体例,提出“杂文学”与“纯文学”二分的观念。他也认为儒家“尚用轻文,重道轻艺,而文学遂丧失其独立性”,“有时且足以摧残文学之生命”;只有魏晋南北朝的“文笔之辨”“离开传统思想而趋于正确”。[③] 当郭绍虞运用进化论原理来勾勒古代文学观念演进之轨迹,而将魏晋南北朝认定为“离开传统思想而趋于正确”的时候,实际上是为自己的写作划定了一个封闭的圆圈。郭绍虞主要是以古代正统的诗文评作为研究对象的,他将古代文学批评史分为三个时期:从周秦到南北朝是文学观念“由混而晰”的演进期;从隋唐到北宋是文学观念“由晰而返于混”的复古期;南宋以后没有新的文学观念出现,只是对此前某种文学观念的调整与完善,是为文学批评的完成期。这种黑格尔式的进化论模型,固然有助于他看清古代文学批评史螺旋式上升的轨迹,但是也带有先天的弊病——它假定事物的发展乃是由内在矛盾支配下的否定之否定的过程,由此将研究对象和研究视野紧紧限制在事物所属的那个“种”的范围之内,并试图从中抽绎出某种一成不变的“合乎自身规律的发展脉络”。郭著文学批评史的写作受到黑格尔唯心辩证法的影响,是毋庸置疑的,主要表现在未能很好地照顾到历史与逻辑的统一,比如他没有深入到社会历史条件和文学哲学的层面研究文学观念及其变迁的原因,另外它对南宋以来兴起的词论、曲论和小说评点显然也缺乏必要的关照。

---

① 郭绍虞:《中国文学批评史上之“神”“气”说》,《小说月报》1927 年第 19 卷 1 号。
② 郭绍虞:《中国文学批评史 · 自序》,百花文艺出版社,1999 年。
③ 同上书,第 10、17 页。

三

罗根泽将自己定位于广义的文学批评史研究家的行列，是要“获得批评原理与文学原理，以指导将来文学”的。罗著文学批评史说，这种“求好”的研究也应当建立在“求真”的基础之上。《中国文学批评史·论史家之责任》云：

> 一是纯粹的史学家说，谓历史的责任是记述过去。一是功利主义的史学家说，谓历史的责任不仅在记述过去，还要指导将来，就是所谓“以古为鉴”。惟其独重记述过去，所以偏于“求真”。惟其兼重指导将来，所以偏于“求好”。这是一般的分别。实则“求好”亦须植基于“求真”；否则所求之“好”，不是“真好”。

罗根泽意图做一个“真好”的历史学家，他对“求真”与“求好”以及二者关系的理解，指导形成了异乎郭著的新的学术范式。这使得罗根泽仅凭半部《中国文学批评史》就足以博得大师的声誉。

第一，所谓“求真”，乃是“祛除阴阳偏私之见，存历史事实之真”。[①]这个立场要求尊重历史过程中的“实存”，而不是仅从当下的价值出发过分地剪裁史料。这就是说，罗著批评史的研究对象是由历史自身所给定的，众所周知，“雨亭(罗根泽字)之书，以材料丰富著称，他不是先有了公式然后去搜集材料的”[②]。首先，罗根泽恰如其分地选择了一种“折中义”的文学观念，由此将乐府观念、词论、戏曲理论、小说评论乃至佛殿的翻译理论囊括在论述的范围内，给予同等的尊重。其次他用了大半的篇幅来论述魏晋南北朝的“音律说”和“佛经翻译论”、隋唐五代的“诗的对偶及

① 罗根泽:《中国文学批评史》，第20—21页。

② 郭绍虞序，见罗根泽《中国文学批评史》第三册，上海古籍出版社，1984年。

作法”、晚唐五代的“诗格”与“诗句图”。这些常常为今人所忽视的文学现象,在罗根泽看来因为指导了当时的文学创作,却是值得大书一笔的。与罗根泽不同,郭著批评史基本不离诗文评的论述范围,重在肃清儒、道文学思想的消极影响,“不免受到不能割爱之处”,“幅员未免过窄”。①

第二,所谓“历史事实之真”,又是指历史上真实存在过的思想观念。这些观念可以分出是非,却无价值之高下,它们作为时代精神的所寄本身便具有充足的价值。罗根泽举《诗经》学的例子说,文学史研究为了“探述文学真象”,也就不可采用汉儒美刺说的错误观点;但是批评史研究不能忽视它的存在,“一则美刺说是一种解释的批评,既有这种批评,则文学批评史为探述文学批评真象,便不能不叙。二则解释的错误,虽似不可饶恕,创说的价值究竟不可泯灭。……白居易的作新乐府则确是采取美刺方法,所以也不应不叙”②。这也是和郭绍虞“只想从文学批评史上印证文学史”的思路所不同的。在郭著里面,白居易继承汉儒美刺讽喻观念,“必欲以止乎礼义之标准以衡诗,则诗国之疆域狭矣”③。

罗根泽认为文学史应当与批评史区分开来,实际上他指出批评史乃是属于广义的思想文化史的研究领域,不同于郭绍虞指认其属于狭义的文学研究的范围。一般说来,以文学的眼光来研究古代文学批评史,重在辨认批评观念与文学真象相符合的程度,而思想文化史研究则瞩目于某种批评观念参与历史进程的效果。如罗根泽所暗示的,汉儒的美刺观念虽然不符合诗歌的原意,但它确实对唐代新乐府运动产生过真实的影响,也就构成了历史延续性的一环。罗根泽是“古史辨”派的代表,然则他对文学史与批评史研究作出的区分,已然透露出他将要在“疑古”立场与“了解之同情”态度之间寻求调试的心理预期。如果说郭绍虞体现了“整

---

① 朱自清:《诗文评的发展》,《朱自清中国古典文学论文集》下册。

② 罗根泽:《中国文学批评史》,第11—12页。

③ 郭绍虞:《中国文学批评史》,第190页。

理国故”之激进主义的一个面向的话，那么，罗根泽则从学理上提示人们，西学涌动下的历史依然有赖于传统而得到延续。

第三，“求真”还意味着采取一种阐释的态度，对研究对象之所以然作出合理的解说。《中国文学批评史·论历史的隐藏》说，历史的真相往往由于史料缺失与“时代意识”的遮蔽而被隐藏起来了，因此研究家应当“以意推其变”，合乎情理地还原出它应当如此的真相，透视古人立言“其所以然”的思想逻辑。在这里，所谓“真”乃是表象之下的各种由头，是事物之所以然的真实推手，它隐藏起来有待于批评家去发掘。《论历史的隐藏》接着说：

> 譬如“五四”之前的文学观念是载道的，由是《关雎》便是“后妃之德也”。“五四”以后的文学观念是缘情的，由是《汉广》便是孔子调戏处女的证据。……“五四”的学者，因为时移事改，知道了古人之以传统的载道观念曲解历史，却不知自己正作曲解历史的工作；不过不依传统的载道观念，而改依“五四”的缘情观念而已。

这里极为深刻地指出文学批评所具有的历史功能，它是时代意识假借批评家之手传播开去的一种手段，也就是说，一种现象或观念的真实性在这里不是取决于它的历史可信度，而在于它和时代意识本身的关联性。在另一方面也就规定了批评家的任务，不能仅从当下的价值出发来过分地批判古人，而应当同情地理解“时移事改”加于古人的思想影响，以及由此带动的批评观念的变化。

罗著批评史发掘“历史的隐藏”，有一套独特的解释系统，是结合地理风土因素、社会历史条件以及批评家的思想世界等方面来对文学现象作出多元的理解。比如根据“地理的自然条件”来解释南北融合对于成就盛唐之音的功绩；结合“历史的时代意识”来理解中唐“以义补国”文学观念的形成；结合儒、法政治哲学来理解两家文学观之差异等，这些常常为人所乐道。较之郭著，二者各有侧重：郭绍虞根据黑格尔式的进化逻辑与西方纯文学观念来评判古代文学观念史，观察出儒、道文论之消极的性质；

而罗根泽认真体察古代文论之所从出的文化立场与思想逻辑。这样,不仅“把中国还给中国,把一个时代还给一个时代”,而且提供了看待传统的另外一种方式。在他这里,原委既明,则传统之是非自现,它的价值不能衡以某种外在的标准,只能取决于它在新的历史条件下是否具有某种有用性。

第四,所谓“真好”,就是要在“存历史之真”的基础上,挖掘古代文学批评理论的借鉴意义,以指导未来的文学创作。这一点“求好”的动机埋藏得很深,不过还是能够找出一些关键的证据。首先,罗著批评史对魏晋南北朝“文学含义的净化”与“文学价值的提举”作出了一种中性的处理。虽则他十分深刻地理解了审美自律性的现代文艺思想,但是采取“折中义”的论述标准。在他看来,纯文学观念作为多种“社会学术因素”的际会,虽然值得大书一笔,却并不具备价值上的优先性。与此相反,按照他的意思,儒家的功利主义态度其实是情有可原的,不过,如汉儒一般的狭隘也就“汩没了诗的真义”了。在《两汉文学批评史》一编中,罗根泽时不时地提示人们注意功利主义的界限问题。他说周秦诸子“仅是站在功利的观点,使诗具有了文学以外的价值。……汉代便不同了,它使每一首诗都有了圣道王功的奇迹”;孔孟说诗“究竟只是一种引证的作用……在秦汉,则‘子云’的势力绝不敢与‘诗云’的势力对抗”;“自然啦,《诗经》是有刺诗的,所以以美刺说诗,也不是完全无根据,也不是完全错误。但每一首诗都替它加上美刺的作用,而加上的美刺都以圣道王功为准绳,则《诗经》中的诗得到了‘不虞之誉’,同时也背了‘不白之冤’”。这里明显是为功利主义文学观作辩护的,他提倡一种“以义补国”的“人生文学”,反对狭隘的极端的功利主义。

最突出的表现当属他在两汉时代拨得王充,在隋唐五代拔得白居易。看罗根泽对二人的评价,充满了热情的赞许。他说:“我们的批评家王充,是时代的反抗者,他受了经学家尚用的激动,使他反而尚文;但他所尚之文,不似辞赋家的唯美之文。他受了辞赋家尚文的激动,使他又反而尚用；但他所尚之用，也不似经学家的迂阔之用。”①又说：“元更重诗的声韵之美，也不是不计及诗的社会使命。……很坦白的说是在利用乐府的体裁，制作社会的诗歌。”②罗根泽曾经附带地提起，中国的文学“批评”一词应当改名为“评论”，因为古人并不重视对过去文学的裁判，而是阐发自己的理论“跑在创作之前而领导创作”的。③

总之，重视文学批评理论的指导性，是罗根泽对古代批评家的基本评价，也是他自己从事批评史研究的落脚点，所以他竟然用了那么大的篇幅来论述今人以为琐碎的“声律”说、“诗格”与“诗句图”等问题，并且也自觉地在“存历史之真”的前提下暗自融进他对新文学建设理路的思考。

结　语

以上我们通过对郭著和罗著批评史的对比分析，指出了中国古代文学批评史观念的建构逻辑及诸特征。就其影响而言，自然是郭著批评史更为深远。朱自清公正地指出：“‘文学批评’一语不用说是舶来的。现在学术界的趋势，往往以西方观念为范围去选择中国的问题；姑无论将来是好是坏，这已经是不可避免的事实。”④这里主要是就郭著批评史之“纯文学”与“杂文学”二分的观念而言的，其所忧虑的那种“以西方观念来选择中国问题”的趋势也一直延续了下来，观念史的批评模式不断出现新的变种，以西释中的研究曾经辉煌一时。客观地讲，这种方式有助于我们重新认识古代文论的某些特征或问题，也产生过一批相当重要的学术成果，还将是今后学术研究的一个基本路数。但在另一个方面，观念史演绎与西化倾向带来的弊端也是显而易见的。在 20 世纪 90 年代，学界抱怨传

① 罗根泽：《中国文学批评史》，第 108 页。

② 同上书，第 366 页。

③ 同上书，第 8—11 页。

④ 朱自清：《评郭绍虞〈中国文学批评史〉上卷》，《朱自清中国古典文学论文集》下册。

统文化精神的丧失，并谋求更新古代文论研究范式的时候，便已充分地证明了这一点。也正是在这样的背景之下，有学者开始提倡“文化诗学”的研究理念。如果我们不是将古代文论视为纯粹的知识话语，而是充分理解其意识形态话语建构的性质，深刻体察古人言论之所从出的思想逻辑与文化立场，采取对话交流的态度从阐释中转出一股活的生命精神，这样，古人的意义世界亦能为我们今人所同情性地体验到，真正的“效果历史”也就产生了。在这个意义讲，“古代文论的现代转换”只能存在于接受史的效应之中，在“视野融合”的时刻，古人的精神在接受者心中留下一段印记。这样看来，虽然罗根泽的文学批评史研究还算不得是严格意义上的文化诗学，但他同情性地理解古人的态度，感受文学传统之生命能量，发掘古人“意识的隐藏”，体察其所以然的“时代意识”与思想逻辑，瞩目文学观念参与历史进程的效果等，这点意念之光确乎照亮了中国文化诗学的现代源头。

20 世纪中国文艺研究

胡适、周作人与中国抒情传统论[①]

徐　承[②]

[摘要]　原始的抒情传统论脱胎于现代文学革命的现场，正是西方文艺现代性思潮的输入，导引甚至塑造了关于中国文学史中存在有连续的抒情传统之说。胡适的文学正统论和周作人的"诗言志"源流说拓出了一个文学史的研究方向，其后朱自清、闻一多、林庚，乃至陈世骧对抒情传统的越来越清晰的阐说，或多或少以西方现代文学——主要是浪漫主义——的标准反向构建中国古代文学史，使之呈现出单向度的历史轨迹。而其思想方法的源头，应该从胡适与周作人这里寻找。

[关键词]　胡适　周作人　海外华人　抒情传统　新文学运动　诗言志

由美国华人学者陈世骧、高友工创始，后继者分布于美国、新加坡、中国台湾、中国香港等地的海外华人"中国抒情传统学派"，近年在王德威、陈国球等学者的推广下，影响逐渐向中国大陆扩展。[③] 笔者近年梳理该学派所由产生的前史，发现抒情传统论早在中国文学现代化进程的初期就已初现端倪。耐人寻味的是，原始的抒情传统论脱胎于现代文学

---

① 本文系国家社会科学基金青年项目"比较文学视野下的海外华人'中国抒情传统学派'研究"(10CZW052)、浙江省哲学社会科学规划青年课题"海外华人学者之'中国抒情传统学派'史述"(09CGZW005YBQ)的阶段性成果。

② 徐承，浙江长兴人，文艺学博士、美学博士后，杭州师范大学艺术教育研究院副研究员，主要从事比较美学与海外汉学研究。

③ 该学派的基本学术立场，是把"抒情传统"视为中国古代艺术文化发展的主流，力图以此为线索重建中国美学史甚或文学艺术史。所谓"抒情传统"，是指中国古代艺术文化在发展过程中，形成了一个以抒情诗的文化理想为典范的美学传统。

革命的现场,正是西方文艺现代性思潮的输入,导引甚至塑造了关于中国文学史中存在有连续的抒情传统之说。这一史实可以作为质疑抒情传统论之客观性的一个起点。本文考察中国文学现代化进程中五四新文学运动这一关键时期的两位标志性人物——胡适与周作人的文学思想,尤其是他们的中国文学史观,以期发现中国抒情传统论与新文学运动之间隐在的思想关联。

一　胡适的"活文学"观与文学正统论

1917年年初,《新青年》先后发表胡适的《文学改良刍议》与陈独秀的《文学革命论》等文章,掀起了中国现代文学史上具有划时代意义的新文学运动。其中,陈独秀的《文学革命论》倡导"建设平易的抒情的国民文学",并几次三番对举使用"抒情写事""抒情写世""抒情写实",表明王国维对"抒情"一词的新用法此时已获中国学界通用,此"抒情"即为明确的与叙事文体对立的用于表现主体情感的诗性文体。胡适1918年发表于《新青年》的《建设的文学革命论》一文中对中国古典文学所作的文体分类,同样具有后王国维时代的意义:

> 中国文学……以体裁而论……韵文只有抒情诗,绝少纪事诗,长篇诗更不曾有过。[①]

这一论述将抒情诗与纪事诗、长篇诗对立,对西方文体分类办法的袭用已经让人感觉非常自然甚至理所当然。而其表达的比较文学观念,承认了中国文学在叙事体裁方面的落后,也与王国维比较接近。

再来细察胡适的文学思想。胡适的《文学改良刍议》如战斗檄文一般提出了新文学革命的八条纲领性主张:"一曰,须言之有物。二曰,不摹仿

① 胡适:《胡适文集》第2卷,北京大学出版社,1998年,第55页。

古人。三曰，须讲求文法。四曰，不作无病之呻吟。五曰，务去烂调套语。六曰，不用典。七曰，不讲对仗。八曰，不避俗字俗语。”（第6页）其中第一条“须言之有物”下陈述了情感之于文学的重要性：

吾所谓“物”，约有二事：（一）情感。《诗序》曰：“情动于中而形诸言。言之不足，故嗟叹之。嗟叹之不足，故咏歌之。咏歌之不足，不知手之舞之，足之蹈之也。”此吾所谓情感也。情感者，文学之灵魂。文学而无情感，如人之无魂，木偶而已，行尸走肉而已（今人所谓“美感”者，亦情感之一也）。（二）思想。……质者何？情与思二者而已。（第6—7页）

在《建设的文学革命论》中，胡适又提出：

一切语言文字的作用在于达意表情；达意达得妙，表情表得好，便是文学。（第46页）

胡适对情感在文学中的作用的推重，似不亚于王国维，甚至直追后期梁启超。然而他对中国古代文学又持什么态度呢？

倡导“全盘西化”的胡适当然对中国古代文学不会有很高的评价，他反复表示：“中国文学的方法实在不完备，不够作我们的模范。……西洋的文学方法，比我们的文学，实在完备得多，高明得多，不可不取例。”（第55—56页）这一中西比较的文学评价，要求取例西洋文学方法以改革中国落后的旧文学，其态势似乎又回到了梁启超倡导晚清文学革命的时代。但胡适毕竟是新式文人，系统的西学训练使他在中国文学研究领域有可能做出比旧式文人更为夺目的成就，从而产生更为广泛的影响。

胡适常以龚自珍的诗句“但开风气不为师”自况，在中国文学史研究方面，胡适也是开风气者。众所周知，晚清学人对古典文学的探讨，形式上仍以点评或散论为主。民国建立以后学者渐始以成熟的西方现代学术方法对古典文学的统绪进行考察与总结。骆玉明指出：“‘民国’者，本是中国历史上没有过的东西，是‘西化’的产物。”[①]顺理成章地，以系统性、逻辑性、普遍性为主要特征的西方“学术研究”方法也在民国时期渐为中国学者所熟练掌握并获通用。胡适的《白话文学史》(新月书店，1928)便是民国早期最有代表性的采用西学范式的中国文学史著作。在这部只完成了上卷的学术著作中，胡适把浩繁的符合西方“文学”观念的中国古代文字材料归约为两个互为对立的类型——“白话文学”和“古文文学”，其中，“白话文学”被认为是进步的、富有生命活力和创造力的，“古文文学”被认为是落后的、僵死的，中国文学史即被视为这两条路线相互争斗并终将由前者通过“自然的演进”乃至人为的“革命”战胜并取代后者的历史进化过程。[②] 这一简单的历史进化论思维曾饱受诟病，今天已不再为大多数学者所认可，其内容也通常不被作为信史采用。但胡适当年写作《白话文学史》实有其文学运动的现实背景，黎锦熙称其含有“托古改制”的意味，说明胡对文学历史的研判主要出于“新文学革命”的现实考量，偏离史实乃是其“革命”的目标过于鲜明、单一所致。这一点其实与晚清文学革命的倡导者没有实质性的差别。

那么，胡适及其朋辈的“新文学革命”的中心目标究竟是什么呢？他在20世纪30年代回顾、总结新文学运动时所写的《中国新文学运动小史》中指出：“现在我们可以叙述中国新文学运动的理论了。简单说来，我们的中心理论只有两个：一个是我们要建立一种‘活的文学’，一个是我们要建立一种‘人的文学’。前一个理论是文字工具的革新，后一种是文学内容的革新。中国新文学运动的一切理论都可以包括在这两个中心思想的里面。”[③]关于“人的文学”，我们在稍后论周作人一节中再展开论述，这

---

① 骆玉明：《关于胡适的〈白话文学史〉》，胡适：《白话文学史》，上海古籍出版社，1999年，第3页。

② 在胡适看来，革命是对自然演进的正面推动，所以，现代文学革命是顺应古代白话文学自然演进趋势的有意识的促进。他说：“历史进化有两种：一种是完全自然的演化；一种是顺着自然的趋势，加上人力的督促。前者可叫做演进，后者可叫做革命。……其实革命不过是人力在那自然演进的缓步徐行的历程上，有意的加上了一鞭。”(同上书，第4页)

③ 胡适：《胡适文集》第1卷，北京大学出版社，1998年，第124页。

里先分析胡适“活的文学”的观念。

胡适自述：“1915年夏季……这时候我已承认白话是活文字，古文是半死的文字。……9月20日，我离开绮色佳，转学到纽约去进哥伦比亚大学……1916年……我已仿佛认识了中国文学问题的性质。……文字形式是文学的工具；工具不适用，如何能达意表情？从2月到3月，我的思想上起了一个根本的新觉悟。我曾彻底想过：一部中国文学史只是一部文字形式（工具）新陈代谢的历史，只是‘活文学’随时起来替代了‘死文学’的历史。文学的生命全靠能用一个时代的活的工具，来表现一个时代的情感与思想。工具僵化了，必须另换新的，活的，这就是‘文学革命’。”① 这段话表达了胡适“活的文学”观念所由形成的两个要点：第一，文字形式是文学的工具；第二，活的文字工具造就的活的文学将实现新旧更替的文学革命。查考胡适留美的时间表，可以发现，1915至1916年确实是他思想的重要转折期，他的“新觉悟”的产生与他求学经历的转变极其相关。出于对实验主义哲学大师杜威的向往，胡适于1915年9月由康奈尔大学转学至哥伦比亚大学，师从杜威学习哲学。② 此时杜威的工具主义思想已经在美国学界引起极大反响，胡适认为“文字形式是文学的工具”显然是受此派思想的影响。而杜威在1916年出版了《民主与教育》，该书开篇便陈述了他关于经验的活体进化论思想：“生物体无法胜任无限期自我更新的重任，一段时间之后它们就会屈服而死亡。但是生命过程的延续并不依靠任何单一个体的生存的延长，其他生物的繁殖依然生生不息。尽管地质研究表明，不仅是个体而且连物种也会消亡，但生命过程却总在更加复杂的生物形态中延续下去。当一些物种因无法战胜障碍而灭绝，就会

① 胡适：《胡适文集》第1卷，第143—146页。

② 胡适在转学哥伦比亚大学以前就已经开始系统阅读杜威的著作。胡适自述：“杜威教授当然更是对我有终身影响的学者之一。在我进哥伦比亚之前，我已读过约翰·杜威、查理·皮尔士和威廉·詹姆士等实验主义大师的著作。……在聆听这些批杜的讨论和为着参加康大批杜的讨论而潜心阅读些杜派之书以后，我对杜威和杜派哲学渐渐地发生了兴趣，因而我尽可能多读实验主义的书籍。在1915年的暑假，我对实验主义作了一番有系统的阅读和研究之后，我决定转学哥大去向杜威学习哲学。”（同上书，第263页）

有能够更好地适应、利用这些障碍的物种继起。……我们在同样丰富的意义上使用‘经验’一词。通过更新而延续的原则既适用于纯粹生理意义上的生命，也同样适用于‘经验’。”①胡适此时刚转为杜威的学生，一定仔细阅读了老师这本新著的书稿，并充分汲取了“活的经验”的进化论思想。《白话文学史》中所说“‘古文传统史’……乃是死文学的历史；我们讲的白话文学史……乃是活文学的历史。……国语文学的进化，在中国近代文学史上，是最重要的中心部分。换句话说，这一千多年中国文学史是古文文学的末路史，是白话文学的发达史”②，正是杜威的经验进化论在中国文学史研究领域中的具体应用。

于是，在杜威的工具主义哲学和“活的经验”思想的影响下，胡适形成了白话文学、平民文学是活的文学，是最善于“表情达意”、最能够“表现一个时代的情感与思想”的文学史观。不仅如此，他还要为白话文学树立正统地位，他说：

> 从文学史的趋势上承认白话文学为“正宗”。这就是正式否认骈文古文律诗古诗是“正宗”。这是推翻向来的正统，重新建立中国文学史上的正统。③

要在中国文学史上树立一支正统，这一思维方式，后世抒情传统论者与他如出一辙。但令人颇觉吊诡的是，尽管胡适对待文学的基本看法接近一种情感表现的工具论——这一点与后期梁启超初看相似，但他认为最善于“表情达意”、最能够“表现一个时代的情感与思想”的文学是白话文学、平民文学，而非骈文、古文、律诗、古诗等文人文学。这一取向，却又与后世抒情传统论者南辕北辙。在抒情传统论者眼中，文人化的古诗尤其是律诗才是最为典型的抒情文学，而这些文学根深蒂固的“贵族趣味”

---

① John Dewey, *Democracy and Education: An Introduction to the Philosophy of Education*, New York: Macmillan, 1916, p. 1.

② 《白话文学史》，第3页。

③ 同上书，第126页。

以及由此带来的"摹仿古人""讲求文法""用典""对仗"等形式手段，正是胡适的白话文学革命所要反对、革除的腐朽落后之物。

这一奇特的现象背后反映出两个重要事实：其一，后世抒情传统论者所持并非情感表现的工具论，而是一种表现主义与形式主义相综合的美学观。这就是为什么胡适的文学取向与抒情传统论者南辕北辙，而在后期由文学致用主义转向指向个体内在的审美功利主义、对唯美主义持同情态度的梁启超与抒情传统论者在趣味上更为接近的原因所在。其二，对于究竟什么才是真正的"表现情感"或曰"抒情"的文学经验，其实晚清以降的中国学人并没有形成一以贯之的看法，胡适不同于梁启超，梁启超也不完全同于再后来的周作人、朱自清、闻一多、林庚，乃至海外华人中国抒情传统学派。之所以有这种不同，其中很重要的一点在于上述学人皆在西方文艺思想中攫取"抒情"的概念，用于反观中国文学，而事实上即使在西方，"抒情诗"的本质内涵也是随着文艺思潮的变化而变化的。取法的源头不同，实际应用的效果随之更不相同。

二　周作人的"诗言志"源流说与"人的文学"思想

骆玉明指出："在'五四'前后的新文学运动中，主要的理论家除了胡适，当数周作人。他们的意见各有偏重，每有相互补充之处。大抵胡适对语言工具的变革看得最重，而周作人多强调文学所传达的人文精神。与胡适的《文学改良刍议》相对应，周作人有《人的文学》；与胡适的《白话文学史》相对应，周作人有《中国新文学的源流》。"①这段话充分表明了周作人在五四新文学运动中所起到的重要的理论作用。

从抒情传统学派前史的角度看，周作人的《中国新文学的源流》是一

① 《白话文学史》，第 13 页。

本承上启下的重要理论著作。一方面，该书学习胡适《白话文学史》的写法，从中国古代文学中寻找新文学运动的源流，同样把中国文学的发展视为两条不同路线的起伏与斗争，文学革命的种子则被认为隐藏在其中一条更具先进性（胡适索性称之为“正统”）的路线当中；另一方面，该书提出“诗言志”的潮流是代表文学革命先进性的路线，这就为朱自清在《诗言志辨》中辨析中国文学观念由“诗言志”至“诗缘情”的历史演变铺设了前提。

《中国新文学的源流》（人文书店，1932）是周作人对前一阶段新文学运动所作的回溯性的、更进一步的理论说明。受胡适影响，周作人也投身到古代文学中去挖掘新文学革命的历史合法性。当然，他提供了一个与胡适《白话文学史》结构类似而内容不同的中国文学史大纲：

> 文学最先是混在宗教之内的，后来因为性质不同分化了出来。分出之后，在文学的领域内马上又有了两种不同的潮流：
>
> （甲）诗言志——言志派
>
> （乙）文以载道——载道派
>
> 言志之外所以又生出载道派的原因，是因为文学刚从宗教脱出之后，原来的势力尚有一部分保存在文学之内，有些人以为单是言志未免太无聊，于是便主张以文学为工具。再借这工具将另外的更重要的东西——“道”，表现出来。
>
> 这两种潮流的起伏，便造成了中国的文学史。……中国文学始终是两种互相反对的力量起伏着，过去如此，将来也总如此。[①]

周作人的意思是说，中国古代文学的传统有两支，其中提倡“诗言志”的“言志派”是先起的，它以表现创作者自身的思想情感为目的；而提倡“文以载道”的“载道派”则是派生的，它以文学为表现外在的“道”的工具。如胡适般，周作人亦将这两条路线予以鲜明的对立，并将言志派对载

① 周作人：《中国新文学的源流》，华东师范大学出版社，1995年，第17—18页。

道派的反动刻画成古已有之的规律性的文学运动，从而说明新文学革命其来有自：

他们（引者按，指桐城派及其影响下的严复、林纾等人）的基本观念是“载道”，新文学的基本观念是“言志”，二者根本上是立于反对地位的。

我认为凡是载道的文学，都得算作遵命文学，无论其为清代的八股，或桐城派的文章，通是。对这种遵命文学所起的反动，当然是不遵命的革命文学。于是产生了胡适之的所谓“八不主义”，也即是公安派的所谓“独抒性灵，不拘格套”，和“信腕信口，皆成律度”的主张的复活。所以，今次的文学运动，和明末的一次，其根本方向是相同的。①

尽管周作人声称“中国文学始终是两种互相反对的力量起伏着，过去如此，将来也总如此”，但在这两股力量之间，周作人显然把言志派当作正面的文学革命的理想。② 换言之，周作人所理解的文学的本质，在他看来是和“诗言志”这个古老的中国诗学命题相一致的。事实上，《中国新文学的源流》结构上的一个特殊的安排，就是在展开文学史源流叙述之前，先在第一讲中安排了关于文学本质的解说，从而为后文的史述设置了一个前提——言志派的主张符合文学的“普遍”本质：

文学是用美妙的形式，将作者独特的思想和感情传达出来，使看的人能因而得到愉快的一种东西。

---

① 周作人：《中国新文学的源流》，第 49、50—51 页。

② 龚鹏程曾批评这种做法说：“‘五四’新文学运动以后，文学史之写作，不但小说，戏曲、俗文学大举纳入，甚且还要强调文学出于民间。相较于以前，整个文学史论述更要显示它是现代民族国家文学。认为我们对文学可以获得确定的、本质性的整体掌握；而文学整体的动向，则是单向度、决定论式的进化历程。如何进化呢？先进与落后、正确与错误、革命与反动、新生与腐朽等一连串的二元对立等级观念即构作了历史的进化，例如魏晋的自觉，革新了汉儒的腐朽；明七子的复古又被公安派独抒性灵所改革那样，革命者代表了启蒙的价值：理性、自觉、浪漫、个我主体等等。于是一部中国文学史的论述，就变成了对新时代国民意识教育之一环。”龚鹏程：《中国文学史》上册，世界图书出版公司，2009 年，第 2—3 页。

《诗序》上说:“情动于中而形于言,言之不足,故嗟叹之;嗟叹之不足,故咏歌之;咏歌之不足,不知手之舞之,足之蹈之也。”我的意见,说来是无异于这几句话的。文学只有感情没有目的。若必谓为是有目的的,那么也单是以“说出”为目的。……只是很单纯的说出自己的感觉罢了。①

在这两段话中,周作人把《诗大序》中关于“诗言志”的言论与源于西方现代文艺思潮的情感表现自足论等同、融合起来了②,以至于在后文的史述中,“诗言志”被阐释成自古以来便如此的个体情感表现。后来朱自清撰写《诗言志辨》,起因之一便是不满于周作人的这一简单化的文学史处理方法,而寻求在更客观的历史语境下重新考证、辨析“诗言志”在不同时代的含义。此节暂且按下不表,还是先围绕周作人的文艺思想展开阐说:从上引第一句话看,周作人的文学本质观是一种形式与内容相结合的情感表现论。尽管这一文学思想显得过于粗疏,周作人自己也承认这样的定义“失之于太笼统”“人云亦云”③,但毕竟,在中国文学现代化之初,以内容、形式相统一的艺术自足论观点看待文学仍属革命性的思想。周作人似乎接受了王国维以降的艺术自足的文学观,强调:“文学是无用的东西。因为我们所说的文学,只是以表达出作者的思想感情为满足的,此外再无目的之可言。”④事实上,西方的艺术自足论的核心是审美自足论,其所强调的艺术之“无目的”,发展到极端甚至连情感表现的目的也要排除,唯余形式审美作为“无目的的合目的性”。周作人则在亚里士多德“净化”论的意义上保留了文学的“无用之用”,他说:“不过,即这使人聊以快意的一点,也可以算作一种用处的:它能使作者胸怀中的不平因写出

① 周作人:《中国新文学的源流》,第2、13页。

② 无独有偶,前一节所引胡适《文学改良刍议》论述文学需有情感的一段话中,也是援引了《诗大序》中的这段文字来说明什么是文学的情感。

③ 《中国新文学的源流》,第3页。

④ 同上书,第14页。

而得以平息……关于读者所能得到的益处……便是一种祓除作用。”①由此可见，周作人并不赞成“为艺术而艺术”的形式主义，而是倾向于“为人生而艺术”的表现主义——这也是后世抒情传统论者的基本美学立场，尽管周作人在话语表述中常强调他是提倡两派思想之结合的：

> 从来对于艺术的主张，大概可以分作两派：一是艺术派，一是人生派。艺术派的主张……重技工而轻情思，妨碍自己表现的目的，甚至于以人生为艺术而存在，所以觉得不甚妥当。人生派……容易讲到功利里边去，以文艺为伦理的工具，变成一种坛上的说教。正当的解说，是仍以文艺为究极的目的；但这文艺应当通过了著者的情思，与人生有接触。换一句话说，便是著者应当用艺术的方法，表现他对于人生的情思，使读者能得艺术的享乐与人生的解释。这样说来，我们所要求的当然是人生的艺术派的文学。②

从理论上说，艺术派与人生派相结合，其实质仍是人生派的，因为艺术派可以是不作人生导向的形式主义，而人生派却必须在一定艺术形式基础上指点人生，不然也就不成其为文学艺术了。正因如此，周作人话锋一转，到底还是由两相结合的“人生的艺术派”转向了“我相信人生的文学实在是现今中国唯一的需要”③。同时他相信，艺术形式的好坏就在于能否增进有关人生的思想感情的表达，亦即能否更好地“言志”：“因为要言志，所以用白话——我们写文章是想将我们的思想和感情表达出来的。能够将思想和感情多写出一分，文章的艺术分子即加增一分，写出得愈多便愈好。”④

论述至此我们可以明白，周作人之所以将中国文学史勾勒为言志派与载道派的对立式发展，并以一种情感表现自足论来阐释言志派，其根由

---

① 周作人：《中国新文学的源流》，第14页。

② 周作人：《艺术与生活》，河北教育出版社，2002年，第18—19页。

③ 同上书，第19页。

④ 《中国新文学的源流》，第60页。

在于他“为人生而艺术”的文学观念——即所谓“人的文学”。

前一节已经引述过，胡适把新文学运动的中心理论概括为两点：一是“活的文学”，二是“人的文学”。胡适自己的理论论述主要侧重于文字工具的革新，所以全力提倡“活的文学”，而周作人则是“人的文学”的最主要的倡导者。1918 年 12 月，周作人在《新青年》上发表了著名的《人的文学》一文，在这篇被胡适誉为“当时关于改革文学内容的一篇最重要的宣言”“一篇最平实伟大的宣言”的文章中，周作人表明了他——同时代表新文学革命——的人道主义文学立场：

> 我们现在应该提倡的新文学，简单的说一句，是“人的文学”。应该排斥的，便是反对的非人的文学。
>
> 用这人道主义为本，对于人生诸问题，加以记录研究的文字，便谓之人的文学。①

人道主义或曰人文主义思想是西方现代文明的基础。从字面上理解，西文“humanism”的要义在于“以人为本”，这个“人”可以是个体的人，也可以是人类整体，因此从中又可以区分出个人主义和人类中心主义。周作人对人道主义的理解同样考虑到这两层含义：

> 我所说的人道主义，并非世间所谓“悲天悯人”或“博施济众”的慈善主义，乃是一种个人主义的人间本位主义。
>
> 人生的文学是怎么样的呢？……一，这文学是人性的……二，这文学是人类的，也是个人的……原始的文学都是表现一团体的感情的作品……古代的人类的文学，变为阶级的文学；后来阶级的范围逐渐脱去，于是归结到个人的文学，也就是现代的人类的文学了。……这样的大人类主义，正是感情与理性的调和的出产物，也就是我们所要求的人道主义的文学的基调。这人道主义的文学，我们前面

---

① 《艺术与生活》，第 8、12 页。

称他为人生的文学……就是个人以人类之一的资格，用艺术的方法表现个人的感情，代表人类的意志，有影响于人间生活幸福的文学。①

通过个体的情感表现来代表普遍人性，这种人文主义理想已不同于欧洲文艺复兴时期的早期人文主义，而更接近于18、19世纪欧洲浪漫主义文艺思潮的个人主体性思想。就此而言，不妨把周作人看成是一位西方浪漫主义人文理想的传播者。②

周作人当然并非将西方人文主义理想引入中国文学领域的始作俑者。早在王国维就已提出过，中国叙事文学相对西欧叙事文学之幼稚，主要在于不知人格描写为何物。③ 这是中国近现代历史上较早采用西方人文主义思想进行文学批评的案例。五四新文学运动的几位主将几乎全都站在民主主义和人道主义的立场上，他们倡导文学革命的目的，本是为了反对封建道德的训诫与说教，让文学话语权落到更为个体化同时更为广泛化的"国民"身上。④ 但因当时与桐城派古文家及其追随者（吴汝纶、严复、林纾等人）在文学样式问题上展开了论战，故而特别针对其"文以载道"的文学思想大加挞伐，并将"文以载道"说成宣扬封建道德的代名词。如胡适《文学改良刍议》就说："吾国近世文学之大病，在于言之无物。……吾所谓'物'，非古人所谓'文以载道'之说也。吾所谓'物'，约

① 《艺术与生活》，第11、19—23页。

② 龚鹏程曾指出："采汲于西方的观念，是启蒙运动以降之现代意识。此种意识，强调理性精神与人的发现……用在中国文学史上，就是鲁迅描述魏晋是人的醒觉之时代，周作人说要建立人的文学等等。……连小说戏曲都拉出其宗教社会环境之外，朝个别作者抒情言志方向去解释……此外，当时写中国文学史，还深受浪漫主义影响，把'诗缘情而绮靡'之缘情，或'独抒性灵'之性灵都想象成浪漫主义……"龚鹏程：《中国文学史》下册，世界图书出版公司，2012年，第448页。

③ 王国维：《王国维文集》第1卷，中国文史出版社，1997年，第28页。

④ 朱自清指出："大清帝国改了中华民国，新文化运动、新文学运动配合着五四运动画出了一个新时代。……反封建解放了个人，也发现了民众，于是乎有了个人主义和人道主义……在那个阶段上，我们是接受了种种外国标准，而向现代化进行着。……用欧化的语言表现个人主义，顺带着人道主义，是这时期知识阶级向着现代化的路。"朱自清：《朱自清古典文学论文集》上册，上海古籍出版社，1981年，第11页。

有二事:(一)情感……(二)思想……"[①]陈独秀《文学革命论》更是直斥:"昌黎……误于'文以载道'之谬见。文学本非为载道而设,而自昌黎以迄曾国藩所谓载道之文,不过抄袭孔孟以来极肤浅极空泛之门面语而已。余尝谓唐宋八家文之所谓'文以载道',直与八股家之所谓'代圣贤立言',同一鼻孔出气。"与胡适、陈独秀统一战线的周作人,自然也在共同的目标下作出了相似的文学史判断:"中国文学中,人的文学本来极少。从儒教道教出来的文章,几乎都不合格。"[②]

如此看来,"文以载道"其实是被策略性地树立成了"人道主义"这一革命要素的对立面,从而充当了五四新文学革命的靶子——颇具讽刺意味的是,"文以载道"与"人道主义"其实共用一个"道"字,如今却被分化成背道而驰的天道(被理解为封建礼教、伦理纲常)与人道。回过头去看,在中国古代的儒家思想中,"言志"和"载道"原本并不矛盾,因为主观的"志"与客观的"道"往往可以是相通的,甚至人性被认为就来源、秉承自天道。周作人所阐说的言志派与载道派的区别,仔细辨来其实并非作为儒家文艺思想的"诗言志"和"文以载道"的区别——正统儒家看来是诗与文的文体之别,而是西方浪漫主义文学的崇尚个性、张扬情感与古典主义文学的道德说教之间的区别。

从文体选择的角度看,周作人正是因为要倡导西方浪漫主义的人文理想,所以才会特别标举与浪漫主义文学的核心文体——诗歌相对应的中国文艺理论命题——"诗言志"。于是,"诗言志"与"文以载道"这两个原本分属诗学和文章学领域的思想颇为一致的命题,突然遭到了相反的待遇,被分别归为"人的文学"与"非人的文学"而褒贬各异。诗(抒情诗)这一文体由此被赋予了代表普遍文学理想的特殊地位——而事实上,这一文学理想源自特定的西方浪漫主义文艺思潮。以此为前提,周作人提出了现代文学革命中新诗的改革方向:

① 《胡适文集》,第2卷第6页。
② 《艺术与生活》,第12—13页。

正当的道路恐怕还是浪漫主义——凡诗差不多无不是浪漫主义的，而象征实在是其精意。这是外国的新潮流，同时也是中国的旧手法。①

周作人在此亮出了他文学思想的底牌——浪漫主义。他介入文学革命的思路之一，就是把西方浪漫主义的写作手法——象征，演绎成中国文学旧有的手法，从而为新诗所用。海外华人中国抒情传统学派的理论思路与此相似——象征理论构成了高友工抒情美学体系的基石，而对象征理论的阐释，则需接上中国诗学中"比兴""情景交融"等所谓核心范畴。而这样的做法，早在周作人就已经非常熟稔了，不过他的目的却不是研究古代诗学，而是促进新诗改革：

我只认抒情是诗的本分，而写法则觉得所谓"兴"最有意思，用新名词来讲或可以说是象征。让我说一句陈腐话，象征是诗的最新的写法，但也是最旧，在中国也"古已有之"，我们上观《国风》，下察民谣，便可以知道中国的诗多用兴体，较赋与比要更普遍而成就亦更好。②

在此，周作人索性宣称抒情是诗的本分——无论古诗、新诗，或是外国诗。这一普遍主义的做法是典型的浪漫主义态度。结合周作人对言志派与载道派两条文学发展路线的刻画，我们不难发现，他所说的"诗言志"的潮流是就文学功能而言的，若就写作手法而言，这其实就被看成中国古诗的"兴"的传统。综合周作人的意见，这可以说是一条以所谓象征手法来表现主体情意的路向，一个被认为在中国文学史中未必占据主流却至少代表了先进发展方向的准"抒情传统"。而这一"抒情传统"的原始形态所以被勾勒出来，并非出于客观学术态度的文献爬梳与辨析，而是以西方浪漫主义人文理想为目的和标尺进行主观建构的结果。

夏志清指出："在西方文学史上，浪漫派诗人的出现，是随着法国大革命

① 周作人：《谈龙集》，河北教育出版社，2002年，第41页。
② 同上。

的浪潮而引发出来的，而中国青年在‘五四’期间所表现的热忱和乐观精神，与此差堪比拟。”①可见浪漫主义思潮进入中国文坛并由此对国人的文学史观产生影响，有其时代的、社会的因素。对此，年轻的梁实秋保持着超越多数同时代人的清醒和警觉，他 1926 年尚在美国留学时就已撰文指出了五四新文学运动的浪漫主义趋向及其来源于西方文学观念的本质特点：

> 我这篇文章的主旨即在说明“新文学运动”的几个特点，以证明这个运动之趋向于“浪漫主义”。
>
> 我曾说，文学并无新旧可分，只有中外可辨。旧文学即是本国特有的文学，新文学即是受外国影响后的文学。我先要说明，凡是极端的承受外国影响，即是浪漫主义的一个特征。
>
> 全部影响之最紧要处乃在外国文学观念之输入中国。换言之，我们自经和外国文学发生接触之后，我们对于文学的见解完全变了。我们本来的文学观念可以用“文以载道”四个字来包括无遗；现在的文学观念则是把文学当作艺术。②

梁实秋这篇文章虽言辞激烈，但他对新文学运动趋于浪漫主义、受西方文学观念影响而以艺术的标准评判中国旧文学等特点的概括，堪称一针见血。在这个问题上，周作人尽管坦承自己欣然接受了外国的浪漫主义、象征手法等新潮流，但他并不认为他是在以西方文学的标准塑造中国文学史，反而坚持认为他对中国文学的各种见解均系中国“古已有之”的旧手法、固有的传统。他曾这样说：“新的时代所以还不能即时产生者，则是如《三国演义》上所说的：‘万事齐备，只欠东风’。所谓‘东风’在这里却正应改作‘西风’，即是西洋的科学，哲学，和文学各方面的思想。到民国初年，那些东西已渐渐输入得很多，于是而文学革命的主张便正式地提

① 夏志清：《中国现代小说史》，复旦大学出版社，2005 年，第 13 页。
② 梁实秋：《梁实秋批评文集》，珠海出版社，1998 年，第 32、33、38 页。

出来了。”①显然,依据周作人所讲的意思,“西风”只是敦促五四文人开展文学革命的一种外在的助力,而不是根本的推动力,更不是他们用于刻画中国文学史的标尺——中国文学自身的传统中本就有着要求如此革命的内在根由。这样的说辞,如果不是出于有意为之的主观的革命策略,便只能说是有些“当局者迷”的情形了。②

还是梁实秋能为我们清晰明了地指出,抒情主义、浪漫主义和人道主义,其实是三位一体的架构。这样的架构正是周作人文学思想的基本结构:

> 现代中国文学,到处弥漫着抒情主义。
>
> “抒情主义”的自身并无什么坏处,我们要考察情感的质是否纯正,及其量是否有度。从质量两方面观察,就觉得我们新文学运动对于情感是推崇过分。
>
> 情感在量上不加节制,在作者的人生观上必定附带着产出“人道主义”的色采。人道主义的出发点是“同情心”,更确切些应是“普遍的同情心”。这无限制的同情在一切的浪漫作品都常表现出来,在我们的新文学里亦极为显著。……重情感的浪漫主义者,因情感的驱使,乃不能不流为人道主义者。③

所以说,周作人是接受了西方浪漫主义文艺思潮及其人文主义理想,并予以普世化的理解,才在中国力推凸显个人主体价值的现代文学革命;为了达到新文学创作的革命目标,他对中国古代文学中的一些现象进行

---

① 周作人:《中国新文学的源流》,第56—57页。

② 关于对西方文学观念的接受,梁实秋也提出过自己的看法,可供参考:“承受外国影响,须要有选择的,然后才能得到外国影响的好处。这一点是一般浪漫主义者所不暇计的。……浪漫主义者的特性即是任性,他们把外国以日常语言作文的思想传到中国,只从反面的效用着眼,用以攻击古文文体……”(《梁实秋批评文集》,第34—35页)

③ 关于对西方文学观念的接受,梁实秋也提出过自己的看法,可供参考:“承受外国影响,须要有选择的,然后才能得到外国影响的好处。这一点是一般浪漫主义者所不暇计的。……浪漫主义者的特性即是任性,他们把外国以日常语言作文的思想传到中国,只从反面的效用着眼,用以攻击古文文体……”(《梁实秋批评文集》,第39、40、42页)

了理论的重塑，提出“载道”的文学是人道主义的对立面，只有“言志”的抒情文学，更确切地说是以“兴”或其他象征手法来表现个人思想感情的诗体文学，才始终代表着中国文学史上进步的、革命性的一端。这就是周作人提出近似于“抒情传统”的创造性意见的思想轨迹。

胡适的文学正统论和周作人的“诗言志”源流说拓出了文学史的一个研究方向，其后，朱自清在批评周作人的同时清理出“诗缘情”的个人抒情的传统，闻一多直接把抒情诗推为中国文学的正统，林庚出于为新诗创作服务的目的以抒情诗构筑中国文学史的主潮，乃至陈世骧在海外提出中国文学的荣耀在抒情的传统里……凡此种种，或多或少以西方现代文学——主要是浪漫主义——的标准反向构建中国古代文学史，使之呈现出单向度的历史轨迹。而其思想方法的源头，应该从胡适与周作人这里寻找。

历史的要求与个人的诉求

——从《梅志彭燕郊来往书信全编》看彭燕郊的文化选择[1]

易　彬[2]　黄　园[3]

[摘要]　彭燕郊与胡风夫人梅志大量的来往书信显示了1980年代以来这些受难者所承受的历史压力，他们共同营造了一种积极谋求历史地位改变的氛围，并受历史语境的激发而不断地讲述自身的故事。但从中也可以看出彭燕郊个人的文化选择，他并未如期完成关于胡风、聂绀弩等前辈的文章，而是花了更多精力从事外国文学的译介、民间文艺的发掘等方面的“文艺组织活动”，即便是屡受挫折仍投入大量心力。这种活动大大地拓展了彭燕郊的文化身份，凸显了他在1980年代以来的文化语境的作用。可见当事人的心迹与形象，在历史的要求与个人的诉求之间，也还是有着微妙的差异的，这些差异，无疑为认识个人与当代文化的关联提供了很好的契机。

[关键词]　梅志　彭燕郊　文化选择　历史纠葛

中国现代文学文献的征集往往有赖于某些特殊的机缘。2007年，胡风先生的家属将胡风、梅志手稿、藏信、藏书等文献资料捐献给了北京鲁迅博物馆。鲁迅博物馆旋即成立了“胡风文库”，此后，又完成了多

---

① 本文为国家社科基金“中国现代文学文献学的理论建构与实践形态研究”(13CZW084)、湖南省社科基金项目“诗学 · 史料 · 文学史：多重视野下的彭燕郊研究”(12YBA014)、长沙理工大学研究生创新项目“彭燕郊与中国现当代文学发展之研究”的阶段性成果。

② 易彬，长沙理工大学文法学院中文系副教授。

③ 黄园，长沙理工大学文法学院2012级硕士研究生。

次文献的征集。正因为有了这类带有专题性质的文献征集，方才促成了五卷本《胡风主编期刊汇编》影印本的出版，《七月》《希望》这类在现代文学史上产生过重要影响的期刊第一次有了影印本。① 第二个成果则是《梅志彭燕郊来往书信全编》。② 梅志（1914—2004）是胡风先生的夫人，彭燕郊（1920—2008）是原"七月派"诗人、"胡风分子"，两人通信的核心话题自然就是"胡风"。梅志与彭燕郊的通信始自 1982 年，终止于 2007 年（2004 年梅志逝世之后几封信的收信人为其女儿张晓风③），长达 25 年的通信，话题自然是多方位的，如胡风的身体安危、胡风以及梅志著作的出版事宜，胡风追悼会的悼词、出席人员等问题，胡风传记、"我与胡风"一类纪念文章的写作、发表与出版，胡风学术研讨会的筹办，以及在与胡风有关的事件上求得平等对待等。这些话题出自饱受磨难的历史当事人之手，自然有着特殊的文献价值，为认识"胡风"及相关事件打开了更大的空间。

一

梅志与彭燕郊的通信，一个重要的时间节点是 1985 年 6 月 8 日胡风的逝世。此前，梅志在相当程度上可视为胡风的助手，此后近二十年内，已是 71 岁高龄的梅志开始了新的生命旅程，胡风作品的整理、胡风回忆录与传记的撰写以及各类和胡风有关的事件的处理等，可谓构成了其生

---

① 北京鲁迅博物馆编：《胡风主编期刊汇辑（全五册）》，北京图书馆出版社，2010 年。按：该套丛书影印了胡风主编的六种期刊，即《木屑文丛》《海燕》《工作与学习丛刊》《七月》《文学报》《希望》。

② 北京鲁迅博物馆编，晓风、龚旭东整理辑注：《梅志彭燕郊来往书信全编》，海燕出版社，2012 年。

③ 最近又发现了少量梅志致彭燕郊的信；同时，从资料的完整性角度说，既然这部以《梅志彭燕郊来往书信全编》为名的书，收入了 1984 年 8 月胡风致彭燕郊的信以及多封彭燕郊致晓风的信，实际上可以收录（附录）更早时期胡风致彭燕郊的信。

活的核心内容。此前，作为胡风学生的彭燕郊在信中更多日常性的问候，但此后，历史与文化层面的追诘显得尤为醒目。比如1985年6月12日，胡风逝世四天之后，彭燕郊在给梅志的信中，先是以胡风学生的身份发出叩问："胡先生在文学史上的劳绩，他的辉煌成就，铮铮的一生，如今是有定评的了。现在人们就会问一问我们这些胡先生当年用自己的心血和汗水培育出来的学生：你们将怎样学习他，继承他的遗志？"之后则是对梅志的"恳求"："要节哀，要保重"，因为"还有多少事要你做"（在随信附给张晓风的信中，彭燕郊继续写道："确实还有许多事等着我们去做。我相信这一点你们本来是比我还清楚的。"）

此后的信中，彭燕郊多次表达了"要做的事很多，且须加紧做"，"那是历史给你的任务"，要满足"读者需要"，要"对历史负责"一类意念。比如1985年8月30日的信中写道："要做的事很多，且须加紧做，我们没有别的'本钱'，只有这么一条老命了，我们能多做些事，胡先生也真正可以安息了。老聂吊诗（刊于《文汇报》）已读到，甚佳，可传之作。我也在计划酝酿写一长诗，大家都来写自然比官样文章好。"1985年12月11日，则在商讨"大家来写出一本回忆胡先生的书来"的事情。其时，彭燕郊已经完成了纪念文章《他心灵深处有一颗神圣的燧石——悼念胡风老师》，稍后在文化部新创的《中国文化报》第2期（1986年2月2日）刊出。1986年2月2日，彭燕郊谈到应从"思想家"的角度来讨论胡风，正在写悼念胡风的长诗《骆驼岩》，想承担广西"桂林文化城"研究之中的"胡先生在桂林"的课题。

1986年8月20日的信中，彭燕郊谈到自己是"含着眼泪"看完《文汇》月刊所载梅志写的《胡风传》：

> 还没有人能这样用自己的心、自己的血来感动读者的心和血（眼泪是无色的血）。你再现了一个时代、一种特殊的历史气氛。你使我想起斯大林女儿的给友人的信，那些信证明她的教养、素质，让人从她身上看到俄罗斯文学的深厚传统。我以为你的《传》从气质上表现

了“五四”、鲁迅、雪峰、胡先生的传统……植芳兄来信说《传》发表后引起轰动，这是必然的。除了胡先生的人格，《传》本身的学术价值读者当然是能够理解的。

又谈到前一年在杭州，“起劲地劝”冀汸写出那段经历，“不写，几乎可以说是辜负了这段灾难的赐予”。同时，又一次对梅志发出请求：“请你集中力量把《传》写好，别的都先放到一边，《传》的意义太大了，这一点是不用我多说的。”

1986年10月10日，彭燕郊在信中谈到落实政策的事（按：到此时为止，胡风尚未彻底平反），他认为一些具体待遇的问题可“适可而止”，“我们要求的不是这些，其实也不是为自己，而是为了对历史负责”。

1987年1月5日，彭燕郊又谈到：“[贾]植芳兄每次来信都要谈到你写的胡先生传，他和我一样认为这是有极重要意义的文献性力作，你的笔力正好能胜任这一重任，胡先生是会含笑九泉的。这不是我个人的看法，而是许多读者共同的看法。”也谈到自己的写作，“胡先生、老聂，我认为都应该好好地写的。我不能急就，草率地写将是对自己最珍惜的美好感情的冒犯，我已陆陆续续写下日益完善的提纲，我相信今年上半年一定可以写出来，而且要写得让自己比较满意”。“‘漓江’（按：指漓江出版社）约我们写回忆录事，绿原兄的意见和我一样（他说‘三联’也约写），先不急于写自己，而应该把胡先生写好。写好胡先生，中国半个世纪以来的新文学运动（不，新文化运动）的真实面貌也就显现出来了。至于我们这些在胡先生教导下的从事文学活动的后辈，主要的是写胡先生给我们的深刻影响。教育下一代是胡先生劳绩中的主要部分，他在我们身上倾注的心血，不只是我们个人应当珍视，且是中国新文学运动的生动内容的重要部分。我想，我们应该先把《回忆胡风》写、编、印出来，这是当务之急。”

1987年9月2日，对《文汇》月刊不续登《胡风传》一事（按：从后来的情势发展看，该刊仍有续登，直到1989年初），彭燕郊表示无所谓，但对梅志仍有请求：“仍然写下[去]，我请求你，那是历史给你的任务，会有一天能让读者读到的，既然读者需要。”9 月 19 日，更是用了“全力以赴”的字眼：“我总以为这是你的重点活，目前你得全力以赴写完它，而且我相信这是部可传之作、必传之作，值得全力以赴的。”

实际上，从书信当中不难看出，一再地给予梅志这样一种非常真诚而热切的鼓励的，除了彭燕郊外，还包括贾植芳、绿原等当年的“胡风反革命集团骨干分子”，这些比梅志年龄稍小的历史受难者们，共同营造了这样一种积极谋求历史地位改变的氛围，这一代人有责任——历史也要求这一代人讲述自身的故事。

二

这种一种历史责任感其实多半就是被当时的历史语境所激发的——从书信当中，不难发现在当时围绕着“胡风”实际上有着多种力量在博弈。一种是梅志、彭燕郊这等当事人对于胡风的积极评判。梅志所写的胡风传记曾分三个部分在《文汇月刊》连载近三年，三个部分在 1987—1989 年间都曾单独结集出版，分别题为《往事如烟——记胡风》（第一部分）、《伴囚记》（第二部分）、《在高墙内》（第三部分），全本则是用了一个分量更重、历史意味也更为严峻的名字：《胡风沉冤录》。① 冠以“沉冤”二字，其历史指向可谓不言自明。

一种与历史的积习力量有关的，即胡风平反事件的诸多波折。一如 1955 的“胡风反革命集团案”，1980、1986、1988 年，中央为胡风所作的三次平反也可算是一桩历史公案。梅志的信中不断地向彭燕郊传递着后两次平反的相关信息，表示历史评判不公，要争历史地位，要求得到平等对待。与此相关的那样一种具有历史延伸意味的评价，典型的如林默涵在

---

① 分别为三联书店，1987 年 11 月第 1 版；工人出版社，1988 年第 1 版（按：版权页上没有标明月份）；工人出版社，1989 年 4 月第 1 版；科学出版社，1989 年 9 月第 1 版。

《新文学史料》1989 年第 3 期所发表的《胡风事件的前前后后》等文所示，梅志显然并不同意林默涵的观点，随即在《新文学史料》1990 年第 1 期做出回应：《历史的真实——读林默涵同志〈胡风事件的前前后后〉》。此后，则是要求《文艺报》在转载方面予以“平等对待”。两相比照，“历史的真实”实际上已经显示出了相当的暧昧性。

此外，还可看到，新兴的研究力量正在出现，书信当中提到了李辉的胡风研究和周健强的聂绀弩研究。不过，别有意味的是，梅志、彭燕郊这些历史当事人对于年轻一代所写的这些文章并不满意。其判断的主要依据即是当事人关于胡风的那样一种“真实”和“感情”是“别人所不能代替的”，在 1989 年 2 月 12 日的信中，梅志即写道：“你的《我与胡风》不知完成得怎么样了？已收到好几篇稿，有的是看了李辉的文后觉得不但写得不详还写错了，这样正好由自己来写，不但能消抵他的错记的地方，也能写出自己的真实情况和感情来。我认为这是别人所不能代替的，希望加紧提前完成它。同时‘聂传’也在追着你了，看来你要上劲忙一阵子的。”

实际上，一如彭燕郊给予梅志以热切的鼓励，梅志也在不断地给彭燕郊加任务，催促他来写聂绀弩、胡风方面的文章或传记。如 1987 年 9 月 8 日的信中写道：“你能写，有许多文章需你写。一本老聂的传我就一再向人推荐应由你来写，四川文艺出版社就希望你能写了给他们，当然，人文社也一定愿要的。老周（按：指聂绀弩的夫人周颖）也希望你能写它。”到彭燕郊的《千古文章未尽才——聂绀弩的旧体诗》一文在《读书》1991 年第 10 期刊出之后，梅志随即在 11 月 19 日的信中谈到：“一本真正的写得好的《聂绀弩传》，还是非你莫属！”

友人间不断的鼓励与督促，各种政治力量相互博弈，可以想见新时期以来相当长的一段时间之内“胡风分子”身上所承担的历史压力。由此也不难理解梅志在完成《胡风传》之后的那样一种“筋疲力尽”的感觉：1988 年 4 月 11 日，梅志与彭燕郊谈到：“空闲下来，倒觉得有点茫茫然。”1988 年 7 月 18 日，更是表达了一种“筋疲力尽”的感觉：“对胡先生的问题，这几年来，我们算是尽心尽力最后为他打了一个胜仗，可安慰他于地下了。我初步也算写了他的一些实绩，这对研究他还能有点作用，我也尽了力了。现在我倒反而感到筋疲力尽似的，真想找个地方休息一下，再干别的。”这段文字，可谓非常典型地显示出了梅志这等受难者的家属如何被历史裹挟着而不得不负重前行。实际上，到1991年1月8日，梅志在谈到胡风《童年》的第三次改写工作时，仍有这样的情绪：“实在拖得我太苦，但这又是我的一个心愿，不了还不行。”

令梅志以及彭燕郊等“胡风分子”感受到时代之压力的至少还包括如下事件，诸多当事人回忆胡风一书出版的诸多周折，桂林、重庆等地的出版社都曾表达了出版意愿，但他们对于当时的文化语境显然持一种“观望”的态度。最终，几经辗转，方才由“胡风分子”罗飞所在宁夏人民出版社出版。潇湘电影制片厂朱健等人撰写电影剧本《胡风》，始终未能拍摄。梅志曾与彭燕郊谈及“胡风分子”卢甸遗稿的出版事宜，也未能出版。凡此，均可见出“胡风”及相关人事在当时的文化语境之中所面临的压力。

三

别有意味的是：若从彭燕郊的角度来看，当初关于胡风及聂绀弩的诸多宏大的写作构想显然并没有实现。

关于胡风的文字，彭燕郊当时发表的仅有1986年初的《他心灵深处有一颗神圣的燧石——悼念胡风老师》一文。1992年1月2日——其时，当事人对于胡风的回忆已决定由罗飞所在的宁夏人民出版社出版，彭燕郊此前曾告知罗飞“准备下功夫另外写一篇”，罗飞来信催促此事，但该书1993年1月以《我与胡风：胡风事件三十七人回忆》为名出版时，所收录的彭燕郊文章仍是1986年发表的那一篇。

再往下，彭燕郊倒也写过一些和胡风有关的文章，如2002年10月，在由复旦大学中文系和苏州大学中文系联合举办的“纪念胡风一百周年诞辰暨第二届胡风学术研讨会”上，所作主题报告《世纪之痛的沉重课题——论鲁贞银的〈胡风文学思想及理论研究〉》，以及稍后的《新文学史料》2002年第4期“纪念胡风先生百年诞辰专辑”所载的长文《回忆胡风先生》——但这篇长文仍然只能说是未完成之作，所记为胡风在桂林时期为止。此外，还有一些比较短小的文章，如《胡风在桂林》《胡风和茅盾》《胡风和绀弩》[①]以及《学当编辑——回忆胡风先生之一》[②]等。

计划中的《聂绀弩传》显然也并没有完成，仅完成了《千古文章未尽才——聂绀弩的旧体诗》[③]《胡风和绀弩》《绀弩和他的朋友》[④]，以及作为遗作发表的《聂绀弩与舒芜》《我所知道聂绀弩的晚年》[⑤]等文。

数量并不算少，但比照胡风圈人士的热切期待以及彭燕郊本人的宏大构想，不能不说此类写作具有一种未完成性。何以如此呢，原因自然是多方面的。其一，彭燕郊本人对于此类文章的写作显然有着更大的抱负——试图从“历史的高度”来书写。如1990年5月4日的信中所写：

> 想从历史的高度写出一个至少我自己以为较完整的胡先生，一个活生生的我们时代的殉难者悲壮的一生在我心灵上投射出的巨人身影。我不想写那种零零碎碎的什么时候认识胡先生，他给的第一个印象怎么样，后来又有些什么交往，等等。我以为那样写太少历史感……

---

① 这几篇文章曾刊载于《三联贵阳联谊通讯》，见“生活·读书·新知三联书店”贵阳联谊会编选：《“三联”忆旧》，贵州人民出版社，2010年。

② 李青松主编：《新诗界》第3卷，新世界出版社，2003年。

③ 《读书》1991年第10期。

④ 本文曾刊载于《三联贵阳联谊通讯》，见“生活·读书·新知三联书店”贵阳联谊会编选：《“三联”忆旧》，贵州人民出版社，2010年。

⑤ 分别刊载于《粤海风》2011年第6期，《现代中文学刊》2012年第1期。

在信中，彭燕郊还谈到了十三章的具体内容，但这种宏大叙事对于一位年届古稀的老人而言，其写作难度是可想而知的。

其二，资料方面的问题，如1988年7月6日所写："老聂传我的构想已较成熟，信心也有了，且有了要写出来的较强烈的愿望，不过得花时间去把知道有而不在手边的资料搞到手。"

其三，病情对于写作显然也有不小的影响。彭燕郊在信中时常提到了自己的各种病，如冠心病、喉炎（按：反复发作，一度以为是喉癌）、颈椎骨质增生等，病情反复发作，以致长期服药，并且曾到四川、广州、桂林等地求医。可以毫不夸张地说，看病、服药以及药费的报销乃是彭燕郊晚年生活中的基本事件，对其生活情绪、写作都有着不小的影响。①

但是，这些因素固然重要，却还有更为重要的隐情，即梅志信中所概括的，从1980年代前期开始，彭燕郊已是一个"文艺组织者"（1985年12月26日信）。他在给梅志的信中多次提到自己的"忙乱"状态，除了较早时期的民间文艺刊物《楚风》、大型诗歌翻译丛书"诗苑译林"之外，还会"忙一些别人不会去忙的事"，最为典型的一次表达是1984年11月9日的信：

> 我仍在忙一些别人不会去忙的事，我在想办一个译诗丛刊，不像绿原搞的那个，是专门介绍现代、特别是当代的外国诗的，名叫《世界诗坛》。这个丛刊，可以与原兄的《外国诗》相辅而行……
>
> 另外，还想编一套外国文学丛书，专收"格调高"的、同时读者也欢迎的作品，主要是诗、散文、中篇小说。
>
> 也想搞个《世界散文》，专门介绍外国古典、近代和现代、当代散文。

---

① 目前，笔者已大致整理完成彭燕郊与湘潭大学历史系教授陈耀球的数百封书信，其中相当一部分内容就是看病、服药和药费报销方面的。彭燕郊为湘潭大学退休教师，自1980年代中期就住在长沙，药费报销的事基本上就是陈耀球等人代劳的。

我的设想中还有一套《诗学译林》，系统地、全面地介绍希腊、罗马至今的诗论，包括各大诗人和大流派的诗论、诗见。

另外，还想搞个大型理论丛刊《诗学》，每期四五十万字（这样才可以容纳二万字上下的论文），不定期，或许每年出一两期。

还想出一套《中国新诗全集》，像日本中央公论社、新潮社出版的《日本诗歌全集》那样……

总之，我是一个爱"想"的人，不能安静。总想干点什么……

彭燕郊显然不仅仅是一个"爱'想'的人"，也不能简单地说成是一位实干家，其编选（译）方面诸多构想背后有着重要的诗学抱负："过去漫长的封闭岁月"压抑了求知欲，桎梏了眼界，新诗的前途在于"艺术更新"，即通过外国现代诗的译介，获得必要的参照系，进而获得一种"坚实的自信"。①

彭燕郊在信中提到的各种计划并没有全然实现，却也是多有成绩的，所列构想前三种基本上都实现了："译诗丛刊"先后以《国际诗坛》（漓江出版社）、《现代世界诗坛》（湖南人民出版社）之名出版，署"彭燕郊"主编。"外国文学丛书"则有漓江版"犀牛丛书"；《世界散文》有湖南人民出版社的"散文译丛"以及花城版"现代散文诗名著译丛"丛书。这些书虽然并没有"彭燕郊主编"一类字眼，但在策划选题、联络作者、审阅书稿等方面，彭燕郊是做了大量的工作的。② 可以设想，这些"别人不会去忙的事"在晚年彭燕郊的生活当中占据了非常重要的比重，耗费了他大量的时间。这对关于胡风、聂绀弩等方面的写作构想无疑也是有很大影响的。

① 彭燕郊：《致木斧（1989/3/12）》（未刊稿）。

② 李冰封：《彭燕郊与〈诗苑译林〉及〈散文译丛〉——哀悼一代诗人彭燕郊》、林贤治：《诗人的工作》，《新文学史料》2008 年第 4 期。

四

换个角度来看，彭燕郊其实可谓一名不折不扣的书信家。与梅志的通信其实只是其大量书信的一部分。从目前的公开出版物来看，与胡风、路翎、聂绀弩、端木蕻良、常任侠、施蛰存、邵燕祥、陈思和与刘志荣、张洪波、余开伟等人的信也有披露，但总体数量是非常之小的。

从目前所掌握的材料来看，彭燕郊与原七月派作家或胡风分子的通信确有不少，梅志之外，还包括绿原、舒芜、贾植芳、何满子、曾卓、罗飞、罗洛、牛汉、冀汸、朱健、耿庸、孙钿、张禹、木斧等十数位。但数量更大的是与包括文学界、翻译界、出版界、民间文艺界等在内的各种文艺界人士，如骆宾基、徐迟、钟敬文、卞之琳、罗念生、罗大冈、沈宝基、袁可嘉、王佐良、叶汝琏、王道乾、曹辛之、陈敬容、郑敏、唐湜、罗寄一、邵燕祥、王文宝、顾蕴璞、吕同六、张英伦、王央乐、赵毅衡、郑玲夫妇、姚锡佩、姚辛、张铁夫、陈耀球、林贤治、刘湛秋、唐晓渡、赵振开（北岛）、杨德豫、唐荫荪、邹绛、田仲济、陈子善、李辉、陈思和与刘志荣、李振声、张福贵、周良沛以及台湾、香港等地的林海音、李魁贤、莫渝、张国治、刘以鬯、陈实、马文通等。其中，与陈实、陈耀球的通信足可编成两大卷往来书信集。

何以偏居长沙的彭燕郊与众多文艺界人士会有这么广泛的通信呢？非常直接的一个原因即是和1980年代前期以来的“诗苑译林”、《国际诗坛》《现代世界诗坛》、“犀牛丛书”“现代散文诗名著译丛”等翻译活动的筹稿有关。也就是说，这里边蕴涵了彭燕郊的文化选择，一种借助译介活动来推动当代文艺发展的自觉意识。如果说，彭燕郊与梅志的通信，非常明显地凸显了彭燕郊作为原“七月派”或“胡风分子”的身份的话，那么，彭燕郊与众多文艺界人士的通信，实际上是大大地拓展了彭燕郊的文化身份，大大地凸显了他在1980年代以来的文化语境的作用。

梅志在书信之中多次奉劝彭燕郊,以他的才情,应多写东西——写自己的东西,也包括写和“胡风”有关的文字,“文艺组织者”要耗费大量的精神和时间,太可惜了。但彭燕郊显然并未听从这样一种善意的提醒,从1980年代前期开始,始终乐此不疲地从事着外国文学的译介、民间文艺的发掘等方面的“文艺组织活动”。这些行为取得了令人瞩目的成绩,为友人所激赏,但在组织出版“诗苑译林”丛书、“犀牛丛书”以及一部未能出版的《诗学大辞典》等方面,却都是多受挫折。[①] 即便如此,彭燕郊仍投入大量的心力,“拼老命走南闯北地奔波”(1989年4月27日致梅志的信),可见他在这些方面有着重要的精神寄托。

正如彭燕郊对于梅志的热切鼓励,梅志对于彭燕郊的劝诫也显示了某种历史的要求,但彭燕郊本人的诸多举措之中还是非常明显包含了个人的文化选择意图,由此可见,当事人的心迹与形象,在历史的要求与个人的诉求之间,也还是有着微妙的差异的,这些差异,无疑为认识个人与当代文化的关联提供了很好的契机。

2013年4月初稿;7月初略订

① 仅就彭燕郊致梅志的信来看,1989年4月27日的信中对“犀牛丛书”的出版方漓江出版社,1991年1月14日的信中对《诗学大辞典》的出版方安徽文艺出版社,都有措辞激烈的批评。按:就对彭燕郊所造成的伤害而言,《外国诗大辞典》无疑是最深的。《外国诗大辞典》是很符合彭燕郊的诗学构想的,他也抱着很高的期待,组织了相当一批翻译界人士展开工作,历经数年(大致是1988年至1994年),最后形成的书稿,字数在220万字左右,词条在11000条上下,重量达到50多市斤,最终却未能出版。经彭燕郊本人及家属的多方交涉,出版社最终也只是退还了全书的目录。近期,唐朝晖发起了寻找彭燕郊手稿的事件,此事经《新京报》(2012/11/15)以《亲属追讨彭燕郊书稿》为题予以报道之后虽造成了一定的媒体效应,但随着出版社人事更迭,下一步如何处置,目前显然还不可确知。

纯真的失陷

——当代童年文化消费现象的诗学批判

赵 霞[1]

［摘要］ 作为现代童年诗学的一个核心和基础范畴，童年的纯真在现代以降的文化史上被赋予了独特的诗学内涵。在愈演愈烈的当代文化消费潮中，这一纯真童年的意象被卷入大众文化（尤其是视像文化）的生产和消费环节，其文化价值也由此被迅速转化为可观的经济价值。消费经济在借助童年纯真的诗学符号来赋予相关产品以特殊的文化价值方面无疑取得了显在的成功，但它对于纯真童年形象及其诗学内涵的过度征引，也在扼杀着童年纯真内在的诗学精神。

［关键词］ 童年 纯真 消费 诗学批判

在一个儿童的生存发展和生活福利日益受到人们关注的消费时代，童年文化消费作为一种颇富新意的文化消费形态，也日益引发着大众文化消费市场的关注。在这一显而易见的消费趋向中，对于纯真童年（包括其身体形象与审美内涵）的消费成为一个引人注目的现象。尤其是在视像媒介消费领域，通过将纯真童年的形象或内涵编织入相应的大众视觉文化商品，其文化价值被迅速地转化为可观的经济价值。

我们今天所理解的童年纯真主要是从现代童年概念中发展起来的一个诗学范畴。现代以降，童年纯真的内涵经历了一个自我革新、澄清和丰富的发展过程，并进一步成为越来越为功利所累的现代文化的一个珍贵

---

① 赵霞，文学博士，浙江师范大学儿童文化研究院助理研究员。

的浪漫主义标记。不论人们是否完整地理解纯真的诗学意义，对于它的诗性体验永远可以被恢复到每个人最普通的日常生活经验中来，在这里，儿童式的纯真总是能够触发我们内心深处某种洁净、柔软、美好的情感。

消费社会并不比以往任何社会阶段更加理解童年纯真的诗学内涵，却比任何时代都更清楚地看到了它的经济意义，近年来，它在试图借助童年的纯真来赋予产品以特殊的符号价值方面取得了显在的成功，并且致力于进一步巩固和扩大这一成功。然而，正是这一以表面上的童年纯真为对象的消费潮流，在悄无声息地吞噬着纯真童年内在的审美精神。

一　童年纯真的诗学意义及其衍变

尽管在有关童年的一切诗学修辞语汇中，“纯真”几乎已经成为我们谈论童年的一个基本符号，然而，同样多的时候，我们对于“纯真”一词的使用仅仅反映了一种非常模糊的用词法，至于这一“纯真”的诗学所指究竟为何，至今仍然缺乏必要的梳理和明确的概括。

“纯真”是现代童年诗学的第一个重要范畴，该词对应的英语名词是“innocence”，系从拉丁语名词“innocentia”演化而来，后者由词根“in-”（表示否定）与“nocēre”（动词，意为伤害）组合而来，意指一种“无害的、无责任的状态”。英语“innocence”一词于13世纪最早被用来指代一种宗教上的无罪或清白状态，14世纪后期才发展出了法律上的无罪意义，同时开始指向一种与虚伪和矫饰相对的意义。① 1765年，卢梭的教育小说《爱弥儿》的出版确立了“innocence”一词与现代童年美学的联结。在《爱弥儿》中，卢梭多次使用法文中的“innocence”一词来描述儿童生命的某种带有

---

① “innocence.” “innocent.” *Online Etymology Dictionary*, http://www.etymonline.com/index.php? search = innocence, http://www.etymonline.com/index.php? search = innocent. Also see “innocency.” “innocent.” *The American Heritage Dictionary of the English Language*. 3rd edition. Boston: Houghton-Mifflin, 1992.

圣洁意味的单纯状态。在卢梭看来,童年的纯真也是一种"圣洁的纯真"(sainte innocence)[1]。至18、19世纪,从深受卢梭思想影响的浪漫主义运动中建立起来的童年诗学,其核心概念便是后来被译作"天真"或"纯真"的"innocence"。威廉·布莱克的著名诗集《天真与经验之歌》中,将"innocence"明确划归为一个与童年密切相关的精神范畴,并将它与伊甸园未曾陷落之前的天堂福祉联系在一起。在这里,童年的纯真不但被赋予了从弥尔顿《失乐园》的艺术传统中延续下来的宗教人文精神,而且开始指向对于浪漫主义思想来说至为重要的一种深刻的自然观念,其后整个欧洲浪漫主义思潮对于童年纯真精神的阐发,都以这一自然观念为其思想的母体。

在浪漫主义艺术中得到确立和发扬的童年纯真范畴主要蕴涵了三个方面的审美内涵。

第一是纯洁。它所意指的不只是一种普通的身心洁净感,更是一种与宗教精神内在相关的"善"的灵魂状态的隐喻。"纯真的美德实践了一种善的观念"[2],这一内涵保留了"innocence"一词在西方文化中古老的词源学意义。而童年之所以象征着清洁的灵魂,正如卢梭所说,是由于这段时间尚未被尘世之恶所污染的缘故。与此同时,纯洁与一种宗教以及性的贞洁之间的内在联系,也包含在早期的童年纯真理解之中。随之而来的另一个逻辑是,随着儿童的逐渐成长,这种纯洁感是否也将从他身上自然退去?浪漫主义诗学的回答是肯定的,但它最关心的问题并非童年的纯真如何随着个体年龄的增长而逐渐退去,而是个体在失去了童年的纯真之后,如何可能重新找到它。事实上,在这里,一种纯洁无瑕的童年意象本身是对于人性本根的一种提示,其目的与其说是揭示文化之恶,不如说是促使我们沿着这个本根回到关于自我灵魂的反思中去。纯真之善是

① 卢梭:《爱弥儿》,李平沤译,商务印书馆,1978年,第287页。

② Stuart Hampshire, *Innocence and Experience*, Cambridge, Massachusetts: Harvard University Press, 1989, p. 177.

关于“单纯、璞白、率真、诚实、洁净的观念，它扫去了一切被污染、腐坏或不洁之物”，在此，“男男女女不妨从一张单纯的世界图像重新开始生活，而毋须向这个纯洁的世界承认任何从宗教史继承而来的道德妥协的花哨装饰”①。

第二是真实。这是由纯真的第一个意义自然衍生而来的内涵。由于尚未受到文化之恶的濡染，童年的身心也就尚未沾染上文化的假意或虚情，这就使得儿童能够以一种真实的方式与世界打交道。这里，“真实”的第一层意思，是指一种物象的真实。童年的感觉和心灵如同明镜，清楚地照出了映在其上的世界景象，童年单纯的观看使这些景象从文化的惯习中解脱出来，从而向我们呈现它们最初的模样。“真实”的第二层意思，是指情感的真实。从童年期精神发展的现实来看，儿童对于特定的事件和物象作出情感反应，或就此表达自己的看法，还不需要经过太多文化和心理机制的审查，而是表现为一种我们可以称之为“自然”的回应或表达。因此，童年的情感往往并不与其本性相违背。这种“自然”的真实，可以理解为一种本质上的真诚，其最有代表性的符号，正是《皇帝的新装》中那个唯一说出真相的孩子。“真实”的第三层意思，是指意义的真实。我们发现，很多时候，童年真实的观看和体验可以穿透文化的表象，带我们抵达某种意义的真实。华兹华斯的诗作《我们是七个》，讲述诗人与一位小姑娘之间的对话。对话主要围绕着一个问题的争论展开：小姑娘一家的七个兄弟姐妹，两个已经“躺在教堂墓园”，诗人认为“要是有两个躺在墓地上，/那你们只剩下五人”，但小姑娘却坚持“我们是七个”。② 表面上看，诗中的小姑娘显然并未理解死亡的意义；但死亡的事实只是文化的表象，那一句“我们是七个”的坚持所传达的存在感觉，才道出了生命真正的意义。真正的活着并不是活在客观的时间里，而是活在生命的记忆中。人

---

① Stuart Hampshire, *Innocence and Experience*, Cambridge, Massachusetts: Harvard University Press, 1989, p. 173.

② 威廉·华兹华斯：《我们是七个》，《华兹华斯抒情诗选》，黄杲炘译，上海译文出版社，2000 年，第 40—43 页。

的存在一旦在生命的河流里留下过不可磨灭的温暖痕迹，便也获得了它抗拒时间的力量。在这里，生命只要来过，便永不逝去。诗歌中，正是童年的思维以其朴素的稚气，道出了生命的某种本真意义。

第三是自然。这是一种哲学意义上的自然概念，它既指一种自然的简朴状态，也指向个体与其自我的内在统一状态。浪漫主义思想认为，现代文明不可避免地造成了个体与自我的分裂，并因此带来了生命异化的痛苦体验。而在人类和个体的童年期，文明的压迫既不曾降临，这种分裂也就尚未出现，因此，童年的生命是浑然一体的，它与它自身相统一。这是一种在简单的自然而非复杂的人事中实现的统一感，它集中体现为童年与自然的合一状态。在浪漫主义作家们看来，童年即是自然，随着年龄的增长，这种自然的状态逐渐远离我们，由此造成了灵魂的内在焦虑；唯有通过向自然回归，成人才有可能克服这种异化，重新寻回生命的完整状态。所以，华兹华斯说，“婴幼时，天堂展开在我们身旁！/在成长中的少年眼前，这监房的/阴影开始在他周围闭合，/而他却是/看到了灵光和发出灵光的地方，/他见了就满心欢乐；/青年的旅程得日渐地远离东方，可他仍把大自然崇拜、颂扬，/在他的旅途上陪伴他的，/仍有那种瑰丽的想象力；/这灵光在成人眼前渐渐黯淡，/终于消失在寻常的日光中间”①。成年后的灵魂致力于寻找和恢复这一生命的灵光，而童年和自然则成为这一灵光在世间留下的珍贵启示。

对于那指向过去时间的童年纯真之美的称颂和向往，传达了一种与现代社会主导性的线性时间观相对抗的时间意识，它在根本上是一种针对现代文明的批判意识。但我们很容易觉察到，在浪漫主义的诗学传统中，童年的纯真所意指的审美内涵总体上透出一种太过纤弱的精神气质。这并不是说纯真之美本身缺乏一种精神的力量，而是说在现代文化的语境下，这种美未免显得太过缥缈而脆弱。在这里，童年的纯真主要被呈现

① 威廉·华兹华斯：《颂诗：忆童年而悟永生（永生颂）》，《华兹华斯抒情诗选》，黄杲炘译，上海译文出版社，2000年，第185页。

为一种前文化的精神存在，它有如一面静止的湖水，任何文化的尘埃落在上面，都会激起令人不安的毂纹。在浪漫主义传统中得到确立的这一童年纯真诗学，培育了一种关于童年的完美而脆弱的浪漫主义印象。为了使童年的纯洁、真实和自然之美得以完好保存，童年的世界应该像一个精致的花园那样被小心地隔离和保护起来。像卢梭告诫的那样，"要使孩子们保持他们的天真，只有一个良好的办法，那就是：所有他周围的人都要尊重和爱护他们的天真"①；而尊重和爱护的方法，是在他们身上尽可能长久地保持一种"快乐的无知"(happy ignorance)②。然而，不论是对儿童还是成人来说，一种需要通过取消文化本身来实现的消极的纯真诗学，本身也只能具有某种虚幻的审美慰藉意义。

从这个意义上说，由弗洛伊德的精神分析学所引发的对于浪漫主义纯真童年观的振荡和颠覆，对童年诗学本身来说非但不是一件坏事情，反而为其脱出困境和获得新的发展提供了特殊的契机。弗洛伊德对于童年期的精神分析显示，童年时代并不如我们想象的那样"纯真"，儿童继承了人类天性中复杂的"性"与"恶"的本能，而且以一种超出成人想象的能力不断应对和转化着文化给予的种种压抑。达·芬奇童年时代的一个与秃鹫有关的记忆，在弗洛伊德细致的分析中成为婴儿期性冲动的表现③，从浪漫主义的童年观来看，这种解释显然是令人难以接受的。同时，在弗洛伊德针对精神病患的分析中，童年并不意味着纯粹的欢乐，而是常常充满了各样的痛苦与迷茫，这些不快乐的记忆为个体成年后的各种精神病症埋下了难以拔除的种子。有鉴于此，20 世纪英国著名儿童文学作家菲利帕·皮尔斯这样说道："童年包括许多被成人所遗忘的不快乐——其中有许多是一些人不敢去回忆的。所以，让我们面对这一事实：许多童年对成

---

① 卢梭：《爱弥儿》，第 296 页。

② 法文原文为 heureuse ignorance。同上书，第 294 页。

③ 西格蒙德·弗洛伊德：《列奥纳多·达·芬奇和他童年的一个记忆》，《弗洛伊德论美文选》，张唤民、陈伟奇译，知识出版社，1987 年。

人来说都是艰难的对象，对儿童来说则完全不宜。”①

弗洛伊德的理论在很多方面改写了人们对于童年的看法。在他之后，作家和艺术家们对于童年更多面的身心和生活世界的关注大为增加。20世纪中后期，西方儿童文学界也掀起了一次声讨长久以来统治着儿童文学写作领域的浪漫主义纯真童年观的运动，其基本宗旨在于批判这一诗学对于当代儿童现实生活内容和生命体验的遮蔽，指责它以一种“虚空”的童年想象，替代了丰富、复杂和多维度的童年生活。作为这一声讨的实践，儿童文学创作界出现了一批倡导冷峻的“现实主义”风格的作品，其创作非但不避讳儿童生活中的阴暗面，更致力于真实地呈现这些阴暗面，以使儿童通过在文学中认识“真实生活的危险与痛楚”②，进而有能力把握现实的生活。

在对于上述浪漫主义童年观的批判问题上，英国女性主义批评家杰奎琳·罗斯走得更远。1984年，罗斯出版了题为《〈彼得·潘〉案例，或论儿童小说的不可能性》的研究著作。在这部著作中，她借拉康的精神分析理论猛烈抨击了以詹姆斯·巴里笔下著名的男孩“彼得·潘”为代表的“纯真”儿童的形象，认为这种童年只是成人从自己的心理需要出发想象儿童的产物，因而在根本上是成人对于儿童的一种文化驯化和殖民。③ 苏珊·霍妮曼在《难解的童年：现代小说中不可能的表征》一书中延续了罗斯的上述话题。“一旦我们意识到，除非通过我们围绕着儿童发明出来的那些建构物（儿童似乎正好适合这些不断变化的定义），我们就不可能进入孩子的心灵，对童年的考察就要求我们更靠近地观察这些建构物背后

① See Adrienne E. Gavin, “The Child in British Literature: An Introduction”, see Adrienne E. Gavin (ed.), *The Child in British Literature: Literary Constructions of Childhood, Medieval to Contemporary*, Basingstoke and New York: Palgrave Macmilla, 2012, p. 2.

② G. S. Murray, *American Children's Literature and the Construction of Childhood*, New York: Twayne Publishers, 1998, p. 185.

③ Jacqueline Rose, *The Case of Peter Pan, or the Impossibility of Children's Fiction*, London: Macmillan, 1984.

的成人欲望。”[①]霍妮曼所说的“欲望”中也包括成人对于纯真童年的想象。凯丽·罗宾逊在其《纯真、知识与童年的建构》一书中也论述了成人世界如何通过强调儿童的“纯真”，将童年隔离于某些成人知识（尤其是性知识）之外，进而建构出一种脆弱的儿童形象（vulnerable child），由此强化了“成人—儿童”关系中前者对后者的主宰。[②] “处在针对童年之霸权中心的纯真的建构，与通常和儿童及性相联系的道德恐慌，强化了儿童面对剥削和虐待时的脆弱性。”[③]在这里，Innocence 一词所带有的消极“无知”意义被有意地作了强调和突出，以呼应成人和儿童之间上述文化不平等关系的批判语境。

但这一切并没有终结人们关于童年纯真的浪漫主义想象。整个 20 世纪，诗人、作家、艺术家以及普通人仍然表现出了对于童年话语的某种迷恋，这其中，“纯真”是我们在谈及童年时最常使用的词语之一。如果说弗洛伊德之后，我们越来越看到童年的现实本身往往既不绝对纯洁，也不一定真诚，而且充斥着各种不完整的缺失，那么，我们为什么仍然如此在意并放大儿童在其转侧间所流露出的那份纯真的美感？

合理的解释是，纯真的诗学原型并不在于童年，而在于人心，在于我们每个人自己的灵魂。童年相对于成年生命的纯真状态，本身是一种文化的事实，但只有当这一事实切中了人类精神的某种渴求并与之相互激发，它才会成为一个对我们来说如此重要的诗学范畴。也就是说，霍妮曼所说的“成人的欲望”，恰恰是使童年的纯真变得珍贵和有意义的内容。当然，弗洛伊德的童年理论潜在地改变了童年纯真的文化指向。弗洛伊德的学说并没有取消童年纯真的价值，但他提醒我们应该如何看待童年的纯真。从弗洛伊德之后，童年的“纯真”不再指向任何具有身体或精神

---

① Susan Honeyman, *Elusive Childhood: Impossible Representations in Modern Fiction*, Columbus, Ohio: Ohio State UP, 2005, p. 45.

② Kerry H. Robinson, *Innocence, Knowledge, and the Construction of Childhood*, New York: Routledge: 2013.

③ Ibid., p. 11.

献祭性质的“贞洁”意义，也不再代表一种完美的道德形象，它的“纯洁”“真实”和“自然”的浪漫主义内涵逐渐移向日常生活，被用来指称童年因其特有的单纯、率真和朴素的生命状态而呈现出的美感。于是，童年的纯真之美从它原来暗含的精英文化感觉中降落下来，成为普通现代人的一种普遍的审美体验。与此相应，20世纪以来，那种富于神性色彩的浪漫主义的纯真童年逐渐沉落到望不见的人性深处，另一种富于日常生活亲切气息的单纯童年则从平实的大众世界中日益鲜明地浮现出来。这使我们想起马克思的名言：“一个成人不能再变成儿童，否则就变得稚气了。但是，儿童的天真不使他们感到愉快吗？他自己不该努力在一个更高的阶梯上把自己真实再现出来吗？在每一个时代，他的固有的性格不是在儿童的天性中纯真地复活着吗？”①对于成人来说，童年的纯真不再是一个在远离现实中批判现实的文化符号，而指向一种世俗的切实的愉悦，它使成人从童年的纯真中重新体验到了那不断被我们自己的文化所遮蔽的天性的真实与快乐。

童年纯真诗学的这一世俗化衍变，为消费社会的商品美学对于童年符号价值的大规模开发和利用，提供了重要的机缘。

二 作为商品的童年纯真

在今天，最懂得利用童年的纯真在消费问题上大做文章的，无疑是广告行业。在不长的时间里，借助于从童年的符号中发掘其资本价值，现代广告业发展出了两个潜力巨大的广告产业：一是儿童广告的市场，二是以童年意象为媒介的成人广告市场，前者以儿童为广告投放的受众对象，后者则是使用儿童形象元素的一般广告。从19世纪末20世纪初开始，西

① 马克思：《〈政治经济学批判〉导言》，中共中央马克思恩格斯列宁斯大林著作编译局编：《马克思恩格斯选集》第2卷，人民出版社，1972年，第114页。

方消费市场就注意到了儿童和儿童形象广告市场的价值，不过一直要到20世纪后半叶，随着以欧美发达国家为首的当代社会开始全面进入电视时代，这类广告产业的价值才借助于视像媒介的表现和传播能力得到了前所未有的凸显。事实上，视像媒介的发展普及不仅使儿童形象的价值在儿童和成人广告的不同领域实现了极大的拓展，而且促成了这两类广告双重受众效应的开发，即儿童广告的受众范围可以拓展至成人，同样，成人广告也常将儿童纳入其隐含受众中。

现代广告从新媒介中发展起来的这种双重受众效应，使得广告业得以巧妙地借用现代童年的纯真诗学资源，迂回地施行其消费影响的功能。如果说在20世纪之初，现代广告业还在儿童的书刊、杂志间来回寻索它进入儿童世界的入场券，那么到了视像媒介时代，如何使广告的影响进入儿童的生活，本身已经不成为一个问题。反过来，在今天，直接面向儿童的广告推销面临着来自成人文化界的审查压力。现代儿童广告的研究显示，从20世纪的最后十年开始，“儿童广告增长得非常快，它不仅在传统媒体中出现，还扩展到了所有的新媒体上，这些都提高了儿童广告产业的专业化，使儿童广告成为一种新的广告类型”，但由于现代文化中儿童保护传统的制约，儿童广告的铺展也最容易招致父母和其他管理者的抵制。① 例如，在美国，“从70年代初起，儿童电视中的广告就引起了一些团体，比如儿童电视行动组织的关注，他们呼吁联邦通讯委员会禁止或限制引导儿童消费的电视广告”，当时，儿童电视行动机构不仅要求“消除或限制儿童节目中的广告，而且与其它消费者团体一道呼吁联邦贸委会对儿童广告采取措施”。② 中国大陆地区也于1993年出台了具体涉及儿童广告从业规则的《广告审查标准(暂行)》，其中相关条例针对儿童广告列出

---

① 詹姆斯·U. 麦克尼尔、张红霞:《儿童市场营销》，华夏出版社，2003年，第267—268页。

② 罗以澄、夏倩芳、刘建明:《从儿童广告规约与网上隐私权保护规约的效果比较看自律原则对网络传播的适用性》，《新闻与传播研究》2002年第1期，第37页。

了内容上的禁忌规定。[①] 2009 年,“中国广告协会向社会发出倡议,呼吁对有关青少年儿童使用的产品或者有青少年儿童参加演出内容的广告进行全面清查,凡不利于青少年儿童身心健康的广告一律不应投放和刊播”[②]。尽管这些规则和倡议并不具有严格的法律约束效力,对于它的遵守也主要依靠从业者的自律,但它所包含的内在文化约束力同样是一股不容小觑的力量。儿童广告当然可以只面向儿童消费者进行推销,但对于广告商来说,同样明智的做法是不要因此而惹恼成人。迄今为止,针对儿童广告的审查方案均包含了这样一个明确的意思,即不应该利用儿童的纯真来行消费的引诱或欺骗之实。

童年的纯真不应该被利用来误导缺乏判断力的儿童,但这一法则在成人广告领域显然并不适用。一般说来,成人被认为是具备成熟的判断能力的个体,因此,面向成人的广告通常不存在广告商与消费者之间的文化知情权和文化判断力之间显在的不平等关系。正是在这里,广告产业发现了另一条由纯真童年同时通往成人和儿童的消费说服路径。对于成人来说,童年的纯真是一种美好的文化想象,对于广告业而言,它更是一个重要的符号资本。通过将童年纯真的诗学价值添加到面向成人的特定商品的广告推销之中,产品本身被赋予了一种特殊的审美情感价值。在符号经济的时代,这一情感的价值往往比物品的交换价值更多地决定着人们对于商品的选择和购买。

因此,我们看到,在今天的大量商业广告中,天真烂漫的儿童形象被频繁地用于各类产品的广告叙事,其广告内容覆盖了从日常食品、用品到家具、家居等各个方面,一些商品与儿童之间的关联已经超出了我们在日常生活中的普通想象。2009 年 2 月,微软发布了其“I' m a PC”广告项目的首款电视广告,广告的主角是一位名叫 Kylie 的四岁半的小女孩,屏幕

① 陈家华、麦箴时:《中国儿童与广告》,中国社会科学出版社,2004 年,第 167—171 页。
② 周杰:《新闻媒体应对儿童广告说“不”》,《中国新闻出版报》2009 年 7 月 7 日,第 6 版。

上的她正独自在电脑上轻松地处理照片并与家人邮件分享。同年9月，Windows7上市前夕，微软公司再次发布了由Kylie主演的Windows7宣传广告。在这则时长30秒的商业广告中，小女孩Kylie同样独自使用着安装有Windows7操作系统的电脑，并从中体验到了诸多乐趣。这两则广告中使用Windows7操作系统的小女孩Kylie诠释了这一操作系统自身的简便和快捷，但对于广告而言，这一形象最重要的意义还不在这里。屏幕上的Kylie操作电脑的方式带着幼儿特有的稚拙感，它很难令我们联想到“熟练”这样的词语，也就是说，在这里，最令我们印象深刻的并非四岁半的小女孩使用电脑的能力，而是从这个操作电脑的现代小女孩身上所散发出来的强烈的童年欢乐的气息。Kylie可爱的形象、稚气的语言、充满童趣的身体姿态，将一种天真、欢快的童年感觉注入了整个宣传广告中，实际上也注入了它所宣传的产品之中。在Windows7宣传广告的最后，Kylie说道：“我是PC，更多欢乐在这里。”毫无疑问，将微软电脑的符号与一种纯真童年的“欢乐”联结在一起，这才是这一宣传广告的核心所在。无独有偶，近年国内播放的某打印机品牌的一则广告①，关于商品性能的叙事是配合一个小女孩的各种不无稚气的动作表演来呈现的，我们看不出产品的性能与小女孩的表演之间存在任何实际的联系，唯一的解释是，通过引入童年的纯真形象，这一广告希望增加自身对于消费者的情感吸引力。

我们已经提到，在一个倡导儿童保护的开放社会里，直接向年幼的孩子做广告通常容易引发人们反感。20世纪70年代的美国，“贸委会建议禁止所有针对不满8岁儿童的广告，限制其它类型诱导儿童消费的广告，特别是加糖的米粉”②。不过，当这类广告并不是以儿童而是以父母为显在的推销对象的时候，情况显然发生了某种变化。假使某种儿童食品或

① 惠普打印机广告。

② 罗以澄、夏倩芳、刘建明：《从儿童广告规约与网上隐私权保护规约的效果比较看自律原则对网络传播的适用性》，《新闻与传播研究》2002年第1期，第37页。

用品的广告叙事者是由成人担纲,其隐含的叙述对象即目标购买者也是成人,那么这类广告对于儿童纯真形象的借用,就成为广告用以诱引和说服成人消费者的一个重要元素。如果一种特定品牌的奶粉可以换取纯真童年的欢乐,为什么不购买它呢?这是这类广告向成人消费者发出的潜在邀请。由于这类广告讯息在成人身上发生影响,还需要经过一个较为理性的讯息比较、处理和判断的过程,因此,它对于儿童纯真形象的商业化使用不像直接针对儿童的广告那么显眼,这恰恰使它避开了后者常常不得不面对的质疑。在低龄儿童食品和用品领域,这类广告往往占据了比较大的比例。

从纯真诗学的本意来说,消费经济对于童年纯真的价值利用在某种程度上是难以成立的,因为童年的纯真一旦被用作消费说服的意图,它所意指的纯真范畴本身便已经遭到功利目的的解构。既然纯真意味着一种不为世俗所累的生命之"纯"与"真"的状态,那么当它开始堕落为消费的说客时,它本身便已经失却了纯真的身份,反过来看,它的消费说服行为所借以依靠的力量,也就相应地被消解了。因此,在一个现代社会,当前许多广告中出现的乞求消费或宣传商品的儿童形象,反而容易让成人产生反感。

然而,在上面提到的这类广告中,儿童自身并未提出任何消费的要求,经济的交易只悄然发生在成人的世界里,它没有打破童年纯真的世界,反而塑造出成人呵护这一世界的温暖景象。纯真的童年看上去依然清白而无辜,是成人自己被这样一份纯真所感动。这无疑是一个巧妙的广告策略。归根结底,童年的纯真主要是一种售卖给成人的文化商品,如果成人甘愿为这样的商品付出代价,那么它并不是纯真本身的过错。反过来,倒是童年的纯真以某种方式"清洗"着商业广告的性质和面貌。商业广告对于产品的宣传往往是言过其实的,今天的大人们或许比任何时候都更明白广告的这种"非真"性,但通过将童年纯真的诗学符号嵌入其中,它的确使自己包含了某种真实的内容,那就是童年身上的某种成年人所永不能再企及的纯净、真实和自然之美。这种美是真切的，它可以脱离于广告的任何商业意图而独立存在——在任何情况下，一个纯真的孩子都充满了美感。这样真实的美感是一则广告真正能够击中我们内心的地方。正如某品牌奶粉的广告词所说："我们生活的多彩，源自他（她）简单洁白的世界。"①我们当然不一定要购买消费广告所推销的产品，但大概会很乐于接纳消费广告所提供的这样一种审美的享受。波德里亚的断言在这里显得格外准确："广告最重要的是被消费，而不是指导消费。"②当然，绝大多数时候，这种审美印象也会顺理成章地将一个相应品牌的名称，牢牢植入我们的审美记忆。

与现代广告业试图借用童年纯真的符号来促进其商业宣传相比，当代娱乐业则热衷于将童年的纯真直接制作成相应的文化商品进行出售。

当代文化语境下的童年纯真意味着一种看待世界和生活的率真视角，一种采取和参与行动的自然方式，这视角和方式因其尚未获得丰富的知识和文化能力而显出一种可爱的稚趣，又因其尚未受到成年人所习以为常的文化规则、思维惯性的影响而具有一种清新的真实。对成年人来说，这份纯真中收藏了我们被文化规训已久的视线所不及的许多意义的角落，也常常能够带给我们有关诗意和本真生活的启迪。意大利哲学家、心理学家皮耶罗·费鲁奇从一位父亲的视角这样描述他从孩子的纯真中所得到的感悟："和孩子在一起，就好像捡到失而复得的宝藏。我小的时候也很纯真。然后跟大家一样，我失去那份纯真落入尘世，在不断地妥协、算计、窠臼、呆板中，一切蒙上灰尘。但现在，在我孩子身边，偶尔我又重新获准进入宝库，再一次，人生没有了时间，不知愧疚与羞耻为何物，一切都是新的、闪闪发亮。"③

对于当代娱乐产业来说，童年的纯真所指向的这样一种新鲜的视角

---

① 太子乐奶粉广告词。

② 尚·布希亚：《物体系》，林志明译，上海人民出版社，2001 年，第 195 页。

③ 皮耶罗·费鲁奇：《孩子是个哲学家》，陆妮译，海南出版社，2002 年，第 135 页。

和童真的趣味，意味着一个充满开发潜力与价值的娱乐空间。通过在娱乐节目中观看儿童天真的言语和行为，体验童年天马行空的想象和童言无忌的幽默，对于日复一日生活在机械的时间和日程表之中的成人们而言，是一种多么适宜和怡人的休闲！受到西方大众娱乐文化的全面影响，20世纪末以来，随着国内外大众娱乐产业的迅速兴起和铺展，童年纯真的这一娱乐价值也被很快地发掘出来。除了显然以儿童为对象的娱乐节目外，一般的成人娱乐节目也不时引入这类儿童娱乐的资源用作娱乐风味的调整。①

例如，自2003年12月开播至今的某卫视知名家庭真人秀节目“饭没了秀”②，即以儿童语言的逗趣作为其现场节目版块的中心亮点。为了使这一亮点得到充分突出，该节目对于报名参与儿童的年龄要求是3.5—5岁（或4—6岁）之间。这个年龄段的孩子已经从成人文化中习得一定的语言理解和表达能力，但其理解和表达又尚未落入成人文化的规范窠臼，也就是说，他们一方面已经可以顺着成人的话题延续一些特定的话语行为，另一方面，其语言组织和表达又常会逆出成人的预期。在2011年的某期“饭没了秀”节目中，主角之一的小男孩被问及“大人为什么要吵架”，他认真的回答令人忍俊不禁：“有一次爸爸妈妈吃完饭，就在看电视。

① 近年来，除了各省、市级少儿频道推出的相关节目外，以儿童娱乐或不时涉及此类娱乐的较具影响力的国内综艺节目主要有：央视综艺频道“非常6+1”“星光大道”“我要上春晚”，深圳卫视“饭没了秀”“饭团巴贝巴”“小心00后”，湖南卫视“快乐大本营”、湖南金鹰卡通卫视“快乐宝贝GO”，东方卫视“中国达人秀”，上海东方电视台“欢乐蹦蹦跳”，浙江卫视“绝对小孩”，江西卫视“家庭幽默录像”等。目前看来，这是受到儿童类（或吸纳儿童参与类）综艺节目热捧的一种制作模式。

② “饭没了秀”系英文“Family Show”的音译。据深圳卫视相关人员撰文介绍，该栏目最初在深圳电视台频道科教生活频道播出，“以极富创意和趣味的‘魔力宝宝语言’为笑源吸引观众收视兴趣”。科教生活频道于2004年底改为少儿频道，“饭没了秀”成为少儿频道的主打栏目，同时在卫视频道播出。其后，栏目制作方发现少儿节目的定位本身限制了该栏目进一步扩大其娱乐效应和观众群体，为此，“少儿卫视必须舍去一头”。为了突破节目的娱乐题材和表现可能，巩固和扩大已有的收视率成果，制作方实际上作出了舍“少儿”保“卫视”的决定，并借此赢得了更为可观的商业效益。参见王立亚：《家庭娱乐节目少儿元素的植入和运用——深圳卫视“饭没了秀”节目6年思考》，《今传媒》2010年第1期。这也印证了本文之前所说的“童年的纯真主要是一种售卖给成人的文化商品”。

刚刚开始他们声音很小，后来他们的声音越来越大了。我听到妈妈说：'××（爸爸），你是没事做吗？'大人是没事做才吵架的。"[①]简单的生活事件、日常现象、科学知识等，在幼儿的理解或表演下，被赋予了或新鲜，或幽默，有时或许还不无深刻的新的意义。有时候，一些成人们试图掩饰的现实生活的尴尬，在童年的视角下被坦然地呈现了出来。"成年人通常很懂得掩饰并控制自己最私密的情绪。可是小孩却把它们统统抖出来。……孩子们常常百无禁忌地将我们最隐私的情感呈现在世人面前。被暴露在舞台当中的是真实的我们：除了欢乐、喜悦，还有难以启齿的种种难堪。"[②]但与此同时，童年的天真也以其自然的幽默消解了我们的尴尬与难堪。生活看上去是如此之重，童年天真的观看却使这种重量在幽默中变得轻盈起来。现代人太需要童年给予我们的这样一种"无忧无虑的感觉"了。[③] 这也是这类以童年"纯真秀"为看点的娱乐节目风行一时的重要原因之一。

童年的纯真本身是一个从童年生命现实中发掘出来的诗学范畴。然而，对于娱乐类节目来说，这一资源本身是不可控的。可以想见，如果任由儿童自行发挥，那么具有观赏性的儿童的纯真言行显然不一定会在合适的时间以合适的方式表现出来，其观赏性对于大部分人来说也会变得十分有限。但童年自发的纯真恰恰又是成人难以想象也不可安排的。出于控制现场效果的需要，也出于对童年娱乐资源的进一步开发，当代娱乐节目从儿童的现实生活中发掘出了另一种在纯真的名义下展开的"反纯真"叙事。它一方面利用了人们对于童年纯真的期待，另一方面又通过有意颠覆童年纯真的传统观念，来制造出特殊的娱乐效果。比如下面这段在当前引入童年元素的娱乐节目中颇具代表性的对话：

节奏欢快的音乐声中，小选手上场。

---

① 深圳卫视"饭没了秀"，2011 年 7 月 16 日节目。
② 皮耶罗·费鲁奇：《孩子是个哲学家》，陆妮译，海南出版社，2002 年，第 71—72 页。
③ 深圳卫视"小心 00 后"，2012 年 9 月 23 日节目，主持人语。

主持人(夸张地):从来没见过长得那么亮丽的小朋友。

小女孩(学主持人的语气):谢谢,我也从来没有见过这么帅的主持人。

主持人:这小嘴巴——这话我爱听啊,你接着说,还有什么?

小女孩:没了,就这些。

主持人:就这些啊?怎么就这一句呢?

小女孩:我妈在家里就教我这么一句。[1]

面对主持人的恭维,小选手的应答透出一种与成人对其身份的期待不相符合的老成和世故;而当后者的应答看上去已经达到它想要的恭维效果时,孩子又"天真"地透露了这一恭维的虚假性,它也可以看作当主持人扮演的角色想从孩子这儿得到更多便宜的恭维时,孩子"耍"了他。对于成人观众来说,这里面至少包含了由于期待的错位而造成的三层幽默效果:第一,孩子纯真的形象与其老成的应答之间的错位;第二,孩子老成的应答与其后来天真的"泄密"行为之间的错位;第三,主持人(世故的成人)与孩子(纯真的儿童)之间的权力关系错位。更进一步看,它还包含了对于成人世界常见的"恭维"现象本身的解构和讽刺。近年的同类娱乐节目通常致力于强化以上三种幽默模式中的若干内容,但很少跳出这三个模式。这里面体现了一种典型的相声艺术的包袱效果,但其包袱效应之所以能够得到凸显,还有赖于人们对于纯真童年的先见,它所背衬着的是由威廉·布莱克、华兹华斯、安徒生、科洛迪等无数作家的名字织就那一个童年纯真诗学的传统。只有在这一先见的背景下,儿童的那些"反纯真"的言行,才会达到如此强烈的娱乐效果。这是当代娱乐业对于童年纯真诗学的一种特殊消费方式,其可控性表现在节目制作方完全可以预先准备好相应的对话内容提供给儿童表演。同样的调笑语言,在成人娱乐世界或许已经十分寻常,但自天真的儿童口中说出来,却又有了新鲜的娱

① 深圳卫视"饭没了秀",2011年7月16日节目。

乐意味。事实上,这也是今天许多童年类娱乐节目为了增添幽默效果所采用的方法。

三 纯真与反纯真的辩证法

纯真是一个童年诗学的范畴,也是一个童年精神的范畴,它对于童年的某种纯净、真实和自然之美的发现和肯定,既是对童年生命的由衷礼赞,也体现了人性内在的某种精神追寻。而当代社会对于童年纯真的娱乐消费则在两个方面日益取消着这一童年精神的意义。

第一是童年纯真的物质化。这不仅仅是指在消费文化和娱乐文化的狂潮中,童年生活被日益物质化了,也是指我们对于童年纯真的理解在不知不觉地趋向物质化。本文并不认可一种对待童年文化的狭隘的保守主义态度。当代大众媒介可以动用童年的纯真精神吗?当然可以。童年的纯真本身是人类文化的一种产物,媒介和消费也是。一种对待童年的道德清道夫式的观念已经成为过去,纯真的童年不再是圈在围墙内的巨人的花园,而是我们每个人都可以在自己身边和身体之内寻找到、体验到的一种日常生活的诗性精神。通过大众媒介制作出的童年文化产品与文学艺术作品一样,都可以容纳和传播对于童年纯真的诗性体验。除了在儿童广告的问题上,由于客观上存在着广告商与儿童之间严重的知识不对等的关系,因此需要成人对此严格控制之外,在成人广告领域,对于纯真童年符号的使用并不是任何"狼来了"之类的现象,甚至这种纯真被有意识地用于某些商业宣传的目的,也可以在人们的接受范围之内。童年的纯真并不意味着对于物质元素的拒斥,相反,它是生命在经验物质生活的同时,还能够以一种单纯而充实的方式感受这一生活的幸福,正是这幸福感使生命的价值和意义超越了物质生活本身。

毫无疑问,在今天的视像媒介时代,不论成人广告是否包含童年元素，都有可能对儿童产生同样深刻的影响。因此，儿童生活随着消费社会的演进而日益显出物质化的趋向，已经成为一个难以阻扼的发展趋势。然而，生活的物质化现实和个体能否从这物质化的生活中发现超越物质的意义，是两个相对独立的命题。即便在一个消费时代，童年的纯真精神依然有可能穿透物质生活的迷雾，向我们彰显它自身超越于物质生活的价值。但如果我们对于童年纯真的理解本身已经物质化了，那么这样一种超越可能根本无从谈起。这才是当前整个社会对于童年纯真的消费所带来的最严重的问题。

在当代广告对于童年符号的普遍使用中，童年越来越成为一个由各种各样的物质事物圈围出来的概念：优质的奶粉、健康的麦片、全面的营养素、现代的学习工具、速效的药片、高效去污的洗衣粉、天然无污染的家装产品……仿佛童年所需要的一切都在物质世界里，也仿佛一切都可以由物质来解决。广告画面上纯净的物质环境代言了童年纯净的身心感觉，真实的物质享受代言了童年真实的生活需求，完整的商品体系则代言了童年完整的生命世界。商业广告的世界所宣传的是这样一种童年养育的伦理：父母们应该通过物质的保障来换取孩子的纯真笑颜。在现实生活中，人们也的确是这么做的。这意味着，人们对于纯真童年的珍爱感，恰恰成为促发他们消费欲望的符号。人们越是沉浸于纯真童年之美，便越是为物质的需求所捆绑，从而离童年的纯真精神越来越远。反过来，现代人越是觉得自己握不住童年的纯真，越是倾向于用更多的物质替代品来填补这种遗憾的空缺，其结果却是，连孩子的纯真也在这种物质的无限填充中越来越早地逝去。

第二是童年纯真的庸俗化。这是童年纯真的物质化必然会导致的结果。在诗学的层面上，童年的纯真指向着一种从功利的世界和繁复的生活中超越出来的审美意义。在上帝的神谕已然退位的今天，我们不得不以自己的肉身掮起现代生活的全部重负，随着时间的流逝，这负重而且日复一日地增加。然而，每当我们将沉重的目光移向童年轻捷的身影时，那里面流动着的新鲜的生命力量和单纯的生活感觉，会令我们即便从这疲惫的皮囊里，也由衷地感到生命存在的愉悦。很多时候，这种感觉可能只是一种审美的想象，而且转瞬即逝，但这并不妨碍我们从中领取到属于我们自己的那份内在的欢乐。然而，消费经济把这样一份欢乐也制作成了商品。包围着我们的各种与纯真童年有关的消费符号不断向我们暗示着：如果你想让孩子或自己得到这份纯真的欢乐，那么就消费吧。一种由物质消费堆积而成的童年理解，使童年的纯真精神越来越失去了它超越生活的诗性意义。

与此同时，当前娱乐节目对于童年纯真的观赏性展示，以及利用童年的纯真隐喻与其“反纯真”表现之间的对比所制造的童年消费盛筵，将人们对于童年纯真精神的体验和理解进一步推向了一种庸俗的娱乐消遣。卢梭在《爱弥儿》中告诫我们，不要取笑童年的纯真，否则，我们付诸儿童的种种教育努力可能前功尽弃。他特别强调，孩子对世界的理解方式“是可能使他产生种种天真烂漫的想法的”，但是，“千万不要当着他的面谈论他的天真的言行，即使要谈，也不要让他发觉。轻率地笑一下，也许就会毁掉你六个月的工作，造成一次终生不能弥补的错误”。① 今天的情形恰好相反——在儿童的面前，童年的纯真被当作特殊的笑料来换取观众的欢乐。也就是说，纯真在这里仅仅作为一种观赏物而存在。为了加强其观赏效果，让儿童以纯真的形象来表演一种“反纯真”的角色，也成为可以接受的事情。

应该说，“反纯真”本身并不是问题。事实上，与“纯真”在表面上相对的“反纯真”，本身也是现代童年纯真诗学传统的一个构成部分。在诗学上，“反纯真”看似是“纯真”的反面，但其目的并不是取消纯真，而是通过否定或颠覆文化对于童年纯真的规训，促使我们重新反思这一“纯真”的意义和价值。马克·吐温笔下的叛逆少年汤姆·索亚和哈克贝利·芬

---

① 卢梭：《爱弥儿》，第102页。

是19世纪欧洲文学中典型的“反纯真”儿童形象，他们凭着顽强的生命力和狡黠的机智从成人生活的肮脏角落里幸存下来，他们不但懂得熟稔地运用成人世界的各种生存法则与环境的压迫相抗衡，而且常常能够在与成人的斡旋中占据上风。他们的言行很难让我们联想到浪漫主义童年的纯洁与天真，而是充满了各种各样的经验和世故。但所有这些“反纯真”的表象无不指向童年“纯真”的更为深刻的意义。正是从这两个少年身上，我们看到了那唯有在童年才得以保留的人性的纯真如何引导我们从虚伪腐烂的文化中看到文化和人性真正的价值所在。甚至纳博科夫笔下充满性意味的十二岁少女洛丽塔，也以其反纯真的形象传达了与当时美国文化中某种庸俗的世故相对抗的天真精神。少女洛丽塔尽管有着诸多早熟的表现，“却没有失去她此刻的心理童贞”，“她的好奇心和模仿能力也许大大地越过社会规定之轨，但她还没有完全被成人世界随处可见的虚伪和平庸所污染”，背衬着当时的美国文化，这个女孩仍然是“简单自然、真实任性、优雅迷人”的“单纯的孩子”。[①] 因此，童年的“纯真”并非生活形式上的与世隔绝，它在最根本的意义上是指朝向一种单纯、真诚的人性状态的自然认同和趋近。

然而，在我们对于童年“反纯真”现象的当代娱乐消费中，这种根本性的“真”恰恰不见了。在娱乐的舞台上，儿童对于成人言行的种种模仿，儿童与成人之间的话语交锋，不过是童年以一种模仿的方式提前进入成人的世界。表面上看，它似乎为儿童提供了与成人平等对话的机会，实际上则反映了儿童对于成人世界的消极认同。在这类节目中，我们能够看到的唯一的童年天真标识，大概是儿童敢于“说真话”的举动。但即便在这里，“真”的概念也已经被偷换了，它以生活的“现实”替代了生活的“真实”。节目中，主持人有意鼓励儿童以一种“天真”的方式大谈父母和其他成人生活的隐私话题，以此来投合和满足公众的窥视癖。于是，在皇帝

① 潘一禾：《裸体的诱惑——论文学中的性与情》，海天出版社，2002年，第145页。

的新装游行中敢于喊出“他什么也没有穿”的孩子，被偷换成了在成人的私密生活中敢于喊出“他什么也没有穿”的孩子，后者成为童年投在当代娱乐生活中的一个庸俗的身影。

曾几何时，童年的纯真引导着我们从庸俗的现实走向诗性的真实，从虚妄的追寻回到朴素的人性。1924—1937 年间，德国漫画家埃·奥·卜劳恩创作了著名的漫画作品《父与子》。其时正值纳粹掌握政权，艺术家本人又因政治迫害被限制了创作的自由，画家将画笔从政治的旋涡中抽出来，移向了纯真的童年世界。洋溢在《父与子》各处的童年的天真、幽默、温情和欢乐构成了这部漫画集的主要色调，也成为那个时代德国社会鲜有的一抹亮丽色彩。德国画家弗里德里希·卢夫特在《柏林画报一百周年》一文中这样评价卜劳恩的《父与子》：“在那样一个充满邪恶和谎言、一个彻底政治化了的时代，他用他的艺术创造了一小块无忧无虑的人性绿洲。”①在这里，没有任何政治诉求，直指素朴人性的童年的纯真精神，本身就是对于极权时代的一种有力的批判。

这一童年纯真精神的批判性诉求在当代童年文化消费中正日渐逝去。它并不意味着我们不再看重童年的纯真，而是这种看重已经仅仅成为文化的某种摆设。2007 年 11 月，浙江卫视重磅推出的“绝对小孩”节目受到广电总局的批评。据节目制作人称，广电总局对该节目中的“让小孩说真话”的环节提出了意见，“认为了解过多的成人世界不利于孩子的成长”，节目组方面也虚心受教，认同“不要把真话说得这么直白，需要顾及成年人的感受”。② 如果这里的批评和反思都是事实，那么我们可以说，它根本没有意识到这一童年文化消费的内在问题，反而造成了这样一个错觉，即脆弱的儿童世界无法承受来自成人世界的真相的揭示，同样，脆弱的成人世界也无法承受孩子说出真话的事实，但真正的问题根本不

① 卜劳恩：《父与子》，译林出版社，2010 年，第 26 页。

② 《广电总局继续严打 〈绝对小孩〉承认挨批》，《东方早报》2007 年 11 月 28 日，C10 版。

在这里。当代娱乐业对于童年纯真精神的上述消费,其根本症结在于,它将纯真的"真实"附会为庸俗的"现实",从而使前者失去了任何超越于现实的意义。在这样的情况下,不论童年"真话"的范围被限定在哪里,这种纯真的意义都已经堕落。童年的纯真是我们自己文化的精神的一种映像,当成人的文化已经失去对于纯真精神的真正理解和倾慕时,真正的童年纯真也已经离我们远去。

文论翻译

文学史与趣味史：试论一个新的问题

〔德〕许　京[①]　著　方维规　译[②]

[译者按]　什么是美？什么是品位？今天的趣味同昨天的或许不一样？趣味的变化是否导致艺术手段的变化？对于这些问题，许京在一百年前首次倡导"文学趣味社会学"，将文学趣味、风格和变迁同社会土壤的变迁联系起来。在《文学史与趣味史》(1913)一文中，他勾勒了不少超出思想史和文学史的重要问题，开启了注重社会学方向的文学趣味研究。

许京指出，直到他那个时代，文学史(甚至整个艺术史)基本上只关心艺术品和艺术家，受众审美趣味的发展几乎没有得到重视。他认为作家依赖于受众的趣味，而趣味属于社会现象，其缘由是能够具体描述的。"时代精神"是一个靠不住的概念，它只是特定群体的思维形式，却一直被看作全体人民的趣味。作者强调不存在笼统的时代精神，每个社会同时存在不同的趣味阶层和群体。许京的意图是，以这篇副标题为"试论一个新的问题"的讨论，一方面对文学进行文化社会学的探讨，一方面展示历史趣味的各种因素对作品审美形态的影响。他突出了生活风尚和精神风格、思维形式和各种思潮等"趣味"对文学艺术的巨大影响，因而有必要对文学形式做社会学考察，形式对于群体意识的意义非同小可。他想通过考察"趣味的转变"来揭示艺术生产过程，在不同的社会发展中发现趣味

---

① 许京(Levin Ludwig Schücking,1878—1964),20世纪上半叶德国最著名的英美文学史家和莎士比亚专家。他在文学研究中的文化史和社会学视角，尤其是其专著《文学趣味社会学》(1923)使他获得国际声誉。许京最重要的成就是英国古典文学和莎士比亚研究。另外，他的专著《清教主义中的家庭——论十六、十七、十八世纪英国文学与家庭》(1929)被后来的实证主义文学社会学家视为研究典范。

② 方维规，教育部"长江学者"特聘教授，北京师范大学文学院特聘教授，文艺学研究中心研究员。

的变更，希望以此认识文学的本质。十年之后，许京发表使其获得国际声誉的专著《文学趣味社会学》(1923)，进一步从文化史和社会学角度对他1913年论文中的基本观点做了系统论述。

许京的研究视角与后来的“作家社会学”(“为谁而写”等问题)和“作品社会学”(作品的趣味所在)有着内在联系，注重社会环境中的文学生产和接受的整个作用关系，他是这种研究模式的首创者之一，并对20世纪上半叶的相关研究产生了很大影响，例如埃斯卡皮的《文学社会学》(1958)接过了许京涉及的不少命题。许京倡导的对文学传播系统的影响研究，也是后来文学社会学成为专业研究以后的重要组成部分。另外，他的文学观在很大程度上已经涉及1960年代兴起的接受美学所提出的不少问题，如研究读者在文学活动中的地位与作用，把读者亦即读者的审美趣味看成理论研究的对象之一。又如文学作品是为读者阅读和读者期待而创作的，并强调读者是推动创作过程、促进文学发展的一个决定性因素。

在中国的文学理论研究中，许京几乎还是一个陌生的名字。西方著名文学史家和批评家(如韦勒克)虽会提及许京，但是浮光掠影式的描述均给人留下“闻其声不见其人”之感。因此，我在《文学史与趣味史》一文发表一百周年之际将其全文译出。该文不仅具有开创意义，而且是整个文学社会学发展史中的重要文献。许京的一些说法同后来的许多时髦理论相去甚远，或已不适合全球化的今天。虽然，他的不少观点迄今还未过时。

前不久(《柏林日报》,1913年8月31日)，瓦尔策尔这位现代文学研究的领军人物把文学研究的目的归结为两点[①]:“其一，呈现文学作品的形式；其二，钩稽作品得以产生的思想基础。”迄今的研究侧重于第

① 瓦尔策尔(Oskar Walzel,1864—1944)，奥地利文学理论家。——译注

二个方面。越来越多的迹象标明,对形式问题颇感兴趣的新一代文学史家,也开始关注第一个方面的问题。可是,谁在这个领域有所涉猎,便会碰到意想不到的困难。对形式的所有批评都是主观的,甚至令人骇然;我们对此无须先见之明。对某些从事文学研究的人来说,这个观点却是一种安慰。正是在德国,这类研究者人数众多。他们本来就没有独到的批评,其评论缺乏训练有素的品位,并因此躲进原始资料研究之类的场所。在这个地方,没人会指责他们的主观性;然而,他们的研究成果终究只能为他人提供资料而已。必须着重强调的是,从现代趣味出发,批判性地探究过去的艺术,显得越来越有必要。仅出于区分活的形式与死的形式的思考,揭示前者的来龙去脉,这么做也有其价值。然而,谁要是研究莎士比亚的剧作,只是写出内容提要,注明作品的创作日期及来源资料,或许还有不同版本之间的关系,以为这样便完成了他的研究任务,那么,他可真是无可救药了。对形式的价值判断可以千差万别,不同的人自然会有不同的看法,这都不是问题的关键所在。关键是把目光投向艺术品所以能够闻名的各个方面。

然而,这里会出现另一种疑虑。我相信自己能够很有把握地分析艺术价值,它们正是某部作品得到今人赏识的缘由;我也能指出作品的弱点、生硬的笔法、作品中苍白的或失真的心理与人物的年龄不相称,等等。即便如此,这里还会产生一个问题:时人对特定事物的感受也同我们今天一样或者相仿吗?他们是否在截然不同的其他事物中见到我们所说的价值?以下事例或许很能说明问题:著名长诗《农夫皮尔斯》(14 世纪)在呈现七种死罪的地方,用了极为粗俗猥亵的描述,声色犬马的场景犹如出自斯泰恩的画笔①,所有文学史著作也都盛赞这个部分,不少人视之为该作最出色的部分②。可是在这篇诗作红极一时的 14 世纪,人们也是这么看

---

① 斯泰恩(Jan Steen,1626—1679),荷兰风俗画家。——译注

② 《农夫皮尔斯》(*Piers Plowman*)据传是英国诗人朗格兰(William Langland,约 1330—约 1387)创作的作品,它同乔叟的作品《高文爵士和绿衣骑士》(*Sir Gawain and the Green Knight*)及莱雅蒙(Layamon)的《布鲁特》(*Brut*)同为中古英语最重要的诗作。——译注

问题的吗？诗人为何不用同样的笔法接着往下写，却用了冗长的、令人看来确实索然无味的比喻？如果这个问题无法解答的话，另一个例子则是毋庸置疑的：莎士比亚戏剧中最美妙的场景之一，是《罗密欧与朱丽叶》中的两个主人公在月光和花香中互诉衷肠、私订终身。当时的一部著名文选号称“美文精粹”，其中也有《罗密欧与朱丽叶》中的章节和段落，唯独不见花前月下的精彩对白，尽管这段不太像台词的文字很适合那部文选的体例。[①] 即便不举这些例子，我们也早已知道莎士比亚这样的文豪，甚至连哈尔斯和伦勃朗都在不断告诉我们[②]，趣味受到时代、文化和社会的制约。[③]

在理想的情况下，甚至在我们对前人赞不绝口的时候，也不能保证观点的今昔一致。我们如果继续仅从今天的立场出发妄下定论，下一代人对之做出修正，再下一代人全盘否定前说吗？长此以往，没完没了吗？能否找到一种认识途径，使之更适合于文学史的学术特性呢？显然，要找到这一途径，只有首先追溯特定时代的艺术感受，亦即时人对艺术作品的体验和态度。放弃那些极为不合时宜的批评，倡导历史批评，这是科学必须对文学史提出的第一个要求。[④]

这里自然又会出现另一个问题，而且是一个不得不提的问题：我们在文学史中见到的历代文学作品，究竟是如何入选的呢？那些卓尔不群的文豪与各自的时代没有多少冲突，被人尊为文学之王，其作品被人广泛阅读——倘若人们只是想到这点，那么，上面的问题很可能只是废话而已。他们被载入史册，实为理所当然之事。然而，同历史上大多数诗人相比，这些魁奇之士似乎只是例外。至于上古、中古和近代早期流传下来的作

① 参见许京《同时代文学评论中的莎士比亚》中的具体论述，第 22 页。

② 哈尔斯（Frans Hals，1582—1666），荷兰画家；伦勃朗（Rijn van Rembrandt，1606—1669），荷兰历史上最伟大的画家。——译注

③ 不合时宜的 19 世纪文学批评对莎士比亚之艺术形式的误会和曲解，实在不胜枚举。参见许京：《朴素的艺术手法及其现代阐释》，1912 年，第 321—324 页。

④ 参见迈尔（Richard M. Meyer）：《批判性诗学》，载《古希腊罗马时代新年鉴》卷二九，1912 年，第 645—647 页。

品，大部分被写进了文学史；人们从此便沿袭了习惯的采录方法。那些甄选是如何产生的呢？毫无疑问，它在很大程度上取决于同时代人的文学批评，也可被视为批评的结果，或许还受到社会常见观点的一些影响。

然而，不仅每一部文学批评史，而且所有日报都会让我们看到，文学批评的立场是极为偏颇、极不公允的。一种观点在几代人之后常会被彻底否定。人们有权把日报上那些不合口味的批评视为主观的批评而加以拒绝，难道就一定要把一再出现在文学史中的观点视为科学的、客观的吗？难道一定要接受正统观点吗？需要再次强调的是，将某些文学家写进史书，而把另一些人打入冷宫，这本身就是一种评判。

在这种情况下，我们有必要先为文学史研究对象的取舍寻找一个更客观的范畴。就发展情形而言，这个范畴不可能存在于事物本身。虽然我们一再把艺术内涵视为评判的标准，但是我们必须一再指出，艺术内涵并不像含金量那样能够通过测量得到确认。

唯一的可能性是从文学史特性出发，即把文学史看作文化史的一部分，看作历史上特定精神内涵的组成部分。民众中不同的人在某个时期阅读什么作品？为何阅读这些作品？这才应当是文学史的主要问题。

可能对此提出的第一个异议似乎是，这种观点会把数量当作评判的标准，而一个头脑清醒的人不会在艺术趣味问题上数选票。有人会说，读者最多的作品并不总是好作品。各人的趣味取向可以大相径庭，但是在一个问题上却是一致的，即读者最多的作品一般不是艺术上最有意思的作品。马里特作品的读者比阅读埃布纳-埃申巴赫作品的人多出百倍[①]，我们怎能把这两个人相提并论呢？

---

① 马里特（Eugenie Marlitt），德国女小说家约翰（Eugenie John，1825—1887）的笔名。1866 年以“马里特”之名在莱比锡家庭杂志《园亭》上发表长篇小说《金埃尔莎》一举成名，成为畅销书作家。她在该杂志上共发表 10 部长篇小说，是 19 世纪下半叶德国通俗文学的代名词。埃布纳-埃申巴赫（Marie von Ebner-Eschenbach，1830—1916），奥地利女小说家，以其心理小说成为 19 世纪最重要的女小说家之一，代表作是长篇小说《孤儿》（1887）。——译注

当然，为了回答这些问题，应该把前面提出的问题，即特定时代中的读者究竟读些什么，马上改换成另一个问题：特定时代中不同知识阶层的人究竟读些什么？这种说法的前提是，特定群体同样在趣味方面具有某种程度的一致性。这自然只是一种抽象的说法，现实中不可能完全如此。我们知道，趣味总是各不相同。然而，受过高等教育的人与他们的仆人对同一文学作品感兴趣的情形是极少的，那只能是例外。我们越往前追溯，越能看到社会群体之间的明显区隔，越能发现典型关系，从而更有理由谈论整个阶层的典型趣味。

我们可以很合理地提出不同阶层各自阅读何物的问题。这时首先要思考的学术问题是，不只是从"高级的"亦即占主导地位的趣味出发来把握大众的文学，而是着眼于大众喜闻乐见的文学（如民歌）富有创造性的一面，它也会给社会上层的文学带来新的思路。这是无法否认的事实，已经有人开始从这个角度进行研究。这会有益于揭示平民受教育的程度，他们对文学财富的占有状况（这原先是知识者的事），以及大众心理学中的常见因素和变化因素。

研究那些主导文化阶层的阅读状况，一定更有收益。仔细查考便能发现，较高的社会阶层与中等阶层之间的差别，例如贵族与市民的差别，也会在很大程度上产生相去甚远的趣味。这是我们在文学史论著中所看不到的。比如在 18 世纪中期，英国上流社会（而且首先是这个阶层）的许多人是小克雷毕庸及其同类作家的淫秽小说的痴迷读者。[①] 另一方面，有些文学类别基本上成了中等阶层爱不释手的读物，例如涉及伦理的感伤剧本。

最值得关注的，自然是那些对文化发展最具影响的社会成员，也就是

---

① 小克雷毕庸（Claude Prosper Jolyot de Crébillon fils, 1707—1777），法国小说家，著名悲剧作家克雷毕庸之子，其对话体小说具有明显的戏剧性结构，这也是当时许多色情小说家乐于采用的文体样式。他的作品轻松活泼，以讽刺讥诮的笔调描写了 18 世纪法国上流社会的生活。其他许多作家的小说结尾，正是小克雷毕庸小说的开场：床笫之言，床笫之欢。——译注

起主导作用的阶层的阅读状况。整个问题的关键是：某个时期占主导地位的知识阶层的趣味是什么？

这里当然需要提出这样一个问题：什么因素使得一个阶层成为“主导知识阶层”？是这个阶层的代表人物在国家中拥有艺术的、科学的、社会的、政治的主导地位吗？这样的界定自然是不现实的，原因是这几个方面并不必然聚合到一起，正如我们今天在普鲁士所看到的那样，容克党派在政治上以及社会的某些领域占据主导地位，但在艺术或科学方面绝无优势可言。所谓主导知识阶层，更多地是指那样一些人，艺术和科学上的文化促进活动主要建立在他们的意志和资源的基础上。显然，我们应当优先考虑这一界定。以英国洛可可时代为例，当时的精神豪杰并不来自贵族，可是蒲伯、普赖尔、盖伊以及其他一大批人物①，都受到贵族的款待和激励，他们的作品深受贵族的追捧：文学家依从贵族的旨意，学者靠贵族的赞助为生。因此，尽管绝大部分文化精英并非贵族出身，我们仍然可以把贵族看作那个时代的主导知识阶层。

主导知识阶层有其典型的组成部分，带着不同的价值取向，比如他们重点关注“年龄”和“青年”。众所周知，一些书籍深受特定年龄段的人的青睐。尼科尔斯（Nichols）相信，拜伦的《唐璜》肯定是成熟男子的心爱读物。② 然而在一切政治权力均由长者掌控的时代，青年人有时会成为政治运动的中坚。于是，文学中会不断出现青年造反、为后辈代言的时期。更为显明的是对男女读者的区分。每个时代都有专门针对妇女或男子的作品，即作品的情感和观念世界更多地指向某一性别的读者。《项迪传》（*Tristram Shandy*）被视为纯粹的“男人读物”。而许多文学类别要么只迎合女人的趣味，要么全然不把她们放在眼里。至于后者，尤其见之于色情读物，娘儿们只是玩物而已。伊丽莎白时代晚期的大部分剧作属于此类。

---

① 蒲伯（Alexander Pope，1688—1744），英国诗人、批评家；普赖尔（Matthew Prior，1664—1721），英国诗人；盖伊（John Gay），英国诗人、剧作家。——译注

② 拜伦（George Gordon Byron，1788—1824），英国诗人、作家，引领风骚的浪漫主义文学泰斗。——译注

当然,仅以这种方法审视文学的话,整个领域几乎还尚未划分,犹如三百年前地图上的非洲。我们在此必须以特殊的社会学视角对每个时期、每个民族进行归类。我们要对都市文学与地方文学做出区分,比如伊丽莎白时代的剧团,它们在地方巡演的时候,偏爱一些古拙剧目,这在喜于标新立异的都市已经毫无市场。人们还必须重视宗教信仰以及不同教派所导致的界线,这在某种意义上正是一些社会阶层之间的分水岭。

这类考察的核心问题还有作品的传播程度,也就是读者中究竟流传着多少相关书籍。另外,读者的记述如何表明他们同文学创作者的心灵距离,这个问题更为重要。我们在文学发展的历史中经常可以看到读者不断变化的评价。很有代表性的是,相对贫困的德国在1867年为歌手弗赖里格拉特募集到18万马克[①],他的歌曲颇具政治色彩和青年梦想,充满了激情。而在1897年,为诗人李利恩克龙举办的募捐活动只筹集到1000多马克。[②] 然而在英国,市民阶层的宠儿华兹华斯长期受到追捧。[③]

我们应当考察读者及其阅读状况。显然,迄今的研究不会给我们带来多少成果。人们在某个时期或另一个时期究竟读些什么?对于这个常见问题,我们的文学史论著都没给出明确的答案,或者只在很少的情况下提供了正确答案,比如不同阶层的人曾经对歌德的《少年维特之烦恼》和拜伦的作品推崇备至。总的说来,在谈论一部作品出版年代的时候,我们既看不到哪些受过教育的人接受这部作品,也不了解是否有人确实阅读或偏爱这部作品,或者只是知道作品的存在却拒绝阅读。我们当然可以翻阅文学批评史,可是越往回追溯,批评越是片面,且同趣味史毫不相干。

---

① 弗赖里格拉特(Ferdinand Freiligrath,1810—1876),德国诗人。——译注

② 李利恩克龙(Detlev von Liliencron, 1844—1909),德国诗人。他的抒情诗直观而鲜明地反映现实,晚年从威廉二世那里领取荣誉津贴。——译注

③ 华兹华斯(William Wordsworth,1770—1850),英国浪漫主义诗人,与雪莱、拜伦齐名。——译注

这一研究任务在实践中所遇到的巨大困难，一方面在于近代以来不知凡几的文献，另一方面是古代和中世纪资料的匮乏。早期的历史资料，当初对时兴问题的直接评论，以文学作品主人公的名字命名，或者与之进行比较等，都可以审慎地拿来为我们的研究服务。新近几百年的大量手迹、语录和书简草稿之类的文献，也可以用于研究。另外还有印刷术诞生以来的作品印数、出版者档案、函件和其他通信记录，均能反映文学作品的传播形式和程度。①

只有充分了解这些情况，人们才能获得文化史考据的恰当着眼点。尤其在今天，这个道理更是不言自明。大部分文学批评和报刊文章对当代语言艺术和雕塑作品的褒贬，与主导知识阶层的说法有着天壤之别，以致眼下毫无艺术可言，而这本该属于国家大事。倘若将来的文学史家把我们这个时代说成豪普特曼甚或魏德金德的时代②，而当今的大部分学者并不把这两个人放在眼里，甚至嗤之以鼻；倘若将来的艺术史家只看到几个在社会学上不难归类的白痴，从而笼统地把表现主义、立体主义套在我们的脖子上，那才是难以忍受的。有一个例子很能说明概念不清的情形：约在十年前，索邦大学日耳曼语言文学专业的学生偶尔研习起世纪末德国颓废派诗人的诗作，可是那些诗人连德国市民阶层受过高等教育的人也几乎没有听说过。另外，有种咖啡馆文学艺术被看作“德国当代文学”。文学依赖于受众，艺术只有借助受众及其涵养才获得历史意义，而不是所谓“进步”杂志中的吹捧之词。

在这个语境中需要回答的第二个大的问题是：人们为何在特定时期

① 这个研究方向的材料可以用来考证某些作家涉猎各种读物的状况，而且近期已有一些这方面的考察，然而其视角与我们的研究不同。重要的不是把某个作家阅读的书籍看作出典，而是从中挖掘典型关系。

② 豪普特曼（Gerhart Hauptmann, 1862—1946），德国剧作家。他的第一部剧作《日出之前》1889 年首演成功，作者成为自然主义戏剧的代表人物。1912 年获诺贝尔文学奖。魏德金德（Frank Wedekind, 1864—1918），德国剧作家。他于 1889 年开始写作，因为反对自然主义，常把豪普特曼当作讽刺对象。早期作品《春之觉醒》（1891）采用象征手法，写青年人的生理要求同成年人之狭隘的道德观念之间的矛盾，这是作者日后作品的中心主题之一。——译注

阅读某些作品？最终原因自然在于特定阶层的心理结构。艺术世界始终与社会的、政治的、宗教的、科学的观念世界紧密相连；揭示这种联系是文学史的重要任务之一。只需知悉哪个知识阶层阅读哪类文学作品，就已经抓住了这个问题的根本。例如拜伦说他的东方叙事诗是为女性读者而创作的，而且肯定会得到她们的钟爱。这对我们的研究无疑具有启示意义。或者，我们在考察海泽和埃布纳-埃申巴赫的艺术创作时一定要看到[1]，他们的读者主要集中在上层市民社会。勾画读者的精神结构，也就在根本上呈现了他们对有关作品的审美偏好。

然而，假如人们把这一结构看作既成事实，同时把一些作品视为事实根据，那么，还有一项重要工作需要完成，即查考某种趣味得以盛行的推动力量。文学史著作的读者或许都会产生这样一种错觉，即以为文学史家论述的那些作品理当得到重视。可是在实际生活中，一夜之间名满天下的人是很少见的。文化越是向前发展，艺术与受众之间的路程就越长。尤其是起始于文艺复兴时代的知识阶层同社会的日益疏离，以及人的个性在后来几个世纪的不断发展，文学生产也改变着自己的途径，博得民众的欢心并非易事。新古典主义剧作家本·琼森的剧目，起初几乎无人光顾，可是后来如日中天，就连马斯顿那样的民众喜闻乐见的剧作家也不得不甘拜下风。[2] 我们这时会问：成功的途径究竟是什么？是谁促使剧院经理同意上演本·琼森的那些并没有多大吸引力的剧作？如果说本·琼森似乎有达官贵人和朋友做靠山，他们的社会影响力发挥了作用，那么必须说，旧时代的文学庇护人和赞助者的作用怎么评价也不会过高。他们是

---

① 海泽（Paul Heyse, 1830—1914），德国作家。他在19世纪下半叶的德国文坛上，尤其在知识界的读者中，享有很高的威望。最著名的作品有长篇小说《世界的孩子们》（1897）以及中篇小说《犟妹子》（1855）、《特雷庇姑娘》（1858）和《安德雷娅·德尔芬》（1862），1910年获诺贝尔文学奖。——译注

② 琼森（Ben Jonson，1572？—1637）英国剧作家、诗人、评论家。他是17世纪初期英国文坛的盟主，学识最渊博的剧作家之一，被文学史家称为英国文艺复兴时期的“标准”作家。作品以讽刺剧见长，抒情诗也很出名。马斯顿（John Marston，1575？—1634）英国剧作家。莎士比亚时代英国的著名讽刺喜剧作家，与本·琼森共同赋予喜剧以揭露社会黑暗、批评时政的作用。——译注

作家走向接受者的第一站(在许多情形中也是最后一站)。在趣味史中,一些庇护人和赞助者本是应该大书特书的;近代以来则是出版者继往开来。在近现代,一部文学作品的生产仅能说明作品已经问世,这是远远不够的。当时,一个外行是很难直接接触艺术作品的。舞台则是一条捷径,从而也是许多作家所向往的用武之地。人们通常把文学批评看作趣味史中最有力的推动力量,然而,这只在极少的情况下是言之有理的。我们很容易找到许多事例,说明批评中的交口称誉并未发挥决定性的作用,相反,斯特恩和拜伦的世界声誉①并没有因为相当一部分一流批评家的猛烈抨击而蒙受丝毫损害。受文学批评左右的读者总是很有限的,而能够自己发现优秀作品的人,其数量也是微乎其微。判断需要素养,这是许多人所不具备的。布朗宁还未成年时就为自己发现了雪莱②,这只是一个例外,他对此很是得意。正常的情形是济慈那样的经历③,是画家海顿才让他得知华兹华斯其人。④ 同样,拜伦也是通过雪莱的点拨才开始敬仰华兹华斯。我们在此见到的是恩斯特曾经关注的一个典型现象⑤,即由一个小的、逐渐向外扩展的圈子或团体所实现的传播。近代以来的趣味史是一部审美团体形成的历史;对一种趣味的领会,会一传十、十传百地流布于世。

在保守思想盛行的时期,所谓艺术无须多少创意,丁尼生的早期文学成就当属此类。⑥ 他是剑桥学生"使徒会"的会员,该会显然为他的扬名

---

① 斯特恩(Laurence Sterne,1713—1768),英国小说家。他创作的《项迪传》打破传统小说叙述模式,写法奇特,受到约翰逊、理查逊、华尔浦尔、哥尔德斯密斯的攻击,认为不道德,不是文学。评论家指出,20 世纪小说中的意识流手法可以追溯到这部奇异的小说。——译注

② 布朗宁(Robert Browning,1812—1889),维多利亚时期代表诗人之一;雪莱(Percy Bysshe Shelley,1792—1822),著名的英国浪漫主义诗人。——译注

③ 济慈(John Keats,1795—1821),19 世纪英国浪漫主义诗人,与雪莱和拜伦齐名。——译注

④ 海顿(Benjamin Robert Haydon,1786—1846),英国画家、作家。——译注

⑤ 恩斯特(Paul Ernst,1866—1933),德国作家、批评家。——译注

⑥ 丁尼生(Alfred Tennyson,1809—1892),维多利亚时期代表诗人之一。——译注

做出了很大贡献。“前拉斐尔兄弟会”的成员也竭力相互提携。① 尤其是在倡导一种全新的、异样的艺术风格时，也就是不像丁尼生那样因循守旧的时候，这种友人捧场会起一些作用。其代表人物开创了某种趣味的风气之先，同仁也会涉足其间，并网罗志同道合的新秀。探究这一重要发展过程的各个阶段，当为趣味史的分内之事。

这时还应当查考文学团体、学会、协会及其领衔者在传播一种特定趣味时所扮演的角色，文学与社团总是有着密切联系。对于近世来说，除了艺术与受众之间的各种重要连接点之外，也应当探讨图书馆和读书会的产生、发展和性质。

谁要是直面世界的话，那他定然会发现，趣味的产生有时并不只是观念的竞争，也是很现实的权力角逐。图书市场开启了艺术对读者的争夺。尽管造就文学家的是缪斯而不是出版商，但是作家竭力争取出版商的事情是尽人皆知的，后者深谙经营之道，能为作品的传播做好多事情。声誉鹊起的过程往往是很特别的，观察就中原委，我们时常可以发现批评派系的招数：个别艺术家受到精心策划的追捧，另外一些艺术家则遭到有部署的冷言相讥。这其中的许多外部因素、社会和个人影响，都值得深入探讨。另外，作家本人也常常是自己最得力的代理人，即自卖自夸的人。②

我们首先看到的是，要想跨进文学美誉的殿堂之门，先得通过把门人这一关，而这取决于各种先决条件。剧院经理和出版者可被视为这类把门人。一部划时代的、争相仿效的独特作品之命运，通常是由某个出版者的趣味所决定的。无数事例告诉我们，趣味很难摆脱特定的时代观念，那

---

① “前拉斐尔兄弟会”（Pre—Raphaelite Brotherhood），又常译为“前拉斐尔派”，是 1848 年开始的一个艺术团体（也是艺术运动），由年轻的英国画家米莱（John Everett Millais）、罗塞蒂（Dante Gabriel Rossetti）和亨特（William Holman Hunt）等人发起。他们的目的是为了改变当时的艺术潮流，反对那些在米开朗基罗和拉斐尔的时代之后在他们看来偏向了机械论的风格主义画家。他们认为拉斐尔时代以前古典的姿势和优美的绘画成分已经被学院艺术派的教学方法所腐化，因此取名为前拉斐尔派。——译注

② 现代文学界的名人中，《项迪传》的作者斯特恩是最早认识到广告之必要性的人物之一，在这个糟糕的世界中尤其如此。他为赢得出版商的支持而费尽心机，授意他的情人致函伦敦的新朋旧友，夸耀他这个名不见经传的牧师的一部神奇新作。

些事后成名的作家先得品尝到处碰壁的滋味。正是这些事例,以及在困境中抗争并最终功成名就的文学名人,会让人天真地坚信"好东西总有出头之日",完全就像小学课本里所讲述的那些绝处逢生的动人故事。实际上,我们既不能说"好东西"一定能够出头,也不能说符合时代要求的作品肯定会成功。我们决不能忽视一些关键人物和派系的趣味所具有的巨大能量,那些人把持着机构的权力。以科塔和布拉姆为例①,他们两人曾是德国趣味史中的重要人物。

这在需要大量经费的戏剧艺术中更为显著。许多有志于此的人都以失败而告终。很大一部分剧作难以同观众见面;即使作品能够上演,观众也常常是一些没有欣赏能力和批判能力的人,其评价自然不足为凭。几十年来,柏林观看首演的观众决定了剧作和剧作家的命运,从而左右着戏剧趣味的走向。对于如何组合各种剧目才是合理的,地方上的有识之士只能枉然评说。人们还必须看到,剧院经理在拒绝或者接受一部作品的时候,已经顾及观众可能有的趣味,而这在很大程度上影响着他们的决定。

对特定时期文学趣味的认识和对趣味表现途径的探讨,带来研究的第三个任务,同时是最有益于文学史研究的任务,即洞察趣味对文学创作本身所产生的影响。如果只是皮相之谈,那么对这个问题的回答得来全不费工夫,也就是许多艺术家在私人谈话中所深信的那种轻快的说法:是艺术家催生趣味,而不是趣味生发艺术。还有一些人会因此想起鸡生蛋还是蛋生鸡的问题。泛泛而论,艺术家的倡导无疑具有特殊意义。总的说来,这里所说的情形在不同时代有着许多相似之处。像莎士比亚、席勒、拜伦那样对后世产生重大影响的艺术家有着共同之处:让他们蜚声文坛的早期作品显然承袭了特定的传统,名声又可以让他们毫无拘束地自

① 科塔(Johann Friedrich Cotta, 1764—1832),德国大出版家、工业家和政治家;布拉姆(Otto Brahm, 1856—1912),著名德国批评家,柏林德意志剧院总监,《自由舞台》(后改名为《新德国评论》)主编。——译注

我作古，展示其与众不同的才能。他们为自己赢得了读者，读者也有了自己的偶像。这里所呈现的现象是许多艺术家共有的创作过程，并对趣味的发展具有很大影响。然而，创作者为自己争取到的艺术自由，也在不同时期受到截然不同的制约，而这种制约首先表现在作家对受众的考虑。正是这一思虑，似乎可以区分为三个不同的阶段。第一阶段是为委托者的小圈子着想，诗人自视为他们的喉舌。在文学史中，诗人先是作为受委托者而出现的。经济原因使他们完全寄人篱下。《提奥哀歌》的作者被主子撵出门去，因为主子更喜欢赫奥伦达。[①] 提奥因为失宠而陷入贫困。主人的欢心才是一切，诚如格言所说：吃谁的面包唱谁的歌。歌手与国王同行，并非二者信步于人性的同一个高度，而是国王用钱财养着他以供消遣。隆恩之下，必以效忠报之。同样，史诗《贝奥武甫》（*Beowulf*）中充斥着忠君思想，甚至在与所叙述的情节不相干的地方，随处可以看到主人公卑微的、拯救国王权威的举动。另外一段描述也很能体现古代英国宫廷歌手的地位：丹麦国王赫罗斯加的歌手当着众人，用动人的诗句即兴赞颂国王的客人贝奥武甫的壮举。他以此充当了王室和宫廷的喉舌，用艺术表达了他人的感受。——在以后几个世纪中，随着封建制度的形成，诗人所效劳的圈子时而有所扩大；但是，顺应时代观念而创作大作品的职业诗人，仍然依附于较小的贵族圈子。乔叟的大部分诗作[②]，比如《公爵夫人的书》《百鸟盛会》等，都是应景之作。《坎特伯雷故事集》似乎不是这样的作品；奇怪的是，有一个问题好像还没人提过：这部作品究竟是为谁而写的？[③]《贝奥武甫》之后，人们对于这一时期的创作总是需要发问：对谁

---

① 《提奥哀歌》（Deor's lament）出自10世纪的古英语文学手抄本《埃克赛特图书》（Exeter Book），英国埃克塞特大教堂图书馆收藏，亦称 Codex Exoniensis，是一部盎格鲁撒克逊诗歌合集。提奥因为自己的宫廷诗人的地位被赫奥伦达（Heorrenda）所取代，所以唱了一支哀歌。歌词大意是，虽然他自己遭遇不幸，但是世上还有更加不幸的人。——译注

② 乔叟（Geoffrey Chaucer，约1343—1400），被誉为英国诗歌之父。——译注

③ 与乔叟的其他诗作不同，这部作品面向完全不同的读者。人们以往总是把这个问题同该作的创作时间联系起来，而且都以为这同乔叟生活境况的巨大变化完全吻合。对有关乔叟生活之传统认识的最新批评，参见休伯特：《乔叟的公共生活》（James R. Hulbert, *Chaucer's official Life*, Univ. of Chicago, 1912）。

有益？贝迪尔的研究成果明晰地阐释了这一思考[1]，也就是叙事的内容和形式蕴涵着委托者的旨意。委托者的直接或间接影响，以不同的形式贯穿于几百年的历史。就某些艺术种类而言，这种影响在莎士比亚时代还有着一言九鼎的效力，就像莎士比亚叙事诗的那些著名的谦恭献辞所表明的那样，他感激贵族施主对其叙事作品的所有功德。谈到他的十四行诗，他则在施主面前哀诉一个诗界对手的影响，让人很直观地想起瓦尔特·封·德尔·福格威德的悲叹，为自己无法进入图林根宫廷而叫屈。[2]直到约翰逊1755年的那封著名书简，才给这种荫庇形式以致命一击，他对齐斯特菲尔特伯爵的恩典不屑一顾。[3] 约翰逊之所以敢如此大胆，是因为那时已经出现了一批读者，他们的文学兴趣得以使他不用再依附于达官贵人。从此以后，这种影响的余绪渐近消失。只是作为早期文学历史的沉淀，英国至今还有桂冠诗人（poeta laureatus），同从前的宫廷歌手一样，在爱国主义庆典上拨动他们的琴弦。这个义务只不过是道义之事，即使失职也不与物质利益相关。德国的一些宫廷和庆典艺术也保留了这一传统。

作家的创作不再乞怜于某个赞助者或某个封闭的社会小团体的认可，而是面向高低不等的群体，这是一个进步。即便这种趋向早已有之，但是这一抉择所催生的艺术，曾长期被视为低劣艺术，其作者也多半不愿露面。直到很久以后，这一艺术倾向才占据上风。大致说来，它的第一次

---

① 贝迪尔（Joseph Bédier，1864—1938），法国作家、学者。——译注

② 瓦尔特·封·德尔·福格威德（Walther von der Vogelweide，约1170—约1230），中古最伟大的德语抒情诗人，宫廷骑士爱情诗的主要代表之一；他改造了传统的宫廷抒情诗，使其富有民间色彩。——译注

③ 约翰逊（Samuel Johnson，1709—1784），英国文学评论家、诗人。他是英国18世纪中叶以后的文坛领袖。当时，英文辞典还在草创时期，他于1747年提出编著《英文字典》的计划并交给书商。他当时生活拮据，因此同意书商的建议，把辞典献给旧交齐斯特菲尔特伯爵（Lord Chesterfield），希望以此得到伯爵的资助，但是伯爵置之不理。辞典于1754年终于编成。伯爵于是在《世界日报》上撰文两篇，盛赞辞典的成就。翌年2月，约翰逊致函伯爵，揭穿其沽名钓誉之能事。“天帝既助我独成大业，今何敢欺世惑众，默认身后有所谓莫须有之赞助者？”此乃著名的《致齐斯特菲尔特伯爵书》之缘由。——译注

繁荣昌盛,发生在英国的戏剧领域。伊丽莎白时代的剧作家不再仰仗某个赞助者的仁慈,剧院账房的门票收入才事关重大。不难理解,作家面前出现了一个比以前大得多的活动空间。他可以进行实验,可以把大胆的设想和闻所未闻的革新付诸实践。剧院里坐着各色人等,某人不喜欢的地方,或许会赢得另一个人异常热烈的掌声。单个的贵族赞助者往往很保守;对他来说,父辈珍视的东西就是有价值的,他在艺术中须守护着传统。而正是那些面向非传统因素的艺术,才能摆脱历史包袱并取得快速发展。在这方面,戏剧具备最有利的条件,它与其他所有文学门类不同,它是城市艺术。城市里能够开放出最夺目的花朵;得力于大众化的、非贵族的现实主义和现实主义心理,其发展就更有可能。豢养艺人的恩主会规定行动路线;而面对形形色色的观众,创作者便能自由发挥他的特色,写作《西班牙悲剧》的基德就是一个很典型的例子。[1] 他在大众舞台上尽情施展自己异乎寻常的天赋,其《西班牙悲剧》对后来的文学产生了巨大的影响,莎士比亚也从他那里受益匪浅。在这个舞台上,他有独特的想法,追求强烈的效果和惊心动魄的戏剧场面,显示出非凡的心理分析倾向,因而得到大众的喝彩。可是,他显然在报酬问题上上当受骗了,这在当时是很常见的。于是,他转而为贵族的文学生活服务,排演一部翻译的加尼耶古典主义悲剧[2],往日的奇崛荡然无存,却能迎合施舍者的“高雅”趣味。要是没有大众舞台,这个人的天赋绝不会给后世留下任何值得一提的东西。莎士比亚剧作的疏放内质与他的叙事诗的传统束缚之间的差别也是如此。伊丽莎白时代的戏剧艺术已经很有特色,但还不足以说明

---

① 基德(Thomas Kyd,1558—1594),英国剧作家。他最早的也是最受欢迎的剧本是《西班牙悲剧》(1594),该剧复兴了古罗马的复仇悲剧。作者为了满足伊丽莎白时代观众追求刺激的要求,把暴力、恐怖、犯罪、流血事件都搬上舞台,他的悲剧创作因而被称为“暴力和咆哮”悲剧。——译注

② 几乎被今人彻底忘却的加尼耶(Robert Garnier,1544—1590)是16世纪法国最重要的剧作家。17世纪法国古典主义的先驱高乃依的不少素材出自加尼耶的作品。他的七部悲剧涉及古罗马和《圣经》故事以及希腊神话,最后一部剧作《犹太女人们》也是其最成功的作品。——译注

新形式对旧形式的胜利，因为当时的民众戏剧尚未被看作文学。这种状况很久以后才得到改变。只有一种文学门类似乎可被视为例外，这就是各种伦理周刊，它们拥有大量读者和相当高的地位。18 世纪确实有些奇特，当时形成的为一般人而写作的风气，在某种意义上早就存在，而且延续至今；可是这种写作倾向却受到当时主流观念的排挤。毫无疑问，莎士比亚感到自己完全是在为观众服务，可是他那降心投合的程度在今天的剧作家眼中是有失体统的。他的题材选择，某些表现手法上的粗糙处理，对一些角色的大众化编排（比如克莉奥佩特拉这个角色），不恰当的小丑场景等，都是从观众的趣味出发的。尤其是对流行的观点，他从不发表自己的见解。之后，尽管作家的思想得到进一步解放，可是像理查逊那样的人物①，依然对读者的期待不敢有半点违迕。（在这期间出现了一种关于文学创作的观点，远远超过了前两个阶段的情形，即作家本来就应当超然于实际受众，只听命于理想读者。）如果我们把雪莱与前几代诗人相比较，区别显而易见：他在这个世界上只认自己的趣味和信念并将之付诸笔端。而莎士比亚则在《麦克白》中插入了英国国王按手治愈病人的场景，原因是观众席上的雅各布一世认为自己也有这种特异功能。更有甚者（这在道义上是成问题的），他在同一部剧作中还塑造了生事作耗的三女巫形象，而雅各布一世正是最残暴的女巫火刑者之一。两百年之后的雪莱则理所当然地说："什么也别写，除非你坚信你要写的东西是真的，是它迫使你动笔。你应该开导明白事理的人，别让他被头脑简单的人收买。时间总会推翻愚民匹夫的见识。当代批评只是蠢言的杂烩，而这是天才必须抗争的。"②

① 理查逊（Samuel Richardson，1689—1761），英国小说家。书信体小说《帕美勒，又名美德受到了奖赏》（1740）受到读者欢迎，被视为第一部现代英国小说，理查逊因而被许多人尊为"英国小说之父"。其最成功的作品《克拉丽莎》也是一部书信体小说。作者着重描写人物的感情，把伤感主义引进了西欧文学，导致了 18 世纪末浪漫主义运动的兴起。——译注

② 特里劳尼：《记雪莱、拜伦及作家》，伦敦：B. M. Pickering，1878，第 22 页（Edward John Trelawny, *Records of Shelley, Byron, and the Author*, London: B. M. Pickering, 1878）。

显而易见，这里已经不见任何奴颜。通过抗争而获得的绝对自由，与作家彻底改变了的社会地位匹配。这种自由早就成为我们所要求的文学之信条。当然，这一信条并非一直能够实现。

吉辛是昔日英国文学生活最严厉的批判者之一[①]，他曾以厌恶的口吻强调了一个事实：几乎所有文学创作都只认市场。威尔斯在《新马基雅维利》(1910)的导言中，骄傲甚至浮夸地标榜自己的独立性；可是就在两年后的长篇小说《婚姻》中，诚如他自己所承认的那样，他不带任何成见地涉猎了色情心理学，最后却牺牲了小说构思的重要方面。[②] 德国的情形如出一辙，首刊于杂志的小说更是如此，这都是不争的事实。即便在大作家那里，对读者俯首帖耳也是常有之事，只是形式相去甚远。我们知道拜伦的言行很是自负，可是他的艺术也受到读者的影响。另外，丁尼生几乎总是强制自己的内在发展适应一个观念，即如何才能堪称把生活的面包赐予民众的诗人，这让他最后得不偿失。[③] 如果说这个事例中还没有牺牲品可言，那么我们确实可以惊讶地看到另一种情形：像易卜生那样一个个人权利的坚定捍卫者[④]，却在《娜拉》公演的时候，准许改动剧作的结尾，以淡化该剧的锋芒。另一种依从受众的形式见之于19世纪下半叶才出现的Épater le bourgeois之异常艺术[⑤]，“令人作呕”是其取悦于人的手段。这种

---

① 吉辛(George Gissing，1857—1903)，英国小说家、散文家。他著有小说22种，描写下层社会的苦难生活，对受人践踏的妓女、贫民、工人等寄予同情。《四季随笔》(1903)是一部半自传体性质的小品文集，是其散文代表作。——译注

② 威尔斯(Herbert George Wells，1866—1946)，英国作家。他创作的科幻小说(如《时间机器》《隐形人》《世界大战》等)影响深远，被誉为现代科幻小说之父、科普小说界的莎士比亚。——译注

③ 丁尼生(Alfred Tennyson，1809—1892)，英国诗人。维多利亚时期的主要诗人，诗作题材广泛，想象丰富，语言极富音乐感和表现力，1850年被封为桂冠诗人。——译注

④ 易卜生(Henrik Ibsen，1828—1906)，挪威剧作家、诗人。——译注

⑤ Épater le bourgeois，意为“惊吓中产者”，或“让小市民震惊”“捉弄庸人”等。最晚自福楼拜和波德莱尔起，法国艺术家和作家对主流社会之自负、狭隘和虚伪表现出极大的不满甚或愤怒。这种倾向体现于先锋派艺术，便是一种“震惊效应”，以此嘲弄小市民的猥琐和随波逐流。其实，对市民社会的挑战亦即反庸俗之倾向，几乎与市民社会一样悠久，欧洲浪漫派已经明显表现出这种倾向。——译注

艺术形式当下尤为盛行，比如在一些雕塑艺术之中。

所有这些都改变不了我们今天必须向艺术家提出的一个道义上的要求：丝毫不受受众的摆布，即便这在实践中常常只是一种幻想而已。

* * *

以上论述无疑只勾勒出了一些并不很清晰的轮廓，对趣味史的进一步探讨可能还会改变这些轮廓的形状。然而，仅仅这些论述已经让人预感到宽广而充实的研究领域，它们在学术上远比文学史开始追逐的某些领域富有成效。正是在新近的文学史研究中，研究兴趣多半已经从作品转向作家，以致人们对作家的生活细节、及至最隐秘的私事和最鄙俗的艳史了如指掌，可是这对认识作品却没有多大用处。而把文学史当作一般文化史的组成部分来研究，反而没有得到足够的重视。文学史研究的发展，已经同普通历史学中的一些研究没什么两样。那些史学研究在阐述大众生活中的反常现象和危机时，只满足于孤立地分析头面人物的生平，并竭力视之为整个社会之遗传学发展中的部分现象，援引赫尔德的精彩说法：[①]"我们的整个中古史是病理学，且多半只是关于皇帝以及几个帝国上层人物的头脑病理学。整个民族身躯的生理学——当然完全是另外一回事！"同样，把文学史同"整个民族身躯"联系起来，该是一项多么诱人的工作！

译自《日耳曼-罗曼语言文学月刊》第5年汇编〔1913〕，第561—577页（Levin Ludwig Schücking，"Literaturgeschichte und Geschmacksgeschichte. Ein Versuch zu einer neuen Problemstellung"，in：*Germanisch-Romanische Monatsschrift*，Jg. 5［1913］，S. 561-577）。

① 赫尔德（Johann Gottfried von Herder，1744—1803），德国哲学家、文学评论家、历史学者、神学家。——译注

李梦阳文学复古主张的理论依据

〔日〕西村秀人[①] 著 陈 磊 译[②]

［译者引言］ 内地学界近三十年来重新研究和评价明代复古派的诗文论，成绩斐然，李梦阳也在其内。不过，欲对李梦阳研究的成果进行整理总结，海外地区的研究状况同样是我们不可忽略的。在日本的中国学界，研究者比较重视对文学理论进行思想性的研究，因而其成果别有特色，很值得我们参考。有鉴于此，译者选取西村秀人《李夢陽の復古理論の根據》（原载《笠征教授華甲紀念論文集》，台湾学生书局，2001年，第403—436页）一文，迻译于此，以飨学界。原有脚注仍旧，并酌添译者按语。本次翻译承蒙西村先生惠允并校订，谨此致谢。译文如有不妥之处，概由译者负责。

［摘要］ 像“文必秦汉、诗必盛唐”这样乍看起来既生硬又偏激的文学主张，何以能够在明代中期的文坛产生了持续百年的影响呢？关于“古文辞派”[③]的最初领袖李梦阳所提出的文学复古主张，本文对它在理论上的依据进行了探究，并对它在当时产生巨大影响的原因进行了考察。

通过考察，本文认为：首先，李梦阳的复古主义文学论是以《易经》思想作为其基础的。李梦阳将《易经》中简单的“象”比拟为未受后世之手

---

① 西村秀人，京都女子大学文学部副教授，曾发表过有关明清时期的诗文论，如高启、袁宏道、黄宗羲、袁枚等人的论文，并参与了白居易《白氏文集》的日文译注工作。

② 陈磊，日本名古屋大学历史学博士。

③ “古文辞派”是日本学界的通用语，在日本汉学史中指江户中期荻生徂徕（1666—1728）的学派，与稍早的伊藤仁斋（1627—1705）的“古义学派”相对。这两派都属于“古学派”，而与当时的“朱子学派”“阳明学派”三派鼎立。由于徂徕所接受的是李攀龙、王世贞等人的影响，故而日本学界也习惯称呼明代“前、后七子”的文人群体为“古文辞派”。

玷污的纯正的文学典范，又重视去感受那些作为典范的诗及诗句的象征意味。其次，在理论的建构上，李梦阳依据了程朱理学的“体用”论。对李梦阳来说，文学即“古学”，即对“天生之”“物之自则”的东西进行文学性的探究——换句话说，就是对“理”进行文学性的探究。正是由于李梦阳的文学复古主张极大地依据了当时处于绝对权威地位的程朱理学，才具有社会影响力。

［关键词］ 李梦阳 复古理论 朱子学①

一

李梦阳（1472—1529）于明孝宗弘治六年（1493）以二甲第十七名的名次获得进士出身，当时他22岁②。考官为翰林院侍讲学士李东阳（1447—1516）。众所周知，李东阳此后晋升内阁大学士参与政治机务，又随着茶陵派的形成掌握了文柄。梦阳于弘治十一年（1498）27岁时任户部主事，弘治十八年（1505）任户部员外郎，并在翌年即正德元年（1506）晋升户部郎中。据铃木虎雄《李夢陽年譜略（附、王陽明との交涉、及空同集に就て）》（京都文学会《藝文》第20年第1号，1929年1月）可知，梦阳在座主李东阳门下首倡“古文辞”主张的时候，不过27岁。

《明史·李梦阳传》对此评论说：

> 宰相李东阳主文柄，天下翕然宗之，梦阳独讥其萎弱。

① “朱子学”是日本汉学界的通用语，不尽符合国内学界的使用习惯。译文关照具体语境，作了适当的调整。

② 李梦阳的生卒年实为公元1473—1530年，中进士时20周岁。有关其年龄的推算，照录原文不改。

我们知道，敢批判李东阳“萎弱”的梦阳持有激烈的复古主义主张，一般由“文必秦汉、诗必盛唐”的口号而为人所熟知。在对该复古主张的内容进行讨论之前，本文先要对梦阳登场以前的文坛做一个回顾。《明史·文苑传》将其变化的过程概括为：

> 永(乐)、宣(德)以还，作者递兴，皆冲融演迤，不事钩棘，而气体渐弱。弘(治)、正(德)之间，李东阳出入宋、元，溯流唐代，擅声馆阁。而李梦阳、何景明倡言复古，文自西京、诗自中唐而下，一切吐弃，操觚谈艺之士翕然宗之。明之诗文，于斯一变。

这就是说，首先，从永乐至宣德、正统为止的43年间，未出内阁半步、常居政治枢要的杨士奇(1365—1444)以“冲融演迤，不事钩棘”的这种温雅的台阁风气领袖文坛。其后，成化以来“立朝五十年”(《明史·李东阳传》)并于弘治、正德时期连续18年——其中有15年是以宰相的身份——参与内阁机务的李东阳，改正了旧有的台阁体之弊风，“出入宋、元，溯流唐代”，建立新的文学党派并且招徕、奖掖文学之士。再后来，在李东阳还健在的时候，年轻的梦阳便喊出了他激烈的复古口号。

后人评价杨士奇和李东阳说：“自明兴以来，宰臣以文章领袖缙绅者，杨士奇后，东阳而已。”(《明史·李东阳传》)此处应予注意的是，杨士奇的“台阁体”也好，李东阳的“茶陵派”也罢，正如“擅声馆阁”所说的那样，都仅是翰林院及内阁之中士人间的文学。[①] 与李东阳交往密切的翰林吴宽(1435—1504)曾说：“四方之人以京师为士林，而又以馆阁为词林，争有所求，然率不过庆贺哀挽之作而已。”(《匏翁家藏集》卷四〇《中园四兴诗集序》)我们从中不仅可以看出吴宽对文坛现实的不满，亦可窥见只有“馆阁”才是文坛所在的这一士人共识。对梦阳来说，这意味着即便他住在“京师”，属于“士林”，由于是“馆阁”之外的部郎，也不在“词林”之内。

---

① 廖可斌《明代文学复古运动研究》(上海古籍出版社，1994年)也指出，台阁体及茶陵派是以翰林院为主体的。

同样，比梦阳晚出、与其见解相投的何景明（1483—1521）也仅是“馆阁”之外的中书舍人。接下来，让我们看看身为翰林却呼应梦阳、算是“前七子”主要成员之一的康海（1475—1540）是如何说的。他说：

本朝诗文自成化以来，在馆阁者倡为浮靡流丽之作，海内翕然宗之，文气大坏，不知其不可也。夫文必先秦、两汉，诗必汉、魏、盛唐，庶几其复古耳。（王九思：《渼陂续集》，卷中，《明翰林院修撰儒林郎康公神道之碑》）

从中可以窥见，梦阳等人的复古主张是从反馆阁意识出发的产物。

那么，馆阁文学是一种什么样的文学呢？专心于“庆贺哀挽之作”，满足于“浮靡流丽之作”，这些的确是事实，让我们再借助吴宽的话来看。

馆阁日长，史事多暇。方石（谢铎）、西涯（李东阳）二公，凡所会晤游赏，与夫感叹怀忆馈遗，悉发之诗。（《匏翁家藏集》，卷四一，《后同声集序》）

谢铎是茶陵派人物。从此序本身的文脉来看，它并不是要批判李东阳，不过，它也传达出了馆阁的那种闲雅的氛围。可在事实上，明代是一个宦官祸毒甚深的时代。清人赵翼《廿二史札记》说：“明代宦官擅权，自王振始。”王振正好是杨士奇等“三杨”主政时期的宦官，一开始他还对三杨有所忌惮，至三杨死后，遂“跋扈不可制”，专横无比。其后，李东阳时期出现了刘瑾，他更是“专揽益甚”①。问题在于，以李东阳为中心的文学活动处在这样的现实之下，却是如下所说的样子。

李文正（东阳）当国时，每日朝罢，则门生群集其家，皆海内名流。其坐上常满，殆无虚日，谈文讲艺，绝口不及势利。（何良俊：《四友斋丛说》，卷八）

要之，对李东阳来说，文学是与政治倾向绝缘的，仅作为名流之士风

① 引文分见赵翼《廿二史札记》卷三五、卷三三。

流闲雅的娱乐消遣而存在。另外,李东阳对于宋代兴盛之后便衰落不振的“诗话”体裁——关于诗的专著,留下了一部《怀麓堂诗话》,在该诗话的《四库全书总目提要》里也有“是时,词林诸公多以诗为事”的记述。

李东阳的这种如上所述的文学形态,大概就是李梦阳所批判的“萎弱”之处。梦阳说:

> 世尝谓:“删后无《诗》。”“无”者,谓《雅》耳。《风》自谣口出,孰得而无之哉?今录其民谣一篇,使人知真诗果在民间。(《空同集》,卷六,《郭公谣》跋语)

另外还说:

> 孔子曰:“礼失而求之野。”今真诗乃在民间。而文人学子,顾往往为韵言,谓之诗。(《空同子集·诗集自序》①)

这里作为话头使用的“删后无《诗》”一语,其实是北宋邵雍的话。②所谓“‘无’者,谓《雅》耳”,并非李梦阳的创见,而是蹈袭了朱熹《孟子集注》对“《诗》亡”一语所作的“谓《黍离》降为《国风》而《雅》亡也”的解说。不过,此处梦阳所关心的并不是对《孟子》“《诗》亡,然后《春秋》作”所作的注解,而是那些当代“文人学子”的诗作。此处的所谓“文人学子”,应当是指馆阁士人而言。③ 认为《雅》已衰亡但《风》仍存续至今的梦阳还说过:“《风》者,生于政者也。”(《空同集》,卷四一,《啸台重修碑》)由此,梦阳对那些与政治绝缘、“以诗为事”的馆阁士人之诗,揶揄其为“韵言”,进行了激烈的反拨。

---

① 笔者使用的《文渊阁四库全书》所收66卷本《空同集》中未载《诗集自序》,此处系以明刊68卷本《空同子集》补录。

② 邵雍“自从删后更无《诗》”的诗句见于杨时《龟山语录》卷二。不过,此诗不见于邵雍自编的《击壤集》。《四库全书总目·击壤集提要》对此问题有所考察。邵雍的这句诗,后来也被《二程遗书》卷二上、《性理大全》卷三九以“程氏曰”的方式引用。

③ 从《诗集自序》来看,梦阳也在反省自己的诗作同样只不过是“文人学子之韵言”。但这主要是他的谦辞,其批判的对象依然是领导着当时文学写作的“馆阁”。另外,“文人学子之韵言”这个说法,虽然是借友人王叔武(崇文)之口提出的,但其与《郭公谣》跋语的理念相一致,故而可以作为梦阳自己的意见来考虑。

其实,在梦阳心目中,文学的问题并不仅仅在于馆阁文风。在明朝的科举制度中,取士方式虽多,其中心内容不过是考试经义。这也就意味着,与唐代科举不同,诗赋能力如何在这种制度中是完全不予考虑的;不仅如此,该制度还要求考生用形式受到严格规定的八股文体来写作试题答案。对此,与梦阳同时的文徵明(1470—1559)曾经一针见血地指出:

惟我国家以经学取士,士苟有志用世,方追章琢句,规然图合有司之尺度,而一不敢言诗。(《文徵明集》补辑,卷一九,《东潭集叙》①)

这就是说,在李东阳和李梦阳所生活的环境中,文学并没有被重视为官僚的必备素养。大约百年之后,谢肇淛依然说:"今之士子,幼习制义,与诗为仇。"(《小草斋诗话》,卷一,《内篇》)我们从这句话也可以窥见,他们的文化环境并未发生根本性的变化。以下,让我们再进一步考察文徵明的议论。他说:

夫自朱氏之学行世,学者动以根本之论,劫持士习。谓六经之外,非复有益,一涉词章,便为道病。言之者自以为是,而听之者不敢以为非。虽当时名世之士,亦自疑其所学非出于正。(《文徵明集》,卷一七,《晦庵诗话序》)

程朱理学开始进入科举考试是在元代中叶。到了明永乐十二年(1414),官方依据朱熹学派的经典注解编纂完成了《四书大全》《五经大全》《性理大全》等书。在此之后,程朱理学便成为当官的人必须遵从的基本准则。由此,就像文徵明所说的那样,文学自然而然地成为理学(或称"道学")所攻击的对象。

《明史·刘健传》有如下记载:

(李)东阳以诗文引后进,海内士皆抵掌谈文学,(刘)健若不闻,

---

① 此据周道振辑校《文徵明集》,上海古籍出版社,1987年。

独教人治经穷理。

刘健不仅与李东阳同为内阁大学士，另外还是继承薛瑄之学的理学者，而薛瑄与吴与弼并称为明代朱子学之祖。《明史·刘健传》称其"学问深粹，正色敢言，以身任天下之重"，又说，"其事业光明俊伟，明世辅臣鲜有比者"。由此，彼此对立的两个人物形象就呈现了出来：一个是李东阳，他推崇那种隔绝了政治现实的文学世界；另一个是刘健，他则漠视前者的文学世界，只热心于究明现实政治的基本原理。那么，梦阳又是什么样的呢？

> "小子何莫学夫诗？"孔子非不贵诗。"言之不文，行而弗远。"孔子非不贵文。乃后世谓文、诗为"末技"，何欤？岂今之文非古之文、今之诗非古之诗欤？阁老刘（健）闻人学此，则大骂曰："就作到李、杜，只是个酒徒！"李、杜，果酒徒欤？抑李、杜之上更无诗欤？谚曰："因噎废食。"刘之谓哉！（《空同集》，卷六六，《论学下篇》）

"阁老刘"即刘健的谩骂，实际上是针对李东阳而发的。① 梦阳因此而驳斥刘健之非。至于视诗文为儒者之"末技"，不用说，这是脱胎于北宋周敦颐的"文所以载道"（《通书·文辞》）之说，经过二程之手的进一步强化，成为理学家们的一般见解。正因如此，才会有出仕宋、元两朝的戴表元（1244—1310）禁不住感叹："后宋百五十馀年，理学兴而文艺绝。"（袁桷：《清容居士集》，卷二八，《戴先生墓志铭》）梦阳指出，这种轻视文学的观念绝不能算是对孔子的全面继承。由此我们可以想见，梦阳的主张在于，只有文学的复古才具有和食物一样不可或缺的价值。梦阳对那些封闭在风流闲雅的世界中的文学所进行的批判，也就是他对受到理学轻视的文学所进行的变革。

---

① 谢榛《四溟诗话》卷二说："李西涯（东阳）阁老善诗，门下多词客。刘梅轩（健）阁老忌之，闻人学诗，则叱之曰：'就作到李、杜，只是酒徒！'李空同（梦阳）谓刘'因噎废食'，是也。"

二

《四库全书总目·怀麓堂集提要》说:“何(景明)、李(梦阳)如齐桓、晋文,功烈震天下,而霸气终存。(李)东阳如衰周、弱鲁,力不足御强横。”这句评论很好地揭示了二者在同一复古精神之下的不同之处。梦阳说:“夫诗者,人之鉴者也。”(《空同集》,卷五一,《林公诗序》)又说:“古之文,文其人如其人。”(《空同集》,卷六六,《论学》上篇)这些话表明,梦阳认为,诗文必须体现出作者的人格。因此,我们要想考察梦阳的这种文学精神,当然也就不能不考察其自身的人格。

李梦阳的一生面临过不少“钩棘”之险。34 岁任户部员外郎时,梦阳因弹劾外戚张鹤龄被系下狱,结果他因为得到孝宗的庇护而被释放。据说他后来在街上遇到张鹤龄,用手上的马鞭殴打对方,打掉了对方的两颗牙。35 岁任户部郎中时,梦阳代替户部尚书韩文起草弹劾刘瑾的奏章,他为此一度招致了生命危险,结果谪山西布政司经历,勒致仕。不过,也正是因为此事,其“气节震动一世”。39 岁时,刘瑾伏诛,梦阳复故官,翌年任江西提学副使。可是,这回他又先后与上司、同列发生争斗,为陷害对手不惜伪造对方的上奏,结果被人揭发下狱。43 岁时,梦阳最终为此受到了停职的处分。随后,“梦阳既家居,益跅弛负气,治园池,招宾客,日纵侠少射猎繁台、晋丘间,自号空同子,名震海内”。48 岁时,宁王朱宸濠叛乱失败伏诛,与之交往的梦阳也受到牵连,被削去官籍。此后,梦阳刊行自己的诗集《弘德集》,著作《空同子》,最终于 58 岁时为自己波澜起伏的人生画上了句号。①

李梦阳生平事迹所体现出来的那种自恃气节甚至于负气凌人的强硬

---

① 以上叙述参考了钱谦益《列朝诗集·李副使梦阳小传》《明史·李梦阳传》《四库全书总目·空同集提要》。

姿态，实际上是从“前七子”中的他人身上也可以看到的一个共通性格。《明史·李梦阳传》称他们：

皆卑视一世，而梦阳尤甚。

同书《何景明传》称：

景明志操耿介，尚节义，鄙荣利，与梦阳并有国士风。

同书《康海传》称：

康海（中略）与梦阳辈相倡和，訾议诸先达，忌者颇众。

此外，这种激烈的言行方式，即便在七子内部伙伴之间也有所展现。《四库全书总目·空同集提要》就提到了梦阳与盟友何景明之间的论争，并且举出同属“古文辞”派的薛蕙所谓“粗豪不解李空同（梦阳）”的诗句，指出“气类之中，已有异议”。另外，王世贞（1526—1590）也谈到：

何仲默（景明）与李献吉（梦阳）交谊良厚，李为逆（刘）瑾所恶，仲默上书李长沙（东阳）相救之，又画策令康修撰（海）居间，乃免。以后论文相掊击，遂致小间。盖何晚出，名遽抗李，李渐不能平耳。何病革，属后事，谓墓文必出李手，时张以言、孟望之在侧，私曰：“何君没，恐不能得李文，李文恐不得何意，吾曹与戴仲鹖、樊少南共成之可也。”今望之铭，亦寥落不甚称。（《艺苑卮言》，卷六）

另一方面，在正德时期专横无比的司礼监太监刘瑾面前，作为宰相的李东阳却只不过是俯首听命而已。前述的刘健，在因弹劾刘瑾而辞职回乡之际，面对流着眼泪前来饯行的李东阳声色俱厉地说：“何泣为？使当日力争，与我辈同去矣！”（《明史·李东阳传》）不难看出，梦阳的过激言行不仅与刘健，也与刘健之师、曾经毅然抗争王振而被判死刑的薛瑄比较接近。不管怎么样，李东阳的声望必定因为这次弹劾刘瑾的事件而开始凋落了。

李梦阳开始批判李东阳，驳斥刘健、倡言复古主张的时候，只有27

岁。对当时的情况，梦阳后来在写给弟子的书信中进行了回顾：

仆少壮时，振翮云路，尝周旋鹓鸾之末，谓学不的古，苦心无益。又谓文必有法式，然后中谐音度，如方圆之有规矩。古人用之，非自作之，实天生之也。今人法式古人，非法式古人也，实物之自则也。当是时，笃行之士翕然臻向，弘治之间，古学遂兴。（《空同集》，卷六二，《答周子书》）

不用说，年轻的梦阳怀抱着强烈的自负。这里值得注意的是，他以"古学"作为自己文学的出发点。换句话说，这个"古学"在梦阳那里，无疑是对所谓"天生之""物之自则"的东西进行文学性的探究。这封书信接下来又说：

而一二轻俊，恃其才辩，假舍筏登岸之说，扇破前美，稍稍闻见，便横肆讥评高下古今。谓文章必自开一户牖，自筑一堂室；谓法古者为蹈袭，式往者为影子，信口落笔者为泯其比拟之迹。而后进之士悦其易从，惮其难趋，乃即附唱答响，风成俗变，莫可止遏，而古之学废矣。（同上）

梦阳并没有将他对文学的着眼点放在创作上，这是需要注意的。① 此外，想要在诗文上"自开一户牖"即自创风潮的想法，不论其结果如何，都是梦阳所坚决反对的。不用说，梦阳是推崇"前美"——即所谓的"筏"，指作为典范的古代美文——主张"法古"的。但是，梦阳说，这个主张并不被"后进之士"所理解，结果反倒是"古之学废矣"。毫无疑问，对梦阳来说，只有"古学"才是文学，谈文学就是谈"古学"。

这封《答周子书》里的有关议论，实际上是以梦阳与何景明之间的争论为背景的。"假舍筏登岸之说"对梦阳的模拟进行批判，劝告他要"自

---

① 松村昂《李夢陽詩論》（京都大学文学部《中国文学報》第51册，1995年10月）说："我想，如果将李梦阳的作诗原则用一句话来概括的话，不正是《论语·述而》所说的'述而不作'吗？也就是祖述而不创作之意。"可资参考。

开一户牖，自筑一堂室”，说出“子高处是古人影子”，主张“泯其比拟之迹”的人，正是何景明①。同是提倡“古学”的盟友，梦阳则坚持他毫无妥协余地的纯粹化的“古学”定义。并且与李东阳不同，梦阳并不写作诗话类的专著，而是写作了诸如《化理》《物理》《治道》《论学》《事势》《异道》等逐条笔记的哲理散论。梦阳甚至对何景明说过“仆非知诗者”（《空同集》，卷六二，《再与何氏书》）的话，与其将它仅仅视作梦阳的谦辞，倒不如说，这是由他的文学观念自然得出的看法。

可见，梦阳心目中的文学，是在推崇“前美”的基础上“法古”，即取法那些“天生之”、作为“物之自则”的“法式”，也就是学习古人的“法式”。由此，其学习的主要方式便是所谓的“文必秦汉、诗必盛唐”，即首先限定应该学习的时代，之后再极力模拟其中的作品。

梦阳的这种看起来生硬而偏激的主张，为何会具有令文坛“翕然宗之”的影响力呢？再进一步说，它为什么不仅仅是一个年轻部郎的一句大话呢？另外，自称“非知诗者”的梦阳又是凭什么依据来确信自己的主张呢？这里仅仅用他性格上的“霸气”来解释的话，显然是不足以解明这些问题的。本文随后将对这些问题进行讨论，这里不妨先给出我的结论，那就是，因为梦阳的主张是他自觉地建立在程朱理学的基础之上的，如前所述，要想获得社会的广泛认可，没有比程朱理学更充分有力的理论依据了。以下，本文将从梦阳的文学主张与程朱理学之间的关系进行剖析。

三

无论怎么看，梦阳复古主张的特征都在于先限定时代再模拟该时代的诗文。

---

① 引文分见《何大复集》卷三二《与李空同论诗书》、《空同集》卷六二《驳何氏论文书》。

(李)东阳实以台阁耆宿主持文柄。其论诗主于法度音调,而极论剽窃摹拟之非。(《四库全书总目·怀麓堂诗话提要》)

如上所说,李东阳是排斥模拟的。而梦阳则说:

短仆者必曰:"李某岂善文者,但能守古而尺尺寸寸之耳。"(《空同集》,卷六二,《驳何氏论文书》)

可见,当时就已有人针对梦阳的模拟提出批评了,连何景明也是其中之一。面对这些针对创作过程所进行的批评,梦阳作出了如下的声辩:

仆之尺尺而寸寸之者,固法也。假令仆窃古之意,盗古之形,剪裁古辞以为文,谓之"影子",诚可;若以我之情,述今之事,尺寸古法,罔袭其辞,(中略)此奚不可也。(同上)

梦阳所主张的是作为"古学"之方法的模拟,是贯彻着"以我之情,述今之事"的。这里我们暂且不去管按照这种方法创作出的作品会是什么样的问题,而是专注于探究梦阳的意图所在。梦阳此处所说的"古之法",如前所述,是指"天生之"、"物之自则"的"法"。这样的内涵其实与南宋严羽《沧浪诗话》所说的"诗法",或者李东阳所说"所谓'法'者,不过一字一句对偶雕琢之功"(《怀麓堂诗话》)的"法",均有点不同。不过无论在这点上两人具有怎样的不同,在李东阳频频否定模拟的时候,梦阳还是以27岁的年轻人的身份特意去主张模拟。

这就让我们联想到了朱熹。不用说,朱熹是位理学家,但他同时善于鉴赏诗文作品。不仅如此,朱熹还重视去通过模仿来学习古人之作。

古人作文作诗,多是模仿前人而作之,盖学之既久,自然纯熟。(《朱子语类》,卷一三九,《论文上》)

关于"学之既久,自然纯熟"的问题,前引梦阳的声辩,接下来还说:

有必同者也。(中略)守之不易,久而推移,因质顺势,融熔而不自知。于是为曹(植)、为刘(桢)、为阮(籍)、为陆(机)、为李(白)、

为杜(甫),即今为何大复,何不可哉!此变化之要也。(《空同集》,卷六二,《驳何氏论文书》)

何景明曾依据《易传·系辞上》中的"拟议以成其变化"之说,主张应该各成一家之言,此处是梦阳对其的批判。梦阳对"变化"的理解,与朱熹所说的"自然纯熟"是一致的。

接下来,要限定所学习的时代,也不是李梦阳的独家专利。所谓"非三代、两汉之书不敢观"(《韩昌黎文集》,卷三,《答李翊书》),代表了唐代古文运动的旗手韩愈的态度。严羽也说:"夫学诗者以识为主:入门须正,立志须高。以汉、魏、晋、盛唐为师,不作开元、天宝以下人物。"(《沧浪诗话·诗辨》)对严羽的《沧浪诗话》,李东阳也给予了很高评价。从这些情况看来,限定所学习的时代这一要求本身,在当时来说算不上什么奇谈怪论。此外,关于限定学习对象的问题,朱熹提出过如下观点:

古今之诗凡三变,盖自书传所记,虞夏以来,下及魏晋,自为一等,自晋宋间颜(延之)、谢(灵运)以后,下及唐初,自为一等。自沈(佺期)、宋(之问)以后,定着律诗,下及今日,又为一等。然自唐初以后,其为诗者固有高下,而法犹未变。至律诗出,而后诗之与法,始皆大变,以至今日,益巧益密,而无复古人之风矣。故尝妄欲抄取经史诸书所载韵语,下及《文选》、汉魏古词,以尽乎郭景纯(璞)、陶渊明之所作,自为一编,而附于《三百篇》、《楚辞》之后,以为诗之根本准则。(《朱文公文集》,卷六四,《答巩仲至》)

这就是说,要选取那些在律诗出现之前具有"古人之风"的诗作,以之为诗的"根本准则"。另外,朱熹此处所说的"法",其内涵与梦阳所说的"古之法"是较为接近的。

不过事实上,梦阳虽然模仿盛唐诗,特别是杜甫诗,但如前所述,他也对评价李、杜不过是"酒徒"的刘健提出了"李、杜之上更无诗欤"的反驳,可见他并不仅仅选取盛唐诗作为学习的对象。梦阳选取盛唐诗作为标准的原因在于"诗至唐,古调亡矣。然自有唐调可歌咏,高者犹足被管弦"

(《空同集》,卷五二,《缶音序》)。因之,从"古学"之旨趣出发,梦阳也当然会具有由盛唐继续上溯汉魏的倾向。《四库全书总目·空同集提要》说:"古体必汉魏、近体必盛唐",是比较符合实际的。梦阳说:

> 夫《三百篇》虽逖绝,然作者犹取诸汉、魏。(中略)予观陈子昂感遇诗,(中略)唐音沨沨乎,开源矣。及李白为古风,咸祖(阮)籍词。宋人究原作者,顾陈(子昂)、李(白)为极。岂其未睹(阮)籍作耶?孰谓天下有钟(子)期哉?(《空同集》,卷五〇,《刻阮嗣宗诗序》)

这就是说,想要学诗就必须知道,即便是盛唐的李白也师法于曹魏的阮籍。梦阳虽然感叹过宋人不知诗①,但所谓陈子昂的感遇诗是师法于阮籍的咏怀诗这样的说法,实际上早已见于唐释皎然的《诗式》之中②,并非梦阳独具慧眼而得出的创见。此外,梦阳还说:

> 李子乃顾谓徐生曰:"子亦知谢康乐(灵运)之诗乎?是六朝之冠也。然其始,本于陆平原(机)。陆、谢二子则又并祖曹子建(植)。故钟嵘曰:'曹(植)、刘(桢),殆文章之圣;陆、谢,为体贰之才'。"夫五言者不祖汉则祖魏,固也。乃其下者,即当效陆、谢矣。(《空同集》,卷五〇《刻陆谢诗序》)

这个说法与上溯至汉魏时代的说法是相同的。陆机和谢灵运均师法于曹植的说法,同样已经见于钟嵘的《诗品》之中。梦阳对谢灵运师法陆机之说虽然没有详细论述,但从钟嵘将谢灵运和陆机的源头置于曹植,并选择谢灵运、陆机、曹植分别作为宋、晋、魏各时代最高的诗人代表这一点看来,或许梦阳正是要说明追溯这个源流的必要性。除此之外,我们还可看出,梦阳此处的论点,依然不是他自己的创见,而是在很大程度上依据

---

① 作为宋人,朱熹的确说过:"(李白)《古风》两卷,多效陈子昂,亦有全用其句处。太白去子昂不远,其尊慕之如此。"(《朱子语类》,卷一四〇)但是,如后文所述,朱熹也说过李白诗作的优点在于学习了《文选》中的诗。

② 高棅《唐诗品汇》卷三说:"僧皎然云:'(陈)子昂感遇三十首出自阮(籍)公咏怀'。"通行本《诗式》未见此语。

了考察诗风源流的前人钟嵘所作的《诗品》。梦阳将所谓“古调亡”的盛唐选取为学习的时代，虽然看起来与朱熹有所不同，但事实上朱熹也没有否定盛唐诗。例如，正像“李太白终始学《选》诗，所以好；杜子美诗好者亦多是效《选》诗”（《朱子语类》，卷一四〇）这句话所说的那样，无论李白还是杜甫，朱熹认为他们学习了《文选》的地方才是好的。这样看来，在学习对象的拣择方面，看不出梦阳有什么独具慧眼的地方。概括来说，既推崇“汉魏古词”也推崇以其为根基的盛唐诗，这样的倾向，是朱熹和梦阳两者所共通的。再进一步说，自继承了《沧浪诗话》的高棅《唐诗品汇》以来，推崇盛唐诗这个观念对当时的人们来说已经是一种常识了[1]，反倒是盛唐诗有必要溯源至汉魏作品的观点，是梦阳与朱熹的相近之处。于是，本来是学诗，却要限定时代于汉、魏、盛唐，从而建立一种“根本准则”，这个倾向是梦阳最像朱熹的地方。[2]

接下来，朱熹对文的基本认识是这样的：

> 道者文之根本，文者道之枝叶。惟其根本乎道，所以发之于文皆道也。（《朱子语类》，卷一三九）

就是说，文完全是以道为其根本的。从这个认识出发，朱熹认为唐代的古文家未能将文和道视作一体。他说：

> 大率文章盛，则国家却衰。如唐贞观、开元，都无文章；及韩昌黎（愈）、柳河东（宗元）以文显，而唐之治已不如前矣。（同上）

此外，关于苏轼，由于他将文和道分作两件事，也受到朱熹的批判。[3]朱熹虽然没有在文上设置和诗一样的“根本准则”，但对于应该学习的文，也提出了具体的意见。例如他说：

---

① 《明史·高棅传》：“其所选《唐诗品汇》、《唐诗正声》，终明之世，馆阁宗之。”

② 其实朱熹建立“根本准则”的倾向，也影响到了高棅的《唐诗品汇》。该书将唐代诗人分为“正宗”“大家”“名家”等名目。参见《唐诗品汇·五言古诗叙目》。

③ 参见《朱子语类》卷一三九。

韩(愈)文力量不如汉文;汉文不如先秦、战国。(《朱子语类》,卷一三九)

韩愈的文不如汉代的,汉代的又不如先秦、战国的。这应该就是说,基本上,愈古的文,其与道为一体的东西就会愈多。要之,比起唐、宋的古文,我们应该选取秦、汉文。如果说有什么例外的话,就是:

韩(愈)、柳(宗元)文好者,不可不看。(同上)

这指出了韩愈、柳宗元之文的可取之处。对如何学习作文之法,朱熹说:

人要会作文章,须取一本西汉文、与韩(愈)文、欧阳(修)文、南丰(曾巩)文。(同上)

以西汉文为主,兼取韩愈、欧阳修、曾巩的作品,可见他并不是要一概摒弃汉代以后的文。

梦阳的确限定了只学习秦汉文。不过,他首先对宋儒作文过于强调理的做法进行了批判。

宋儒兴,而古之文废矣。非宋儒废之也,文者自废之也。古之文,文其人如其人便了。如画焉,似而已矣。是故贤者不讳过,愚者不窃美。而今之文,文其人无美恶,皆欲合道传志。其甚矣。是故考实则无人,抽华则无文。故曰:"宋儒兴,而古之文废。"或问:"何谓?"空同子曰:"嗟!宋儒言理,不烂然欤?童稚能谈焉。渠尚知性、行有不必合邪?"(《空同集》,卷六六《论学上篇》)

这就是说,如前文所述,梦阳最为重视的是作者的人格要鲜明地体现在文当中。不过此处梦阳所说的"贤者不讳过,愚者不窃美",即不要让自己去迎合预先设定的"道",而是先要尊重自己身上的全部真实,这就有点从朱熹的思想迈出了一步的意思。关于这点,后面再细说。在朱熹厌恶苏轼这一前提之下,梦阳对苏轼所作的评价是:

自《檀弓》文极之论兴,而天下好古之士惑。于是惟约之务,为湔

洗，为聱牙，为剜剔，使观者知所事，而不知所以事，无由仿佛其形容。西京之后，作者无闻矣。（同上）

所谓"《檀弓》文极之论"，是苏轼提出的。[①] 结合前述内容合而观之，可以看出，本段引文的关注焦点在于，文所展现的作者人格应该在读者的心里留下生动的人物印象，于是梦阳以此为准绳，否定了那些不能起到这种作用的汉代以后的文。

这样看来，我们可以感到，梦阳在文上限定时代的做法，基本上也是出于上面的理由。只是对于如何去把握文中的"道"这一点，梦阳与朱熹的观点多少有些不同。不过，朱熹文论中的"道"，按照三浦国雄的说法，"是人们禁不住说的口头禅，其在现实中所发挥的效用需要依据其他的基准来评价"[②]。如果是这样，梦阳的文论与朱熹的文论彼此也没有多大的冲突。关于文论中取秦汉舍唐宋的观点，元末翰林的重要人物欧阳玄曾经说过"三代而下，文章惟西京为盛"（《圭斋文集》，卷七，《潜溪后集序》），是一种只取西汉文的说法。除此之外，管见所及，如元末的虞集、明代的宋濂、方孝孺、杨士奇、李东阳等人都没有这种说法。可见，梦阳"文必秦汉"的限定，是其对朱熹的文论观点进行极端简化的产物。

综上所论，我认为，尚且年轻的梦阳之所以敢于"卑视一世"，主张这样的摹拟、这样的时代限定，究其原因，就在于他具有不去违背朱熹观点的自觉性。

四

之所以说梦阳有意关照到朱熹的观点，并不仅是因为有如上所述的

---

① 参见黄庭坚《与王观复书》三首之一："往年尝请问东坡先生作文章之法，东坡云：'但熟读《礼记·檀弓》，当得之。'既而取《檀弓》二篇读数百过，然后知后世作文章不及古人之病如观日月也。"

② 见吉川幸次郎、三浦国雄《朱子集》（《中国文明選》，朝日新闻社，1976年）第7章《歴史と文学》。

摹拟和对模范的限定这些表面上的事情。对于"古学",梦阳说:

> 夫追古者未有不先其体者也。然守而未化,故蹊径存焉。(《空同集》,卷五二,《徐迪功集序》)

这是什么意思呢?以下就对这里所说的"体""守"两点分别加以考察。首先,关于"体",梦阳这样说:

> 夫"体"者,对"用"之名也。无"用",而有"体"哉?吾儒"寂然不动"者,体也。"感而遂通"者,用也。人之动,常活。故感则通。所谓"敦化而川流敛之一而散之万"者也。(《空同集》,卷六六,《事势篇》)

所谓"体"是"寂然不动者"的说法,源自《易传·系辞上》中的"易,无思也,无为也,寂然不动,感而遂通天下之故"。朱熹注曰:"言其无心也。寂然者,感之体;感通者,寂之用。人心之妙,其动静亦如此。"此处梦阳是依据了朱熹的说法。另外,《中庸》说:"万物并育而不相害,道并行而不相悖。小德川流,大德敦化。此天地之所以为大也。"朱熹注曰:"大德者,万殊之本。"要之,梦阳所说的"体",是"感之体",是"大德",亦是汇合"小德"之"川流"而为一源的东西。这样的图式,正是贯彻了朱熹"理一分殊"的思考方式。

接下来,关于"守",梦阳说:

> 惟圣人能通天下之变。其次莫如守。守身、守官、守礼、守法,皆事也。或谓:"琴瑟改弦,何也?"空同子曰:"调琴瑟者,必能琴瑟者也。否,则愈更而愈乱。故曰:'其次莫如守。'"(同上)

"琴瑟"这个比喻的本体,自然是前文所说的"古法"。变更"古法"只会带来混乱。如前所述,梦阳批评何景明时曾说过:"有必同者也。(中略)守之不易,久而推移,因质顺势,融熔而不自知。"不是"圣人"的人就需要"因质顺势",即依随个性和境遇。保持它们各自的原状,就相当于保持了沐浴"大德"之化而如"川流"般的"小德"。这样地活着才是最好的,并且文学也就是从此处孕育产生的。但是，如果“守而未化”，即努力保持“小德”却不能使之贯通于“大德”的话，换言之，如果领悟不到“有必同者”的话，就有运用“蹊径”的必要了。这个“蹊径”对梦阳来说，就是“文必秦汉、诗必盛唐”式的模拟。要之，梦阳的主张，其根基所在依旧是程朱理学的理论。

由此，梦阳所说的“体”，追究起来，就是通过朱熹的“体用”论而最终抵达《易经》所说的境地。不仅如此，梦阳甚至将诗比喻为《易经》中的“象”。他说：

> 知《易》者，可与言诗。比、兴者，悬象之义也。（《空同集》，卷六六，《论学上篇》）

又说：

> 《易》独言象。象者，悬一以会万者也。又，一者，象之所由始也。一以会万，故得象而忘言。万以会一，故得意而忘象。它经言一理则止一理，言一事则止一事。（《空同集》，卷六五，《化理上篇》）

所谓“象者，悬一以会万者也”，与前述梦阳的“体用”观念是一致的。梦阳还说：“知《易》者，可与言诗。”这就是说，梦阳以《易经》的思想为其诗文论的根基，他借用朱熹的“体用”论，对其进行理论化，从而建构了自己的文学理论。山口久和概括了《易经》的根本思想，认为它“就是这样的一种看法：自然和社会虽然会发生复杂的变化（变易），但其背后均存在着不变（不易）的法则。对于这个背后的法则，我们能够依靠简易的卦象所给予的提示去获得理解”①。现在，如果我们借用“体用”观点来看待上述《易经》的根本思想，那么“不易”就相当于“体”，而“变易”相当于“用”。由此，即便是所谓“简易”的卦象，梦阳还是赋予诗的比兴以“象”的象征性，以此来强调比兴的重要。所谓“得象而忘言”“得意而忘象”，

---

① 见加地伸行编《易の世界》（《中公文庫》，中央公论社，1994 年 4 月）第 2 章《易の理論と歴史》。

是王弼《周易略例·明象》里的话。王弼并未被卦象的形态和卦辞、爻辞的字面意思所束缚,他注重于考究其背后的意义。对梦阳来说,简易的《易经》之象,就是那个未受后世之手玷污的、纯正的文学典范,他想要重视成为典范的那些诗和诗句所象征的意义,无论如何也要重视在自己的知性和感性驱使之下的内心感受。这里所说的"比兴",与其说是单纯的作诗技巧,不如说是生气勃勃的广阔的文学想象力。

另外,梦阳对于《易经》还说过这样的话:

> 天道以理言,故曰:"亏盈而益谦。"地道以势言,故曰:"变盈而流谦。"鬼神以功用言,故曰:"害盈而福谦。"人道以情言,故曰:"恶盈而好谦。"盈、谦,以分限言耳。非谓消长、升沉也。(《空同集》,卷六五,《伦理上篇》)

我们先不去管《易经》谦卦的彖辞本身。这里值得注意的是,梦阳将彖辞的意思解释为"人道以情言"。天道、地道、鬼神、人道,不必说,它们是位置连贯在一起的概念。不过,梦阳认为,天道、地道、鬼神三者与人道的"分限"之际在于前面三者超脱了为人之根本的"情"。可以说,梦阳之所以成其为文学家的梦阳,原因就在此处。对梦阳来说,人之所以能活着,就在于有一颗活动的心,即在于"情"的存在。就像"宋人不言理外之事,故其失拘而泥"(《空同集》,卷六五,《物理篇》)所说的那样,梦阳批判那些拘泥于"理"的做法。如前所述,人们通常会受到其个性和境遇的制约,不能不具有贤愚美恶之别。但是,正因为如此,人们才必须忠实地依随自己的个性和境遇来活着,而象征着古典之美的文学(古学)也必须在这样的生活之中才能够被人们领悟。这就是梦阳的看法。引文不说"性情"而只说"情",应该也是从上述考虑出发的。[①] 当然,梦阳也并没有违背程朱理学。他说:

---

① 梦阳大量使用"情"这个词,而"性情"一语在《空同集》中只出现了一次,即《空同集》卷五九《蛤雀论》的"刚柔异质,性情迁焉"。

流行天地间即道。(《空同集》,卷六六,《论学上篇》)

又说:

天地间皆性也。(《空同集》,卷六六,《事势篇》)

不过,梦阳也说了如下意味颇深的话:

天地间惟声色。人安能不溺之?声色者,五行精华之气,以之为神者也。凡物,有窍则声,无色则敝。超乎此而不离乎此,谓之不溺。(《空同集》,卷六五,《化理上篇》)

形而上的"性"和"道"之内,当然是没有"声色"的。由于形而下的"物"有"声色",人心才开始有了反应;在反应之下有了感觉,人心才能成为真实的存在。"声色"是"五行精华之气",是"神"。这里的"神",源于《易传·系辞上》的"阴阳不测之谓神"或者"知变化之道者,其知神之所为乎"的说法。[①] 就是说,在"物"之变化深处具有灵妙的作用,当人心深处的灵妙作用与之感通的时候,"物"才是纯粹而真实的存在。作为理学家,朱熹慎重地将欲的萌芽排除出了情。而梦阳作为文学家,他所热衷思考的是,人心是不能不动的——动,就容易"溺"。即便梦阳巧妙地婉言道:"超乎此而不离乎此",他依然敢于将"道"和"性"二者与"声色"相提并论。正如前引梦阳所说的"人之动,常活。故感则通",他所重视的是内心的动态及生气。不必说,此处的所谓"天地间惟声色",与前述"人道以情言"是一致的。梦阳说:

夫诗有七难:格古,调逸,气舒,句浑,音圆,思冲,情以发之。七者备而后诗昌也。然非色弗神,宋人遗兹矣。(《空同集》,卷四八,《潜虬山人记》)

---

① 参见目加田诚《六朝文芸論に於ける「神」「気」の問題》,原载九州大学文学部《文学研究》第37辑,1948年12月;后收入作者《中国の文芸思想》(《講談社学術文庫》,1991年10月)。该文对《易经》中的"神"有所考察。

诗的格和调如果不是出于作者内心深处精美的作用,就不会与“前美”即现实世界发生灵妙的感通。这里不妨多说一点,如同理学家朱熹设定了天理那样,文学家梦阳经常会将文学典范所具有的“声色”视为完全可与“道”“性”二者相并列的东西。对梦阳来说,程朱理学的世界观并未因此而受到破坏。梦阳说:

> 流行天地间,即道。人之日为不悖,即理;随发而验之,即学。(《空同集》,卷六六,《论学上篇》)

此处的“学”指“古学”,也就是文学。梦阳说的“随发而验之”,就是将依随各自的个性和境遇而产生的想法,通过语言表达出来①,并进一步将这些语言与古人的典范之作相对照。感悟必须经过这个对照的检验才能得到。那么,对照过典范之后,会感悟到什么呢?梦阳对于“情”的问题是这样说的:

> 夫天下百虑而一致。故人不必同,同于心;言不必同,同于情。故心者,所为欢者也;情者,所为言者也。是故,科有文武,位有崇卑,时有钝利,运有通塞。后先长少,人之序也;行藏显晦,天之畀也。是故,其为言也直宛区,忧乐殊。同境而异途,均感而各应之矣。至其情,则无不同也。何也?出诸心者一也。故曰:诗可以观。(《空同集》,卷五九,《叙九日宴集》)

所谓“百虑而一致”,还是依据了《易传·系辞下》的“子曰:天下何思何虑?天下同归而殊涂,一致而百虑。天下何思何虑!日往则月来,月往则日来,日月相推,而明生焉”。在理论上,这与前文所见的“体用”论是一致的。这里值得注意的是,梦阳解释“一致”时所说的“至其情,则无不同”。当然,“出诸心者一也”的那个“一”应该就是理。对《系辞传下》的

① 《空同集》卷五一《梅月先生诗序》说:“情动则会,心会则契,神契则音,所谓随寓而发者也。”同书《论学上篇》的“随发”和这里的“随寓而发”可以理解为同一意思。另外,“随寓而发”是梦阳关照到朱熹对《孟子·尽心下》“若将终身焉”句所作的《注》“随遇而安,无预于己,所性分定故也”而说的。

这些话，朱熹注曰："理本无二，而殊涂百虑，莫非自然。"可见，朱熹重视的还是"理"。与其不同，梦阳所关注的是从"一"里走出来的"情"。梦阳又说：

情者，性之发也。然训为实，何也？天下未有不实之情也。（《空同集》，卷六六，《论学上篇》）

对梦阳来说，只有"情"才是真实的东西。他又说：

理、欲，同行而异情。（《空同集》，卷六六，《论学下篇》）

这就是说，虽然道德的行为应当是人人相同的，但是素质和境遇各自不同的人们所具有的情，理所当然会有所不同。如前所述，梦阳是主张首先要全面彻底地接受自我的，这就与"至其情，则无不同"的主张乍看起来有点矛盾。但是，从本文前述已经说明的内容看，这些主张对梦阳来说其实并无矛盾。原因在于，各自沐浴"大德"之"化"的"小德"之"川流"，被作为"一"的"大德"所收敛，这就意味着，正是在各自全面彻底地接受自我之后，才会有无所不同的情，即万古不易之情能够被感悟到。梦阳的"古学"，其目的所在就是要感悟这万古不易之情。而关于这一点，朱熹也说过：

人情安得有异！（《朱子语类》，卷八〇）

通过本文的讨论，我们发现，李梦阳文学复古主张的根基是《易经》[①]，对其理论化则是依据了程朱理学[②]。梦阳文学立场的出发点，如前所述，是对"天生之""物之自则"的东西进行文学性的探究，而"天生之"

---

① 根据《易经》思想完成的文学理论著作有刘勰的《文心雕龙》。该书《原道》篇说："人文之元，肇自太极，幽赞神明，《易》象惟先。庖牺画其始，仲尼翼其终。而乾、坤两位，独制《文言》。言之文也，天地之心哉！"虽然这与梦阳所说的有共通之处，不过我们看不出梦阳主动地依据了《文心雕龙》的痕迹。

② 山口久和《明代復古派詩說の思想的意義》（大阪市立大学文学部《人文研究》第37卷第3分册，1985年12月）指出："处于文学史中的复古派文学论，与处于思想史中的程朱理学，两者所占的位置是相似的。"

“物之自则”的东西就是“理”。这里我们不妨说，梦阳将程朱理学的“穷理”观念移植到了文学的世界。至于程朱理学的权威性，前文已经引述过文徵明的话作了说明，这里再揭如下：

> 夫自朱氏之学行世，学者动以根本之论，劫持士习。谓六经之外，非复有益，一涉词章，便为道病。言之者自以为是，而听之者不敢以为非。虽当时名世之士，亦自疑其所学非出于正。

虽然李梦阳的文学复古主张完全是沿着所谓“根本之论”的思路建构的，但是，李梦阳之所以能够成功地取代李东阳的地位，在文坛刮起一阵持续百年之久的“古文辞”旋风，其成就背后的根源也正在于此。

汉学述评

高友工“美典”说的三个向度

汤拥华①

［摘要］ 本文分析了海外华人学者高友工先生“美典”说的三个向度：批评美学、文类诗学和文化哲学。本文旨在提醒学界注意，在就抒情传统能否代表中国文化传统的主流展开论辩之前，要先认真考察高友工先生的概念工具、理论渊源和文化境遇。任何有关传统的描述都是古今中西矛盾中的理论建构，其困难往往大于历史事实的梳理和文化理想的寻求。

［关键词］ 美典　美学　抒情传统

陈世骧之后，高友工继续标举“抒情传统说”，其论述体大思精，在华人文学研究界广有影响，几乎开启了一个学派。② 2008年，高氏论文集《美典：中国文学研究论集》在中国内地出版，更引发新一轮研究热潮。③ 众多学者从不同角度出发，就高友工的主要观点展开探讨，发扬者有之，质疑者有之，修正者有之。④ 讨论的焦点，集中于中国文艺传统能否

---

① 汤拥华，浙江工商大学人文与传播学院副教授。

② 柯庆明、萧驰主编：《中国抒情传统的再发现——一个现代学术思潮的论文选集》“导言”，台大出版中心，2009年，第6页。

③ 高友工：《美典：中国文学研究论集》，三联书店，2008年。

④ 尤其值得注意的著述有蔡英俊主编：《中国文学的情感世界》，黄山书社，2012年；柯庆明、萧驰主编：《中国抒情传统的再发现》，台大出版中心，2009年；陈国球：《从律诗美典到中国文化史的抒情传统——高友工“抒情美典论”初探》，台湾《政大中文学报》2008年第10期；龚鹏程：《成体系的戏论——论高友工的抒情传统》，台湾《清华中文学报》2009年第3期。另外，董乃斌教授主编《中国文学叙事传统研究》一书（中华书局，2012年）明显有“纠偏”之意，值得参考。

统摄于“抒情传统”以及此种传统如何走入现代[①]，立论依据是论者有关中国文艺发展进程的不同描述。笔者无力在此问题上贡献新见，而只是希望大家对一个相对“技术”的问题多加注意，即高友工提出“美典”这一名目，究竟有何价值？

一　经验、意识与批评美学

美典由美学而来，在英语中它们是同一个词，“aesthetics”。虽然高友工曾尝试以“esthetics”翻译美典，以示与“aesthetics”的区别[②]，但大多数时候他还是在同一个“美学”下做文章：[③]

> 西洋美学(aesthetics)一词通常译作美学，是作为哲学中的一门，但此词另一用法常用以指一个创作者甚至欣赏者对创作、艺术、美以及欣赏的看法，故实当译作“创作论”或“审美论”，可以简名之为“美论”或“美观”。我则认为这套理论在文化史中往往形成一套艺术的典式范畴，因之称之为“美典”。

简单地说，美典是在文化史中自然形成的对美与艺术问题的某种共识，此共识不必以理论的方式呈现，甚或完全可以是“集体无意识”，即“不必是个人有意识的分析结果，它可以是无意地蕴藏在作品本身，而经由对作品的欣赏而传播”。[④] 高友工之所以要把美典从美学中剥离出来，

---

① 这方面最引人注意的论述是王德威：《抒情传统与中国现代性——在北大的八堂课》，三联书店，2010年；王德威：《现代抒情传统四论》，台大出版中心，2011年。

② 《美典：中国文学研究论集》，第85页。

③ 同上书，第90—91页。在《律诗的美学》一文中，高友工有此注释：“‘美学’一词在当代作品中有诸多不同的用法，此处我遵循了宇文所安在其《中国诗歌的伟大时代：盛唐》(纽黑文：耶鲁大学出版社，1981年)中的用法。”(《美典：中国文学研究论集》，第260页)宇文所安在其著作中多有“盛唐美学”“初唐美学”“律诗美学”“对仗美学”之类提法，正是所谓“艺术的典式范畴”。

④ 同上。

很大程度上是因为他不希望美典是哲学的。哲学之所以可疑，倒不在于它是概念性的，而在于它对经验一直持怀疑态度。从德国先验美学开始——甚至可以上溯到柏拉图——美学就注意保持纯粹的哲学逻辑，以便与鲍姆加登式的“感性学”路线区分开。在康德等人看来，美学不应对趣味作哲学提升，而只应关心讨论美与艺术所使用的语言和逻辑，因此是一种纯粹的反思。此逻辑在英美分析哲学那里继续推进，分析哲学家普遍认为有关美与艺术的种种形而上学探讨只是语言的误用，甚至康德所重视的有关审美经验的思辨亦缺乏哲学所需要的明证性，倘若易之以客观、分析的语言，便可以摈弃大部分伪问题。

然而，这类观念在高友工的时代已受到挑战。高友工有关美典说的主要论述从1978年返台讲学开始，此时理查德·罗蒂的《哲学与自然之境》即将出版(1979)，美国哲学界“实用主义复兴”的暗潮涌动。新老实用主义者皆自称“彻底”或者“纯粹”的经验主义者，强调经验是开放的、连续的整体，不能被理论反思所束缚和简化。也正因为重视审美经验的整体，高友工谨慎地拒绝了“艺术理论”(theory of art)这一名号，他认为自己的论述虽然一直紧扣具体艺术对象展开，但他所关心的不是作为客观对象的艺术的本质，而是创作者的个人体验，他相信只有在此体验中才能找到各种艺术门类的共同的结构。他赞同其他论者的判断，当时美国的艺术理论受分析哲学影响，太过纠结于艺术本质问题(如阿瑟·丹托、乔治·迪基等人)，却忽略了审美兴趣的价值等更为根本的问题。他宣称：“美学兴趣，就其作为审美的理解和经验而言，就是我的研究对象。”①

而要研究经验与价值问题，就不能只是依靠分析，高友工相信价值问题是不能仅由语言分析解决的，分析哲学为维持观念的清晰，不惜创造一套繁文缛节，只能使问题更加复杂。② 由此，高友工在“分析语言”之外另

① *Words and Images: Chinese Poetry, Calligraphy, and Painting*, edited by Alfreda Murck, Princeton University Press 1991, p. 48. 中译本见柯庆明、萧驰主编：《中国抒情传统的再发现》，第588—589页，引用时有改动。

② 《美典：中国文学研究论集》，第7页。

立"象征语言":"如果说'分析语言'是外向的,追求一个外在的、客观的、绝对的真理,那么'象征语言'是内在的,只求创造一个内在的、主观的、相对的想象世界。"[①]后者显然更契合于审美经验,因为"求美"与"求真""求善"不同,"后者是外求,而真美是创造的想象在内在观照中体现"。[②]所谓内在观照,指向一种解释与观照相互交替的连续的经验过程。"我们不断地解释材料,以期把握住材料的各种层次上的意义;而这意义(可以是客观的,也可以是主观的)同时涵蕴了我们的美感价值。在解释过程中,我们所期望的是对对象的所有有关意义与价值都能把握住;而在这过程中我们时时停留,综合所知所感,把握到的片段材料,形成一个整体的感象。"[③]此时我们既把握到了对象的价值,又觉得自我置身于"感象"之中,这就是"观照"和"内省",即美典的认识论——认识的对象是审美经验,对此经验的认识又汇入经验。在这方面,为高友工提供了直接启示的是现象学批评,即高友工所谓"意识批评"(critics of consciousness)。[④]后者的逻辑是批评者在对象中领悟到一种精神结构,当此领悟发生之际,批评者的主体性亦被纯化和提升,由此批评既是描述,又是介入。[⑤]总而言之,批评是一种创造,"艺术家把他的'心境'写成了'诗';而批评家把他读'诗'的'心境'写成了'诗评'。故此浓缩却仍然是感性的"[⑥]。或者用布莱的话说,"发现作家们的我思,就等于在同样的条件下,几乎使用同样的词语再造每一位作家经验过的我思"[⑦]。

当高友工说批评应是批评家心境的外现时,他已经在讨论抒情传统

① 《美典:中国文学研究论集》,第13页。

② 同上书,第15页。在做这类探讨时,分析哲学家奥斯丁的"言语行为理论"显然给了高友工以有力的支持,"述行语言"的核心理念是言与行的统一,描述、言说与行动、体验并非二事。这一理论渊源高友工自己也有交代,参见《美典:中国文学研究论集》,第89页。

③ 同上书,第36—37页。

④ 同上书,第80页。此术语来自于布莱。参见乔治·布莱:《批评意识》,郭宏安译,广西师范大学出版社,2002年,第268页。

⑤ 《批评意识》,第255—256页。

⑥ 《美典:中国文学研究论集》,第82页。

⑦ 《批评意识》,第266页。

的问题。引起他特别重视的是中国传统的风格批评,他认为这种批评是"最真挚而深入的批评",并将其称为"抒情式的批评","不但因为它所最适宜的对象是这'抒情传统'中的文学作品(尤其是抒情诗);而且因为它的创造也同于'抒情过程'本身"。[①] 这种"抒情式的批评"与美典的关系,其实是一而二、二而一的。诚然,高友工将美典分为抒情和叙述两大类,但是他很难将叙述美典解说完满[②],其原因不仅在于他本人更善于或者更习惯于以抒情的逻辑解说中国文艺作品,还因为他认为文学批评究其根底来说必须是抒情式的,这样才能重新进入作者的审美经验。"抒情美典是以自我现时的经验为创作品的本体或内容","它的目的是保存此一经验"[③],这个目的对作者和批评者来说同样成立。抒情美典和叙事美典对他来说代表了两种批评态度,"相信抒情美典的读者必须希望能重新经验原始的创造过程,而相信叙事美典则集中在诠释过程,甚至于创作过程本身亦只是诠释的材料而已"[④]。所以当高友工说中国文艺的主流是抒情传统时,首先是因为他认为必须遵循抒情美典的逻辑,才能够重新进入中国文艺的传统。我们虽不能断言叙事性文艺没有自身的传统,但是不能以叙述美典的逻辑构建这一传统,因为叙事美典是解释作为客观存在的文艺作品,要将这些形态各异的作品统一到一个传统中并非易事,即便能够统一也很难将研究者的主体置入;但是反过来,如果我们将目光向内转,在作为整体的审美经验中求统一,以此一主体性沉入彼一主体性,最终达到一种超越性的主体性(或用布莱的话说是"没有对象的主体性"),则一个活的传统便呼之欲出。

综上所述,美典的第一个向度是一种批评美学:凭借对文艺发展的整体过程及与之相表里的作家创作心理的领悟,以解释与直观相统一的批

---

① 《美典:中国文学研究论集》,第82页。

② 高友工解说美典的内在逻辑时基本上就是在谈抒情美典,"至于叙事美典则只会作为对照而偶然提及"。参见《美典:中国文学研究论集》,第94页。

③ 同上书,第93页。

④ 同上书,第94页。

评方式，将特定作品带入活的、连续的审美经验之中。此种批评的理想状态，便是"在经验中把握经验"，后者"既不是纯知性的认识，又非纯感性的感觉"，"不是反省中的重新感觉和结构分析"，而"可以说它是反省的反省"。[①] 应该说，高友工的话说得很到位，且能一以贯之，但这注定是个聚讼纷纭的题目。比方我们问，现代"意识批评"与中国传统的风格批评差别有多大？以直接把握经验为宗旨的批评，是否真能更为直接地把握经验？究竟有没有并非"抒情式"而又能把握审美经验的批评路径？

二　抒情、程式与文类诗学

相对笼统的批评理想，最终要在对特定研究对象的考察中落到实处。不管抒情传统如何海纳百川，抒情诗总是抒情美典的重心。高友工对抒情诗的分析，颇受结构主义影响，尤其得益于乔纳森·卡勒《结构主义诗学》一书论抒情诗的一章。高友工从此章中借来了"inscape"一词，译为"境界"或者"内境"，其功用是作为一个悬置的目标，引导审美走向"价值"与"现象"的统一。他欣赏卡勒对此概念的解说："在意义彻悟的瞬间，形式呈现为整体，表层表现了深层。"[②]解释的过程以顿悟结束，正是高友工所需要的"抒情式批评"。而之所以能达成此境界，是因为批评必须经过经验的中介，即以个人作为经验主体，以"心象"(internal object)与"心志"(intention)的结构体来反省和解释材料。这可以称得上是一种美国式的结构主义，既是经验论，又是结构论。在这方面，卡勒的确值得借鉴，因为他的结构主义诗学有一个核心概念即"文学能力"(literary competence)，此概念所强调的是这一事实，文学作品之所以有意义，"乃针对读

---

① 《美典：中国文学研究论集》，第 99 页。

② 同上书，第 36 页。参见 Jonathan Culler, *Structuralist Poetics, Structuralism, linguistics and the study of literature*, Routledge, 2002, p. 205。

者吸收内化了的某种阅读程式系统而言”[1]。所谓程式系统，与高友工所说的“典式范畴”相当接近，它是规则，但这规则是反思性的，它潜移默化地影响着阅读。在结构主义者看来，“从诗学观点分析诗歌，就是具体阐明使诗歌语言纳入与普通语言不通的目的论或最终归宿的程式性期待究竟包含了什么，而这种期待或程式又如何产生了形式手法的效果，以及为诗歌所吸收同化的外部语境的效果”[2]。

卡勒认为，就抒情诗的阅读而言，至少有以下几方面的程式发挥着作用：其一，通过距离与指示词，进入一个区别于现实时空的诗的情境；其二，对于完整性或内在连贯性的期待；其三，对诗之为诗的潜在意义的期待；其四，遵循特定修辞形式的指引，以读者的阐释参与意义的生成。[3] 第三种程式即对潜在意义的期待又可分成两类，一类是“把任何描述性的抒情短诗看作是一种瞬间的顿悟”[4]，“inscape”正由此而来；另一类则是“将诗读作关于诗本身的陈述”，也就是说，读诗者不仅明确地意识到自己在读诗，还能意识到自己有可能在读一首传达作者之诗歌观的诗。[5] 这两个方面实际上形成了领悟与反思的统一：我们既按照诗的程式去领悟，又明白自己在按照诗的程式去领悟。第四个程式则是非常典型的“读者反应批评”。读者意识到一首诗所包含的种种修辞手法，比方隐喻、分行、空白等，然后按照这些修辞手法的指引去阐释作品，去构建诗歌的深层意义。比方说分行，读者读到一行末尾时，会“试图把停顿前的语序都成一个整体”；“然而停顿之后，却又发现方才的结构实际上不完整，于是，停顿前的语言成分在新的完整结构中必须重新赋予功能。”[6]此类调整不是终于找到正确的解释，而是误会与调整的过程本身就在诗的程式的引导之下，诗

---

① 乔纳森·卡勒：《结构主义诗学》，盛宁译，中国社会科学出版社，1991 年，第 177 页。

② 同上书，第 245 页。

③ 《结构主义诗学》第八章“抒情诗的诗学”，本文根据相关内容重新概括了四个方面的程式。

④ 同上书，第 261 页。

⑤ 同上书，第 265 页。

⑥ 同上书，第 276 页。

的微妙意味往往由此生发出来。

我之所以不厌其烦地引述卡勒，当然还是为了更好地理解高友工。卡勒对四种程式的解说，在高友工的论文中都有应用。事实上，高友工的唐诗论，曾被一些论者作为结构主义批评方法的代表。[①] 也正因为有此基础，高友工的美典说，作为一种文类诗学，在如何理解特定类型的文学作品的文体形式方面极具建设性。他之所以特别推崇律诗，是因为"诗人是要在这个固定的规格的空间中摆弄它想象的世界"[②]，形式上的每一点束缚都同时使形式本身获得意味，或者说使形式成为内容。值得特别注意的是，在一篇专论"律诗美学"的文章中，高友工指出杜甫律诗的尾联之所以动人，是因为它们"已不再是一种理想化的生活境界的反映或重申"，而是将诗人的注意力重新引到当前的个人处境上，这"无异于再次痛苦地提醒他面对其困境"，从而对"抒情自我与宇宙大地——或者说更广阔的历史与文化背景——之间的关系"做出估量。[③] 这种人与宇宙的交流不仅仅是一种独特的诗境，而且——高友工引用宇文所安的说法——"揭示了超越其特殊表现的一种统一的诗歌本质"。此时高友工再次提出所谓"境界"的问题，在他看来，不管是初唐式的外物印象与内心世界的偶然结合，还是王维对那个近乎于"无"的理想境界的把握，抑或是杜甫这种自然与历史的交汇，虽然境界的表现不一，本质上却都是卡勒所谓"inscape"，即在一个豁然顿悟的时刻，使形式转化为内容，表象转化为意蕴。[④]

此处有一点必须挑明，海外汉学家的一大优势在于，他们在阅读中国古典诗歌时，对"程式"的感知有可能比国内学者更为敏锐。这一敏锐的前提，是研究者始终保持对"文体"本身的关注，即不仅仅是"这首诗"，还是"这样一种诗"。我们会注意到，高友工本人以及他所开创的"抒情传统"一派(尤以蔡英俊、吕正惠、萧驰等人为代表)，无不重视文类研究。

---

① 陈国球:《从律诗美典到中国文化史的抒情传统——高友工"抒情美典论"初探》。

② 《美典:中国文学研究论集》,第124页。

③ 同上书,第258页。

④ 同上。

所以与其笼统地说美典，不如说诗美典、词美典、戏曲美典、小说美典、绘画美典等，甚至还可以进一步细分到律诗美典、小令美典、长调美典之类。此外还有一个问题值得注意。如前所说，在高友工美典的逻辑内，叙事难以与抒情分庭抗礼，因为叙事美典的逻辑难以解说领悟与观照的统一。不过，高友工很愿意将“外投”性的叙事美典作“内向”化的解释，而他解释的路径就是将形式结构推向前台，以唤起对文类本身之意味的领悟。比方他讨论《红楼梦》与《儒林外史》，所强调的是小说如何既竭力维持一个抒情世界，又对之产生了深刻的怀疑，“虽然曹、吴皆判知时间必然的侵蚀与对真实的怀疑将严重动摇生命的整个境界，他们仍愿意有保留地依附于此一破损的生命境界；在危难中此境界仍慰他们以抒情的喜乐。当此二作者给出片段的境界或幻象，二人同时也对我们真诚地表白了他们破碎的希望”[①]。这番解说颇可与卢卡奇、本雅明、巴赫金等人的小说理论同气相求，其辩证关系立于旧文类传统的破碎和新文类传统的建构。尤其值得注意的是，高友工分析了两部小说的结尾，他认为两书结尾都是在对创作过程本身做反省。其中，《儒林外史》的结尾以长调“再次道出他对自己生命中抒情境界的不衰信仰”；《红楼梦》的结尾则以两段曲（两首诗）作结，“道出人生之苦，文字之荒唐及作者之痴”，高友工认为，“我们可视二诗作为一形式化意象结构的命题式结论——此形式化意象结构即为全书之主体”。[②] 所谓“形式化意象结构”，就是形式的整体结构在顿悟中建立，此时叙事作品便被抒情化，读者的阅读感受也得以汇入审美经验。这类分析是高友工最显才情之处，虽然具体结论很容易引起争议[③]，但是就文学研究来说，但凡在形式与内容的辩证关系上投入足够心力，往

① 《美典：中国文学研究论集》，第304页。

② 同上书，第303页。

③ 龚鹏程对高友工就不同文类形式所作具体分析大多不赞成，认为高氏往往以偏概全，其结论不耐推敲（参见《成体系的戏论——论高友工的抒情传统》）。这一批评自成其理，不过高友工在此问题上有足够的自由度，可以按照自己对某一文类的理解来分辨主次源流。何况，他的分析方法和具体结论虽不足以说服龚先生，却总能给一些学者以启发。

往能取得丰厚的回报。此处我们无须细察具体论断的是非，只需明白高友工美典说的核心理路即可。

三　历史、传统与文化哲学

高友工认为，美典是“某一人群、族群甚至于某些个人对于艺术品的反映和评价，而这种评价往往或明或暗地显示一些原则、典范”，“讨论这种问题的往往是历史学者、人类学家”，而非像康德、黑格尔那样的哲学家。[①] 说不是哲学家是可以理解的，但说让“历史学家、人类学家”来研究美典，倒也不必太当真。美学家但凡做文化比较的大题目，总是人类学先行，历史学继后，仿佛两大学科的实证研究足以解释特定族群的审美习性，实则这类研究受制于二元对立的模式，往往先有结论再有理由。高友工首次提出抒情传统的论题时，已坦陈自己对中西文化比较这个题目没有太大的兴趣，他想做的只是考察几种不同的思辨、表现方式在某一特定文化传统中的存在和发展的状况。[②] 他大方承认，各种表现方式在它最简单的形式阶段可能（而且必须）在任何一个成熟的文化中出现，不管是哪一种文化，“经验”“知识”“艺术”都是必有的观念，而“和谐”与“相持”也是必要的价值。只不过文化的演变日趋复杂，各种条件的交综错离形成无数的文化的“复合结构”，这就不是每一个文化都能共有的了。[③] 由此，对美典的研究便是“忠实地描写这些结构，而观察它们在一个文化中的相互影响与排斥，以及它们的消长兴衰”[④]。

就文化问题而言，所谓“忠实地描写”，并不意味着亦步亦趋地搜集史料。历史并非不言自明，若无主动的建构，则无整体的叙述。高友工的文

① 《美典：中国文学研究论集》，第306页。
② 同上书，第88页。
③ 同上。
④ 同上书，第88页。

学研究，尤其是文类研究，受到诺斯罗普·弗莱的直接影响，后者“以研究来做批评”，即构建某一体类的整个的形式发展的过程，以此来把握特定作品的形式与内容。弗莱强调，批评家应该“构筑起一个自己的观念世界并生活在其中”①。这话透露出弗莱的文化理想，他相信作为总体的文学（而非个别作品）本身是“一个独立自足的天地”，能够成为“参与文明建设的伦理工具”，而不仅仅是审美思考的对象。② 这一信念想必能够得到高友工的认同。在后者看来，“抒情诗这一传统，律体这一典型至少表现了部分中国文化的理想”，“对某些人来说，在其最高的境界一首圆满的律诗体现了一种生命的智慧。在这一时际，美感已由快感逐渐经过了‘形式结构美’的过程，进入了‘境界’的美”；“这‘境界’的美之所以能震撼我们，正是因为它含蕴了（而未必明言）这生命的理想与意义”。③ 高友工做出此类具有文化哲学意味的论断，显然不是拘泥于特定作品，而是以对抒情传统的发展历程的整体建构为前提；而当他说“中国文化史中的抒情传统”时，便是希望以抒情传统的历史撑起中国文化史一个至关重要的维度。④

当高友工展开有关中国抒情传统的历史叙述时，我们不仅能联想到弗莱，而且很容易想起黑格尔。高友工有关中国抒情传统的宏大叙事，可以看作黑格尔美学讲演录的一个现代版本。它包含了一个历时性的结构，从“先秦以迄六朝美典之萌芽”，即对审美经验的发现与强调；到“唐之律诗及草书二美典之对应”，即“意境”与“气势”的矛盾关系；最后到“五代及宋之绘画美典的合流”，即以文人画作为抒情美典的最高代表。

① 诺斯罗普·弗莱：《批评的剖析》，陈慧、袁宪军、吴伟仁译，百花文艺出版社，2006年，第17页。

② 同上书，第516—517页。

③ 《美典：中国文学研究论集》，第89页。

④ 陈国球先生指出，若仅以抒情美典与叙事美典两相对照，很难解释在“历时”层面的种种演化，故而高友工把视野放宽，以“美典”在文化史中的变迁来把握文化传统中的“抒情精神”，而以“抒情传统”的理解作为他的理论探索的更高目标。他进一步揣测，之所以高友工将英文论文《中国抒情美典》的中译本改题为《中国文化史中的抒情传统》，应该也是基于同一考虑。这一揣测极有见地。参见《从律诗美典到中国文化史的抒情传统——高友工“抒情美典论”初探》。

其所展示的艺术谱系虽与黑格尔的描述不尽相同,内在的逻辑关系却同样清晰。甚至于高友工谈到中国抒情美典之萌芽,以音乐作为象征性语言的代表,也很容易让我们联想到黑格尔从象征型到古典型到浪漫型的递进。但是高友工与黑格尔有一点重要的不同,黑格尔不觉得有区分中西的必要,他认为自己是站在人类的立场上发言,高友工则已摒弃了此类自以为是。他认为正是因为将个人的艺术经验等同于一切艺术经验的旧习,使得美典与美学两个词在西洋语言中混为一谈。高友工的态度是,“个人、团体或文化的在欣赏或创作时的理想或典范正可以美典一词概括”,“中国文化中有各种不同的美典,而且有与其他文化不同的美典”;“我们可以讨论中国文化中的美典,而不能讨论中国美学(自然这不包括中国学术上的美学研究)”。[①] 所以,当高友工选择美典而非美学来进行有关抒情传统的探讨时,他是有意识地要寻找恰当的策略来应对古今中西的难题。他提出一个“较普遍、抽象的理论架构”,以便使“历史性的叙述不至于流于支离琐碎,局限在某一个特定文化的范围中,失去理论解释的可能性”。[②] 他先以“外在目的”和“内在经验”的二分法作为探讨审美活动时普遍适用的框架,然而才是不同文化的不同“抉择”。他相信中国文化(至少在艺术领域中)是外在的客观目的臣服于内在的主观经验,研究抒情传统就是研究“一个内向的价值的论及美典如何以绝对优势压倒了外向的美典,而渗透到社会的各阶层”[③]。然而,即便我们基于特定文化做出一个选择[④],也必须使此选择保持为一种选择,从而为他种选择留出空间。美典相比美学的优势在于,当作为抽象思辨的美学陷入普遍性

---

① 《美典:中国文学研究论集》,第306页。

② 同上书,第90—91页。

③ 《美典:中国文学研究论集》,第95页。

④ 文化的选择首先在文化的内部发生,所以高友工必须做此说明:“我之只引‘抒情’为例是因为此一传统在士大夫圈子中占有绝对优势,因此有力地影响了大传统的发展。而且我们现在所谈着重的是‘文化理想’、‘文化价值’,对于能表现一个理想世界的思想与体式自然最有兴趣。”(《美典:中国文学研究论集》,第88页)这一选择在价值取向来说并不是天经地义的,也难以被简单地视为历史事实,唯其如此它也就是真正意义上的选择。

知识与地方性知识的两难时，美典可以作为一种“自觉的地方性知识”而存在，因为它既是观念，又是习性；它不需要强求普遍性，但它能够理解普遍性（区别于单纯的趣味）。我认为此种意义上的美典是高友工另一层面的文化哲学，其核心不是某种人生境界，而是一系列协调文化矛盾的策略。

在这一点上，陈世骧和高友工大可互为阐发。以陈世骧而论，他所确立的基本事实是“西欧拿史诗和戏剧为主要探讨对象，它着重冲突，着重张力，因而演成后世酷爱客观地分析布局、情节和角色的癖好”；“至于中国，它的正派批评则拿抒情诗为主要对象。它注意诗法中各个擘肌分理、极其纤巧的细节。它关注意象和音响挑动万有的力量。这种力量由内在情感和移情气势维系，通篇和谐。”[①]这分明是一个二元对立的格局，但是当陈世骧由风格的描述跃进到本体的思辨时，便开始主动谋求中西对话。他引入浪漫主义的诗歌观，将英国诗评家德林柯瓦特“抒情诗（lyric）和诗（poetry）是同义字”的言论与柯立律治“不管散文或韵文，所有成功的文学创作都是诗”的论断整合，得出结论：所有的文学传统“统统是”抒情诗的传统。在完成了此种“普遍、抽象的理论架构”之后，陈世骧又回过头来深究中国艺术的特性。他从中国有关“兴”的言说入手，将“兴”定义为“上举欢歌”，其精神为“回旋往复的旋律与意象”[②]，它打通了形式与内容，艺术与人生，自然与自由，由此便实现了“原初”与“本体”的统一。最后，陈世骧还由中国抒情传统推演出新的诗歌诠释学，即着眼于体会诗中那种“熔韵律、意义和意象于一炉的强力”，而不再执着于探究寓意，既摆脱中国式的道德附会，又“避免卷入现代修辞学家动辄以‘隐喻’、‘明喻’为基准所从事的辩论”。[③] 此种诠释学显然与西方新批评的理念声气相通。以上运思过程，兼顾普遍原理的设立，民族传统的“深描”以及与现代

① 《陈世骧文存》，辽宁教育出版社，1998 年，第 5 页。
② 同上书，第 170 页。
③ 同上书，第 170—171 页。

理论语境的衔接，正是现代文艺理论建构的必由之径。

毫无疑问，此类建构没有终点，理论家越是睿智老到，越能让我们看到种种难题的深化。抒情传统说以形式与内容合一的美学“公理”为前提，而当这一“公理”渐趋式微时，古今中西的对立便重新激化，仅靠个人在逻辑上修修补补——如高友工之论叙事美典——难以挽回大局。现代理论话语本身就包含着建构与解构的双重倾向，当高友工有感于民族文艺传统的分量，同时受到现代美学尤其是现代艺术本体论的诱惑，试图以“美典”之名打造一个理论方案时，他便被卷入了古今中西学术话语的博弈之中，究竟何谓普遍，何谓地方，何谓今，何谓古，一切都变得暧昧不明，一切又都在借对立确认自身。然而，我们不能以拒绝西方学术话语来回归中国自己的传统，因为古今中西的考量同时批判了中西方既有的学术话语。那些所谓概念的误用或者事实的曲解，往往关联着跨语境言说时某些深刻的困境，事实上，理论的现代困境已充分内化为逻辑规则，并逐渐形成理论的现代传统。当一个现代理论的方案将我们拖入此类困境时，它作为文化哲学的潜能反倒渐次呈现出来。

北美汉学的中国抒情传统研究[①]

徐宝锋[②]

［摘要］ 北美的汉学家立足于中国文学与文论中固有的术语，充分发挥了其所擅长的逻辑思维与分析能力，对中国学者非常熟悉的“情”“志”问题进行了十分精细的阐释，他们凭借其西学理论素养、学术传统和生活场域方面形成的殊异于中国学者的观点和角度，较好地分析了中国文论的内在精神和逻辑结构，依据对于情志累积形成关系的考证阐发出了自己对于中国文论情志问题的独到见解，陈世骧和高友工等更是据此梳理出了中国的抒情传统。

［关键词］ 北美 汉学 抒情传统

众所周知，北美汉学兴起只有两百多年的时间，但是北美的专业汉学在哲学、史学和文学方面都取得了可以和欧洲汉学相媲美的成就。以陈世骧和高友工等为代表的汉学家们凭借其西学理论素养、学术传统和生活场域等方面殊异于中国本土学者的观点和角度，较敏锐地注意到了抒情在中国诗学中的地位和影响，并据此梳理出了存在于中国文学中的抒情传统。陈世骧是中国抒情传统的开创者，高友工是理论的深化与发展者，孙康宜和林顺夫等人则在具体的应用过程中对立加以建构和强化。陈世骧等人的努力不仅弥补了国内学界对于中国诗歌情感因素重视的不足，而且促成了美国汉学界一个较大的中国抒情传统建构群体，对于

① 本课题为中央高校基本科研业务费专项资金资助。

② 徐宝锋，河北承德人，文学博士，北京语言大学人文学院副教授，主要从事文化诗学与国际汉学研究。

北美与台港学界重新认识中国文论的“情”“志”结构关系产生了深远的影响。新近出版的《剑桥中国文学史》,以及海外的中国现代文学研究都对此有所借鉴。

一　中国抒情传统的开创者陈世骧

陈世骧(Shih-hsiang Chen,1912—1971),曾先后任教于哈佛大学、哥伦比亚大学和加州大学伯克利分校。陈世骧的著述以中国古典文学和比较文学为主,其晚年致力于中国先秦文学和哲学研究,运用西方文学和语言学理论并结合传统的考据方法解读《诗经》和《离骚》,在美国学术界产生了很大的影响,是北美颇负盛名的《诗经》和《楚辞》研究专家。陈世骧的中国抒情传统理论从某种意义上讲就是在其对《诗经》和《楚辞》的研究基础上生发开来的。

陈世骧关于中国抒情传统的思想主要有以下三个方面:

首先,陈世骧认为中国文学传统本身就是一个“抒情传统”。① 中国文论的历史中言志是先于抒情而存在的,他有意地把西方的史诗和戏剧传统与中国的诗歌传统加以了对比,并认为“在中国传统中抒情诗就像史诗戏剧在西方传统中那样自来就站在最高的位置上”。

“中国文学的荣耀并不在史诗而在抒情的传统里。……中国文学传统整体而言,就是一个抒情传统。”对陈世骧来说,中国文学到处洋溢着“抒情精神”(Lyricism),中国的诗歌、赋、乐府、小说和戏剧都受到了“抒

---

① 陈世骧一直保持着明确的中西参互比较的意识,在他看来,在考察中国文学的某种东方特色时务必要发现其与西方文学的不同之后进行,这样才能使自己的结论客观。“把本国和他国相对共相的实际例子排在一起,能使各个共相的特色产生格外清楚、格外深远的意义,这种意义是光用一种传统的眼光探讨不出的。所以比较文学的要务,并不止于文学相等因式的找寻,它还要建立文学新的解释和新的评价。”(《陈世骧文存》,辽宁教育出版社,1998 年,第 3 页)基于这样的观点,其在研究中国的诗歌抒情传统时,自觉参见了西方(包括古希腊和西欧)的文学传统。

情精神"支配、渗透和颠覆(dominate, infiltrate, or……subvert),中国文学的本质(essence)就是"抒情精神"①。为了证明自己所树立的中国抒情传统的合法性,陈世骧甚至把孔子直接放到了中国抒情传统的源头,他认为,"对仲尼而言,诗的目的在于'言志',在于倾吐心中的渴望、意念和抱负。所以仲尼强调的是情的流露。情的流露便是诗的'品质说明'"②。这种把孔子放在中国抒情传统源头的态度,使陈世骧采取了和中国文论的历史传统不一样的理论视角,他不仅没有把"言志"和"抒情"作并置处理,甚或采取"言志"含蕴"抒情"的理论观点,而且显明了一种非常明显的以"抒情"包容"言志"的理论取向。

其次,陈世骧认为中国抒情的传统始于《诗经》。他认为,《诗经》"因为弥漫着个人的弦音,含有人类的挂虑和切身的某种哀求,和抒情诗的要义各方面都很吻合"。从对《诗经》和《楚辞》的抒情性理解出发,陈世骧认为"以字的音乐做组织和内心自白做意旨是抒情诗的两大要素。在中国抒情传统的发源处,《诗经》和《楚辞》把那两大要素结合起来,时而以形式见长,时而以内容显现。此后,中国文学创作的主流便在这个大道统的拓展中定型。中国文学被注定会有强劲的抒情成分。在这个文学里面,抒情诗成为了它的光荣,但是也成了它的限制"③。

再次,陈世骧又"把'兴'从所谓'六义'的困境里带开,重新加以估量"④。他力求通过探求"兴"的意义来求得诗三百的原始面目。陈世骧认为"'兴'在古代社会里和抒情入乐诗歌的萌现大有关系"⑤。《诗经》里,"兴"已经具有"复沓"和"重覆",乃至于反复回增的本质。"《毛传》之所以注出 114 处'兴也'的句子,正可以说明'兴'的技巧颇能广泛地分

---

① Chen Shih-Shiang, "On Chinese Lyrical Tridition", *Tamkang Review*. 2.2 & 3.1(1971-1972):20-21. 译文参照陈世骧:《中国的抒情传统》,见《陈世骧文存》。

② Ibid.

③ Ibid.

④ 陈世骧:《中国诗字之原始观念试论》,见《陈世骧文存》,第 167 页。

⑤ 同上书,第 153 页。

布于《诗经》的各个部分。‘兴’的因素每一出现，则负起其巩固诗型的任务，时而奠定韵律的基础，时而决定节奏的风味，甚至于全诗气氛的完成。‘兴’以回复和提示的方法达成这个任务，尤其更以‘反复回增法’来表现它特殊的功能。”①“兴”与“情”是紧密地联系在一起的。

陈世骧指明，“《毛传》所标示的‘兴’句有一特色，即诗人藉以起兴的对象无外乎以下数类：大自然的日月山川，原野飞禽，草木虫鱼，或人为的器具如船舶、钓竿、农具；外加野外操作的活动如采拾野菜、砍伐柴薪、捕捉鸟兽，以及少数的制衣织布等”②。因为“‘兴’保存在《诗经》作品里，代表初民淳朴的美术、音乐和舞蹈不分，是认识《诗经》在深远历史中润饰和加工过程的可靠线索，是这种诗歌之所以特别形成一种抒情文类的灵魂”③，是“诗三百”的“关键”，具有决定一首诗的风味和气氛的功能。而诗歌这种不可言传的风味和气氛“其实也就是诗所流露的精神或情绪的‘感动’”④。陈世骧认为“兴”的功用直接地指明了抒情，而非间接的辗转托意，《毛传》的作者毛公和宋代朱熹受礼教美刺传统的限制，过度探讨了“兴”在《诗经》里的功能，最终无法从礼教美刺的传统束缚中挣脱开来。陈世骧认为，不应单纯通过伦理学的考察“兴”这种句式，而应以诗学的方法，通过考察诗中所显露的结构、感觉和心理变迁等现象来发现“兴”的价值。因为“‘兴’的形成本来依籍的是新鲜原始世界的因素。……在那种世界里，初民的活泼的思想和感受是和一定的韵律以及适当的节奏相一致的”，我们应该注意“兴”本身所具有的那种名实相符的“原始性格”⑤，陈世骧认为作为《诗经》最主要文类特征的“兴”，体现的是中国诗歌创作主体所反射和反省的客观环境，已经超越了一般诗歌技法的意义，并应该上升为中国抒情诗创作的最根本的动力源泉。

---

① 陈世骧：《原兴：兼论中国文学性质》，见《陈世骧文存》，第152页。

② 同上书，第164页。

③ 同上书，第165页。

④ 同上书，第166页。

⑤ 同上书，第170—171页。

可惜的是陈世骧在1971年提出“中国的抒情传统”之后不久就因心脏病猝发而去世，对自己所树立的中国抒情传统的学术框架还没有完全展开。这不能不说是一个遗憾。

当然，陈世骧的理论存在着一些不足的地方。

首先，陈世骧过于强调中西的理论和文学创作方面存在的差异。作为一个比较文学家，陈世骧很多结论都是其在进行了中西对比之后得出。他的两个主要问题是：一放大，一缩小。一方面，他将中国的抒情特征放大为其理论的中心，而实际上忽略了《诗经》传统中“雅”和“颂”部分的记事、讽喻以及儒家的道德陈述；另一方面，陈世骧将西方诗学传统缩小为史诗和戏剧传统，并不完全符合西方诗学发展的实际，因为实际上西方早在古希腊时期，就出现了著名的抒情诗人萨福，文艺复兴时期更是产生了以彼得拉克为代表的大批抒情诗人。陈世骧这种简单的放大和缩小中西诗学传统的做法，显示了其突出中国抒情传统的努力，但是也呈现出了一种简单化的理论倾向。

其次，陈世骧过多地依赖了科学主义的方法分析中国的《诗经》及其批评传统，在建构中国抒情传统的过程中加进了太多的现代想象。中国的诗学传统可能会因西方的科学主义的理论视角和分析方法的引入而轮廓清晰，但类似新批评这样的细碎的论证方法不适于对漫长而变化的中国文学传统的整体建构。

瑕不掩瑜，陈世骧的理论直接启发了高友工等对于中国抒情传统的整体架构工作。

二　高友工对中国抒情传统理论的深化与发展

高友工（Yu-Kung Kao）生于1929年，毕业于哈佛大学，后一直在斯坦福以及普林斯顿等大学任教，1999年6月由普林斯顿大学东亚研究学系荣休，是目前美国汉学界继陈世骧和刘若愚之后最具影响的汉学家之一，他不仅延续了陈世骧在比较的语境中，梳理和确立中国抒情传统的学术进路，而且超越了陈世骧散漫、细碎的字源考证和文本批评的学术方法，构建了一个更具理论性、体系性的抒情论说框架。高友工在整体的框架中容纳抒情的理论取向不仅区别于陈世骧单纯以抒情为主线建构中国抒情传统的学术路径，而且在某种程度上弥补了陈世骧因突然辞世而没能完全展开的主体对于客观环境的反射和反省问题这一空白。

首先，高友工把中国的抒情传统放在了整个文化史中加以考察，他扩大了中国抒情传统的涵盖范围，以语言学—诗学—美学为上层架构，以文学史为下层基础，将其和整个中国文化的存在形态和发展状貌相衔接。在这样一个总体的整合框架中，高友工认为抒情"并不是一个传统上的'体类'的观念。不只是专指某一诗体、文体，也不限于某一种主题、题素。而是涵盖了整个文化史中某一些人某一阶层、社会乃至时代的'意识形态'、'价值'和'理想'，以及他们具体表现这种'意识'的方式"[①]。因为"'抒情传统'应该有一个大的理论架构，而能在大部分的文化中发现有类似的传统；但其具体发展则必大异。有时在整个文化中只能作为旁流支脉，有时则能蔚为主流。在中国文化中无疑则成为最有影响的主脉"[②]。这条主脉在高友工看来就是中国的"言志传统"。因为"可以把中国言志传统中的以言为不足，以志为心之全体的精神视为抒情传统的真谛，所以这一'抒情传统'在中国也就形成'言志传统'的一个主流"[③]。在他的《律体诗：抒情诗之一典型·律诗的美学》中，高友工认为"一首抒情诗描写的对象是诗人自我现时活动，因此即使这对象牵涉到他人、外物，延伸到过去、想象，最后仍旧必须自然地归返，融入诗人创造活动之

① 高友工：《文学研究的美学问题(下)：美感经验的定义与结构》，见《美典：中国文学研究论集》，三联书店，2008年，第83页。

② 同上。

③ 同上书，第77页。

中”①。在《中国文化史中的抒情传统》中,高友工则把“抒情推到文化史的层面。他认为先秦的“诗言志”通过陆机《文赋》、刘勰《文心雕龙》的“神思”与“情文”已经使中国文学理论走向抒情,走向作者的创作过程。抒情诗所言的“志”是天行之气、生动之气通过个人生命的活动与表现。

其次,高友工在对“抒情过程”的整体描述中并没有完全遵循中国传统诗学中对于“志”的解读思路,而是从情感生发的心理学角度做出了较为科学化的阐释。高友工把“抒情过程”与“描述过程”分为“物境”与“心境”两个内外相通的对照。他认为“作品作为表现而言,不仅表现此时此地的心境、物境,更希望能表现作者的整个人格理想,因此必须通过梳理文学史中作家意识形态的发展表现来看其作品的价值、理想和意义”②。据此,高友工提出了“物境”“心境”“个人的价值”和“意识形态”四个概念,他认为“物境”与“心境”“个人的价值”与“意识形态”四个概念范畴是相互渗透、交互地出现在中国的抒情传统之中的。“外在的‘物境’可以通过传移关系进入‘心境’,成为我们的印象、记忆以及想象,这一心境又可以反过来影响外在的物境以及作品的具体表现,进而影响到别人的心志。因为一个人的生命价值是蕴含在具体的‘心境’当中的,一旦‘心境’能在其他人的‘心境’中继续存在,就可通过‘心境’与‘物境’之间的互动实现个人价值的有效转换。”因此高友工将“整个诗人的活动视为了‘感觉活动’(perceptual act),‘心理活动’(psychological act)与‘表现活动’(expressive act)一系列的发展”③。

再次,这就涉及了高友工对于主体认知的结构性理解。在中国传统诗学中,并没有对“情”或“志”作明显的主/客和内/外的二元界定。高友工在谈及“言志”问题时,首先明确的恰恰是中国诗学传统中不被重视的主/客和内/外的关系问题。他认为,讨论中国抒情传统的“言志”问题必

---

① 高友工:《序》,见《美典:中国文学研究论集》,第11页。

② 高友工:《文学研究的美学问题(下):美感经验的定义与结构》,同上书,第80页。

③ 同上书,第86页。

然涉及的就是内外的价值视域问题。因为在中国文化的价值论中,外在的客观目的往往臣服于内在的主观经验。"心志"完全可以看作个人整个人格的浮标,是个人"心境"的一个"表层"或"方面",是一种"感觉""想象""认知""记忆"以及"理想"。在理解中国的抒情传统时必须从整体的角度了解"心境"及其后所蕴藏的人格因素,考虑到"心志""人格"以及"心境"的整体性。中国的整个抒情传统的"每个阶段都有可能实现这个'言志'的可能"[①]。而"言志"的核心是在个人心境中实现作家的理想,使对象(object)与主体(subject)进入一种混同的境界。中国儒家的传统诗学中"言志"的价值视域是外指的,"志之所之"的最终方向是内化人格价值的外在化实现,"言志"实际上是一种间接地对于诗歌现实功能的强调,体现的是一种实用为目的的儒家诗歌功能观。但是高友工在预设中国抒情传统的内外关系时悄然置换掉了"言志"的儒家诗歌功能观念,因为他认为要构建中国的抒情传统,就必须充分探索内向的(introversive)的价值论如何以绝对的优势压倒外向的(extroversive)的价值论的问题。中国文学由关注客观的物或天转向主观的心或我,是因为"最高的生命价值是系于个人的内心的,个人的行动不见得必指向外在的目的,往往止乎内心经验本身"。因为"中国的抒情文化很显然地是以'内'为重心"[②]。高友工注意到了"志"在中国诗学传统中的复杂性和内有的矛盾,认为"志"可以是"道",也可以是"欲",儒家强调"君子反情以和其志"并不是为了单纯强调"志"的外在功用。虽然"志"的层次是由"欲"而"道"的,"志"在某种程度上是外在的,道德性的。但是,"德辉动于内,而民莫不承听","和顺积中而英华发外","言志"外向的"载道""移风易俗"以及"教民"的功效实际上是以回到自我为前提的,整个外在的经验是为其自我而存在的。

---

① 高友工:《文学研究的美学问题(下):美感经验的定义与结构》,见《美典:中国文学研究论集》,第84页。

② 高友工:《中国文化史中的抒情传统》,见《美典:中国文学研究论集》,第96页。

总体来看，高友工对于中国抒情传统的构建工作有着很多令人遗憾的地方。我认为问题主要存在于两个方面：首先是他对于中国诗学伦理本位的诗学传统重视不足，未能在中国诗学的情志结构中勾勒出内向抒情和外向伦理之间的交互离析的关系，未能通过内向与外现的差异突出抒情在不同历史时期的独特性；其次，高友工对于中国抒情背后的哲学影响有所忽略，虽然谈及孔子的思想，但也只是为其预先设定的抒情理论服务的。我认为如其能在抒情传统的梳理构建过程中同时勾勒隐含在抒情传统的背后的哲学思想的演进变化轨迹，那么他的理论会更有说服力。但事实却是，高友工对宋明理学几乎没有涉及，尤其是对阳明心学及其后学对于中国抒情传统的影响完全视而不见。这不能不说是高友工在构建中国抒情传统时的一个不足之处。

三　孙康宜和林顺夫等人的建构和强化

高友工对于美国汉学界中国抒情传统领域的研究产生了十分深远的影响，一些学者开始自觉遵循他所开辟的理论路径，在中国传统诗学领域进行了富有创意的探讨。这其中包括他的两位学生，耶鲁大学的教授孙康宜(Kang-I Sun Chang)和密歇根大学的林顺夫(Shuen-fu Lin)，他们二人可以看作是对于高友工中国抒情传统理论的直接继承和阐发者。

孙康宜一直致力六朝诗的研究，力求确立六朝诗在抒情传统中的地位。其《抒情与描写：六朝诗歌概论》和《晚唐迄北宋词体演进与词人风格》两部著作分别分析了部分诗、词作品在抒情、描写、叙述等方面的特征，是以抒情的角度重写文学史的可贵尝试。

在《六朝诗歌概论》中，孙康宜在研究了陶渊明、谢灵运、鲍照、谢朓、庾信等人的诗歌作品后，发现了六朝诗人创作中“抒情”和“描写”之间的复杂关系，认为中国古典诗歌就是在抒情与描写的互动中，逐渐发展起来的一种复杂而又丰富的抒情文学。因此她认为通过梳理六朝诗人作品中的“描写”和“抒情”,既可以理解六朝独特的抒情传统,也可以“给古典诗歌赋予现代的阐释”。在孙康宜看来,六朝的诗歌中并没有什么绝对的“抒情”与“描写”,二者并不是对立存在的。当六朝的诗人们尝试通过改变自我的感觉去超越政治时,外在的自然便成为其政治之外更加广阔的注视中心,成为其抒情范围内一个较重要的组成部分。“诗人对其自我在外部世界中的定位或再定位,引发了诗歌创作的一个新拓展:在视觉残像的一端,站着一个个性化了的对于感情的‘抒发’(expression),而在另一端,站着一个触目可见的对于自然现象的‘描写’(description)。”孙康宜认为,六朝诗歌中“抒情”和“描写”的“联姻”,“最终发展成为了阅读中国诗歌的一种主要的参考构架”。[①] 孙康宜的另外一部著作《晚唐迄北宋词体演进与词人风格》分别选取了温庭筠、韦庄、李煜、柳永和苏轼几个词人,概述了晚唐到北宋这一历史时期词体的演进与词人风格的变化。其中涉及了很多抒情因素的讨论,在很大程度上弥补了高友工所建构的抒情传统中北宋这一段的历史空白。在该书中,孙康宜注意到了通俗词的抒情性,并对其抒情技巧展开了讨论。

孙康宜以“抒情”与“描写”双线并进,尤其是她从“描写”的角度切入中国抒情传统的做法,增添了对于诗歌表达多样性维度的关注,弥补了从“抒情”这一单一元素架构中国抒情传统的不足,我认为这恰是孙康宜在构建中国抒情传统的系统工作中能够超越陈世骧和高友工等人的地方。孙康宜对于晚唐迄北宋词体演进与词人风格的描述非常具有创建。海陶尔(James Hightower)、林顺夫、刘若愚和叶嘉莹都曾对词的风格问题展开过讨论,但是他们更多关注词中的个人角色或代表性的词人。孙康宜的创新之处在于她把自己所选定的温庭筠、韦庄、李煜、柳永和苏轼等几个具有代表性的词人放置在了“文学中词体演进”这一观念框架中

① 孙康宜:《中文版序言》,见《抒情与描写:六朝诗歌概论》,三联书店,2006年。

加以描述,因此其著作更多地具有某种文学批评史的价值和意义。孙康宜的研究一方面承高友工而来,另一方面也避免了高友工过于沉溺于概念的玄学思辨所容易造成的对于事实的歪曲。孙康宜将对于中国抒情传统的阐发落实在具体的词与文类的层面上的做法,具有很强的现实操作性。

白璧微瑕,一些学者对于孙康宜的细节处理提出了商榷意见。刘若愚明确提出了两点批评意见。首先,他认为孙康宜表现出了过度简单化的处理方法。其著作中以“暗示意”(implicit meaning)/“直陈意”(explicit meaning)、“意象的语言”(imagistic language)/“表现的语言”(expressive language)与“文人词”(literati tz'u)/“通俗词”(popular songs)这种二分法术语分析问题的倾向非常容易导致人们对于中国词的错误印象,进而模糊诗歌的整体属性。因为诗歌是语言的、文化的、知识的和艺术的多种因素的综合,并非任何层面的二元对立式的分析就可以加以解读概括的。其次,刘若愚认为过于强调创新自然不可避免地导致孙康宜对于冯延巳、晏殊、欧阳修和秦观等一些“正统”诗人的相对忽视,而这些“正统”词人和孙康宜所引述的那些诗人的内在审美价值是可等量齐观的。因此孙康宜的这部著作并不能看作是其所论时代关于词的风格的综合史,而只能看作是对于早期词的发展的一种里程碑式的介绍。①

孙康宜之外,高友工的另一个学生林顺夫也对中国文学的抒情问题作出了较为深入的探讨。林顺夫在中国抒情美学方面的代表著作为《中国抒情传统的转变:姜夔和南宋词》以及他与宇文所安合编的《抒情之音

① James J. Y. Liu,“Review of the Evolution of Chinese Tz' u Poetry: From Late Tang to Northern Sung by Kang-i Sun Chang”, *Harvard Journal of Asiatic Studies*, Vol. 41, No. 2 (Dec., 1981), pp. 673-674. 除了刘若愚之外,芝加哥大学的余国藩(Anthony C. Yu)教授也提出了自己的批评意见,他认为苏轼1080年之后的律诗也已成为他表达其内心苦恼、愤怒和抗议情绪的最佳载体,所以孙康宜把苏轼的词看作最能表现其内心深处感情的形式的说法有些不妥。具体参见 Anthony C. YU,“Review of the Evolution of Chinese Tz' u Poetry: From Late Tang to Northern Sung by Kang-i Sun Chang”, *The Journal of Asian Studies*, Vol. 41, No. 2 (Feb., 1982), p. 318。

的重要性:晚汉至唐的史诗》等。如果说孙康宜弥补了高友工的中国抒情传统架构中北宋这一空档的话,那么林顺夫则填补了高友工抒情架构中南宋这一历史阶段的空白。

林顺夫认为中国传统的抒情诗一般强调抒情主体对于情境的感受,遵循的是一种"诗言志"的传统,但是在 13 世纪以来比较流行的新"咏物"模式中,抒情重心却发生了根本性的转变。林顺夫从对于宋代社会风尚的考察出发,认为"从关注抒情主体到关注于物是中国诗歌意识的一个新特点"。这个新的抒情特点的形成,既与中国抒情传统自身复杂的渐进过程有关,也与宋代独特的社会与学术环境密切相连,由"我"向"物"的转变本身造成了诗歌中的意象由诗人的自我体味转向一系列的声色之情,这无疑代表了一种热衷于铺张排场,肆无忌惮地追求物质享受的生活方式。林顺夫认为,传统的抒情诗强调"自我表现",抒情主体往往占据最高的支配地位,这直接造成抒情诗在结构上不能进行细致客观的经验描述。而在咏物词中,物代替了人,成为抒情主体,感情都寄托在物上面,就集中的视野而言,咏物词表现了一个很小的经验世界,但是,从结构上看,较之于那种以抒情主体当时的感觉为中心的自我表现形式,咏物词所提供的领域却更为广阔。另外,"由于抒情主体退到了一个观察者的位置上,人类活动的最隐秘的部分便在感觉的表面上流露出来了。词人不仅使我们更加接近了具体可感的物,而且使我们更深地走入作品的内在精神,使主体和客体最终结合为一个新的整体"。林顺夫认为咏物词对于中国抒情的意象式语言产生了巨大影响。因为在中国的诗歌传统中,意象式的语言通常属于陈述性语言,往往意味着抒情主体隐于寓象之后。咏物词"对物的关注"使宋代诗歌的意象式语言较前代有了非常大的变化,晚宋词中的抒情越来越朦胧。前面提到过,高友工对中国抒情传统背后的哲学因素基本上是视而不见的。林顺夫却试图从理学的角度为咏物词找到其产生的哲学依据。他注意到了理学思想对于南宋咏物词以及抒情传统产生的巨大影响,认为南宋词“由物及我”焦点的转换是和宋代“格物致知”这一根本性概念密切相关的。这种探讨很有意义。

结　语

从陈世骧到高友工再到孙康宜和林顺夫，他们对中国抒情传统的理论建构工作对北美汉学界及中国台湾等地的中国古典文学和诗学研究都产生了十分重要的影响。余宝琳的王维研究、叶维廉的中国诗意象研究、华生（Burton Watson）的抒情诗体研究、宇文所安的唐诗研究、浦安迪（Andrew H. Plaks）的明清小说研究、蔡宗琦（Zong-Qi Cai）的《文心雕龙》和五言诗研究都在某种程度上拓展了陈世骧与高友工所开创的中国抒情传统。台湾的一些学者更是把抒情看作重新进入中国古典文学的全新视角。作为中国抒情传统的主要建构者之一的孙康宜在其主编的《剑桥中国文学史》中有意加大了六朝文学的比例，同时在写作中囊括了一些被传统文学史所忽视，而个性化情感特征明显的作家作品。王德威更是通过其《抒情传统与中国现代性》一书，将抒情传统引入到现代文学研究领域。

总体来看，北美汉学家从对于中国诗学的主体认识出发，在传统诗学的情志关系中独立梳理出的这一抒情脉络，对于中国古代文论研究的意义是十分明显的。这种研究路径提升了抒情在中国诗学中的地位和影响，使我们能够跳出传统的儒家诗歌功能观的理论框架，在独立于特定历史时期的意识形态之外去还原抒情主体自身情感生成和演化的轨迹，十分有利于向中国诗歌“最古老的源头”回归。但是我们在关注北美汉学的中国抒情传统时，必须清醒地注意到这一理论研究路径中所存在的理论上的过度“放大”和“缩小”问题。在特定的诗学生成语境中把一些抒情元素放大到整个抒情传统，肯定是背离中国文学发展的实际的，而那种为突出抒情传统而对一些重要诗人和诗作的有意忽视的做法也十分不可取。同时我们要清醒地意识到，这些汉学家因大多以比较的视野出发，以西释中的特征十分突出，其在对中国古典文学和诗学的解读过程中，西方语言学、心理学、阐释学以及新批评和结构主义等方法的引入有时还略显生涩。

书　评

《先锋派理论》述评
——兼论1980年代以来当代文学中的“艺术体制”与“先锋派”问题

赵　薇①

[摘要]　比格尔阐释先锋派理论的独到之处在于将历史唯物主义与社会功能分析相结合，提出了“艺术体制”的分析框架，使批判资产阶级艺术自律的关键从审美本身转移到了社会和意识形态的“体制化”层面上。比格尔对本雅明、布莱希特等人诗学思想中“非有机性”概念的综合发挥，拓展了传统“自律”问题的内涵。借其思路反观1980年代以来的中国大陆先锋文学，会发现比格尔意义上的“自律的艺术体制”始终不可能在“新时期”以来的文化场域中建立起来。以“第三代诗歌运动”为代表的先锋诗歌实践从未真正地反对过“艺术自律”，而不过是以“反其道行之”的方式将“自律”的审美意识形态坚持不懈地推向了深入。

[关键词]　先锋派　艺术自律　艺术体制　先锋文学　第三代诗歌　世界诗歌

出版于20世纪70年代中叶的《先锋派理论》是法兰克福学派第三代学人、德国美学家彼得·比格尔（Peter Burger）的代表作之一，也是批判理论中探究先锋派问题的一项集大成式的成果。比格尔认为只有对艺术形态和艺术观念进行充分历史化的功能分析，考察其在资本主义社会中所发挥的体制性功用，才是判断艺术自律问题的关键。历史上的先

---

① 赵薇，清华大学中文系博士生。

锋派运动因而可看作是“对艺术自律的否定”，故而与包括了现代主义在内的此前所有现代艺术形成了彻底断裂。尽管这种针对艺术体制的挑战注定失败，但是先锋派运动却摧毁了传统意义上“有机作品”的观念，开启了“非有机性”艺术“介入”生活实践的可能。

一　先锋主义运动及其内在矛盾

此书之所以叫“先锋派理论”，是因为比格尔把20世纪初的达达主义、超现实主义、未来主义以及俄国和德国的左翼先锋派艺术**从现代主义**发展的链条中截取出来，由这些流派构成的先锋运动是对此前“为艺术而艺术”的整个“自律的艺术体制”的挑战，形成了与唯美主义的断裂。从历史上看，他认为随着西方社会的发展，从早期集体生产、集体接受，被视作崇拜对象的宗教艺术，到以再现性为目的，个人生产、集体接受的宫廷艺术，再到生产和接受都已经完全个人化，仅以“自我认识的展现”为目的的资产阶级艺术——审美经历了一个从生活实践中逐渐解放出来的过程，结果是艺术生产与社会活动整体相分离，变得越来越“无功利”化，变成与资产阶级生活世界的抽象对立。在这个过程中，艺术家和理论家们将注意力从日常经验和题材方面转移到对形式和语言的推陈逐新上，这种执著于语言革新的现代性驱力，在美学层面上渐渐固化为一个“艺术自律”的美学范畴①，当这一范畴发展到最高阶段，即“为艺术而艺术”的“唯美主义”时，“与生活实际相脱离”本身就成为艺术品所要表现的内容，艺术作为一个孤立的社会子系统失去了所有政治功能，单个作品原本可能

① 现代美学中的“自律”（autonomy）概念，主要源于康德的伦理学，指人的道德精神在于通过主体意志自己给自己立法，而不屈从于外部权威设定的规范。康德在《判断力批判》中认为，美是无目的的合目的性，这是纯粹艺术产生的条件。一般而言，“艺术自律”是与“他律”相对的概念，可以理解为艺术的生产、传播与接受都单纯地指向审美愉悦这一目的，而不受除自身之外的功利化目的的支配。

具备的社会内容和整体功能间的张力被消耗殆尽，任何自我批判的可能性皆不复存在，一种绝对“自律”的“艺术体制”产生了。

此时的艺术为人们提供了相当纯粹的审美经验和相对“封闭”的评价系统，自以为与工具理性所驱动的生活方式相隔绝，充分表达了对这一社会形态的敌意，实际上却更好地满足了资产阶级头脑想象中的“剩余需要”，发挥着宗教一般的替代性满足作用。这种僵化的艺术体制阻碍了变革社会的迫切性需要的产生，艺术作品不再具有任何实际效应，因而被“体制化”成为发达资本主义社会的意识形态。这种意识形态的极端形态即所谓“生活的艺术化”，实际上也变质为一种矫饰。所以，先锋派的历史任务就在于以“从生活中扬弃艺术”的方式将艺术与一种全新的生活实践结合起来。用比格尔的话说：

> 唯美主义在生活实践与作品内容之间造成了距离。唯美主义所指的、并加以否定的生活实践是资产阶级的手段—目的理性。现在，先锋主义者的目的不是将艺术结合进此实践中。相反，他们赞同唯美主义者对世界及其手段—目的理性的反对态度。与唯美主义的不同之处在于，他们试图在艺术的基础上组织**一种新的生活实践**。①
>
> 欧洲先锋主义运动可以说是第一种对资产阶级社会中艺术地位的打击。它所否定的不是一种早期的艺术形式（一种风格），而是艺术作为一种与人的生活实践无关的体制。②

这种新的生活实践，预示着一种以“消除艺术体制”为目的的艺术生产和接受方式的到来，更重视“破旧”而非“立新”的方面。接下来，比格尔试图依据先锋派所标榜的艺术理念，从功能、生产、接受三条路径来诠释它是如何“消除艺术体制”的，进而也揭示了这种雄心根本不可能实现的原因。首先，艺术的功能从先前的“为艺术而艺术”变成了“生活工

① 彼得·比格尔：《先锋派理论》，高建平译，商务印书馆，2002 年，第 121 页。
② 同上书，第 120 页。

具”,这时的艺术成为“自由实践”的一部分,但是这种实践却隐含着巨大的矛盾:艺术成为其他实践的附庸时,“艺术成之为艺术”的特殊功能本身便面临取消的危险。其次,是艺术生产中的问题。将“艺术作品”的概念扩展到“行动”中去实属先锋派的一大创举,但当这一理念付诸实施时却遇到困难。杜尚将批量生产的便池签上名送去展览,就构成了对传统的“天才”“个人生产”等自律性范畴,乃至艺术市场中“批量生产”的商业模式的有力嘲弄。但问题是,一旦当其在博物馆中占据一席之地,它仍然被视作个体创作的结果。况且这样的嘲讽行为是不可重复的,一旦有第二个人这样做,即刻就退化为适应艺术市场的行为。文化工业复制了这一切,历史上的先锋派对作为体制的艺术的抗议方式本身已经被接受为“艺术”,新先锋派的抗议姿态就显得虚假,因之晚期资本主义社会中的“后先锋派艺术”全部该被视作对艺术的“虚假扬弃”。最后,只有对“个人接受”范畴的颠覆还有几分现实色彩。从“孤独的受众”到20世纪中叶一次次疯狂的全民艺术动员,正是先锋派开启了詹姆逊(Fredric Jameson)所谓后现代主义的“民众美学”(Populism)。然而,大众艺术时代的到来却未必值得欢欣鼓舞。曾经席卷西方的波普艺术潮流,就受到达达主义运动的深刻影响。后期波普艺术与整个美国1960年代的生活方式搅在了一起,每一个人都可以通过收集小摆设、小饰品,看肥皂剧,吃热狗,喝可口可乐等娱乐方式来完成属于自己的艺术实践,成为一个个媚俗艺术人①,这种模式化、空洞化的消费实践仍然屈从于“手段—目的”的理性逻辑,是深度物化的必然结果。总之,资本主义社会中的先锋派运动终将腹背受敌,一方面,它无法彻底根除自律的艺术体制,另一方面,它必将遭遇文化工业的逆袭,正如卡林内斯库反复重申的,哪里有先锋,哪里就有媚俗。②比格尔的论述让人们充分认识到了先锋派事业的矛盾性。

① Thomas Kulka, *Kitsch and art*, University Park, Pennsylvania: Pennsylvania University Press, 1996, p.109.

② 马泰·卡林内斯库:《现代性的五副面孔:现代主义、先锋派、颓废、媚俗、后现代主义》,顾爱彬、李瑞华译,商务印书馆,2002年,第241页。

二　先锋派与艺术自律

那么，曾经轰动一时却终至失败的先锋派运动对艺术自律究竟构成了怎样的影响，又在何种程度上影响了人们对艺术与现代资本主义社会关系的思考？实际上，从全书的立场倾向来看，尽管这种实践本身已昭示出重重矛盾，但比格尔还是从先锋派对于此前资产阶级自律艺术的激进否定中看到了希望。从这种渺茫的希望中可以发现潜藏于比格尔审美意识形态批判背后自律观的独特之处。

此书出版后，招致了来自马克思主义阵营内部的一些攻击和批判，尤其致命的批评来自于该书引言中的注解10，布克哈特·林德纳将先锋派对扬弃的要求仍然看作是对自律的意识形态的延续：

> 先锋派艺术可以被看成是一个最为彻底、最为始终如一地通过与其他社会领域相对立而坚持自律性艺术的普遍性，并赋予它以实际意义的艺术流派。在这种情况下，取消艺术体制的企图并不表现为一种与自律时期的意识形态决裂，而是一个在同一意识形态层面上的逆转现象。①

这段话的结论很容易让人联想起哈贝马斯关于审美现代性的看法，即先锋派精神实际上源自康德的自律理想，经唯美主义和波德莱尔美学发展后，在20世纪前半期登峰造极，先锋派以一种极端现代主义的方式践行并维护了艺术自律，这种方式就是屡屡被后人所标定的先锋派的“反艺术”路线。

但问题是，如果按照这样的思路理解下去，便将触及一个更为根本的悖论，即如果说先锋派致力于“反艺术”，那么这一行为的前提必然是首先

---

① 彼得·比格尔：《先锋派理论》，高建平译，商务印书馆，2002年，第192页。

确立了什么是“艺术”,而从本体论的层面看,确立“艺术”观念本身就是一种与“他律”相区分的“自律性”诉求,那么先锋派和先锋派理论的建构者们还是掉进了这个自律/他律的怪圈中。这一悖论实际上正是比格尔所分析的,先锋派的反叛逻辑在艺术的“功能”方面遇到的困境。若要更为根本地揭示这一内在悖论,不妨举一个通俗的例子:比如说,我们可以对着一个用日常生活中的废品罐头摆成的中国地图喊道:“哦,真是件艺术品!”但当我们赞叹的同时,眼前的图像就不再是罐头了,而是被我们以艺术的目光观照的东西。这个目光归根结底仍是“自律”的,因为我们现在对艺术的理解已无法摆脱掉“艺术/非(反)艺术”的视野。也就是说,人们可以在指认“‘非我’是‘我’”的情况下,彻底否定掉“我本身”这一前提性的范畴吗?这无异于说:艺术就是非艺术,艺术什么都不是,又可以是任何东西——这就是艺术。实际上,正是在触及这一自我同一性问题时,阿多诺曾显示出某种更为深刻的自律观。在阿多诺看来,自我的“非同一性”(既是“我”又是“非我”),亦即这种内在矛盾性,才更切合艺术的辩证本质,从这源泉中自可以汲取批判性力量。[1] 对于比格尔,也许正是由于充分意识到了阿多诺在自律问题上的深刻性(从另一个角度毋宁说也是一种局限性),才使得他在论证“先锋派对于艺术自律的否定”这一点时,完全绕开了谈论自律问题的这一惯常角度,也避开了“先锋派是否是一种自律艺术”这一问题的纠缠。也就是说,理解比格尔的关键还在于,颠覆艺术体制并不意味着简单地否定艺术自律这一美学范畴,更不意味着先锋派可以摆脱“艺术是什么”这一本体性的终极追问。比格尔阐释的独到之处正在于他始终是紧扣住“艺术在资产阶级社会中的整体性功能变迁”,也就是所谓“艺术体制的生成”这一点,来重新界定由来已久的“自律”问题的,继而也不无客观地揭示了一种“自律的艺术体制”是如何历史性地再生产出其自身本质的。

① 特里·伊格尔顿:《美学意识形态》,王杰、傅德根、麦永雄译,广西师范大学出版社,1997年,第348页。

三　先锋派与自律的艺术体制

在比格尔的理论中，“艺术体制”是作为批判科学的一个范畴而纳入考察范围的。通过将“自律艺术”完全对象化，他进一步发现了这种自律性艺术（美学）与其所发挥的意识形态功能之间的体制性关系。从发表于1983年的《文学体制与现代化》中可以看出，比格尔受到韦伯“合理化”思路的启发，意欲探讨作为一种社会体制的自律艺术与以宗教的合理化为代表的西方理性主义之间的冲突。但又不同于韦伯的社会学辨析，而是通过对文学地位的变迁做出一种历史分析，尽可能地说明了“艺术的自主化并不是一个线性的解放过程，最终消失在一个与其他领域共存的价值领域的体制化之中。艺术的自主化是一个高度矛盾的过程，这个过程的特征不但体现为新的潜能的获得，而且体现为另一些潜能的丧失”①。这个过程已经很接近于布尔迪厄所说的文学艺术场域获得“相对自主性”（relative autonomy）的过程，也就是文学场从权力场中慢慢独立而出，终于获得相对自治地位的过程。② 只不过在此，与布尔迪厄偏重于社会制度和各微观因素相互作用的分析方法不同，比格尔更愿意强调这一过程所释放出的总体性的意识形态功效，以及它如何历史性地沉落为“艺术的本质”并最终获得了现代社会中的自我合法化地位。这也就是比格尔反复强调的“建制性”（“体制化”）的威力：

> 在一个完整的社会系统中具有一些特殊的目标。它发展形成了

---

① 彼得·比格尔：《文学体制与现代化》，周宪译，《国外社会科学》1998年第4期。

② 在这期间，随着场内部对于“象征资本”的争夺——通过与既定艺术成规不断“决裂”的“永久革命”的法则，原先的大场不断分化出更为先锋、自主的“有限生产场”以及顺应大众需要或受官方政治权威庇护与认可的“大生产场”，场朝着愈加“纯洁化”的方向发展。参见皮埃尔·布迪厄：《艺术的法则——文学场的生成和逻辑》，刘晖译，中央编译出版社，2001年。

> 一种审美的符号，起到反对其他文学实践的边界功能。它宣称某种无限的有效性（这就是一种体制，它决定了在特定时期什么才被视为文学）。这种规范的水平正是这里所限定的体制概念的核心，因为它既决定了生产者的行为模式，又规定了接受者的行为模式。①

联系比格尔关于“艺术体制”究竟为何的社会学定义：“艺术体制既指生产性和分配性的机制，也指流行于一个特定的时期、决定着作品接受的关于艺术的思想。”②我们可以看出论述先锋派问题时的比格尔启用这个概念的真正重心所在——艺术体制不仅仅指社会制度层面的“生产性和分配性的机制”，更指“流行于一个特定的时期、决定着作品接受的关于艺术的思想和规范”。也就是说，尽管这个概念非常的马克思化（对应着马克思的“生产关系”和本雅明的“艺术生产”概念），而比格尔也确实是将文艺复兴时期以来自律的艺术体制的确立，具体化为一系列反对专制主义、宗教势力的资产阶级斗争行为，但是，在论证先锋派对一种自律的美学意识形态的反叛时，他仍然把重点放在了这个概念的意识形态性，亦即其所包含的“虚假意识”这方面，也就是更偏重于揭示作为一种资产阶级特有的“艺术自律”的艺术体制对于真实历史过程的掩盖上：

> “自律”因此是一种意识形态范畴，它将真理的因素（艺术从生活实践中分离）与非真理因素（使这一事实实体化，成为艺术“本质”历史发展的结果）结合在一起。③

在此，比格尔所说的“艺术自律”既是美学的，也是意识形态的，是一种地道的美学意识形态。作为一个美学范畴，它描述了“作为人类行为的特殊领域的艺术疏离于生活实践”；另一方面，作为一个资本主义

---

① 彼得·比格尔：《先锋派理论》，第166页。

② 同上书，第117页。

③ 同上。

社会的意识形态范畴，它“隐藏了这种疏离作为一种历史进程是如何发生的”。当“艺术作品与资本主义社会的生活实践相对脱离”被转化为“艺术作品完全独立于社会”这一错误观念的时候，这一范畴就成为一种扭曲。①

而这也正是比格尔在这本书中反复“悬置”对卢卡奇和阿多诺二人在先锋派问题上的价值评判的原因。从某种意义上说，正是通过阐释先锋派的理论，比格尔完成了对卢卡奇和阿多诺等西马前辈的自律思想以及自律美学本身的批判。在比格尔看来，自律的意识形态不仅来自于艺术家的创作与理论家的倡导，更由美学思想的建构组成。比格尔之所以既不选择卢卡奇的立场，将先锋主义看成是资本主义腐朽的标志，也不认同阿多诺的“先锋派艺术代表着资产阶级艺术的最发达阶段，是其唯一合法的艺术形式”的观点，就是因为在他看来，卢、阿仍然是在某种自律的艺术体制之内来争论先锋派问题的。以阿多诺为例，他并不关心阿多诺就先锋派问题得出的结论是否正确，却更关心阿多诺将文学艺术做雅俗之辨，将其区分为“严肃文学”与“地摊文学”，阿多诺的这一划分暴露出他所遵从的仍占据支配地位的美学意识形态，阿多诺美学批判本身就参与了自律的艺术体制的建构。而事实上，阿多诺在先锋派问题上的确摆明了自己的自律观，他认为艺术的自律性和社会性是一对相辅相成的辩证性概念，艺术的社会性正要通过自律性（无功能性）来实现，这种实现要求自律艺术必须实现其“社会区分”的功能：“它被看作是一种与日常资产阶级存在的手段—目的理性相区别的社会领域”②，即是说，艺术仍然需要在社会生活实践之外划分出一块审美想象空间，以此来对抗资本主义社会，艺术发生的是所谓“否定性”的功能。从社会功能方面看，阿多诺是维护艺术自律的，这种自律性艺术等同于他所谓“真正的艺术”，具有“真理

---

① 彼得·比格尔：《先锋派理论》，第221—222页。

② 同上书，第73页。

性”的内容，与文化工业产品相对立。①

与此相应，马尔库塞发展了马克思关于资产阶级艺术的宗教性理论，认为正是由于自律艺术可以使资产阶级个体那些已然萎缩的日常实践经验从艺术想象中得到补偿，故而实际上发挥的是“肯定性”作用，或者说正是这种生产的初衷与接受效果之间的矛盾，使艺术的抵抗最终无效化。在马尔库塞的基础上，比格尔又往前走了一步：自律性艺术不仅发挥了肯定性作用，自律美学本身已经被体制化为一种无所不在却又难以自觉的意识形态。然而，仅仅像阿多诺和马尔库塞一样揭示出这种意识形态自身的“自相矛盾”结构是不够的，“艺术体制”这一概念的提出使这种意识形态以欺骗的方式将自律的美学原则变为艺术的本质得到了历史化的呈现。

从这个意义上看，先锋派是将艺术反叛与美学反叛合而为一的历史性运动。先锋派不仅反对艺术作品所依赖的生产性机制，更反对资产阶级社会中由自律观念所规定的艺术地位，这种对于整个艺术体制的反叛，是其社会反叛的出发点和归宿。比格尔借他的先锋派理论，完成了对此前全部资产阶级“自律美学”的清算。

四　非有机作品与介入

回到自律和艺术反叛的问题上，哈贝马斯等人之所以将先锋派运动视为自律意识形态的延续而非断裂，是和先锋派所采取的具体反抗策略相关的。发表于 1980 年的《现代性，未完成的工程》这篇著名演讲体现出

---

① 在此还需说明的是，阿多诺之所以习惯于用“真理性”标准来评价艺术并在其基础上发展出“自律性”概念，将某些现代主义作品视为晚期资本主义社会中唯一合法的艺术形式，就是因为阿多诺的批判理论仍然是将意识形态概念建立在“虚假意识”这一含义的基础之上，这一“真—伪”的维度因而成为他衡量艺术品最重要的，也是最根本的标准。但是在比格尔看来，只要没有诉诸“历史—功能”分析的美学研究，最终都难免步自律美学的后尘，沦为资产阶级自律的美学意识形态的组成部分。参见阿多诺：《美学理论》，王柯平译，四川人民出版社，1998 年，第 409 页。

哈贝马斯的批判路数与比格尔不尽相同的一面:艺术从政教系统中独立而出的现代过程并没有错,错的是自主性规划对于日常生活实践的偏离,致使解放潜能逐渐丧失,审美现代性误入歧途,走进死胡同。在哈贝马斯看来,现代主义那种妄图以审美畛域的一己之努力来反叛整个社会现代化的极端自主性运动,无助于交往理性的获得,无助于恢复认知、审美和道德三大领域息息相通的局面,因而,隶属于现代主义运动的先锋派提供的不过是一种“文化否定的伪纲领”。①

相比之下,比格尔却仍为先锋派留下了相当的余地。在此,他成功地找到了阐释先锋派理论的突破口,找到了并非铁板一块的资本主义艺术体制的一道重要裂缝——艺术作品的概念。由于艺术作品的概念具有体制性,艺术的意识形态功能被最大限度地保留其中,因而聚焦于先锋派的作品观念对传统有机整体性神话的瓦解这一点无疑是有益的。自律观念统摄下的传统作品因追求有机性,使艺术处于无力干预社会生活的状态,先锋派便发展出了一种截然不同的“寓言化”(非有机)的作品观念。在这里,比格尔从超现实主义和达达主义对“蒙太奇”美学的运用中看到了本雅明的“讽喻”,又出奇制胜地从布莱希特和阿多诺等人身上发掘出了“单个因素(部分)的自律”这一观点—— 一种新型的介入现实政治的艺术类型呼之欲出。

比格尔的提法回应了历史上的卢卡奇—阿多诺之争。在阿多诺看来,晚期资本主义社会中任何有机作品(典型者如现实主义)都是可疑的,不论其内容上显示了何种批判性的向度,它们归根结底并没有真正揭示我们这个时代的矛盾状况,而是以其形式增强了世界是一个整体的幻觉。比格尔继而认为,这便造成了即使是以作品内容来介入或触及现实,“总是存在着介入外在于形式—内容整体,并对它起破坏作用的危险”,而实际上许多对介入艺术的批评都是在这个维护自律原则的层面上进行的,

---

① 于尔根·哈贝马斯:《现代性——未完成的工程》,《现代性基本读本》,汪民安、陈永国、张云鹏主编,河南大学出版社,2006 年,第 107 页。

这便使艺术生产—消费仍然留在了自律性追求的死循环里。所以，即便作者围绕着这种介入成功地组织了艺术作品，如果仍然在与生活实践分离的语境之中为人们所接受，就会被看成“仅仅”是艺术品而已。也就是说，介入生活实践的艺术之所以永远无法实现，有机性的作品观念是其症结所在。正是基于此，比格尔的先锋派理论中出现了最富于启发性和建设意义的一点，即所谓非有机性艺术作品“介入”现实的方式：

> 在先锋派作品中，单个的成分具有高得多的自律程度。单个成分，或一组成分可以在不把握作品整体的情况下被阅读和阐释。[……]单个的符号主要不是指向作品整体，而是指向现实。接受者具有将单个的符号当作有关生活实践或政治指示的重要宣言来反应的自由。

由于非有机性艺术品中的单个因素不必再从属于高于一切的组织原理，部分不再与整体形成关系，而具有局部性的自律和直接指涉现实的自由。这使得某种政治上的表达从纯粹形式的禁锢中真正解放了出来。作品不再作为有机整体而被创造出来，“组装的”(montierte)作品是由现实的碎片构成的。借助于蒙太奇的美学原则，可以打破现实的秩序进行重组，这便意味着对抗资产阶级意识形态的麻醉作用，对现实进行全新的革命性体验和阐释，正是在这里，美学革命和精神革命才真正地汇合了。以反抗艺术体制为突破点，先锋派运动的最终目标仍然指向根本性的社会意识变革，比格尔为先锋派小心翼翼建构起来的这条美学反叛路线，与哈贝马斯关于先锋主义的保守观念形成了对照。

五　80年代以来中国大陆的“艺术体制”与“先锋文学”问题

如果顺着《先锋派理论》的内在批判思路反观20世纪80年代以来的

文学史，可以发现一条较为常见的叙述线索：50—70 年代长期压制在“地下”的一股美学力量，在 70 年代末 80 年代初借助于极具叛逆色彩的 20 世纪西方文艺思想和 19 世纪人道主义美学话语，以“现代主义”（“现代派”）的整体面貌浮出地表，有力地冲击了威权尚存的“一体化”的文学秩序，先锋批评家们纷纷以某种“创世激情”将其描述为“崛起的诗群”“中国的现代派文学”等。到了 80 年代中后期，当一些更为“异质”的写作出现时，诗歌与小说界的批评家们再次借助“先锋派”的概念，宣称“真正的现代派”出现了。于是小说界发生了“真/伪现代派”的论争，诗歌界则有了涉及“第三代诗歌”评价问题的一系列会议与讨论，一时间热闹非凡。隐含在这一命名争夺背后的，其实是对“现代派”概念本身及某种更“**新**”的“文学体制”的自觉与疏离。也就是说，所谓“现代派”或“朦胧诗”本身属于一种被“主流”吸纳、改装、规训了的产物，极易被“体制化”为一种切合“新时期”文学成规，顺应“现代化”发展的意识形态，进入 80 年代中期后，便丧失掉最初的革命性动力，变得日趋僵化，走向反面，故而对“先锋派”概念的借用在此便多了一层“永远先锋”、永不妥协、更彻底地反体制、反权威的意味。

如果按照比格尔的思路，探讨“先锋派”问题的前提更在于一种绝对“自律”的文学体制业已建立起来。实际上持这样观点的人不在少数。以当代诗歌为例，通常的理解是那些经由“朦胧诗论争”确立起的“现代主义美学原则”，每每将会以“自律”的名义，支配并限制其后的诗歌生产。① 在此，这样的艺术体制即成为奠定“纯文学”观念最重要的建构性力量，体现为对文学的“主体性”和文本的“文学性”的格外倚重与强调。这种奠定自 70 年代末 80 年代初的审美本位观念起到了冲决文学工具论的作用，在 80 年代的文学场中不断发酵，最终升级为“诗到语言为止”“语言之外无他物”一类“语言至上”的决然态度。然而，当新一轮的反思和清理

① 赵玙：《八十年代诗歌“场域自主性”重建》，载臧棣、萧开愚主编：《中国诗歌评论：激情与责任》，人民文学出版社，2001 年，第 320 页。

工作逐步展开,针对中国现、当代文学研究中一直存在的"现代主义范式"的迷思和局限性状况,也出现了越来越多的质疑之声,其中一种即表述为:在一个"欠发达的现代主义",也即所谓"第三世界文学状况"的语境中,这种先锋运动的初衷与效果可以和20世纪初西方资本主义社会中的先锋主义运动等观么?与此相关联的一个问题是,由短短三十年传统饱经曲折建立起来的"自律的文学观"真的足以形成一种比格尔意义上的"艺术体制"么?① 实际上,要考察"艺术体制"或"先锋派"观念在三十年来的文学变革中发挥的意识形态功能,无法绕过的两个焦点问题仍然是对于"第三代诗歌运动"和稍晚出现的"先锋小说"的评价。

带着这样的疑问进入80年代中、后期的诗歌场,就会发现它与西方先锋主义运动诸多方面的貌合神离。首先,是那种内里对于"纯诗"观念的执著追求与发起全民运动的狂热所构成的奇怪张力,这一点,在柏桦的《左边》以及钟鸣、杨黎等人带有稗史性质的回忆录写作中,都表达得很清楚。在那个"实验"色彩浓厚的时代,身为"朦胧诗的第二批感应群体"的先锋诗人们热衷于成立同仁性质的小团体,创办"小杂志",发布惊世骇俗的诗歌宣言,开展全国性的诗歌大"串联",不远万里聚到一起捣鼓诗歌的配方成为时尚,一时间派别林立,声势罕见。与之相应的是种种标新立异的生活方式的流行,用钟鸣的话调侃:"遇上了'非非派'你就得会喝啤酒吃卤鸭子。见到'整体主义'或'莽汉主义'的,你就非得在文学新术语里夹杂点脏话或口头禅。如果幸运碰上的是'第三代'或'大学生诗派'什么的,你就得习惯用小说里的语言说话,如把伤心地为分手的情人做事叫作'洪堡的礼物',把欲火难禁在校园徘徊窥视女生宿舍的人叫作'皮欲林',称青春期恋爱中渴望做爱的人为'狼来了'……"②这一时期的诗歌活动容易让人联想起美国的"垮掉派"诗人在1960年代"反文化"运动中

① 贺桂梅:《"新启蒙"知识档案——80年代中国文化研究》,北京大学出版社,2010年,第146—163页。

② 钟鸣:《告别一九八九》,载〔美〕《倾向》1997年夏总第9期。

扮演的角色，也有人称之为“中国式的达达主义运动”。但其中国特色更在于，他们行为中的犯上、冒进、赤裸的弑父情结，仍然赓续的是《今天》“地下诗人”的“小小传统”，与长期压抑之后文化潜能的持续释放有关。因而他们一切举动的出发点都具有颠覆保守僵化的主导意识形态、为自身争取更加自由、“自主”的写作空间，继而反抗一切既定写作秩序的特征。①

在这场运动中，大多数人倾向于把社会学的、政治的外部诉求转化为写作形式上对“语言自由”的极端追求，来完成对寄生于话语中的“权势”的终极反叛。与朦胧诗的泛政治化写作不同，像“非非主义”那样陶醉在纯粹语词间的能指狂欢，将现代诗歌语言“不直接指涉现实”的特质发挥得淋漓尽致，妄图构造“零语义”状态的写作，表现出一种前所未有的“不及物性”（臧棣）——这究其根本仍只是对现实主义文学秩序发动的“内部”反抗，并没有走出本雅明在论述超现实主义运动时所说的“诗的政治”的范畴，更没有（也无意于）太多实质性的纲领和举措来完成某种现实政治目的。② 朦胧诗之后的诗歌运动，实际上表达了一种在语言艺术领域“继续革命”的强烈愿望，一种始自马拉美的乌托邦气质，只不过这种愿望突出地表现为对“毛话语”体制的颠覆，对词与物间超稳定结构的彻底清理，以期造成与不够“纯粹”的朦胧诗乃至整个“言志”或“载道”传统更为深刻的“断裂”。这种热衷于语言结构内部闹革命的冲动一直延续到90年代新诗阵营分化之后。一部分略显低调、严肃的写作者，要么开始思考如何以“词的自治”的方式，让历史重新进入个人化的语词经验中去，要么将其变幻为一种更加精致且不失合法性的修辞实践，尽情玩弄起词与物的对位关系，享有意识形态反编码的乐趣，恰逢其时地占据了一个“后

① 关于80年代历次“清除精神污染”运动给先锋诗歌界带来的压力，以及“第三代诗人”在几次重要诗歌会议中挑衅“主流诗界”，继而“全面出征”的盛况，参见唐晓渡：《人与事：我所亲历的八十年代〈诗刊〉》，http://www.xici.net/b15597/d7103517.htm。

② 批评家程光炜曾在不止一个场合谈到第三代诗人们“政治素养”的缺乏，这也是颇有代表性的一种看法。

结构主义”式的位置，继而也成为伊格尔顿所讽刺的那种因无力颠覆现实秩序而“被驱入了语言结构中”又无比倾心于形式的知识分子。但也正是在这一意义上，第三代诗人的文化使命最终完成了。

进入90年代，大陆思想界对80年代文化激进主义的普遍质疑声中，“第三代诗歌”首当其冲，难辞其咎，受到了与前一个十年判然有别的对待。有趣的是，有批评家几乎是于一夕之间改变了立场，从80年代末赞成其诗艺上的“形式实验”之功，迅速转变成为激烈地批评其行为上的“不自律”，以否定运动中过于急切的“反对派”逻辑。应该说，这种看似矛盾的立场转变正反映了批评者内心对以“审美”和“语言”为本位的文学批评原则的恪尽职守。但同时，一旦这种深层文化逻辑称霸一时，另一种对抗性的力量也开始暗自汇聚，“反对派”的呼声在90年代从未消停过，终于导致了世纪末的公开对阵。尽管不少人愿意将论争视为先锋诗界的“内部”争霸，但从后一个十年的发展来看，刨除当年的论战策略不说，一些诗歌发展的新苗头毕竟被带了出来。① 从这个角度把90年代以来的诗歌实践说成是两种力量的此消彼长也许并不为过。而另一个可资例证的事实是，时至今日，无论“主流诗界”的批评家，还是诗歌场外的观察家们，对90年代之后的新诗创作持相当保留态度的有之，持激烈的否定态度更不乏其人。② 而即使在先锋诗歌场内部，几乎每过一段时间，也会有貌似“保守”的批评声音以“懂与不懂”“口语—平民”“晦涩”“远离生活”“西方的语言资源”等似是而非的表面化论断屡屡“干扰”新诗的“自主化”进程。这都足以说明，一种自律的艺术体制之巩固在20世纪中国仍旧面临特殊阻力。随之涌现的大量关于“看不懂”问题的抗辩，如臧

---

① 例如被称为“民间派”的代表诗人于坚发表于90年代前期的一些“长诗”“大诗”，在当时就以其批判性的取向，获得了较高的认可。而这样的诗歌之所以可以被成功改编为实验戏剧，和创作者极强的文化实践动机不无关系。另一方面，明了易懂的日常语言让读者产生了可以迅速介入现实生活情境的幻觉，这种口语化风格的成熟，对新世纪初诸如“底层诗歌”等写作路向的出现与提倡也具有不容忽视的前驱作用。

② 典型者如林贤治、谢冕两位著名批评家的意见，虽然出发点和程度有明显不同，但在总体姿态上都表达了对于90年代以来新诗写作的不满。

棣等不无激动地消解"晦涩""诗意""生活实践"等评价范畴,认为"现代诗就是不祛魅",却也再次印证了现代艺术"拒绝交流"的本质。凡此执拗的自律姿态再度加剧了人们对于当代诗发展越来越趋于小众化、封闭化的印象。

回到先锋派的问题上,可以说中国大陆80年代中后期以来的先锋诗歌,恰恰是以一种"反其道行之"的方式与西方"先锋派"发生联系的。中国诗人的反叛背景,毕竟不同于达达主义和超现实主义诗人,缺乏高度成熟的资产阶级自律艺术做参照,很难再以运动的方式来单纯地抵制艺术自律,达成"审美现代性批判"的总体性目的。相反,先锋诗人们投身诗歌运动,正显示出他们想要极力摆脱"不自主"的现实文化处境。但是,想像左拉一样,将文学场内部所奉行的独立标准同样在政治场推行开来、借助文学场内积累的象征资本和特殊威权,在权力场中发挥作用,以"我控诉"完成共同解放的过程,这一作为的前提必须是文化生产场自身达到了高度的自由、自治。[①] 但是,那种妄想以美学革命来解放、扩张"新感性"的艺术行为,与为自己开拓表达空间等多重诉求,终于没能顺利接合起来。

90年代盘峰论争后,商品意识形态开始向小众文化生产场和诗歌的传播领域全面渗透,这一局面迫使大陆的先锋诗歌主潮不仅无意突破"自律"的文学体制,反而更致力于从写作理念和实绩两方面将文学的自主性追求推向深入,以期真正建立起一套"诗歌认证机制"和诗学独立王国。然而,在一个"跨国资本流动"的全球化时代,一种本身即源自"西方"的"现代"意识对"纯粹写作"的捍卫,将不可避免地遭遇来自世界范围内的新一轮质疑,这种海内外杂语混声的批评效应,仍意味着建立一种绝对"自律"的文学体制在当今写作环境中之不可能。

例如,一种代表性的观点即认为,在创作中寻求通达人类普遍经验的美学手法,标榜种种"先锋"姿态,可以将自身纳入更为"先进"的世界文

① 皮埃尔·布迪厄:《艺术的法则——文学场的生成和逻辑》,第160页。

学体系而获得通行国际文学市场的新资本。这种先锋派因其无法形成一种傲视天下的“第三世界文学主体性”,而必将遭受批评。① 实际上早在90年代初,“今天派”融入“世界诗歌”之际,就遭到来自第一世界国家批评者的尖锐质疑。② 有意味的是,在那篇题为《什么是世界诗歌》的著名书评中,宇文所安聚焦的一部分诗歌文本,更加接近一种“国际性的现代主义”时期的文本。用一位诗人批评家的话说,“在用语、意向上不断地接近超现实主义,甚至还出现了典型的达利式的世界”③。然而,正是这样一种扬弃了早期“今天派”的对抗美学而愈加“超脱”的写作形态,却被讥为纯粹是“为了诺贝尔奖而写作”。作者深知西方读者的口味,写出这种弃中国古典传统于不顾的“现代诗”,已经具有“自行翻译”的功能,北岛因此成为在西方走红的国际诗人。此后,更有学者客观而不失尖锐地指出,第三世界国家的文学,为了跻身西方的文学市场与学术生产体制,就必须屈从于他们的文化霸权。“次等”的诗歌语言和想象被兑换成“主导”语言,在这个过程中,翻译正充当了中介角色,为其注入丰厚的文化资本,“这种现象正是欧文在谈到作家因被翻译得好而在本国受到推崇时所指的跨国资本流动”。而中国小说在国际市场的增值,更触目惊心地证明了“中国先锋文学的买办化”。④ 也就是说,今日的先锋文学,无论如何将无法再保持遗世而独立的姿态,那种片面追求“自律”的做法,正顺应了经济全球化与文化同质化这一趋势,只会从客观上促成西方价值体系对于第三世界的文化殖民,结果无非是沦为新的生产秩序中的“商品”。这样的批评角度一经出现,在海外汉学圈内引起的反应之强烈是可以想见的,奚密、周蕾纷纷撰文从现代汉诗的文化政治和后殖民批评的角度予以回

① 贺桂梅:《“新启蒙”知识档案——80年代中国文化研究》,第157页。

② 宇文所安(Stephen Owen):《什么是世界诗歌》,最初发表于《新共和》(*The New Republic*)1990年第1期上,全文载于《新诗评论》2006年第1期,北京大学出版社。

③ 柏桦、余夏云:《“今天”:俄罗斯式的对抗美学》,载《江汉大学学报》2010年第5期。

④ Andrew F. Jones:《“世界”文学交换中的中国文学》,载《今天》1994年第3期。

击和反驳。[①] 可以说这些来自于第一世界的诘难和第三世界的抗辩，共同表征出全球化时代中国“先锋文学”在文化身份认同方面遭遇的难题与焦虑。

但当今大陆先锋文学的麻烦还在于，如果这种“全球化时代的第三世界文学”转而回归一种复兴中华文明之“主体性”的诉求，又难免有沦为某种“帝国逻辑”的危险。实际上，90 年代大陆一些后学批评家对“后新时期文学”中的本土意识大加推崇时，就曾遭到来自海内外华人学者的联手批判，这一批判，汇入了对所谓“大陆新保守主义思潮”的批判潮流。而近年来，更有对“唱盛”的评价连绵不绝的声讨。可见中国的先锋派想要获得一种具有历史合法性和正当性的文化身份，当真是举步维艰，困境重重，很多时候，用纯文学的“幻象”或“语言乌托邦”一类的词汇来取代“自律的文学体制”也许更加准确。有趣的是，即使让渡了自己的“自由”，漂泊到家国之外的“离散”语境中，人们对于这种“幻象”的热情仍不曾减弱。李陀先生在为《今天》丛书之一，也是他自己主持十年的“重写文学史专栏”论文集写序时，仍津津乐道于“今天”文学运动的先锋性，致力于塑造一个毅然绝缘于官方、市场乃至任何一种意识形态的文学团体形象。这个群体，以“反抗同质化的全球资本主义”为特征，不向任何宰制性的艺术体制低头。[②]《今天》作为一个写作共同体的坚持是值得瞩目与尊重的，但也许正是这种从未淡化的意识形态“抵抗”色彩，使它能够在政治实践与独立艺术、文化殖民与本土诉求等多重紧张关系中巧妙地找到自己的位置，一次又一次地“绝处逢生”了。

---

① 该文章引起的回应性论辩包括奚密：《差异的忧虑—— 一个回应》，原刊于台湾《当代》59 期，后来再次刊载于《今天》1993 年第 2 期；周蕾：《写在家国之外》，收入《写在家国以外》，香港牛津大学出版社，1995 年；Gregory B. Lee, Troubadours, Trumpeters, Troubled Makers: *Lyricism, Nationalism, and Hy-bridity in China and Its Others*. London: Hurst, 1996, pp. 93-101; Huang Yunte, *Trans-pacific Displacement: Ethnography, Translation, and Intertextual Travel in Twentieth-Century American Literature*, Berkeley: University of California Press, 2002, pp. 161-82。

② 李陀：《先锋文学运动与文学史写作》，载《今天》2006 年第 4 期。

电影主体的崛起

——评《电影或想象的人》[1]

孟　隋[2]

[摘要]《电影或想象的人》从影像中主体欲望与现实关系入手，凸显人类主观精神介入电影的深度和广度，这在纪实美学占据主流的当时具有“反道而行”的价值。它从人类学和精神分析学的角度重新阐释电影，认为电影被“想象”充满，是根深蒂固的人类精神的倒影式摹本。这本书试图超越电影与现实关系的基本论域，显示出由经典电影理论向现代电影理论转型的趋势。

[关键词]　人类学　想象　精神分析　电影美学

最近国内新译出版了法国学者埃德加·莫兰(Edgar Morin)1956年写的《电影或想象的人:社会人类学评论》(下称《电影或想象的人》)一书。莫兰在人类学领域的知名度远远大于电影学领域。尽管在雅克·奥蒙和米歇尔·玛利主编的《电影理论与批评词典》中，埃德加·莫兰的名字列在贝拉·巴拉兹、让·米特里、安德烈·巴赞、克里斯蒂安·麦茨等大牌电影理论家的名单中，并被给予很高评价[3]，但他在电影理论界的实际知名度并不高，大概是由于莫兰后来远离电影，重返人类学。中文电影学界对此人的译介刚刚开始，除了《电影或想象的人》以外，他的另

① 埃德加·莫兰:《电影或想象的人:社会人类学评论》，马胜利译，广西师范大学出版社，2012年。

② 孟隋，北京师范大学文学院2011级博士生，研究方向为文艺美学。

③ 雅克·奥蒙、米歇尔·玛利:《电影理论与批评词典》，崔君衍、胡玉龙译，上海人民出版社，2011年，第149—150页。

一部书《明星论》(1957)在明星和演员研究中影响也比较大,但目前尚未有中文译本。

莫兰对于电影的思考是从他的专长——人类学角度入手的。《电影或想象的人》写于1956年,此时法国电影"新浪潮"正在酝酿,等待迎接几年后即将到来的高潮。"新浪潮"电影美学关注的主要问题是电影与现实的关系,而莫兰思考的问题也是电影与现实的关系,但是在基本立场上与"新浪潮"遵循的"纪实美学"大异其趣。莫兰反对把对现实的"纯客观"复制当成电影最主要的美学特征,而是以"想象""人类精神"等词语定位电影,彰显电影的主观性。莫兰的理论方法对20年后才完善起来的"第二电影符号学"具有部分影响,克里斯蒂安·麦茨的《想象的能指》一书开篇就提到莫兰的这本书,认为他对电影作为"想象的技术"的分析具有一定的启发意义①。

一　电影是什么?

在电影理论发展史中,对于"电影是什么"这一问题,出现过几种经典的隐喻式答案:"爱森斯坦说,它是旨在建立含义和效果的画框;巴赞说,它是面向世界的窗户;米特里说,它既是画框,又是窗户。精神分析学则提出一种新的隐喻,说银幕是一面镜子,这样艺术对象便由客体变为主体。"②"画框论"强调电影表现主义、形式主义的一面,"窗户论"则突出写实主义、纪实性的一面。这两者看似对立,实际上却遵循着同一个预设:电影是在主体之外独立存在的,主体与电影之间存在着制作与被制作、观赏与被观赏的无法消除的间距。直到20世纪六七十年代之交,精神分析

---

① 克里斯蒂安·麦茨:《想象的能指:精神分析与电影》,王志敏译,中国广播电视出版社,2006年,第2页。

② 李恒基、杨远婴主编:《外国电影理论文选》,上海文艺出版社,1995年,第11页。

学以“镜子论”(以及“梦论”)入侵电影理论,人们才领悟到充满欲望、想象的“主体”才是电影的根源所在,“主体”不仅让电影产生意义,而且还直接构成电影本身。可以说,精神分析学的介入,打破了主体性与影像独立性之间互不相干的僵局,从而让观影主体进入了电影研究的视野当中。精神分析学的镜子隐喻“推进了当代电影理论形态的演进,从而造成20世纪中后期电影理论的重要转折”①。主体性的凸显,是电影理论发展成熟的重要一步。然而,《电影或想象的人》于1956年就在同纪实美学的论争中预演了“电影主体的崛起”,认为电影无论在内容还是形式上,都以人类主体精神为依托。

《电影或想象的人》写作时,正值电影学界热烈讨论电影与现实关系的当口。1950年代中期,安德烈·巴赞、齐格弗里德·克拉考尔等人的电影纪实美学主张占据主流。这些理论家认为电影应该像一扇窗,人们通过电影应该看到多维度的真实世界的一部分,故而他们推崇长镜头、景深镜头。巴赞认为摄影和照相的出现使得“外部世界的影像第一次按照严格的决定论生成,不用人加以干预、参与创造”②,“电影是现实的渐近线”;克拉考尔则把电影的本性视为“物质现实的复原”,“一部影片愈少直接接触内心生活、意识形态和心灵问题,它就愈富于电影性”③。他们认为电影艺术的任务是记录直观、不加歪曲的事实本身。

在这种理论氛围下,谈到现实与电影的关系,必然涉及一个非常基本的哲学或人类学话题:如果说电影是一种精神活动,那么人的精神与外部现实的关系是怎样的?换言之,人脑中形成的“印象”(心象)是不是现实本身,作为中介的感知器官、认知模型是否能够反映现实而不是扭曲现实?这是一个从经院哲学到笛卡尔理性主义哲学再到现象学都没能解决的问题,是一个最基本但又注定无解的哲学难题。但从人类学的常识看,

---

① 段运冬:《电影隐喻:理论原点与逻辑延展》,《文艺研究》2008年第10期,第99页。

② 安德烈·巴赞:《电影是什么?》,崔君衍译,中国电影出版社,1987年,第11页。

③ 齐格弗里德·克拉考尔:《电影的本性》“自序”,邵牧君译,江苏教育出版社,2006年,第5页。

人类主观精神具有“扩张性”，我们对事物的认知和把握无不浸透了人类的幻想和主观意愿。人不仅是制造工具的劳动者，也不仅是被理性或现实支配的智力人，更是“创造幻象、神话、空想和魔法的痴狂者（demens）”①。人类制品很难不受主观性的影响。莫兰看到了电影现实主义的“难度”，电影不可能复制现实的“完美客观性”，“电影术”被人类精神全面渗透具有必然性。人类的“想象”让电影从纯客观的科研仪器变成了复杂多变的电影艺术。

电影放映机、定时拍摄机在发明之初是用来研究自然界生物运动的科研工具，与显微镜的作用差不多。但是这种看似呆板的科研仪器，天生就有向电影艺术转化的潜力。因为科学本身不能完全排除梦幻的冲动，相反梦幻冲动有时还是科学进步必不可少的动力。正如巴赞所说，爱迪生和卢米埃尔这样的“工业家”并不看好电影的前途，他们无法触及电影的灵魂，只有那些“耽于幻想的人”才能发掘出电影的灵魂②。电影从一开始就吸引了那些“臭味相投”的人，这些人都一些怪癖：或迷狂或不满现实或喜欢奇技淫巧，总之是一些沉溺于幻想的人。莫兰指出：“推动电影放映机向电影艺术过渡的人们并不是体面的专业人员、高学历的思想家或杰出的艺术家，而是一些手工工匠、闭门造车者、一事无成者、游手好闲者、街头卖艺人……这场革命的动力阴暗晦涩且近乎无意识，但同时也是深刻和必然的。”③电影艺术诞生于平民，其原因之一是电影和平民两者本性的天然相投。普通平民在崇尚神奇效果和梦幻倾向方面，始终走在专业人士和美学先锋派前面。比如，在电影大师格里菲斯闻达四海之前，靠魔术和杂耍起家的梅里爱和英国布莱顿人就发明了表现戏剧性的“电影特技”。电影机械从客观记录世界的机器转变成表现人类主观精神的造梦机器，是人类古老的精神渴求。

---

① 埃德加·莫兰：《电影或想象的人：社会人类学评论》，第4页。
② 安德烈·巴赞：《电影是什么？》，第21—22页。
③ 埃德加·莫兰：《电影或想象的人：社会人类学评论》，第54页。

人类学研究中发现一个比较有趣的现象:不识字也从没见过电影的土著人,“往往对电影情有独钟”,而东非的土著对电影的理解比对静态照片的理解容易得多:“人们惊奇地发现,原始土著人很难识别固定的影像,但他们却能轻而易举地理解电影的活动影像。”另一项对从没看过电影的刚果人的田野调查表明,尽管影片中包含不少电影视觉技术(特写镜头、反打镜头、摄影机移动等),但被调查者的讲述表明,他们在感知方面没有任何困难。[①] 也就是说,电影语言对土著人也不构成理解障碍。电影艺术的普遍可理解性证明,电影语言与人类的心理语言之间具有某种共性。即,电影作品体现了人类共通的精神结构。“心理学语言和电影艺术语言的一些用语时常如出一辙,例如投射、表象、视野、影像”,“这并非出于偶然,而是因为影片是仿照我们的整体心理特征建构的”。[②] 莫兰从人类学角度的观察,得出了迥异于纪实美学的结论。其实,对于电影模仿人类的精神结构这一点,好莱坞电影人早就自觉地实践着这一信条。大卫·波德维尔认为好莱坞经典叙事模式之所以能够长久繁荣,成为全世界大银幕的主宰,“在很大程度上,也是因为它戏剧化了人类行动的某些持久而普遍的方面,并以一种清晰而有力的方式将之呈现出来”[③]。

二　缘起:马克思与弗洛伊德

电影艺术体现人类主观精神并非刻意为之,而是一个无意识的过程。作为人类学家的莫兰意识到这种现象,与他的专业分不开。黑格尔—马克思的美学也正是从朴素的人类学角度出发的:人类会把自己的主体精神投射进自己的创造物中去。马克思说审美的根源在于“人的本质力量

① 埃德加·莫兰:《电影或想象的人:社会人类学评论》,第191—192页。

② 同上书,第203页。

③ 大卫·波德维尔:《好莱坞的叙事方法》,白可译,南京大学出版社,2009年,第130页。

对象化""对象成了他自身"。莫兰的电影理论明显受到马克思美学影响,并以这种朴素的人类学洞察对电影学科做出了"发生学"的解释。

在莫兰的理论中,"想象"一词指主体欲望对现实之间的幻觉关系。人类精神活动最重要的一个特点就是"想象",因此从人类学考察电影,就是考察"人类想象史"对心理影像生成的制约。弗洛伊德曾试图对人类原始思维进行精神分析。在《图腾与禁忌》一书中他曾指出,魔法和巫术是试图以心理能量改变现实世界的原始民族(或幼儿)的观念,其产生的根源是人类的原欲和冲动。① 莫兰也注意到,人类早期的绘画形象地体现出心理力量对现实世界的渗透。那些未经训练的作画者,可能会以同样的大小来处理不同远近的事物,以表现特定的主观视觉。电影艺术归根到底也是一种主观视觉,它表现了人类浓厚的心理愿望。从精神分析学看,人们创造出的电影影像本是自我异化的"幻觉",为了达成某种主观上的心理认同(弗洛伊德认为任何艺术活动都体现着无意识的欲望冲动,更反映着创作者浓厚的心理快感和自恋情结)。

这样,人类通过想象始终试图将自己的主观欲望(或"本质力量")注入客观性之中,在对象化的幻觉中肯定自己,以想象的方式参与现实建构、强化自我。这种魔法性的思维有着古老的人类学起源:人类始终相信化身与魔法。"化身"(le double)是魔法的一个类型,即在映像、阴影和梦幻中出现的另一个自我。② 化身是对现实世界的虚幻化处理,是由人类心理力量的精神投射所产生的,具有强烈的主观性和情感性。实际上,摄影机就可以被看作是一种现代魔法,它能满足人们的心理需求。在空间上它可以从任何一个角度、方位拍摄,在时间上它可以随意打乱过去、现在、将来的顺序。高超的电影艺术还能让物体染上情感色彩,流露出一种"万物有灵"的味道。因此具有"魔法"的影像变成了人类精神的最佳"化身",映现出人类根深蒂固的主观精神结构。化身不是天然的电影,电影

---

① 弗洛伊德:《图腾与禁忌》,文良文化译,中央编译出版社,2005年,第90—91页。

② 埃德加·莫兰:《电影或想象的人:社会人类学评论》,第3页。

却是天然的化身。通过“化身”这种兼具主观性与客观性的存在，莫兰便把马克思和弗洛伊德结合了起来。

有不少研究者认为，电影观念的出现遥遥领先于电影技术的出现。电影的观念早在爪哇古岩洞的“哇扬戏”、古希腊岩洞的秘密祭礼中就已经产生。正如巴赞所说，有一个“完整电影的神话”早已横亘于早期人类的头脑中，“倘若把对电影发展起到重要作用的科学发现或工业技术视为电影发明的动力，那么至少从心理方面看，就是把具体的因果关系弄颠倒了”①。相关科技成果出现之前，电影的观念就已在人们头脑里成形，这是因为人们早就在同想象和幻觉打交道。从这个意义上说，电影当之无愧地成为人类学的研究对象。

三　电影形式的奥秘

电影被想象充满，无所不在的“魔法”思维并没有随着文明的普及退却，情感成了魔法思维在文明世界的变种。现代电影常用的一个模式不就是“感情可以解决一切”吗？而理智、现实地看，感情的力量显然没这么大。电影史有个电影转向“情感中心主义”的时间点：1910年之前电影不怎么关注情感，而是以猎奇、杂耍、魔术等“拟魔法镜头”为主要内容；在1910年后，随着特写镜头、蒙太奇的大量涌现，人的内心世界，人的灵魂、情感开始主宰电影世界。这个时间点见证了魔法转向情感的“文明化”过程。莫兰认为，喷涌而出的情感参与“表现出魔法的所有异化和实际特征”②。关注内心和情感、用情感推动情节，正是“魔法”思维在内容上对电影的要求。

从更深层的角度看，魔法思维还渗透进电影的形式层，形成了电影语

---

① 安德烈·巴赞：《电影是什么?》，第21页。

② 埃德加·莫兰：《电影或想象的人：社会人类学评论》，第100页。

法技巧和美学规范。这是莫兰贯彻马克思—弗洛伊德的方法论导致的理论结果。不断重复的实践可以转化为“有意味的形式”,变成审美形式,用马克思的话表达就是“五官感觉的形成是以往全部世界历史的产物”①。形式在不断重复的实践中被规律化、无意识化。莫兰认为电影语法的形成是人类魔法思维“形式化”“理性化”的结果——具有魔法色彩的主观性慢慢变成一种纯粹的形式和叙事标记。这是一个内容沉积为形式的过程。

比如,拍摄技术、蒙太奇技巧以及带情感色彩的镜头在电影中越来越程式化,这些镜头所要表达的意义几乎完全能通过理性解读出来。莫兰认为这些“具有了象征的高压负荷”的电影形式,恰恰“大大加强了画面的情感力和表现力”②。在电影中,摄影、剪辑、缝合等理性化的技术正是通过仿效人们关注事物的方式,来推动观众对影像意义的精准辨读。莫兰以“叠印”手法为例来论证电影语言的形成过程。叠印在梅里爱时代是制造幽灵、分身等神奇魔法效果的手段,后来便有了象征和情感性质(表示回忆、梦幻),而后又变为纯粹的指示性质,像把街头报童与纽约城叠印在一起就表明报刊把某一事件传遍了全城。这样,“叠印”这一魔法思维最终就变成了一种理性的指示符,而其原本所具有的魔法色彩被大大压缩,以至难以察觉。回溯绝大多数电影技术,如剪接、蒙太奇、闪回、摄影机运动等,都可以发现这样一个魔法思维理性化的过程。

魔法思维(或者说人的主观心理)通过不断的累积使用,可以转化为电影美学规范。魔法思维为人类天生所有,所以即使观众是文盲,也可以无障碍地理解电影语言。莫兰利用人类学家的眼光,把电影与人类心理结构类同的根源追溯为原始人类的遗产,这是他最有创意的论点。不过,由于《电影或想象的人》的所运用的分析工具是比较陈旧老式的“马克思—弗洛伊德”方法论,且过于频繁地使用“人类精神”“主观性”“情感参

---

① 《马克思恩格斯全集》第42卷,中央编译局译,人民出版社,1979年,第125页。
② 埃德加·莫兰:《电影或想象的人:社会人类学评论》,第174页。

与”等宏大而抽象的词汇,从而让他的分析停留在非常基础、抽象的“电影哲学”层面,因此在一些具体问题的论述上显得颇为笼统,他对创作、观影心理学的描述也不够细致,仅仅把电影的心理世界看作是古老精神的复活,而实际上这些原始的人类精神也许仅仅是人类久已成形的某些固定的认知模式罢了。要做出具体细致的理解,恐怕离不开认知科学、实验心理学的介入。因为时代因素和作者的兴趣点所在,《电影或想象的人》在“技术层面”失之粗糙。与20年后才完善起来的“第二电影符号学”的完整体系相比,《电影或想象的人》更像是一位缺乏精细而成熟的教义的早期传教者——他固然先知先觉,但无法把他的原则落实到对具体问题的处理上。

四 对“想象”的精神分析

《电影或想象的人》还在一定程度上打开了20世纪50年代局限于电影与现实关系的研究格局,把研究思路导向对观众及电影制作者的心理状态与电影表意系统的关系的研究。这本书尽显从经典电影理论(探讨电影本性是什么)向现代电影理论(探讨独立于影片制作的电影哲学)转型的时代印痕。它既延续着对电影本体问题的探讨,也力图以精神分析学、人类学的视角打造出一种电影哲学。德勒兹说过,“电影的某种理论,不是关于电影,而是关于由电影衍生的种种概念,以及这些概念之间形成的互为参照,彼此交织的关系”①。现代电影理论已不再像经典理论那样探讨构成电影自身的元素,而是关注人们以何种方式去理解、阐释、看待电影,即从哲学、精神分析、符号学、文化研究等更开阔的角度对电影进行理论认知。《电影或想象的人》显示出理论转型的趋势,它从作为电影基

① 转引自帕特里克·富尔赖:《电影理论的新发展》,李二仕译,中国电影出版社,2004年,第1页。

本表意符号的影像入手,研究人类主观性对影像的客观性的渗透。

莫兰从人类学和精神分析学的角度出发,认为电影遵循“投射—认同”心理机制。这种论断通向了麦茨。麦茨认为观影过程包含着观众两次心理认同,观众会先与处于全能的“上帝位置”的摄影机进行认同,然后又与电影中的角色认同。被感知到的想象界的素材,通过观众自我(“我”这个位置)而达到象征界。[①] 观众与摄影机合一,是观众主观精神介入电影影像的通道;观众与角色的认同,则是主观精神介入电影影像的结果。观众的感知和想象在影片的生成中发挥着建构性的作用。人类以心理力量渗透客观现实的古老传统,被电影完全地整编吸收。这多少有点悖论:电影影像是最具客观性的,以机械、完美地复制世界的原貌著称,那么人类精神怎么能渗进这种极度的客观性中呢?

电影与人类心理状况密切相关是显然的事实,在莫兰之前已经为诸多电影理论家所注意。早在1916年,德国心理学家闵斯特堡就发现,“是我们自身的心理机制创造了电影的纵深感和连续性”[②]。苏联的蒙太奇学派把不同的画面做顺序不同的组接便能产生出新的意义,不正是利用了人类的心理创造力?早期电影理论家巴拉兹也注意到了电影“使欣赏者和艺术作品之间的永恒的距离在电影观众的意识中完全消失”,我们完全用演员的视角看待一切,“我们没有自己的视角”[③],这种心理效果上的“合一”使摄像机具有“创造性”。克拉考尔也注意到电影反映了观众群体的无意识动机和幻想(《从卡里加利到希特勒》,1947)。莫兰主张想象是电影艺术的精髓所在,明确提出了主观精神结构介入电影的广度和深度,并在理论层面将其视为电影学科的基础。

莫兰引述萨特的论断,认为心理影像的根本特征是“存在—缺席”,即对象的实际缺席。人类早期和儿童阶段无法分辨梦幻与现实,是因为心

---

① 克里斯蒂安·麦茨:《想象的能指:精神分析与电影》,第45页。

② 贾磊磊:《电影语言学导论》,中国电影出版社,1996年,第23页。

③ 巴拉兹·巴拉:《电影美学》,何力译,中国电影出版社,2003年,第36页。

理影像可以极真实地再现现实生活的所有特点(包括其客观性),心理影像给人的生动感和真实感甚至比真实影像更强烈。在心理影像中,主观价值和客观真实性得到了同步的提升。人们的反应也证明了这点,人们在拍照和录影的时候,就会自发地“摆姿势”,这种反应洞悉了影像“增值”的秘密——影像要表达出比现实更“真实”的水平。莫兰特意指出了“上镜头性”这一摄影词汇。“上镜头性”这个词汇是法国先锋派电影理论家路易·德吕克对电影艺术特性的称谓,由照相(photo)和神采(genie)两词组成。这个词的出现意味着人们意识到影像视觉和客观视觉的不同,影像视觉经历了一个主观精神灌注客观表现的过程,具有不同于客观表象的独特“神采”。这就是貌似纯客观的摄影能够体现出人类主观精神的秘密所在。摄像机的创造性根源于人类心理活动和精神力量。绝非偶然,麦茨也表达了这样一种看法:“电影银幕是一个名符其实的精神替代物,是我们从一开始就对脱臼的肢体实施的修复术。”①电影是对真实世界的想象性修补和完善。麦茨认为,电影的特性在于“它从一开始就是想象界,把它作为一个能指来构成的想象界”②,电影的感知是真实的感知,而感知到的却不是真实的物体,只有电影才能以这种方式把人们卷入想象界,并很好地接合在场与缺席的辩证关系。

电影的神奇世界正是由自以为是客观的主观幻想构成。虚构影片占据了影片的绝对主流,在这类影片中,人类倾向于以“主观性结构”去统摄客观影像,客观影像成了构成主观精神结构的材料。通过魔法巫术歪曲事物的客观性是原始思维的表现,然而电影引发的幻想的核心正是这样的思维,充分体现出“所有电影现象都倾向于把主观性结构赋予客观影像”③的道理。麦茨将电影称为“醒着的白日梦”,不正是明确了这一点吗?对于麦茨来说,不仅电影文本是想象的产物,连电影与人的精神世界

① 克里斯蒂安·麦茨:《想象的能指:精神分析与电影》,第2页。
② 同上书,第41页。
③ 埃德加·莫兰:《电影或想象的人:社会人类学评论》,第94页。

之间也是想象关系,“电影作品是观众心理结构的倒影式摹本”①。人与电影的想象关系是电影的记录特性导致的,它能全方位调动观众的视听觉感知热情,却只是以缺席来呈现在场。比如放映时演员并不在场,但观众却相信演员在场。在麦茨看来,电影这种恋物癖式的替代结构(精神分析学意义上,恋物癖指真实欲望客体缺席,从替代物那里得到想象性的满足),实际上把观众置于恋物癖式的想象之中。所有的“电影机构”必须满足观众的这种精神需求。而莫兰认为“只有电影艺术出现以后,想象过程才得以原原本本和完全彻底地显露出来”②,电影语法逻辑是对人类想象过程的完美模拟。

“想象”这个词在莫兰的理论中,表征着主体欲望与现实的幻觉关系。可以说,借助“想象”这个词,他已经从精神分析的角度重新理解了电影,即把电影理解为主体欲望与现实的艺术杂糅。麦茨在《想象的能指》中思考到的多数层面,莫兰都已有所涉及,只是涉及得太过抽象——他强调了想象对于主体与现实关系的重要性,但是并没有指出主体怎么进行构成性的认同。莫兰的探索虽然抽象笼统,但他毕竟将电影精神分析学的革命性观点从70年代前移到了50年代,可以说具有相当的学术史价值。

结 语

以当下的眼光看,莫兰的理论称不上特别独特,甚至他的一些观点在今天已是常识,但回溯其写作时的语境就不得不承认其理论具有一定的前瞻性和穿透力。当时,电影纪实美学甚嚣尘上,宣扬电影应该复制现实的完美客观性。纪实美学的主张者并非没有经历过这样的诘问:就算纪

---

① 埃德加·莫兰:《电影或想象的人:社会人类学评论》,序言第8页。

② 同上书,第216页。

实电影再忠于现实，它仍不是现实，而必然染上创作者特定的主观意图。莫兰通过人类学和精神分析学的考察，基本上跳出了电影现实主义者的视野，主张电影艺术的核心不是其客观性，而是它的神奇性。“神奇—客观性”才是电影的本质。电影是“魔法”思维的替代品，是人类精神的化身，那些只强调客观性的纪实理论显然大大忽略了电影的想象特性。然而，莫兰也不是主张“表现主义”电影，而是指出影像反映的始终不是现实本身。在影像世界里，现实与人的想象是永远的一体两面，莫兰称之为“半想象的现实”，甚至电影不该有现实主义和非现实主义之分，在电影中，现实和奇想是相辅相成的，现实性保证了观众对奇想的信任，脱离奇想的现实也会让观众缄默疏远。电影应该成为具有复杂性和异质性的“奇想复合体”——“奇想应当具有客观性的外表和主观性的结构，它的特性是能够在理性（现实主义）的解释框架内创造出神奇的气氛”[①]。电影艺术正是对这种主客观之间辩证关系的巧妙把握。

① 埃德加·莫兰：《电影或想象的人：社会人类学评论》，第 168 页。

编后记

经过文艺学研究中心诸位同仁半年来的稿约、遴选、斟酌与编排，2013年第二辑《文化与诗学》终于定稿。

本辑第一组五篇文章为西方典籍、文化、美学和文学研究，5位作者都在相关学术领域内长期耕耘，研究对象与阐述风格各有不同，但都可见出其积累和功力。王柯平教授的《〈法礼篇〉的遗教与断想》借助丰富的西语文献，对柏拉图封笔之作《法礼篇》中的"次好城邦"构想所体现的以城邦公民幸福为本、以客观法律为城邦之魂的政治文明及其对现代民主政体的启发，作了翔实的考辨和中肯的评价，相信会引发学界更多的关注和探讨。陶水平教授的《后马克思主义话语接合论及其批评价值》向国内学界介绍了由当代英国政治哲学家拉克劳和墨菲创立的"后马克思主义"，选取其中的几个关键词如"文化政治""身份政治"（相对于经典马克思主义的"阶级政治"而言）、"话语""接合"等，扼要而清晰地阐明了"后马克思主义"的基本理念和理论表征。冯黎明教授的《意义论：文学研究的知识学主轴》从认识论角度将所有文学理论归结为"意义论"，在梳理西方古典时代以"真理"为核心的文学意义观的基础上，重点分析了语言论转向给西方文学"意义论"带来的若干变化，并论证了以"文化研究"的批判式话语分析统一自律论意义观和他律论意义观的可能。两位青年学者杨俊杰和张欣的文章都是以具体解读一篇文本而成文。杨俊杰的《也谈林同济的美学概念"虔格"——论〈寄语中国艺术人〉与尼采〈悲剧的诞生〉的渊源》从比较文学的视野看出林氏之文与尼采之书的貌合神离的关系，揭示出林氏借取尼采思想框架而着意于狂欢后之"虔格"的申述策略；张欣的《伊夫林·沃的天主教叙事》则充分体现出作者对天主教文学叙事策略的敏锐感受和熟练的分析能力。

本辑共有六篇有关古代学术和文论的研究文章。其中张炳尉的《郝经的学术取向》，体现出其一贯的辨析精微的文风和路数，不因于今人之陈说，不昧于古人之标榜，细心揭出在郝经的家学叙述中被刻意掩去的与朱学的承传关系，辨明郝经的基本学术取向为性理之学而非所谓“实学”，是绍述程朱而非泛取诸家，并指出其现实原因在于郝氏以金而非南宋为北宋亡后之华夏正统的“国朝”意识，其缜密的厘析颇有助于澄清郝经之学的历史面目。李畅然的论文《诠释学循环的反转——戴震“由字以通其辞”的解读》以厚实的前期研究为基础，参照现代诠释学和索绪尔普通语言学中“语言—言语”理论，从“诠释学循环的反转”视角重新解读戴震主张的“由字以通其辞”这一训诂方法，认为“字”可理解为前理解性的知识储备，而训诂即是依据抽象之字对具体文本进行解码的演绎过程，并非传统所理解的从部分到整体的归纳。论文以戴震训诂之学为体，以西方诠释学和语言学为用，在灵活开放的阐释视野中映现出戴震训诂学思想所蕴涵的超越传统汉学训诂方法的通达圆融的胜义。此外，何建军的《礼者体也：先秦典籍中关于身体与礼的讨论》关注先秦典籍中关于礼与身体关系的论述，考察先秦儒家思想中礼对身体的规范化作用与身体在礼的仪式化过程中的作用，是对20世纪90年代以来汉语学界兴起的中国传统“身体”思想研究的一个积极呼应。贾奋然的《嵇康音乐思想及其价值新探》从音乐审美主体与审美客体两端阐述嵇康《声无哀乐论》对彰显音乐本体特征和促进主体个性自由的“解放”意义，显示了作者对研究文本的沉潜体察和对嵇康音乐思想的准确理解。方锡球教授的《论胡应麟的唐诗变化观》以平实之语对明诗论家胡应麟《诗薮》中的“诗变”理论的内涵作了颇有条理的阐述，将之定位为“格调论”和“诗变论”的归纳者和完善者。郑伟的《罗根泽与古代文论研究新理念——兼与郭著文学批评史比较》通过对罗著文学批评史与郭著文学批评史的比较，旨在说明罗著建立了一种有异于“以西方观念来选择中国问题”而对古代文论持“同情态度”的批评史写作范式，并揭橥罗著的这一写作范式对建构“中国文化诗学”的开创意义。

本辑有三篇有关中国抒情传统的论文，但所关注的时段与取径各不相同，可相互参看。徐承的《胡适、周作人与中国抒情传统论》旨在为汉学界流行的“中国文学抒情传统说”找到思想和方法的现代源头，将其追溯至胡适和周作人在五四新文学运动中借助西方现代浪漫主义文艺思潮对中国传统文学史的反向建构，这一研究为我们描述了一个更为完整的“抒情传统说”的学术谱系。徐宝锋的《北美汉学的中国抒情传统研究》着重正面介绍20世纪90年代以来在中国内地和港澳影响甚广的北美汉学界“中国抒情传统”说的几位主要建构者——“开创者”陈世骧、“深化者”高友工和“强化者”孙康宜、林顺夫，在评述其建构过程和策略、肯定其于儒家诗歌功能观之外突出传统抒情脉络的同时，也指出其有意“放大”抒情元素和“缩小”其他重要诗人诗作的“以西释中”倾向。汤拥华的《高友工“美典”说的三个维度》则在具体考察北美“中国抒情传统”说代表人物之一高友工建构“美典”说的概念工具、理论渊源和文化境遇时表现出更多的同情式理解和评价。

易彬和黄园合撰的《历史的要求与个人的诉求——从〈梅志彭燕郊来往书信全编〉看彭燕郊的文化选择》属于中国当代文学史的个案研究，借由分析彭燕郊与胡风夫人梅志往来书信中所表达的历史传承意识与现实语境中彭燕郊实际所作出的文化选择之间的微妙差异，透视当代中国文化语境中的个体与历史的复杂关系，论文的视角和思路都饶有启发意义。赵霞的《纯真的失陷——当代童年文化消费现象的诗学批判》在当前热闹的文化研究中发出另一种较为罕见的声音，表达了研究者对当代儿童文化消费中肆无忌惮地将童年纯真“物质化”和“庸俗化”倾向的深切忧虑和鲜明批判，不难从中听出“救救孩子”的急切呼喊。

“学术翻译”一栏收录的是方维规教授所译一百年前德国学者许京著《文学史与趣味史：试论一个新的问题》和陈磊博士所译日本学者西村秀人著《李梦阳文学复古主张的理论依据》两篇文章。方先生的译作向中国学界介绍了一个较为陌生的文学理论家的名字——许京，以及他关于文学受众趣味作用于艺术生产和文学传播的富有洞见和影响力的论述，让我们认识到德国1960年代兴起的接受美学的理论先声和思想渊源。西村氏的文章则以精细的考辨揭示出李梦阳“文必秦汉，诗必盛唐”的偏激主张得以影响百年的《易》学文化根源和程朱理学的学理基础，于深化明代复古文学思潮的研究颇有助益。

本辑还刊出了关于比格尔《先锋派理论》和《电影或想象的人》两部译著的书评，在介绍译著思想的同时，体现了评者的眼光和理解。

编者

2013年9月29日